新编21世纪远程教育精品教

• 经济与管理系



# 销售管理学

## （第二版）

汪秀英　编著

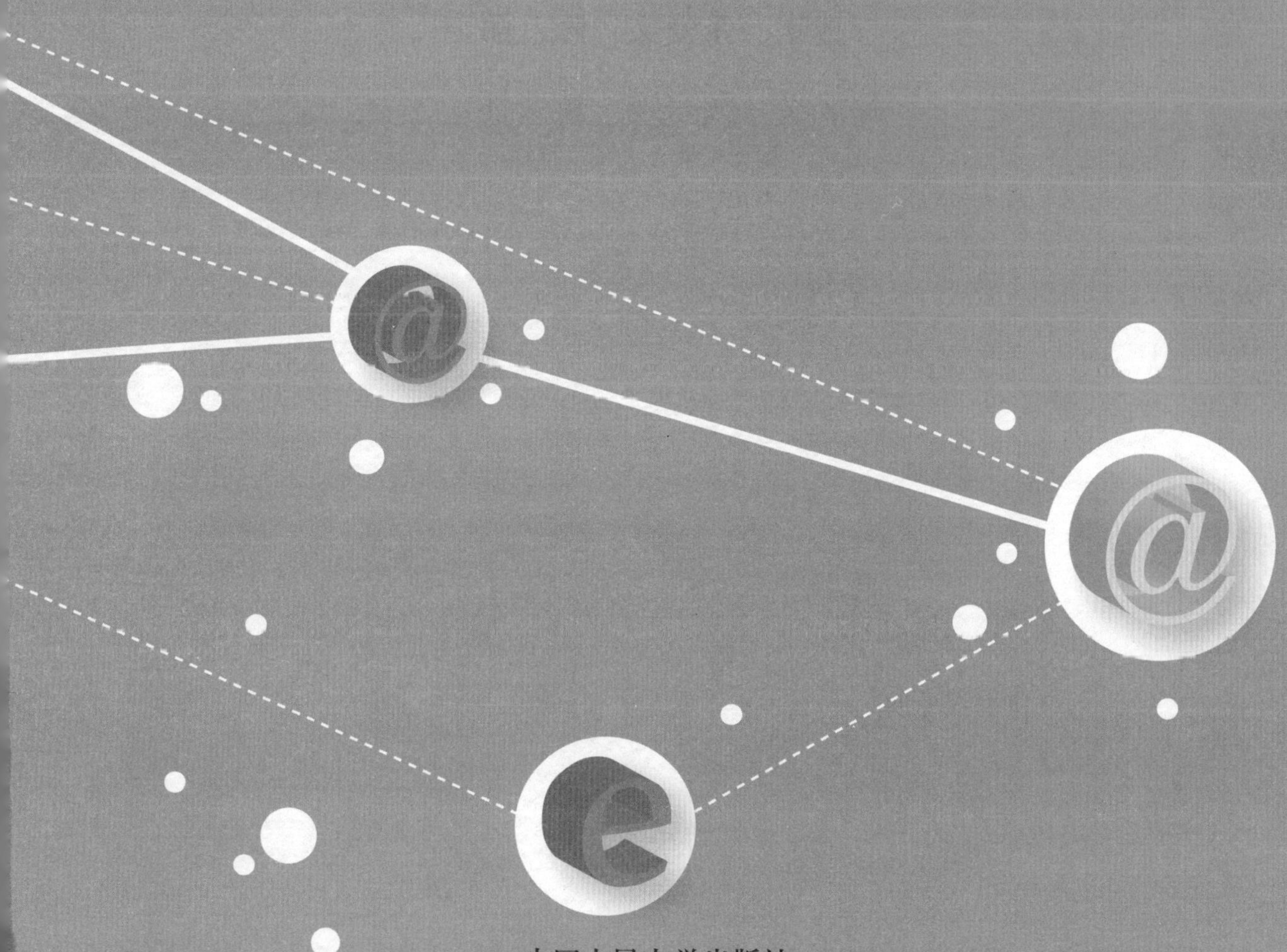

中国人民大学出版社
· 北京 ·

# 总　序

我们正处在教育史尤其是高等教育史上的一个重大的转型期。在全球范围内，包括在我们中华大地，以校园课堂面授为特征的工业化社会的近代学校教育体制，正在向基于校园课堂面授的学校教育与基于信息通信技术的远程教育相互补充、相互整合的现代终身教育体制发展。一次性学校教育的理念已经被持续性终身学习的理念所替代。在高等教育领域，从1088年欧洲创立博洛尼亚（Bologna）大学以来，21世纪以前的各国高等教育基本是沿着精英教育的路线发展的，这也包括自19世纪末创办京师大学堂以来我国高等教育短短一百多年的发展史。然而，自20世纪下半叶起，尤其在迈进21世纪时，以多媒体计算机和互联网为主要标志的电子信息通信技术正在引发教育界的一场深刻的革命。高等教育正在从精英教育走向大众化、普及化教育，学校教育体系正在向终身教育体系和学习型社会转变。在我国，党的十六大明确了全面建设小康社会的目标之一就是构建学习型社会，即要构建由国民教育体系和终身教育体系共同组成的有中国特色的现代教育体系。

教育史上的这次革命性转型绝不仅仅是科学技术进步推动的。诚然，以电子信息通信技术为主要代表的现代科学技术的进步，为实现从校园课堂面授向开放远程学习、从近代学校教育体制向现代终身教育体制和学习型社会的转型提供了物质技术基础。但是，教育形态演变的深层次原因在于人类社会经济发展和社会生活变革的需求。恰在这次世纪之交，人类社会开始进入基于知识经济的信息社会。知识创新与传播及应用、人力资源开发与人才培养已经成为各国提高经济实力、综合国力和国际竞争力的关键和基础。而这些仅仅依靠传统学校校园面授教育体制是无法满足的。此外，国际社会面临的能源、环境与生态危机，气候异常，数字鸿沟与文明冲突，对物种多样性与文化多样性的威胁等多重全球挑战，也只有依靠世界各国进一步深化教育改革与创新，促进人与自然的和谐发展才能得到解决。正因为如此，我国党和政府提出了“科教兴国”“可持续发展”“西部大开发”“缩小数字鸿沟”“人与自然和谐发展”等战略和思想。其中，对教育作为经济建设的重要战略地位和基础性、全局性、前瞻性产业的确认，对高等教育对于知识创新与传播及应用、人力资源开发与人才培养的重大意义的关注，以及对发展现代教育技术、现代远程教育和教育信息化并进而推动国民教育体系现代化，构建终身教育体系和学习型社会的决策更得到了教育界和全社会的共识。

在上述教育转型与变革时期，中国人民大学一直走在我国大学的前列。中国人民大学是一所以人文、社会科学和经济管理为主，兼有信息科学、环境科学等的综合性、研究型大学。长期以来，中国人民大学充分利用自身的教育资源优势，在办好全日制高等教育的同时，一直积极开展远程教育和继续教育。中国人民大学在我国首创函授高等教育。1952 年，校长吴玉章和成仿吾创办函授教育的报告得到了刘少奇的批复，并于 1953 年率先招生授课，为新建的共和国培养了一大批急需的专门人才。在 20 世纪 90 年代末，中国人民大学成立了网络教育学院，成为我国首批现代远程教育试点高校之一。经过短短几年的探索和发展，中国人民大学网络教育学院创建的“网上人大”品牌，被远程教育界、媒体和社会誉为网络远程教育的“人大模式”，即“面向在职成人，利用网络学习资源和虚拟学习社区，支持分布式学习和协作学习的现代远程教育模式”。成立于 1955 年的中国人民大学出版社是新中国建立后最早成立的大学出版社之一，是教育部指定的全国高等学校文科教材出版中心。在过去的几年中，中国人民大学出版社与中国人民大学网络教育学院合作策划、创作出版了国内第一套极富特色的“新编 21 世纪远程教育精品教材”。这些凝聚了中国人民大学、北京大学、北京师范大学等北京知名高校学者教授、教育技术专家、软件工程师、教学设计师和编辑们广博才智的精品课程系列教材，以印刷版、光盘版和网络版立体化教材的范式探索构建全新的远程学习优质教育资源，实现先进的教育教学理念与现代信息通信技术的有效结合。这些教材已经被国内其他高校和众多网络教育学院所选用。中国人民大学出版社基于“出教材学术精品，育人文社科英才”理念的努力探索及其初步成果已经得到了我国远程教育界的广泛认同，是值得肯定的。

2005 年 4 月，我被邀请出席《中国远程教育》杂志与中国人民大学出版社联合主办的“远程教育教材的共建共享与一体化设计开发”研讨会并做主旨发言，会后受中国人民大学出版社的委托为“新编 21 世纪远程教育精品教材”撰写“总序”，这是我的荣幸。近几年来，我一直关注包括中国人民大学网络教育学院在内的我国高校现代远程教育试点工程。这次，更有机会全面了解和近距离接触中国人民大学出版社推出的“新编 21 世纪远程教育精品教材”及其编创人员。我想将我在上述研讨会上发言的主旨做进一步的发挥，并概括为若干原则作为我对包括中国人民大学出版社、中国人民大学网络教育学院在内的我国网络远程教育优质教育资源建设的期待和展望：

● 新编 21 世纪远程教育精品教材的教学内容要更加适应大众化高等教育面对在职成人、定位在应用型人才培养上的需要。

● 新编 21 世纪远程教育精品教材的教学设计要更加适应地域分散、特征多样的远程学生自主学习的需要，培养适应学习型社会的终身学习者。

● 在我国网络教学环境渐趋完善之前，印刷教材及其配套教学光盘依然是远程教材的主体，是多种媒体教材的基础和纽带，其教学设计应该给予充分的重视。要在印刷教材的显要部位对课程教学目标和要求做明确、具体、可操作的陈述，要清晰地指导远程学生如何利用多种媒体教材进行自主学习和协作学习。

● 应组织相关人员对多种媒体的远程教材进行一体化设计和开发，要注重发挥多种媒体教材各自独特的教学功能，实现优势互补。要特别注重对学生学习活动、教学交互、学习评价及其反馈的设计和实现。

● 要将对多种媒体远程教材的创作纳入对整个远程教育课程教学系统的一体化设计和开发中去，以便使优质的教材资源在优化的教学系统、平台和环境中，在有效的教学模式、学习策略和学习支助服务的支撑下获得最佳的学习成效。

● 要充分发挥现代远程教育工程试点高校各自的学科资源优势，积极探索网络远程教育优质教材资源共建共享的机制和途径。

中华人民共和国教育部远程教育专家顾问

丁兴富

# 第二版前言

买卖在这个世界上无处不在，任何企业的经济运行，其实质都是买卖；任何组织的行为，其宗旨都是希望被别人接纳，这在本质上也是买卖。买和卖是事物的两个方面：如果站在企业的角度，实施的工作是通过购买、加工，而达到卖的目的；如果站在使用者的角度，研究的问题则是通过购买、使用，达到消费的目的。前者研究销售，后者研究消费。

销售是什么？只要你想让别人接纳你的东西，包括物质形态的物品、非物质形态的服务和精神形态的思想等，你首先想到的就是销售。销售就是以交换的方式在让别人接纳你产品和服务的同时获取其自身应得的价值。在市场经济条件下，销售是企业实现价值转换的唯一途径，决定着企业的生存状态和可持续发展。企业的一切活动，包括人才引进、技术开发、产品创新、生产运营、营销策划、品牌构建、服务运行、财务管理，等等，所有这一切最终均以销售作为价值实现的手段。无销售则无生产，无市场则无品牌，无效益则无发展。这其中蕴含着一个道理，那就是，企业的销售创造着一切，包括创造着社会、创造着人类、创造着希望与未来。

销售管理是什么？一个企业要想把销售做好，不设定销售目标，不规范销售行为，不调控销售过程，不出台销售政策，不对销售绩效进行考评等，其销售工作就很难依照企业的意愿顺畅地向前推进，而企业所从事的这一系列工作就是销售管理。销售管理承载着企业的希望，延长着品牌的生命，稳定着销售的队伍，推动着市场的发展。

在市场经济浪潮中，有些企业的销售工作顺畅有序，而有些企业的销售工作杂乱无章，其中一个重要的原因就是销售管理水平的高低问题。销售工作是否顺畅是鉴别销售管理水平高低的一把标尺，这把标尺既有标准又有刻度，其标准是销售管理的战略目标，其刻度是销售管理的策略手段。

市场营销理论针对着企业的高层管理者，它为企业的经济运行从战略的高度把握着方向；销售管理理论针对着企业一线的销售经理和销售人员，它为企业的经济运行从策略上提供着方法。

每个世界大师级的销售人员都有着过人的销售能力和销售方法，这些方法是现代销售人员从事销售工作必须要学习和掌握的，是现实中销售人员创造骄人销售业绩所需要把握的重要宗旨。根据自己的特点，面对特定的客户，使用最合适的销售模式或销售方式，是今天销售人员所必须思考的问题。

企业的销售工作常常步履维艰，有没有办法将销售工作做得更好呢？智慧的碰撞、超常的创造、严格的制度、科学的运作、系统的管理、及时的沟通，也许这些举措能帮助你走向销售成功的殿堂。

我们从销售创造价值、销售创造未来的角度研究企业的销售管理，希望本书能在以下几个方面给读者以启迪：

(1) 建立系统的销售管理与销售运作的思想体系，从理论到实践、从观念到行为、从管理到操作、从制度到效益，全面把握销售管理的要旨，这其中包括正确销售观念的建立、销售理论的指导和销售方法的运用。

(2) 以全新的理论和全新的视角指导销售实践，将销售运行工作作为一种销售工程来看待。销售工程是一种系统的运行体系，其中包含着多道销售工序，每一道工序都需要按制度、按规则进行操作。与工业工程不同的是，某一个具体的销售人员不是对销售工程中某一个环节负责，而是对销售工程的全程负责，这样一种销售体系有利于对高层次销售人员的培养。

(3) 引入了销售工程师的概念，这是对销售工程思路的延伸。销售工程师与普通的销售人员不同，他需要具有工程师的秉性，应该更懂得专业与技术，对产品性能与品性了如指掌，更具有动手和实践能力，积累了更多的销售工作经验，更能赢得用户或消费者的信赖。所有这些都证明了销售工程师应该比销售人员具有更高超的水准、更广博的知识、更实用的技能。

(4) 本书在确立了销售理论的基础上，力争为销售运行工作开辟出更大的篇幅进行论述，并按照一定的比例将销售人员的工作和销售管理者的工作进行合理分配。在销售区域管理、销售渠道管理、销售过程前期管理、销售过程后期管理和客户关系管理中，以销售人员的直接运行为重点，而在对销售人员的激励与薪酬和销售绩效考评中则以销售管理者的工作为重点。

在突出以上特点的同时，本书借鉴了近些年来出版的有关著作、教材和一些相关的科研成果。对本书影响较大的一些著作和教材，已作为本书的参考书目列于书后，一些直接引用的观点和资料在书中相应的位置已经标出。本书作者对所参考著作和教材的原作者表示深深的谢意，并希望得到各位老师的指导与帮助。如果书中尚有标注不妥之处或遗漏，敬请与本书作者直接联系（wangxiuying56@sina. com）。

本书共分十三章，其中第一章、第二章、第三章、第四章、第五章、第八章、第九章、第十章、第十一章、第十二章由汪秀英撰写，第六章由莫然、谢娟撰写，第七章由崔久善、张会撰写，第十三章由陆辉撰写，全书由汪秀英总纂。

本书适合于大学本科工商管理专业、市场营销专业、人力资源管理专业、旅游管理专业、经济学专业、金融学专业等相关专业的学生使用，同时适合于在岗、在职的销售管理者和销售人员阅读。

本书在写作与出版的过程中，得到了中国人民大学继续教育学院徐健老师和中国人民大学出版社李丽虹老师的全力帮助，在此表示感谢。

书中如有不妥之处，敬请批评指正，以便以后更好地修订。

汪秀英

# 目 录

# 第一章

# 销售管理概述

销售与销售管理在企业经济运行中处于非常重要的地位，企业的投资，只有通过销售工作才能保证得到回报；企业生产的产品，只有通过销售工作才能走向市场，满足消费者和用户的需求；企业经营业绩的好坏，只有对销售工作进行考核与总结，才能评定出其经济效益的高低。企业各项工作均围绕着销售工作而展开。

## 第一节 销售与销售管理

由于销售工作在企业中有着特殊的地位，因此，销售管理工作必然成为企业经济运行工作的重中之重，它一方面属于管理工作的范畴，是企业管理工作在市场上的延伸，另一方面它又属于市场营销工作的范畴，是市场营销工作实现价值部分的直接体现，属于市场营销中的核心性工作。

### 一、销售

#### （一）销售的含义

销售（Sales）是企业以营利为目的，将生产或经营的产品以及所提供的服务，以货币结算的方式卖给消费者或用户的活动过程。

首先，销售的商品一定是企业自己生产（制造业）或经营（流通业）的物品，所提供的服务（服务业）也是企业自己的付出。企业具有商品所有权，才能决定自己商品的买卖。因此，实质意义上的销售工作归属于制造业、流通业和服务业等产业。

其次，货币结算的方式是销售这一过程的必要手段，没有货币结算，就不属于销售活动。赠予、送予、继承遗产等活动虽然也表现为物品所有权的转移，但由于没有货币结算的环节，因此，不属于销售活动的范畴。

**（二）销售与推销的区别**

推销是说服顾客购买某种产品或服务的过程。在传统的销售工作中，推销被认为是企业销售人员与顾客打交道的必要环节，表现为上门推销、现场推销等。随着科学技术的发展，推销的形式又发展为电话推销、网络推销等。但无论以何种方式推销，推销的性质都没有发生根本性的转变，即表现为“推”的策略。推销活动往往缺少对消费者了解的过程，带有一定的盲目性，因此，推销在思想与行动的比例上，表现为行动大于思想，即不用思想支配行动，而是像一只无头的苍蝇到处撞，顾客往往会对推销工作产生反感的情绪，拒绝推销者介绍的产品与品牌，结果使推销的成功率不高。

销售不同于推销，就活动本身来说，推销发生在销售工作之前（货币结算之前）。销售属于系统性工作，它不仅要使用“推”的策略，更要使用“拉”的策略，同时销售工作包括从市场调查、信息联络、制定满足顾客需求的方案、销售结算、售后服务等一整套工作，在这些活动过程中，思想和行动同等重要，因此，销售工作中的行动一定是在系统思想支配下所进行的工作。由于进行了系统思考，能有针对性地开展各项与销售有关的工作，顾客往往对销售工作没有反感的情绪，接纳销售的产品、品牌与服务的可能性较高，因此，销售工作成功的概率较推销工作高。

可见，销售与推销的过程与结果完全不同。如果你是一位销售者，当你第一次访问客户时，客户会说：“我了解你们公司的产品，我的同事使用过，感觉不错。给我留张名片吧，我们择机谈谈”。如果你是一位推销员，当你第一次访问客户时，客户会说：“我不了解你们公司的产品，也不打算购买。我现在工作很忙，改日再说吧”。当你把名片留给客户时，客户也许会勉强接下，但不会再有下文了。

**（三）销售的类型**

任何企业都会将销售工作作为自己企业的主导性工作，但不同的企业处于不同的产业领域，形成了不同的企业性质、不同的企业规模、不同的地域、不同的微观环境等，因此，其销售的内涵与表现并不完全一致。

从销售一方的角度分析，销售主要分为以下几类。

**1. 上门销售**

上门销售指销售人员携带自己企业的产品或产品目录去寻找客户，并到客户所在地（家里或单位）讲解产品、启动销售。这里上门的对象主要有消费者个人的家庭或单位、客户单位等。这是传统意义上的推销方式，这种方式带有很大的盲目性，容易遭到顾客的拒绝。在网络经济得到快速发展的今天，这种方式使用得越来越少，目前主要是一些经营长途电话业务的销售公司和一些保险销售员还在使用。

**2. 订单销售**

订单销售指销售人员通过与客户谈判，达成交易后所签订的订单，企业依据订单进行销售工作的后续处理，如发货、运送、结算等。一些企业的老客户依据此前的购买进行同类产品的续购，续购时也需要签署一份续购订单，从而也形成订单销售。这种销售方式可以使企业保持一些长期的客户关系，使企业的销售工作形成稳定发展的态势。

**3. 等客销售**

等客销售指由客户上门进行购买而形成的销售方式，其主要的经营形式有卖场（如商场、超市、便利店）销售、仓储销售、批发市场销售等。这种销售方式是最主流的销售类型，它为广大消费者、用户所接受，这种方式所形成的销售额占据着一个国家或地区商品零售总额的80%以上。随着网络销售的发展，传统的等客销售所占比例逐渐下滑，但在消费者市场中仍然是销售的主导形式。

**4. 渠道销售**

渠道销售指企业通过销售渠道的建立而实施的销售工作。销售渠道的类型主要有批发、零售和代理三种类型。通过销售渠道，有些商品通向了零售环节，有些商品通向了消费者或用户的手中，形成了商品价值的最终体现。渠道销售在很长的历史发展中是更多企业开展销售工作所必须认真思考的方式。企业生产不同的产品、秉承不同的销售理念、确立不同的销售目标，都会使企业确立不同的销售渠道类型。现阶段，随着电子商务普及程度的不断提高，渠道销售这种方式有些萎缩，尤其是生活消费品。但要想以电子商务平台的销售全部替代渠道销售也是不客观的，必要的渠道销售有其存在的价值。

**5. 电话销售**

在电话普及率达到极大化的当今世界，电话的利用率越来越高，电话不仅仅是通话的工具，更是传输信息的重要手段。因此，更多的企业通过电话销售来开展销售工作和售后服务工作。选择电话销售方式的基本路径是，通过广告或相关的信息传输形式，将企业的信息传输出去并留有电话号码，顾客通过拨打电话的方式进行询问或订购，企业销售人员或委托中介机构送货并进行结算。这条路径会使企业的销售工作进行得比较顺利，也是顾客愿意接受的方式。但顾客在对企业产品和品牌不了解的情况下，会产生不信任或疑虑，因此会影响其购买的欲望，也会导致销售工作不理想。现阶段还存在有些企业通过电话直接推销产品的现象，这种情况会使顾客反感，并认定这是电话骚扰。因此电话销售是一种不足取的销售方式。如果把电话销售与“拉”的策略结合起来，以品质、品牌为先导，形成吸引效应，销售效果会更好，而将电话销售与“推”的策略结合起来，形成销售人员主动出击的方式，则效果不会太好。现在保险公司、金融企业、有些咨询公司等，还在使用后一种形式，盲目地通过电话寻找顾客，造成销售资源的过度浪费。

**6. 网络销售**

2019年2月28日，CNNIC（中国互联网络信息中心）发布了第43次《中国互联网络发展状况统计报告》。报告显示，截至2018年12月，我国网民规模达8.29亿，全年新增网民5 653万，互联网普及率为59.6%，较2017年底提升3.8个百分点，超过全球平均水平（57%）2.6个百分点。报告显示，截至2018年底，我国手机网民规模达8.17亿，较2017年底增加手机网民6 433万，网民中使用手机上网的比例由2017年底的97.5%提升至2018年底的98.6%，这些网民现在不仅仅是网上购物，还延伸至手机点外卖、手机购旅行行程、手机订购火车票和飞机票、手机转账结算，等等。在网民数量急剧增加的情况下，网络销售业异军突起，成为销售类型中的重要形态，即便很多企业继续沿用传统的销售模式，但网络销售也都被各种类型的企业所应用。现在网络销售的形式有：主营销售业务的网站，如淘宝、天猫、京东、当当、亚马逊、拼多多、美团等；此外还有更多的从事网络服务的各类企业，如：58同城、猎聘、赶集网、拉勾网、脉脉；专门发布销售信息的网站，如阿里巴巴；企业网站，更多的发布企业的销售信息、优惠活动等；网上开店，如各种类型的网上商店、网上商城、网上卖场，等等。网络销售目前已经成为企业销售工作中的重要部分，更多的企业是将实际销售运行与网络销售有机地结合起来，形成互相配合、互相促进的一种销售模式。

**7. 会议销售**

会议销售指企业通过寻找特定顾客，通过亲情服务和产品说明会的方法销售产品的一种销售模式。会议销售的有利方面在于：它可以使产品在市场上迅速打开销售局面；可以让品牌在短期内为目标受众所熟悉；可以使企业在短期内收回投资；可以最大限度地利用社会资源；投资相对较少；可以让其从业人员获得丰厚的收入。在过去的一个相当长的历史时期（约 30 年的时间），会议销售在一个个的企业中被复制，甚至有些企业将会议销售当成了挽救企业的最后一根救命稻草。与此同时，会议销售工作也被很多企业所利用，有些企业采取会议销售的模式确定虚高的价格、传达产品神奇的功效等，使会议销售工作有了欺骗消费者之嫌，为会议销售形式蒙上了一层阴影。因此，采取会议销售形式的企业最好做会议展销，而不是做会议销售，将会议办成传递企业信息和介绍产品的说明会，将销售作为辅助性工作，而不是主导性工作，以消除人们对企业和产品的不信任感。同时，在消费者心目中品牌价值较高的企业，可以依靠自身品牌的影响力举办一些回馈消费者的销售活动。

## 二、销售管理

销售管理有两层含义，一是销售，二是管理。销售与营销密不可分，管理与管理学密不可分，但销售管理学与营销管理学、企业管理学既有着密切的联系，又有着明确的分工。

管理学的发展已经经历了 100 多年的历史。这期间经历了管理学的变迁与分割，形成了隶属于管理学体系的各类分支，包括战略管理学、营销管理学、财务管理学、物流管理学、企业管理学等。销售管理学则是在营销管理学的基础之上进一步分工而形成的一门独立于管理学和营销学之外的学科。

销售管理学与企业管理学的联系在于：企业管理学和销售管理学均是管理主体利用管理理论实施着对管理客体的计划、组织、协调、控制与决策等各种职能，因此，管理职能的发挥是二者的共同追求。

销售管理学与企业管理学的区别在于：企业管理学是利用企业（组织）资源，对企业（组织）的人、财、物各种对象和产、供、销各个环节实施管理职能；销售管理学则是利用企业（组织）的资源，对企业（组织）中的销售人员、销售过程以及客户关系等进行管理。

销售管理寓于营销管理之中，是营销管理的重要组成部分。美国营销学教授菲利普·科特勒认为，营销管理是为了实现各种组织目标，创造、建立和保持与目标市场之间的有益交换和联系而进行的方案分析、计划、执行和控制。美国著名营销学教授查尔斯·M. 福特雷尔（Charles M. Futrell）在营销管理的基础之上专门研究了销售管理。他认为，销售管理是指通过计划、人员配备、培训、领导以及对组织资源的控制，以一种高效的方式完成组织的销售目标。查尔斯认为这一定义包含了两个重要思想：一是计划、人员配备、培训、领导和控制等五项功能；二是以高效的方式实现组织的销售目标。[①]

根据查尔斯的思想，我们认为，销售管理是一个企业对销售运行工作实施的计划、组织、培训、领导、协调、控制和绩效考核的过程，其中管理的对象包括销售人员、销售过

① 查尔斯·M. 福特雷尔. 销售管理. 刘寅龙，译. 北京：机械工业出版社，2003.

程、销售关系和目标实现。这一销售管理的过程可以用图1-1来表示。

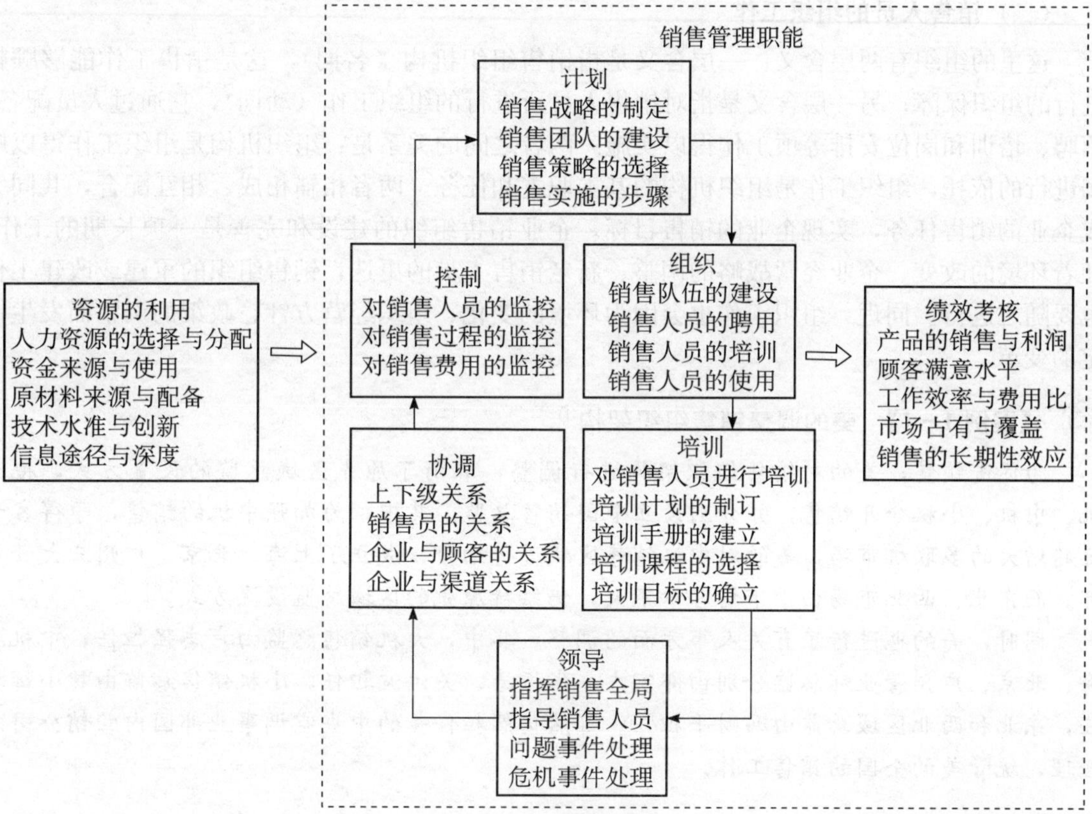


**图1-1　销售管理过程**

图1　1阐述了企业通过组织资源的利用实现组织目标的销售管理过程。这一过程指出了销售管理的过程所呈现的销售职能，以及这些职能所发挥作用的形态。

当然，在销售活动中，这些销售职能与活动并不是孤立的或单项的工作，而是相互衔接和相互配合的。销售管理所包含的各种职能之间存在着一种系统的关联，如通过培训可以向销售人员传达企业的销售政策和销售制度，这一方面可以约束销售人员遵守和执行企业的销售制度，另一方面也可以让销售人员看到自己的销售目标和发展希望，以调动销售人员的工作积极性。同时所有的职能与活动都是一个动态的过程。随着环境的变化，计划、培训内容和方式、运行策略等也会发生变化。

## 三、销售管理工作

销售管理工作是企业为了实现销售目标，使销售职能发挥作用的各项工作，它包括销售计划工作、销售人员的组织工作、销售人员的培训工作、销售运行的领导工作、销售运行的协调工作、销售运行的监控工作等。

### （一）销售计划工作

计划（Planning）是对销售工作程序与步骤进行的思考与成文过程，是有意识、系统化的决策过程，它是销售工作运行达到有序化和完备化的保障。销售计划工作需要明确个人、群体、工作单元和组织未来所期望达到的目标、进行的活动以及为实现这些目标所需要使用的资源。

### （二）销售人员的组织工作

这里的组织有两层含义：一层含义是指销售组织机构（名词），这是销售工作能够顺畅进行的组织保障；另一层含义是指对销售人员所进行的组织工作（动词），它通过人员配备、招聘、培训和岗位安排等项工作得以实施。两者之间的关系是：组织机构是组织工作得以顺畅进行的依托，组织工作是组织机构的基本职责和任务。两者相辅相成、相互配合，共同完成企业的销售任务，实现企业的销售目标。企业销售组织的建设和完善是一项长期的工作，随着环境的改变、企业经营战略的调整、新老销售人员的更迭，销售组织的重建或改建工作也要随之进行。同理，组织工作也会因为环境的变化、组织经营方针、政策的调整而发生一定的变革。

**【案例 1-1】 美的调整销售组织架构①**

为促进销售，美的对销售组织架构进行调整，取消了原先区域总监的设置方式，把大机、中机、小机分开销售，并分别设立全国销售总监。其中，为加强中机的销售，争得容量日趋增大的多联机市场，美的对中机销售区域进行细分，成立了上海、北京、广州三大营业部。而东北、西北市场由于市场容量不大，仍维持原先的区域总监设置方式。

同时，美的也进行了有关人事方面的调整。其中，大机销售总监由卢志强担任，中机上海、北京、广州营业部总监分别由邵宏杰、张振涛、关洪波担任，小机销售总监由魏小辉担任，东北和西北区域总监由冯财平担任。郝然仍然担任美的中央空调事业部国内营销公司总经理，统管美的全国的销售工作。

### （三）销售人员的培训工作

销售人员的培训工作是企业销售工作不可或缺的组成部分，也是销售经理人员的重要任务。企业销售人员的培训分为两种类型：一类是集中培训；另一类是分区培训。集中培训一般是新销售人员上岗之前一次培训以及一年一度的例行性培训。分区培训则由销售经理负责，没有特别严格的时间限制，根据工作需要可能一个月一次，也可能半年一次。集中培训的内容应包括企业文化、规章制度、相关知识、销售技能、礼仪行为等，可聘请专职教师和资深销售经理做培训师；分区培训则由销售经理主管，培训内容为相关知识的补充与运用、现存问题的解决思路、相应市场的运行策略等。

### （四）销售运行的领导工作

领导（Leading）是一项引导他人为实现特定目标而进行工作的能力，发挥的是带头、表率的作用，从而带动属下更好地工作。在销售工作中，领导意味着把预期的目标传达给销售群体中的每一个成员，使每一名销售人员都具有不断改善自身业绩的愿望。对于企业的高层销售经理来说，领导意味着激励自己的每一个部门和每一名成员，促使他们为实现同一个目标共同努力，提升销售业绩和改善市场状况。

### （五）销售运行的协调工作

销售运行是一项复杂的工作，其涉及的关系极为多样，包括销售总经理与销售经理之间

---

① http://www.sxj0551.cn/News View _ 769.html.

的关系、销售经理与业务员之间的关系、代表企业的销售队伍与顾客之间的关系，等等。这些关系必须通过协调的手段很好地处理。其中有些关系是非常敏感的，稍有疏忽，就可能酿成不可收拾的后果。如企业与顾客之间的关系、与渠道（经销商）之间的关系等。一旦有一种关系产生问题，就有可能造成危机事件的爆发。因此，销售人员在处理相关关系时，一方面要遵循原则，另一方面要经常沟通。公共关系手段是协调各种关系的最好途径。

**（六）销售运行的监控工作**

完成上述各项销售职能及相关的工作，如各种具体计划的有机结合、完备销售组织的构建、系统的培训、出色的领导和各种关系的协调，并不意味着销售工作就一定能运行得顺畅，进而取得成功。规范销售行为、监控销售运行、预警可能的事件同样是非常重要的，这就是控制——第六项销售管理职能。控制（Controlling）包括对销售人员的活动进行控制、对销售过程进行控制、对可能的意外事件进行控制以及在必要的情况下对组织的活动加以修正。销售经理必须始终确保自己的组织朝着既定的目标运行。

通过某些具体的监控与调控工作，企业可以制定明确的绩效标准，确定现有活动是否符合组织的长期发展目标；通过收集相关的绩效资料，可以检测销售人员和销售单位的销售业绩；为销售人员的自身工作提供反馈信息；找出实际业绩与标准业绩之间的差异，明确实际工作中存在的问题；为销售业绩的波动和市场上出现的异常现象查找原因，进行系统分析，防止违纪事件的发生。在实施监控职能时，可通过制定预算、削减成本、建立奖惩制度、市场波动 $6\sigma$ 理论等几种常见的控制工具进行监控。

销售管理与运行工作的价值就在于实现销售绩效，即实现企业销售工作的目标。从狭义的角度分析，销售绩效是企业销售团队共同创造的销售业绩的总和；从广义的角度分析，销售绩效包括产品的销售与利润、顾客满意水平、工作效率与费用比、市场占有与覆盖、销售的长期性效应等。企业销售工作的结果就是通过这些方面进行考核的。

## 第二节 销售管理与营销管理

在一个企业的经济运行中，销售管理与营销管理同属于经济运行的基本要项，二者的关系非常密切，但又存在一定的差异性。一般来说，营销涵盖了企业除生产运行以外的全部经济运行工作，它包括产前活动、销售活动和售后服务活动，一般我们简称这三种活动为微观市场营销的三段式。销售工作隶属于营销工作的范畴，是企业营销工作的重要组成部分。

### 一、销售与营销

如前所述，销售就是以营利为目的的经济活动，它是营销运行中的重中之重。没有销售，营销的目标就无法实现；仅有销售，长远的营销运行也常常得不到保障。只有二者密切联系、共同努力，才能保障企业经济运行的健康、有序。

**（一）营销的活动内容**

美国著名市场营销学教授菲利普·科特勒给市场营销下了这样一个定义：市场营销泛指与市场有关的人类活动，也就是说，市场营销是为了满足人类的需求和欲望而实现潜在交换的活动。①

在多年的教学实践和对营销运行的指导实践中，我们把市场营销活动归结为以下三个阶段的工作（见图1-2）。

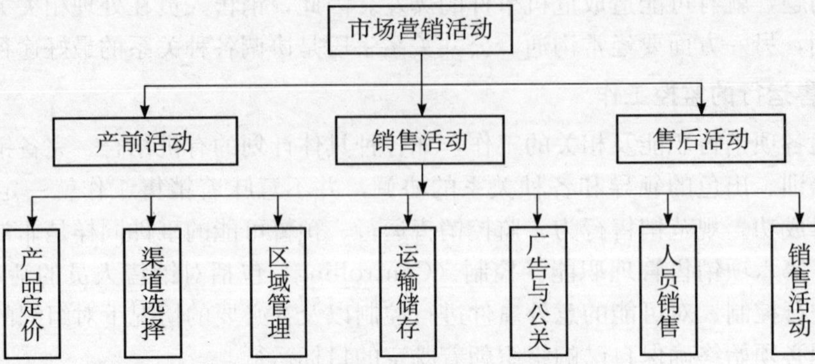


**图1-2 销售工作在营销工作中的位置**

一是产前活动，包括市场机会的把握、市场调研与预测、市场环境分析、市场信息处理、产品新技术的研究、产品设计、新产品开发等。

二是销售活动，指产品的直接销售和转售，包括产品定价、渠道选择、区域管理、运输和储存（物流）、广告与公关、人员销售、促销活动等。

三是售后活动，包括销售以后的各项服务工作、信息收集与反馈活动，各项问题的处理工作等。

从市场营销这三个阶段的内容来分析，销售工作属于市场营销工作的重要组成部分，被各种类型的企业所重视。销售工作如此重要的原因在于：销售工作是直接见效益的工作，是给企业带来利润的工作，是推动企业发展的必要物质保障和企业发展的最终体现。

同时，我们也可以看出，销售工作不仅仅着眼于促销工作，也不仅仅局限于人员销售，它所涵盖的内容包含着市场营销组合中的相关内容和相应工作的延伸。

### （二）销售与营销的区别

市场营销是一个含义比销售更宽泛的概念。现代企业的市场营销活动主要表现在对市场的了解与把握、对机会的掌控、对顾客的了解、对目标市场选择的重视、对世界先进技术的掌握、对自主知识产权的创造、对产品创新能力的提升、对售后各项工作的把握、对危机事件的及时处理，等等。所有这些都属于市场营销的范围，而不属于销售的范围。销售仅仅是市场营销活动的一部分，属于“市场营销冰山”的尖端。如果企业市场营销工作做好了，如搞好市场研究工作，了解购买者的需求，按照购买者的需求来设计和生产适销对路的产品，同时制定合理的价格，选择好合适的分销渠道，信息传递到位，产品性能和技术指标为更多的购买者所熟悉，销售工作就会顺风顺水。

## 二、销售管理与营销管理

就像销售与营销有着密切的关系一样，在企业中，销售管理与营销管理也有着密切的联

① 菲利普·科特勒．市场营销管理：亚洲版．梅清豪，译．北京：中国人民大学出版社，2001.

系。从企业长期的发展过程来看，企业组织结构与企业管理职能随着营销观念的转变和营销环境的变化而不断演进，销售管理与营销管理的关系也在发生着变化。《销售管理》的作者之一左莉将这一变化过程划分为四个阶段：简单的销售部门，销售部门兼有其他附属职能，独立的营销部门和现代营销部门。[①] 根据这一思路并依据企业营销工作实际所走过的道路，我们从以下几个方面来理解销售管理与营销管理的演变。

### （一）简单的销售部门

这是适应生产观念和产品观念时期的一种销售组织形式。在这一阶段，企业的计划发展、产品价格的制定和企业目标的确立均由生产部门和财务部门决定，销售主管的职责只是负责对销售人员的管理，并促使销售人员销售更多的产品。这时，企业的销售人员数量不多，有些很大的企业，其销售人员也仅有几个人。生产电冰箱的北京雪花集团，在20世纪80年代末期，面对偌大的北京市场只配备了三名销售人员。由于市场空白点比较多，市场需求旺盛，销售压力不大，销售工作相对比较简单，销售工作更多的是坐门等客，顾客仍然络绎不绝。这是生产量和成本量主导时代所呈现的状态。

### （二）销售部门兼有其他附属功能

随着市场的扩大，企业销售量不断增加，销售管理工作所涉及的销售职能也越来越多，包括市场调研与预测、信息传播、促销指令的执行、新产品开发思路的建立等。同时，销售工作本身要求主动联络顾客，与顾客更多地沟通等。因此，销售主管除了完成原来对销售人员的管理外，还要承担这些辅助性但又特别重要的工作。为了使这些工作能够达到更好的效率，有些企业将这些新发展起来的销售职能与销售工作分开来做，以市场部或营销部为组织形式，下辖策划部、新产品开发部、销售部、服务部等。其中策划部、新产品开发部和服务部等专门负责市场营销运行中的产前活动和售后活动，销售部仍然专门负责销售工作。这时的销售工作要远比生产导向和产品导向时期复杂得多，而这些工作仍然由销售主管负责。这是推销导向时代向营销导向时代过渡的表现。

### （三）销售部门与其他部门的分离

随着市场竞争的日益加剧和营销观念的不断演进，市场营销理论走上了系统化、完备化的轨道，理论对实践的指导和实践对企业的磨砺，使企业对市场营销的认识越来越深刻。为了使市场营销工作卓有成效，赢得市场竞争的主动权，更多的企业将营销职能、销售职能和售后职能进行了分离，形成了市场部（或营销部）、销售部、服务部三足鼎立、互相配合的组织形态。市场部专职于市场调研、市场预测、信息处理、技术引进和新产品开发等；销售部专门负责销售工作；服务部将服务工作全部承担起来，形成了与微观市场营销三段式相对应的三部门。这时的销售主管仍然负责销售管理工作，三部门的配合和营销战略的制定与实施均由营销副总负责。这是营销导向时代的结果。

### （四）现代营销组织机构

现代企业的发展，使营销工作在企业中处于核心的地位，营销组织机构的建设也是企业发展和形成经济良性循环的重要保障，进而形成了不同的组织机构的类型。

#### 1. 职能管理式结构

这是一种营销职能各自独立运行，又保证各机构相互配合的营销组织形态。在职能管理

---

① 万晓，左莉，李卫．销售管理．北京：清华大学出版社，北京交通大学出版社，2009.

式结构下，主要机构包括调研部、技术部（或称新产品开发部）、市场部（或营销部，也称策划部）、广告部、公关部、销售部、服务部、投诉部（或称顾客接待部）等。

**2. 产品管理式结构**

这是一种按产品来划分营销部门的运作形式，如一家电器公司生产多种产品，按产品管理结构可划分为电冰箱销售部、电视机销售部、洗衣机销售部、微波炉销售部、手机销售部、电脑销售部等部门。需要指出的是，按这种方式进行销售机构的划分，有些企业能将营销活动的其他职能集中控制，如在营销公司中设有各种职能部门负责全公司的营销运作与指导，其他各职能部门对各产品销售部门进行指导。也有公司将其他各项营销职能分散到各个产品销售部，由各产品销售部承担本产品全部的营销职能。

**3. 市场管理式结构**

这是按市场划分的营销组织机构。在现代市场营销中，市场的划分是一项比较复杂的工作，如可按年龄划分为老年人市场、中年人市场、年轻人市场、儿童市场等；可按性别划分为男性市场、女性市场；可按收入划分为高档市场、中档市场、大众市场等；可按地域划分为国内市场（具体的某区或某省、市的市场）、国外市场（具体的某国市场）；可按地域特点划分为沿海市场、内地市场；可按城乡划分为城市市场、农村市场；可按经济发展水平划分为经济发达地区市场、发展中地区市场、落后地区市场，等等。

**4. 地区管理式结构**

从市场管理式结构的角度可以看出，如果按市场中的区域来划分市场，就形成了地区管理式结构。但按地区来划分的市场往往都是大市场，如从世界的角度来划分，可分为大中华市场、北美市场、东南亚市场、非洲市场、欧洲市场，等等；在中国市场的大区域中，可划分为东北市场、华北市场、西北市场、华东市场、华中市场、华南市场、西南市场，等等。

**5. 产品-市场管理式结构**

这是依据产品和市场两个条件对市场管理进行约束的划分方法。我们仍然以一家电器公司为例予以说明。一家电器公司按产品划分市场可分别设立 A 产品（如电冰箱）市场销售部、B 产品（如洗衣机）市场销售部、C 产品（如电视机）市场销售部。为了能把市场营销工作做深、做细、做透，公司又按照区域市场分布进行划分，如分为 A 产品上海市场、A 产品北京市场、A 产品新疆市场等；B 产品上海市场、B 产品北京市场、B 产品新疆市场等；C 产品上海市场、C 产品北京市场、C 产品新疆市场等。这样划分的好处在于市场营销管理人员可以有针对性地策划和实施营销活动，市场营销业务人员可以明确自己所负责的产品和区域，从而把市场营销工作做得扎实、细致。但有时也可能会出现一些问题，如市场营销活动重叠、经费使用不好控制、销售工作中出现窜货现象等。

通过以上营销组织机构类型可以看出，销售管理与营销管理在运行中互相联系、紧密配合。销售管理寓于营销管理之中，成为营销管理的重要组成部分，营销管理中包含有销售管理，并以此保证营销目标的顺利实现。

在现代市场营销运行中，销售管理与营销管理的模式并不是一成不变的，不能说哪种模式最好，哪种模式不好。销售管理与营销管理模式需要根据具体的环境状况和企业自身的条件，选择适合于自己企业的模式。

**【案例 1-2】 三株企业的营销管理**

历史上，“三株”曾是保健品行业最辉煌的企业之一，它的销售业绩在 1996 年达到了

80.6亿元人民币，一时成为人们关注的焦点，它的销售管理模式——军事化管理，更成为其他企业效仿的对象。在销售状况最好时，三株曾拥有一支15万人的销售队伍，把全国销售组织划分为东北、华北、西北、西南四大“战区”，每个“战区”设立“战区经理”，由总部协调指挥。在营销战打到最后的时候，总经理亲自组建了“市场前线委员会”，在各省建立了“市场指挥部”，完完全全走的是军事化管理的道路。

三株1997年以后退出市场，是由于媒体曝光、竞争对手不正当竞争、三株自身公关危机处理能力不足所致，与三株在市场营销中实施的军事化管理没有直接的和必然的联系。

由此我们看出，现代企业的营销运行与销售运行，选择何种管理模式并无定式，企业应根据环境的变化和企业自身的特点与偏好选择和创建适合于本企业的营销与销售管理模式。

## 三、销售战略与营销战略

对于一个经济组织来说，其经济活动的基本内容包括：战略领域的选择、原材料的配备、技术学习与开发、新产品研制与开发、生产运营、财务管理、人事管理、市场营销、广告宣传、公共关系等。这其中包括企业运营的全部内容，如人、财、物、产、供、销等。而营销战略和销售战略是企业战略运行中的重要内容。

### （一）营销战略

营销战略也称战略营销，产生于20世纪70年代，最初是由波士顿咨询公司提出的。由于营销战略在企业中发挥着指导与引导营销的作用，因此它对企业营销运作与发展发挥着重要的作用，现已成为企业营销工作的重要组成部分。

企业营销战略由战略规划的设计、企业任务的选择、企业目标的制定、企业投资计划所构成。其中战略规划是指企业通过对市场外部环境和本身资源的全面分析与估价，对企业的未来做出的整体布局。

#### 1. 规划战略任务

企业的战略规划是以规划体系的形式表现的，其主要内容有：

（1）公司层战略：总战略，包括战略方向的制定和战略手段的选择。

（2）事业层战略：适应战略、竞争战略。

（3）职能层战略：各职能机构的战略。

战略规划一般分为远期（5～15年）、中期（3～5年）、近期（1年）。根据规划的内容，本着远粗近细的原则进行思考与设定。

战略规划首先要明确企业任务。企业任务回答了企业所进入的行业、所经营的业务、所选择的目标市场、企业未来的营销方向等问题。

企业在规定其任务时，需要考虑的主要因素有：

（1）企业过去的突出特征。

（2）企业业主和最高管理层的意图。

（3）企业周围环境的发展变化，它会给企业造成威胁或形成机会。

（4）企业的资源情况。

（5）企业的特有能力。

企业任务以任务报告书的形式进行说明。任务报告书要求具有市场导向性、可行性、激励性和具体性。

**2. 确定企业目标**

企业目标由企业任务转化而来，由总目标、分目标和更细化的子目标形成，是一个目标体系。企业目标要求具有层次化、数量化、现实性、协调一致性等特点。

**3. 选择战略类型**

可供选择的战略类型主要有：

（1）密集性成长战略。企业在现有的业务中，充分利用在产品和市场方面的潜力，寻找迅速提高销售额的发展机会。

（2）一体化成长战略。企业在供给、生产、销售的经济运行链中或其中某一个环节，选择纵向或横向延伸方向的成长战略。

（3）多角化成长战略。企业在现有业务之外寻求新的投资方向，以扩大发展的成长战略。

企业战略类型及其实现的途径见表1-1。

**表1-1 企业战略类型及其实现途径**

| 战略类型 | 实现途径 |
| --- | --- |
| 密集型成长战略 | 市场渗透 |
| | 市场开发 |
| | 产品开发 |
| 一体化成长战略 | 后向一体化 |
| | 前向一体化 |
| | 横向一体化 |
| 多角化成长战略 | 同心多角化 |
| | 水平多角化 |
| | 混合多角化 |

**4. 制定企业投资计划**

企业投资计划是指企业在选择的战略方向上要花多少钱并怎样花这些钱的计划，即决定哪些业务应当发展，哪些业务应当维持，哪些业务应当缩减，哪些业务应当淘汰，以制定企业最佳的业务投资组合。

其工作步骤是：

（1）确定战略业务单位。企业的战略业务单位是企业的业务方向。不同类型的企业，其战略业务单位的表现形式不一样，可能表现为产品，也可能表现为服务，还可能表现为项目。由于各企业组织结构的划分不同，不同的企业对其战略业务单位的管辖也不一样。小规模的企业，一个战略业务单位可能包括几个部门。大规模的企业，一个战略业务单位可能只有一个机构负责。有些企业按品牌来划分，一个品牌由一个机构负责。

（2）对企业战略业务单位的经济效益进行评价。企业可选择美国波士顿咨询公司评估法，该方法也称为“市场增长率-相对市场占有率矩阵法”，或称“四分图法”，是由美国著名的波士顿集团公司提出并加以推广的一种方法。企业还可选择美国通用电气公司的评估方法（麦肯锡的方法）。波士顿咨询公司的方法忽略了市场规模、销售利润、产品信誉、生产能力等较为重要的因素。通用电气公司的评估法就是将评估依据建立在多因素的基础之上，市场吸引力大类指标项下的具体指标有市场规模、市场增长率、销售利润、竞争程度、技术要求、受通货膨胀危害程度、能源要求、环境影响、社会、政治、法律等；竞争能力大类指标项下的具体指标有市场规模扩大的能力、产品质量、品牌信誉、分销网络、促销效果、生产能力、生产效率、单位成本、原材料供应、研究与开发绩效、管理人员的能力等。

一个企业在市场营销中除了制定总战略之外，还有事业层战略、职能层战略等。事业层战略是企业在市场营销中为确保战略目标的实现而实施的操作思路、运行路线等，如新产品开发战略、销售战略、服务战略等。职能层战略是在事业层战略确立的条件下所选择的具体行动战略，如在销售战略中所划分出的市场，职能战略就要解决这一区域市场如何开辟（销售计划职能）、谁来实施（销售组织职能）、怎样选择行进路线（组织职能的落实）、选择何种传输工具（过程的确立）、达到何种目的等问题。

### （二）销售战略

销售战略是指企业为赢得竞争优势，在对外部环境和内部因素进行研究、分析的基础上，对企业的销售政策、销售策略、销售目标、销售路径等做出的全面、系统并长远的谋划。销售战略在企业的经济运行中统领着企业的各项工作，有了销售战略，才有企业各项工作的贯彻落实。因此，企业的销售战略一定要体现以下特征。

**1. 全局性**

企业的销售战略是从企业全局和发展的高度所进行的思考，它属于企业整体事业层面的工作，而不只局限于销售部门。在当今复杂的经济环境中，市场竞争日趋激烈，美国启动税收杠杆对市场需求的影响波及全球，在这种情况下，企业如果没有一套全局性的销售战略，势必会影响企业的生存和发展。在外部环境的影响下，企业要考虑调整销售战略思路的问题。

**【案例 1-3】 山东企业积极应对美国“轮胎特保案”①**

中国出口美国的轮胎中有一半属于“山东造”，美国强行宣布对中国输美轮胎产品采取特殊保障措施后，山东省采取措施积极应对。

轮胎出口大户山东东营永泰集团年生产半钢子午胎 600 万条、全钢子午胎 90 万套，其产品 80%出口国外，而美国市场占其出口份额的四成以上。美国特殊保障措施让永泰集团的产品价格优势消失。公司国际贸易部经理朱存栋说，他们已经做好了应急准备，加大向欧洲市场、南美市场、非洲市场和印度市场的出口。

因惩罚性关税受影响的出口美国轮胎中有一半属于“山东造”，因此，美国政府的征税决定立刻在山东轮胎企业中引起了强烈反响。山东轮胎生产企业表示将积极配合行业协会进行上诉，保护合法权益；同时积极开拓新市场、新产品，以应对贸易保护主义。

山东大学教授王伟强表示，在这件事情上，企业要吸取教训。加入 WTO 以后，这样的贸易壁垒会越来越多。我们的企业要时刻保持清醒，要熟悉国际规则，学会抓住国内国际两个市场，两条腿走路，这样才不至于太被动。

**2. 长远性**

战略管理是着眼于未来的，是对未来一定期限的销售工作进行的思考和筹划。在环境发生变化的情况下，企业的销售战略随之要对未来提出新的市场运行思路，以避免不利于企业

① http://news.e23.cn/Content/2009-09-16/200991600162.html.

的环境对企业市场份额的蚕食和破坏。如山东轮胎企业在应对美国“轮胎特保案”时，如果固守美国市场，不去思考未来市场的变化，不积极开辟新的市场，就会处于非常被动的境地。当然，开辟新的市场是一种全新的销售战略，它需要企业拿出适应新市场的进入和销售方案，而且面对全新的环境，可能会有更多的问题需要思考，但只要企业做出了这种选择，销售战略的实施就会有助于企业改变自身的被动局面。

**3. 针对性**

销售战略是针对企业的销售活动而设计的，不同的市场需要设计出不同的销售战略；针对不同时期、不同环境的市场，企业也要设计出不同的销售战略。销售战略设计的依据是：特定环境（大环境）、特定时期（不同历史阶段）、特定市场（目标顾客）、特定产品（自身产品水准和特色）、特定支持系统（企业所能投入市场的要素和能力）等。所有这些内容都要求企业的销售战略要具有针对性，以保证企业能从务实的角度开展销售工作并使销售工作的各项职能得到充分发挥。

**4. 竞争性**

销售战略是由企业销售工作管理者和运行者来实施的，但销售战略的目标能否实现以及实现的程度如何，常常要参照竞争对手的状况，即看市场上的竞争格局。市场往往被各个同类竞争者根据自己的实力和能力进行了分割，这种分割通常不是平均分配。在市场需求量不发生变化或少发生变化的情况下，市场份额是企业在正确销售战略的指导下，通过企业销售工作的努力所获取的。市场需求量的变化（增加或减少）常常是因为竞争中的企业自身销售能力的变化所致。在市场竞争中，由市场份额所支撑的销售量的变化是销售战略能力的体现，并在此消彼长中重新洗牌。谁的销售战略适宜、谁的竞争能力和竞争水准高，谁对市场把握得准确，谁就会拥有更大的市场份额，并在市场格局中占据霸主地位。处于市场霸主地位的企业在市场中拥有定价权和左右市场未来方向的权利。

**5. 导向性**

销售战略对企业的销售工作发挥着导向性的功效。销售战略一经制定，便会对企业的销售工作（包括销售管理工作和销售运行工作）形成强有力的引导力。因为，销售战略本身要明确企业的销售目标，形成企业的总体销售思路和运行模式，这些思路与模式只有在销售工作中付诸实施，才能真正使销售战略的作用得以发挥，并指导企业的战略运行。

### （三）营销战略与销售战略的关系

企业的营销战略是针对企业的经济运行全局而制定的，包括企业未来的投资与发展方向，现行产品结构的调整，未来产品与技术开发的方向，产品、价格、渠道和促销等营销组合工具的总体运用思路，企业营销的具体工作任务和工作目标，等等。

企业的销售战略是针对具体的销售工作而制定的，它具有一定的独立性，但销售战略毕竟是营销战略的一个重要组成部分，它融于营销战略之中，只不过由于销售战略的重要性和实施的具体性而将其独立出来，为的是更好地对销售管理与销售工作进行控制和协调。因此，销售战略的制定与实施，必须要在企业营销战略的统领下进行。一方面，企业的销售战略要体现营销战略的核心价值、战略目标和基本使命，使之成为销售管理工作所遵循的基本原则；另一方面，销售部门要将营销战略规划中的基本要点具体化，以此来制定销售战略的实现目标和实施步骤。通过这样一种关系的确立，有助于企业营销战略目标的实现，即通过具体的销售战略的制定与实施，确保营销战略目标的实现。

企业销售战略是针对具体的销售工作而制定的，销售工作的执行者是人，是销售管理者和销售运行者。因此，销售战略的贯彻落实是通过对销售人员的管理而得到实现的。这说明，销售工作的管理是对销售人员的管理和与此相关关系的管理，包括渠道关系和客户关系管理等。

## 第三节　销售管理的变迁

世界经济的格局随着市场经济的变化而在发生着改变，发达资本主义国家不再统领着世界经济，而后起的发展中国家在世界经济格局中的话语权越来越被人们所重视。参与世界经济的竞争不再是发达国家企业的专利，发展中国家的企业已经具备了参与世界经济运行的能力和实力。市场竞争异常激烈，竞争的表现就是销售，谁销售得好，谁就能赢得市场。销售的好坏和销售管理直接相关。

销售管理的态势随着市场竞争格局的演变在不断地发生着变化，变化的方式、方向，均是朝着有利于销售工作开展的目标行进的。《销售管理》① 一书的作者张启杰和另外一本《销售管理》② 的作者万晓等均将销售管理的发展趋势总结为六个方面的变化，其具体的表现形式是：从交易式销售到关系式销售，从个人式销售到团队式销售，从关注销量到关注销售效率，从管理销售到领导销售，从本地市场到全球市场。这种销售管理的变迁（见图1－3）使销售竞争越来越激烈。

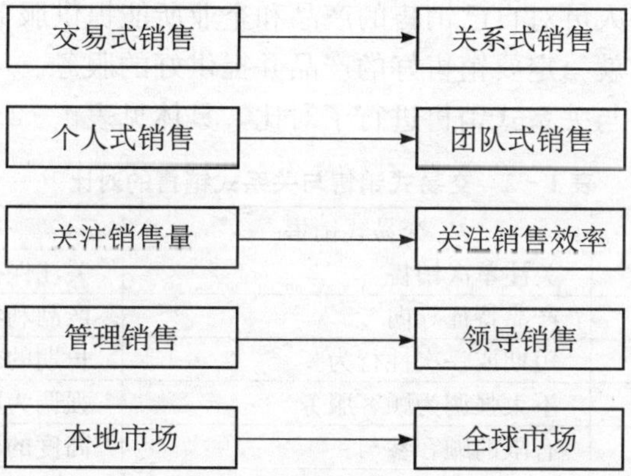


**图1－3　销售管理的变迁**

原书作者在图1　3中使用的是推销。本书将这里的推销改写为销售，其理由是推销是传统营销观念下所采取的销售方式，它的立足点是企业，这是一种狭隘的利己主义销售方式；而销售是在市场营销观念的指导下采取的销售方式，它的立足点是企业、顾客（市场）和社会，这是一种博大的利他主义销售方式。一个企业只有为顾客（市场）着想，对社会有利，它的生命周期才会不断得以延长。如果在现代科学技术不断进步、市场竞争非常激烈的环境中继续沿用传统的推销方式，就会与现代企业的销售策划与销售运行格格不入，同时还

① 张启杰，等．销售管理．北京：电子工业出版社，2009.

② 万晓，左莉，李卫．销售管理．北京：清华大学出版社，北京交通大学出版社，2009.

会使企业的产品和服务陷入无人接纳的境地。因此，本书使用的是现代企业通用的销售。同时，本书将全球销售改写成了全球市场，因为，我们是从市场需求的角度来研究销售的，所针对的是可能进入的市场。

## 一、从交易式销售到关系式销售

交易式销售是指通过交易行为完成产品的销售过程，交易结束后不再承担其他与交易无关的事情。关系式销售是指通过信息沟通寻找到目标顾客，通过形成对顾客的解决方案给顾客带来更大、更多的方便，得到顾客的信任，进而与顾客建立长期沟通、长期合作的关系。这种给顾客提供解决方案的行为是为顾客带来更高价值的做法。今天企业给顾客解决了难题，使顾客价值得以提升，明天可能就会接到顾客的订单，而且这种订单又有纵向和横向的延伸效应。纵向的延伸效应是顾客成为企业的长期客户，形成更多的购买；横向的延伸效应是顾客给企业又带来了新顾客。因此，关系式销售是一种核裂变式的销售，与交易式销售相比，关系式销售具有倍加的销售效应。

关系式销售起始于对顾客的关心，出于对顾客的帮助，即帮助顾客解决问题，以使顾客的工作运行顺畅。当顾客对企业了解并对企业心存感激之时，便会认可企业的产品、服务或品牌。

采取关系式销售，销售人员需要考虑两个方面的效应：一是顾客对使用企业产品的过程感受如何，是方便还是不方便，是简单还是复杂；二是顾客在业界会怎样评价企业的产品，这是顾客获得使用产品的感受后对他人的传播，这种传播会形成口碑效应，以好和不好作为表现。这两个问题是销售人员对自己销售的产品和企业所能提供服务水准的把握，如果要保证上述双重效应的实现，就一定要销售好的产品并提供好的服务。

张启杰对交易式销售与关系式销售进行了对比，具体见表1-2。

**表1-2　交易式销售与关系式销售的对比①**

| 比较项 | 交易式销售 | 关系式销售 |
|---|---|---|
| 关注点 | 关注单次销售 | 关注保持顾客 |
| 销售导向 | 产品特征导向 | 产品利益导向 |
| 顾客关系持久性 | 短期或一次性行为 | 长期的合作行为 |
| 服务的重要性 | 不太强调为顾客服务 | 强调为顾客服务 |
| 顾客参与度 | 有限的顾客参与 | 高度的顾客参与 |
| 顾客关系度 | 适度的顾客关系 | 高度的顾客关系 |
| 质量的重要性 | 质量是产品的首要问题 | 质量是所有方面都要考虑的问题 |

## 二、从个人式销售到团队式销售

个人式销售是一种单枪匹马的做法。采用个人式销售，销售人员的业绩会形成两极分化，好的销售人员会成为“销售明星”，甚至是“超级明星”，但差的销售人员的业绩很难提升。这样企业总体的销售水平会因为更多销售人员的业绩平平而受到影响。在企业销售工作从交易式销售转向关系式销售时，以一个人为销售单元的运作形式存在诸多问题。首先，销

① 张启杰，等．销售管理．北京：电子工业出版社，2009．有改动．

售人员在帮助顾客提出解决问题的方案时，个人提出的解决方案肯定达不到集体智慧的水准，同时由于个人的实力和能力受限，个人提出的解决方案很难真正实现对顾客的帮助；其次，由于按个人销售业绩计酬，会使不同销售人员的薪酬差距悬殊，造成销售队伍内部产生不和谐的现象；最后，如果遇有特别重大的难题，以个人的能力很难给予解决。为此，团队式销售应运而生。

一个销售团队由一名销售经理领导，团队的成员除了核心的一线销售人员外，还可以包括市场营销部门、公共关系部门、新产品开发部门、广告部门的相关人员。根据团队成员协作方式的不同，可将销售团队分为两种类型：以客户为中心的销售团队和以交易为中心的销售团队（见表1-3）。

**表1-3　两种类型销售团队的对比**

| 以客户为中心的销售团队 | 以交易为中心的销售团队 |
| --- | --- |
| 1. 重视客户 | 1. 重视交易 |
| 2. 为客户解决问题的工作量决定团队成员数量 | 2. 交易的规模决定团队成员的数量 |
| 3. 一个客户一个团队，成员相对稳定 | 3. 一次交易一个团队，成员流动性大 |
| 4. 客户的特点决定团队的特点 | 4. 销售的机会决定团队的特点 |
| 5. 团队的使命服从客户的需求 | 5. 团队的使命是抓住销售机会和关键客户 |

以客户为中心的销售团队属于企业正规的销售组织。当团队需要为客户提供解决方案时，企业所有职能部门的相关人员均可参与，团队日常销售工作的执行则由企业销售部门的人员来完成。以交易为中心的销售团队属于企业非正规的销售组织。团队成员可能来自于企业任一职能部门，并且可以参与销售工作的任一阶段。销售人员的责任是合理安排销售组织的资源，使其满足客户的需求。

**【案例1-4】　两种类型团队的销售工作**

**以客户为中心的销售团队**：国家某一大型工程项目的承办者是甲公司，满足这一大型工程项目的需求需要企业上下配合，同时其中的关键技术需要从客户需求的角度进行重新研究、研制。甲公司为满足项目需求，调动了全公司各个部门的相关负责人成立了一个销售领导小组，销售部门的所有成员负责执行销售领导小组的指令，并执行与其他各部门的协调与信息传输工作。这一销售团队的人数与项目方的人数相匹配，双方共同协作，讨论满足项目需求的方案，为客户解决问题。如果第一套方案没能满足客户的需求，则讨论并实施第二套方案。在项目的进行中，销售团队始终与客户保持密切的配合，共同合作，使客户的问题最终圆满地得到了解决。

**以交易为中心的销售团队**：乙公司使用销售自动化系统来促进不同业务职能间的协作。公司所有订单都直接输入一个数据库，工程设计和制造部门进入数据库获取订单信息，进而执行订单任务；销售人员按照客户的要求进入数据库查看订单的执行与进展情况；客户服务人员进入数据库按照客户的要求调整服务的内容与方式。销售自动化系统可以为不同的业务职能部门提供所需信息，使其作为一个团队发挥作用，更好地满足客户的需求。

## 三、从关注销售量到关注销售效率

企业销售部门的基本任务就是做好销售工作，衡量销售工作业绩的指标就是评价销售经理和销售人员一定时期内的销售量与销售额。在企业销售工作的实践中，其销售人员与销售组织的销售效率并不完全一样，有些人销售量与销售额高，有些人则低；同时，同样的销售量与销售额，有些销售人员比其他销售人员能更节约费用进而获得更高的销售效率。因此，销售量与销售额的高低只是衡量销售水平的表象，真实的销售效率则需要从综合的角度进行评估。

**（一）从成本的角度进行评估**

销售成本在销售工作中表现为促销费用、销售人员的工资、销售人员的提成、销售礼品、销售差旅费、销售工作中的消费（招待客户的支出成本，含吃饭、赠予、回馈、游玩等）。在以个体行为为销售单元的工作中，除了促销费用和销售人员工资外，其他各项开支都很难进行统一，即使企业有上限规定，但要想达到完全一致的水准也十分困难。因此，完全一致的销售量和销售额，由于为此支出的费用不同，其销售效率也就不同。

**（二）从销售现金流回流的周期进行评估**

同样的销售量与销售额，有些销售人员所负责的客户可能回流现金的速度快，有些销售人员所负责的客户可能回流现金的速度慢。现金回流速度快，会导致企业资金周转的速度快，进而使企业的经济效益高，这是由销售效率较高所形成的企业经济效益的提升；现金回流速度慢，则会影响到企业原材料的购进，进而使生产周期延长，最终会影响到企业的经济效益，这是由销售效率低下所导致的企业经济效益的下降。

**（三）从服务客户所需成本的角度进行评估**

服务客户所需的成本由时间成本、配件成本、工时成本等构成。一般情况下，企业对正常的客户服务成本都有一个明确的规定，如电话访问、定期调查等。非正常的服务成本是由个性因素所导致的成本增加，如上门维修（产品质量问题）、指导使用、问题处理等。这些成本都记入销售成本之中，进而引起个别产品或个别销售人员的销售所带来的后续服务成本会高于平均的服务成本，从而使销售效率下降。

销售管理所抓的工作分为三个项目，一是销售的扩大，二是成本的控制，三是现金流的回笼。对于这三项工作，销售经理应能制定出一个切实可行的方案，在保证扩大销售的基础上，控制销售成本，快速回笼现金。

## 四、从管理销售到引导销售

在传统的管理中，公司机构是一个官僚式的、等级森严的、金字塔式的组织结构，各层经理人员直接监督下一级的工作，同时对上一级管理层负责，从而实现对组织的控制。这种管理模式在旧的管理体制中发挥着重要的作用，同时，在销售组织中也沿用这一管理模式。这种旧的管理模式是建立在非民主化管理的基础之上的。在销售人员基本文化素养不高、且信息传输工具落后的情况下，销售人员常常远离公司独立工作，这时对销售人员的控制是一件非常困难的事情，因此实施销售管理确实需要严格的控制手段。

在现代销售组织中，所有销售工作者的文化素养都达到了很高的程度。随着互联网技术在销售工作中的运用，销售经理对销售人员的管理方式也在发生着变化。第一，销售组织的结构越来越扁平化，减少了中间层级，使销售经理与销售人员的沟通越来越便利；第二，科学技术的发展，使销售经理与销售人员的沟通越来越便捷与简单；第三，在销售管理中引入科学管理的方法，使对销售工作的评价越来越严谨、细致；第四，销售经理还要通过公共关系的手段团结好销售人员，形成一个和谐、干练的销售队伍。在这些条件具备的情况下，销售经理的职责是帮助销售人员解决销售工作中的问题并引导其工作，这使得管理的内涵软性化的成分增加了，硬性化的成分减少了。

### 五、从本地市场到全球市场

经济全球化的一个重要表现形式就是全球市场、全球制造。网络经济让人们感受到了企业距离世界各地的市场越来越近，我国企业的产品与服务销售到国外市场也越来越容易。通过互联网的信息传递和交易平台，即便是一个小企业，只要拥有好的产品、好的信誉，就能把产品卖到各国、各地的市场。现在中国的企业已经具备了大举进军国际市场的能力与实力，更多的企业在思考着国际化的问题。尽管中国的企业在国际化的进程中并不一帆风顺，但走国际化的道路已经是一种必然趋势。同时面对着全球市场，市场竞争异常激烈，市场竞争本身就是一个优胜劣汰的过程，企业在销售工作中所要思考的问题就是如何把好的产品卖得更好。为此，企业要寻求合作者，获得优势渠道，利用国际合作者做好各项服务性工作，在国际市场上树立起中国企业的品牌形象。

# 第二章

# 销售管理理论

销售管理理论是指导销售管理实践的依据。企业在销售管理工作中，一方面要按照现有的销售管理理论确立销售管理思想，另一方面也要根据企业的实际情况对销售管理工作不断地总结经验、寻找规律，形成自己的一套销售管理风格。如果这套销售管理风格具有总结意义和推广价值，则能将其上升为新的销售管理理论。更多管理理论都是在实践中不断探索与总结而形成的。

## 第一节 销售管理方格理论

管理方格理论（Management Grid Theory）是由美国得克萨斯大学的行为科学家罗伯特·布莱克（Robert R. Blake）和简·莫顿（ Jane S. Mouton）在 1964 年出版的《管理方格》（1978 年修订再版，改名为《新管理方格》）一书中提出的。管理方格和新管理方格是用方格图得以表现的。方格图的提出改变了以往各种理论中“非此即彼”式（要么以生产为中心，要么以人为中心）的绝对化观点，指出在对生产关心和对人关心的两种领导方式之间，可以进行不同程度的互相结合。

### 一、销售方格理论

销售方格理论是由布莱克与莫顿两位教授在管理方格理论的基础上进行再研究而得出的。两位教授根据销售人员在销售过程中对买卖成败及对与顾客沟通的重视程度之间的差别，将销售人员在销售工作中对待顾客与对待销售活动的心态划分为不同类型。将这些划分表现在平面直角坐标系中，即形成了销售方格。销售方格中显示了由于销售人员对顾客与对销售关心的不同程度而形成的不同的心理状态。

销售方格由纵横两个坐标组成，纵坐标表明销售人员对销售业绩的关心程度，坐标由下到上依次按数字 1～9 排序；横坐标表示对顾客的关心程度，从左到右依次按 1～9 排序，坐标值越大，表示关心的程度越高。在两个坐标界定下，形成了一个 9×9 的方格，其中的每个小方格都代表着销售管理中的一个特定的内容，格与格之间的含义具有渐进性、连续性（见图 2-1）。

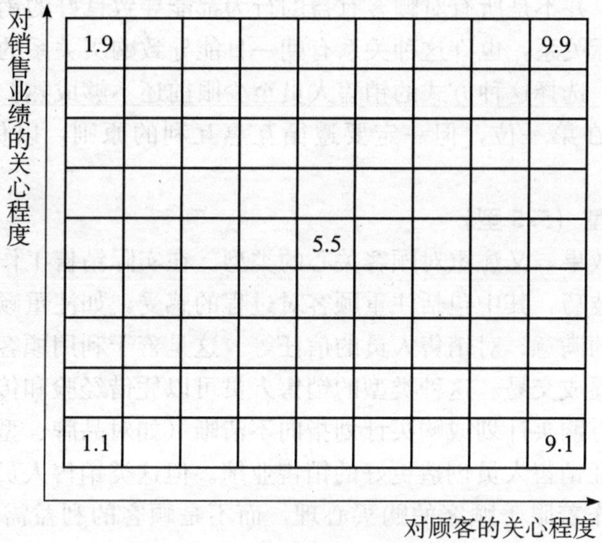


**图 2-1 销售管理方格模型**

销售管理方格中的各个方格代表着不同的销售心态，其中以五种心态最为典型，进而形成了五种类型的销售管理模式。

**1. 事不关己型（1.1 型）**

该类型是指销售人员对销售成功与否及对顾客感受的关心程度都是最低的。事不关己型的销售人员对本职工作缺乏责任心，也许不喜欢这份工作，不愿做销售工作；也许自己不适合做销售工作，工作起来不能得心应手；也许工作本身的吸引力不强，凑合着干；还可能是主观上对工作不满意、对领导不满意、对制度不满意、对收入不满意，等等。无论是什么原因导致的结果，最终对工作和对销售人员本人都是不利的：会造成企业的销售业绩不佳，影响企业的发展和品牌效应的形成；会使销售人员萎靡不振，影响自己的前程和收入。

**2. 强力销售型（1.9 型）**

该类型是指销售人员倾尽全力关心销售工作，不考虑顾客的感受、状况和存在的问题。销售人员为提高销售业绩，不惜采用多种手段。在推销观念的指导下，强行销售实际上就表现为强行推销，该类型曾在第一次世界大战之后盛行于美国。当时，推销员与顾客被形象地比喻为拳击台上的两个选手，推销员要坚决把顾客打倒，为此运用了很多推销技巧，其间不乏欺诈行为。强行推销不但损害了顾客的利益，而且也损害了企业的市场形象和产品信誉，导致企业的经济利益受损，最终使推销活动和推销人员在顾客心目中留下了极坏的印象，进而导致销售工作无法进行。在此之后，强行推销被温和推销所代替。企业界和学术界达成共识：对顾客无益的交易也必然有损于销售人员。一般情况下，强力销售都会导致“一锤子买卖”的形成。

**3. 顾客导向型（9.1 型）**

该类型是指对顾客关心备至，而不考虑销售状况的一种类型。持这种心态的销售人员将自己看成顾客的朋友，销售工作是从销售人员了解顾客的感受和兴趣入手的，以顾客对自己产生好感和认同为目标。因此，工作中始终把处理好与顾客的关系作为目标。其结果可能有两种表现：一是销售人员与顾客成为很好的朋友，但并没有形成买卖关系；二是销售人员与顾客成为很好的朋友，同时也形成了彼此之间的买卖关系。后一种情况当然是企业所希望的，但在实际工作中，并不是所有对顾客有益的行为都能导致良好的销售效果。选择这种模式，能维系良好的人际关系，也许这种关系有朝一日能导致购买关系的形成，但眼前不一定马上促成交易。因此，选择这种方式的销售人员至少眼前还不够成熟。现代销售工作要求把顾客的利益和需要放在第一位，但一定要遵循互惠互利的原则，以保证销售工作的顺利开展。

**4. 销售技术导向型（5.5型）**

这是既注重销售效果，又注重对顾客关心的类型。在实际销售工作中，销售人员往往有一套行之有效的销售技巧，其中包括注重顾客对过程的感受，如注重顾客对产品的兴趣、对企业的放心、对服务的满意、对销售人员的信任等。这是善于利用顾客的心理活动过程所做出的必要的引导，以促成交易。这种类型的销售人员可以凭借经验和传播技术引导顾客购买一些实际上顾客并没有购买计划或购买计划指向不清晰（如对品牌、型号、技术方面的要求等）的物品，从而保证销售人员创造更好的销售业绩。但这类销售人员所选择的销售模式仍然不理想。他们的工作着眼于顾客的购买心理，而不是顾客的利益需要；他们努力促成销售，但并没有实现最佳的销售业绩。因此，销售人员需要进一步学习，从满足顾客需求的角度使顾客的购买真正有价值，从顾客对销售人员产生信任的角度使其形成重复购买的愿望和行动，以保证创造出最佳的销售业绩，从而成为一名优秀的销售专家或销售工程师。

**5. 解决问题导向型（9.9型）**

销售人员把销售活动看成是满足双方需求的过程，把销售的成功建立在销售人员与顾客双方均满意的基础上。从现代销售学的角度分析，这类销售人员是最理想的专家型销售员，或称为销售工程师。他们有着最佳的销售心态，有着对销售工作过程的成熟理解，有着对顾客心理的准确把握，有着实心实意为顾客着想，有着对销售工作的无比热爱。世界超级销售大师齐格勒说："假如你鼓励顾客去买很多的商品只是为了自己可以多赚钱，那你就是一个沿街叫卖的小贩。假如你鼓励顾客购买很多商品是为了顾客的利益，那你就是销售的'行家'，同时你也会获益。"这个道理明确了销售工作的成功应该是建立在满足双方利益的基础之上的。

## 二、顾客方格理论

顾客方格理论是指不同的顾客对待销售人员和所购买的商品有着不同的心态，这种心态依据顾客对待销售人员和对待购买商品的重视程度而划分成不同的类型。

从顾客与销售人员接触时的心理状态看，至少存在两种希望：一是希望购买到称心如意的商品，注重购买到的商品的品质和功效等。二是希望得到销售人员诚恳、热情而又周到的服务，注重销售人员的态度和服务质量（见图2-2）。

在顾客选择商品、厂家、品牌时，常常带有不同的心态。这些不同的心态并不一定表现为对以上两种追求的同时重视或偏重于某一方面。原因在于：购买的商品对顾客的重要程度不同；不同时期的购买其购买心态不同；不同的购买环境对顾客造成的影响不同；面对不同

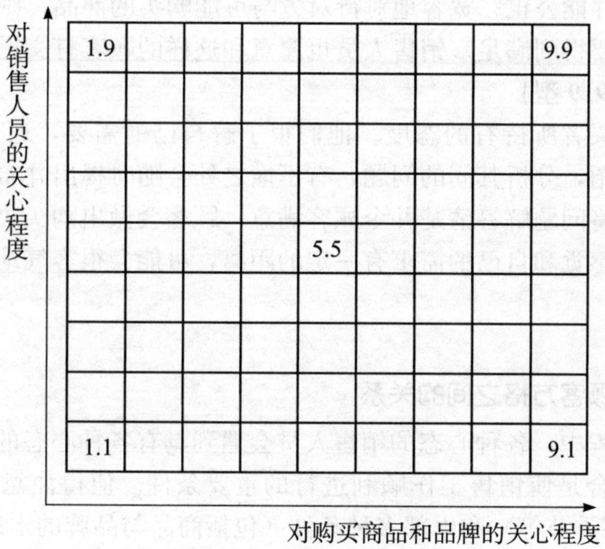


**图 2-2 顾客方格模型**

的销售人员，通过对话、沟通所形成的印象不同，进而导致顾客形成不同的购买心态。在顾客方格理论中，也存在五种不同的典型形态。

**1. 漠不关心型（1.1 型）**

具有这种心态的顾客既不关心销售人员，也不关心自己想购买的商品，似乎购买对顾客本人的重要程度受到了限制，或感觉不重要，购买过程很不经意，只是为了完成一项任务。究其原因，可能不是为自己购买（顾客不是使用者），可能购买不花费自己的钱财（顾客不是实际上的付款者），可能购买只是为了走走形式，或者购买者本人没有购买决策权，等等。

**2. 利益导向型（9.1 型）**

利益导向型也称防卫型。在购买中，顾客只关心如何以更佳的条件购买商品，对销售人员不但不关心，反而极为反感，甚至敌视，经常以非常不客气的语言来表达自己的需求。这类顾客可能受传统观念的影响，认为“无商不奸”，或者有上当受骗的经历，认为销售人员都可能不诚实或欺骗顾客。对待持这种心态的顾客，销售人员应首先表示对顾客的尊重和关心，同时把自己诚实的一面展示出来，消除对方的防范心理，然后再介绍商品。

**3. 情感体谅型（1.9 型）**

情感体谅型也称软心肠型。这类顾客对销售人员极为关心，尤其体谅销售人员的心情和处境，经常一开口就以各种理由“套近乎”，关心销售人员销售工作和销售工作以外的各项事宜。原因可能只是对销售人员的热情、周到服务而做出回报，也可能是因销售人员辛苦工作而受到感动，还可能是精力充沛、性格使然。只要销售人员表现出工作的艰辛与不易，这类顾客就会购买一些商品，以表示对销售人员的同情。情感体谅型顾客自然是所有销售人员都希望碰到的一种顾客类型。

**4. 干练明理型（5.5 型）**

这类顾客具有一定的商品知识和购买经验，很可能是相关方面的专家，在与销售人员打交道时表现出了自己的聪明、才智，既考虑到自己购买商品的品质与可信度，又关心销售人员的相关事宜。这类顾客购买时头脑比较清晰，做事干脆利落，与对方的销售工作配合得很好，但没有达到最佳状态。干练明理型顾客在接受销售人员介绍的商品时如果能真正显示出自己的知识、经验，并能公正、宽容地对待对方与可能购买的商品，则会受到销售人员的尊重，从而使自己的需要得到满足。销售人员也愿意和这样的顾客打交道。

**5. 寻求答案型（9.9 型）**

这是最成熟的购买者所持有的态度。他们很了解自己的需要，通过倾听销售人员对产品、服务与品牌的介绍，分析其间的问题，有不懂之处会随时提出并希望销售人员能给予解答。如果销售人员能将问题解答清楚并令顾客满意，顾客会做出购买决策；如果顾客对销售人员的解答不满意或感觉和自己的需求有一定的距离，可能会很客气地谢绝。这类顾客的购买行为很理性。

### 三、销售方格与顾客方格之间的关系

在现实的销售过程中，各种心态的销售人员会遇到具有各种心态的顾客，销售人员与顾客双方心态的有效组合是使销售工作顺利进行的重要条件。值得注意的是，由于外界环境（包括流行趋势、购买季节等）和内部多种条件（包括商品与品牌的水准、买卖现场的气氛、双方各自的心态等）的影响，销售人员与顾客双方的心态是十分复杂的，很难进行绝对精确的划分。我们可以认为，世界上有多少种类型的销售人员，就可能有多少种类型的销售心态；同理，世界上有多少种类型的顾客，就可能会有多少种类型的购买心态。即便是同一个销售人员，当他面对不同的购买对象时，所表现出的类型也会有所不同；即便是同一个购买者，当他面对着不同的购买环境和不同的销售人员时，所表现出的类型也会有所区别。销售与购买双方的心态与类型绝非简单的关心对方与关心商品两方面因素的影响，还有更多的因素会影响到销售人员的销售和顾客的购买。因此，销售方格理论和顾客方格理论都只是大致概括出两种心理特征的组合，这些组合仅供我们在实施销售管理工作时作为提出销售管理方法与销售策略的参考。在现实的工作中，销售人员还应该结合不同行业、不同产品、不同品牌价值、不同销售对象（顾客）等不断积累销售经验，不断掌握销售知识，不断提高销售水平，以使销售工作得以完善。不过，千百次销售实践反复证明着这样的理论：无论碰上什么样的顾客，销售人员的心态越好，其销售效果也会越好。

## 第二节　销售激励理论

销售激励理论是指销售管理者在对销售人员、销售利益相关者的管理工作中为调动其积极性而运用的管理方法。

管理学大师法约尔和企业家克利特早在 20 世纪 30 年代就正式提出过这样的命题，即“激励是管理的核心”。在管理工作中，激励理论多指向企业管理人员对属下员工的管理。在销售工作中，由于销售人员的工作状态与销售业绩直接相关，因此，将激励理论运用到销售管理之中是提高企业销售业绩的最好方法之一。

激励（Motivation）一词来自古拉丁语“movere”，其原意是指“移动”。在管理理论中人们将其引申为“鼓舞、驱动”，以导向人们更有效的行为，使其不断接近并实现某一特定目标。激励可以激发人的潜能，使其充分发挥积极性和创造性。在管理理论界，比较著名并具有使用价值的激励理论主要有需求层次理论、成就需要理论、双因素理论、期望理论、公

平理论、激励模型等。

## 一、需求层次理论

亚伯拉罕·马斯洛（Abraham Maslow）的需求层次理论（Hierarchy of Needs Theory）是研究人的需求和动机的理论。马斯洛认为，人有一系列复杂的需求，这些需求按其优先次序排列成阶梯式的层次，表现为生理需求、安全需求、社交需求、尊重需求和自我实现的需求。人们以一定的顺序依次来满足这些需求，从最低级需求直到最高级需求，形成了一个递进的结构。

在企业的销售管理中，管理者不仅要看到销售工作的目标直接针对的是对市场需求的满足，还要看到销售工作者自身的需求，他们的工作动力就来源于对这一系列需求的满足。这里首先满足的是温饱，这是最低层次的需求。其次他们要得到安全，形成良好的关系氛围，追求他人和环境的尊重。但仅仅做到这些还不足以调动销售工作者的积极性。在企业中，最能调动销售工作者积极性的是管理者对他们销售业绩的认可，并给予奖励、晋升和更好的发展机会，这便是销售人员所追求的自我价值的实现。

## 二、成就需要理论

与马斯洛不同，哈佛大学管理学家大卫·麦克利兰（David C. McCelland）不讨论人的基本生存需求，而是主要研究人的生存需求满足后，人们所产生的其余那些需要，主要表现为成就需要、权力需要和归属需要。

成就需要（Need for Achievement）是指人们按照最优秀者应该达到的标准进行工作或在竞争中取胜的愿望或驱动力。麦克利兰认为，几乎每个人都认为自己有做出成就的愿望，但只有一小部分人受到成就需要的强烈驱动。对于这部分人来说，成就本身远比成功后所获得的报酬重要得多。因此，他们总是力求把事情做得更好，具有较强的事业心和进取心，愿意冒一定的风险，但这并不是盲目赌博。

权力需要（Need for Power）是一种想要控制或影响其他人的愿望或驱动力。麦克利兰认为，具有较高权力需要的人往往都喜欢承担责任，并能对其他人施加影响，因此也就乐意追求一种能够处于被他人重视和具有竞争性的工作环境，销售工作就适合这种情况。由于这类人格外关心怎样才能获得权威和对他人产生影响和控制，相比较而言，对有效的业绩表现也就不那么过分重视了，这对销售工作而言可能会受到一定的影响。因此，具有这类认识的人适合做销售管理工作。

归属需要（Need for Affiliation）也称社交需要、合群需要，是一种希望被其他人喜欢和接受的愿望或驱动力。相比较而言，麦克利兰对归属需要的关注最少。他认为，具有高归属需要的人，总是积极寻求一种和谐、融洽的社会关系，希望得到别人的接纳和喜爱，也愿意为他人提供帮助和关爱，渴望相互间的高度理解和充分沟通。因此，他们追求的是一种合作性而非竞争性的工作环境。在销售工作中，与利益相关者的合作会保证销售目标得到更好的实现。

以上三种需要可以在一个人身上得到体现，但排列的顺序不是固定的，不同的人往往有不同的排列顺序。倾向于成就需要的人，对胜任和成功有着强烈的需求；具有较高权力需要的人，往往有一定才干，希望担任领导，能够影响和控制其他人；倾向于归属需要的人，则重视从组织、团体和他人那里得到友爱和情谊。对于组织的销售工作而言，拥有成就需要的人越多，越有利于销售工作的开展并推动组织的进一步发展；拥有权力需要的人可能会对晋升的机会把握得比较准确；拥有归属需要的人，可能会创造出良好的内部环境。

在企业的销售工作中，成就需要是一种重要的动机，销售经理需要这种动机，销售人员也需要这种动机。如果销售经理向一个有着强烈成就需要的销售人员授予一项有一定难度的销售工作时，任务本身的挑战性就成为激发成就动机的导引，这种动机最终会导致成就导向的行为。销售人员之所以选择销售工作，其重要的原因之一就是他们有着这种高成就欲，这样的销售人员越多，企业的销售工作成效就会越显著。因此，成就需要对企业中的销售工作设计尤为重要。对于那些有高成就需要的销售人员来说，通过增加工作的多样性、自主性和工作中的责任，无疑会使他们表现最佳；而对于低成就欲的销售人员而言，增加个人在工作中的责任会使他们有挫败感，表现欠佳，甚至从工作中退出，他们大多愿意从事常规性和事务性的工作，而不愿意承担具有挑战性的销售工作，这就可能会出现销售人员队伍不稳定的现象。

### 三、双因素理论

双因素理论（Motivation & Hygiene Factors）又称激励-保健理论，是美国心理学家弗雷德里克·赫茨伯格（Herzberg）提出的。与马斯洛和麦克利兰的理论相似，这一理论也试图说明员工们重视某些与工作绩效有关的因素。赫茨伯格与他的同事们在 20 世纪 50 年代后期考察了一批会计师和工程师的工作满意感与生产率的关系。通过对这群人的采访，他们积累了影响这些人对其工作感情的各种因素的资料，提出了存在两种性质不同的激励因素。

赫茨伯格认为，一些工作因素能够导致满意感，而另外一些因素则只能防止产生不满意感。前一类因素被赫茨伯格称为激励因素，是能够在工作中激励员工、给员工带来满意感的因素，包括工作本身的挑战性、工作所富有的成就感、工作成绩能够得到认可、工作所需要担负的责任以及职业生涯中的晋升等因素。这类因素涉及员工对工作的积极感情，同时也和工作本身的内容有关。当具备了这类因素时，它自身所具备的激励作用便能够得以发挥，使员工富有工作热情，产生较高的绩效，员工也因此而产生满意感。对这些因素如果处理不好，就不会使员工产生满意的感觉。后一类因素被赫茨伯格称为保健因素，是能够在工作中安抚员工、消除员工不满意感的因素，包括公司的政策与管理、技术监督方式、工资薪金、工作环境、人际关系以及地位等因素。当这类因素得到改善时，只能消除员工的不满意，能够安抚员工，使消极对抗行为消失，却不会使员工感到非常满意。对这类因素一旦处理不好，就会使员工产生不满意的感觉，带来沮丧、缺勤、离职、消极怠工等后果。相比较而言，就工作本身来看，保健因素是外在的，而激励因素是内在的，或者说激励因素是与工作相联系的内在因素。

赫茨伯格的双因素理论在企业的销售工作中发挥着重要作用。首先，企业要为销售人员创造良好的外部环境，包括各种工作待遇、合适的薪金、良好而和谐的文化氛围等，从而保证销售人员不出现消极的情绪。其次，企业要制定良好的销售政策，并为销售人员的职业生涯设计出美好的蓝图，以调动他们的积极性，为自己的预期目标而奋斗。

### 四、期望理论

期望理论（Expectancy Theory）是美国心理学家维克多·弗鲁姆（Victor H. Vroom）

于 1964 年在他的经典著作《工作与激励》一书中提出并系统地予以阐述的。期望理论认为，人是有思想的、有理性的，人们的需要、目标、期望决定了激励的程度，即只有当人们有需要，并且有达到目标的可能性时，积极性才会比较高，激励水平也会随之提高。

弗鲁姆认为，人们对于自己从工作中得到什么，有着各自的主意和考虑，并且由此来决定他们选择加入怎样的公司和在工作中付出多大的努力。因此，人们并非生来就受激励或不受激励的影响，激励取决于人们面临的环境以及如何满足人们的需要。也就是说，期望理论试图回答这样两个问题：第一，什么产生激励；第二，什么产生绩效。这说明激励水平是由期望值和目标效价决定的。用公式可以表示为：

$M=EV$（激励＝期望值×效价）

从这里可以看出，期望理论有三个关键变量：

(1) M（Motivation）——激励水平的高低。它是指调动员工积极性并且激发其潜能的强度。

(2) E（Expectance）——期望值。即人们对自己的行为能否达到目标并且导致某种结果的主观概率判断。比如，一位销售人员对于自己的努力工作会导致加薪的可能性大小的判断，这种可能性就是期望值。期望值是介于 0 和 1 之间的数据。在期望值为 0 时，表示个体付出了特定努力也不可能导致特定的绩效（加薪）；而期望值为 1 时，表示个体完全能够确定他所付出的努力必然导致特定的绩效（加薪）。当然，这种可能性大小的主观判断会因为个体的不同而有差异，趋于冒险的个体，其主观判断概率一般较大，趋于保守的个体，其主观判断概率相对较小。有了对期望值的判断，个体就会很容易地做出是否从事某项工作的决策。

(3) V（Valence）——效价。它是指个体对于预期的结果或回报在主观上所感觉到的价值的大小，即预期结果的价值。效价可以是积极的，也可以是消极的，关键取决于困难导致的后果以及人们对此的感觉。如果个体对于通过努力工作而获得加薪的评价是正面的，如被同事们认可、有晋升机会等，人们往往就会通过积极的态度来实现高效率；如果个体对于通过努力工作而获得加薪的评价是负面的，如受到同事们的冷遇、讥讽，不被群体所接纳（排斥）等，人们往往就会评价每一种选择可能导致的后果，进而采取相应的行动。如果个体不在乎受到冷遇、讥讽和排斥（效价低），则加薪的效价较高而导致员工会采取积极的行为；如果个体在意群体规范（效价高），则加薪的效价较低而导致员工会采取遵守群体规范的行为。

由上可知，期望值和效价决定了激励的强度。如果效价和期望值都等于 0，则激励水平也等于 0。如果效价高而期望值低或效价低而期望值高或两者均低，则取得高绩效的动力也低，只有高效价和高期望值相结合才能取得较高的激励水平。

## 五、公平理论

公平理论（Equity Theory）是美国的亚当斯（J. S. Adams）于 1956 年提出的，这是一种关于社会比较的激励理论。它重点研究当某一个体与他人比较时，他对自己得到的待遇所感受到的公平程度。在亚当斯之前，赫茨伯格也曾经发现这样一个现实：在引起人们工作不满意感的因素之中，提到最多的就是不公平的感觉。但是，赫茨伯格对这种发现的关注很少，而亚当斯却把这种对合理、公正、公平的渴望作为研究的重点。

公平理论有以下两个假设条件：

（1）个体会评估他的社会关系。即个体在付出或投资时希望获得某种回报的“交易过程”。在这种交易过程中，个体进行投入，期望获得一定的收益。例如，一个人希望获得额外的收入（收益），作为一段时间努力工作（投入）的回报。个体对于自己所付出的时间和精力的回报都是有所期望的。

（2）个体并不是无中生有地评估公平，而是把自己的境况与他人进行比较，以此来判断自己的状况是否公平。

公平理论的社会比较过程是建立在两个变量的关系基础之上的，这两个变量一个是投入，另一个是收益。投入是指个体在交易中所付出的东西，例如，过去的工作经历、教育程度、社会地位、长时间的努力工作、个人的能力和特性、工作成果等；收益是个体从交易中所得到的东西，例如，薪金、晋升、获得的地位、工作条件、责任、良好的评价等。人们是依据直觉判断得出投入和收益的一定比率，并且与参照物的投入和收益比率进行比较，以此来判断自己是否受到公平对待。所以，当个体达到一定绩效并且取得回报后，他不仅关心自己所得回报的绝对量，而且也关心自己所得回报的相对量，这就是亚当斯公平理论的基本观点。通过这种比较，个体得以确定自己是否得到了公平对待，进而影响其今后的工作。需要注意的是，个体所选择的比较对象，可能是同一组织的人，也可能是其他组织的人，还可能是过去的自己。

公平理论有横向公平和纵向公平之分，横向公平是与他人的比较；纵向公平是与自己过去的比较。亚当斯认为，通过社会比较的过程，个体就能够判定自己是否处于一个公平的状态。当他认为自己受到公平对待时，他会受到激励而继续维持目前的行为；当他认为自己受到不公平的对待时，将会导致他内心的紧张状态，给他带来不愉快的感觉，于是便刺激他采取各种行为努力去减少不公平，直至这种不公平状态改变成可以容忍或公平的状态。其中的行为包括：改变投入、改变收益、曲解自己的投入和收益、曲解他人的投入和收益、离开工作环境、改变参照对象，等等。其中离开工作环境是当今销售人员经常选择的一条道路。

### 六、激励模型

利姆·W. 波特（Lyman W. Porter）和爱德华·E. 劳勒三世（Edward E. LawlerⅢ）于1968年以期望理论为基础进行了扩展，建立起了更为完备的激励模型。这是一种综合性模型，该模型将外在激励和内在激励综合起来，探讨了影响员工工作绩效和满意度的各种因素，其中包含有努力、绩效、个体品质和能力、个体知觉、内部激励、外部激励和满足等变量。

在这个模式中，波特与劳勒把激励过程看成外部刺激、个体内部条件、行为表现、行为结果相互作用的统一过程。一般人都认为，有了满足才有绩效。而他们则强调，先有绩效才能获得满足，奖励是以绩效为前提的，人们对绩效与奖励的满足程度反过来又影响以后的激励价值。人们对某一作业的努力程度，是由完成该作业时所获得的激励价值和个人感到做出努力后可能获得奖励的期望概率所决定的。很显然，对个体的激励价值愈高，其期望概率愈高，则他完成作业的努力程度也愈大。同时，人们活动的结果既依赖于个人的努力程度，也依赖于个体的品质、能力以及个体对自己工作作用的知觉。

波特和劳勒的激励模式还进一步分析了个人对工作的满足与活动结果的相互关系。他们指出，对工作的满足依赖于所获得的激励同期望结果的一致性。如果激励等于或者大于期望所获得的结果，那么个体便会感到满足。如果激励和劳动结果之间的联系减弱，那么人们就会丧失信心。

## 第三节 顾客满意理论

在现今的市场经济条件下，企业要开发新顾客、留住老顾客是件非常困难的事情。因为顾客愿意依赖自己的消费经验，借鉴他人对品牌和产品的评价，而不愿意去另辟一条自己陌生的、可能会有一定风险的新的消费途径。因此，企业在满足市场需求时能够让顾客满意，可以长时间地留住老顾客，并通过老顾客带来新顾客，进而给企业带来利润，这是企业最关注也最希望看到的一种现象。

### 一、顾客满意度的含义

从本质上讲，顾客满意度反映的是顾客的一种心理状态，它来源于顾客对企业的某种产品或服务消费所产生的感受与自己的期望所进行的对比。也就是说，"满意"并不是一个绝对概念，而是一个相对概念。顾客满意来源于两个指标：一个是顾客对消费结果的预期；另一个是对企业所销售产品和所提供服务的评价。我们把后者称为"企业行为"。从这个意义上说，顾客满意＝企业行为/顾客期望。

顾客满意研究兴起于 20 世纪 70 年代，最早的文献可追溯到 1965 年 Cardozo 发表的"顾客的投入、期望和满意的实验研究"。早期的研究大量吸收了社会学、心理学方面的理论。此后，顾客满意有一个发展的过程，其推进的时间是 20 世纪 80 年代初。当时的美国市场竞争环境日趋恶劣，美国电话电报公司（AT&T）为了使自己处于有利的竞争地位，开始尝试性地了解顾客对目前企业所提供服务的满意度，并以此作为服务质量改进的依据，这一行动取得了一定的效果。与此同时，日本本田汽车公司也开始把顾客满意度调查作为自己了解市场情况的一种手段，并形成一种经营战略。

20 世纪 80 年代中期，美国政府建立了"马尔科姆·鲍德里奇国家质量奖"（Malcolm Baldrige National Quality Award），以鼓励企业尽最大努力使"顾客满意"。这一奖项不只是单纯考核顾客对企业满意度的最终得分，还包括测评企业通过以"顾客满意"为中心的工作所引发的一系列进行全面质量管理的衡量体系。其测评的内容见表 2-1。IBM、MOTOROLA、先施等公司都是这一奖项的获得者。但迄今为止，全球每年获得这一奖项的企业不超过五名。

表 2-1 全面质量管理的衡量体系

| 测评内容 | 所占的比例（%） |
|---|---|
| 顾客满意度 | 30 |
| 人力资源利用 | 15 |
| 质量保证 | 15 |
| 质量结果 | 15 |

续表

| 测 评 内 容 | 所占的比例（%） |
| --- | --- |
| 领导才能 | 10 |
| 质量战略规划 | 9 |
| 质量计划 | 6 |
| 合计 | 100 |

20 世纪 90 年代中期，顾客满意度调查在我国内地的跨国公司中得到了迅速而广泛的应用。原因之一是跨国公司总部要求按照本部的模式定期获得大中国区市场的顾客信息，以应对全球化进程中的计划与挑战；原因之二是在日趋激烈的竞争中，优秀的服务成为企业获得并保持竞争优势的重要诉求；原因之三是主管需要对员工的工作绩效进行量化评估，从而需要来自顾客的评价。

**【案例 2-1】 瑞士航空公司的顾客满意度**

瑞士航空公司一直以来都具有较高的顾客满意度，但在适应顾客的新需求，如介绍售票的分类情况、制定常客计划、加大头等舱座位等方面都落后于竞争对手。尽管如此，顾客仍乘坐瑞士航空公司的航班，同时顾客向公司提供了大量的有关新需求的反馈信息，这使得公司能在最短的时间内改进自己的工作。

## 二、顾客满意理论

顾客满意理论首先研究顾客对满意表现出的不同类型。只有确定了顾客满意的类型，才能实施第二步工作计划，即如何让顾客满意，并由此建立起不同的顾客满意理论模型。

### （一）顾客满意理论分类

顾客满意理论根据研究内容的不同，主要分为以下三类：

第一类对顾客满意的研究主要针对的是顾客满意形成机制，实际上这是对顾客满意的形成（Formation）或过程（Process）的研究，这一研究构成了对顾客满意研究的基础和基本形式。至今仍然有大量的学者从不同产业的角度入手对某种具体产品或品牌所能导致的顾客满意度进行研究，因此这一角度是对顾客满意研究的主流。这类研究分析的是满意的各种因素和顾客受这些因素影响形成满意感的过程，这样一个过程可以构成一个模型，每一种模型都试图对研究对象满意的形成机制做出最佳解释，因素的增减和变化会导致对模型的修正乃至重建。

第二类对顾客满意的研究主要针对的是顾客满意对消费行为的影响及二者之间的关系。随着第一类研究日渐成熟，学者们开始从行为学的角度考察满意对顾客购买行为的作用。这类研究包括对满意与购买意向、满意与口头传播、满意与品牌忠诚等关系的研究。关于满意与购买意向，一般认为，满意能够通过态度这一中介变量影响购买意向（Oliver & Bearden，1983）；另一种观点则认为，满意可以直接影响购买意向（Woodside，1989）。口头传播是一种对企业影响很大的消费者行为，因而这方面的研究成果颇多。一般认为，负面的信息比正面的信息更容易被消费者作为口头传播的内容。但是 Holmes 等人的研究却发现，满意的顾客较不满意的顾客更有进行这一活动的倾向。Richins 则发现，当出现较严重的问题，或顾客抱怨得不到处理时，不满意的顾客更容易抱怨。关于顾客满意与顾客忠诚的关系，

Blomer 等人认为，满意水平与品牌忠诚正相关；Oliver 则认为，顾客满意和顾客忠诚不是必然的直接关系，顾客满意需要一定的条件才能转换为顾客忠诚。

第三类对顾客满意的研究主要针对的是顾客满意度的研究。此类研究从企业的角度出发，探讨如何形成一套包括影响顾客满意各种因素在内的指标体系，通过这一体系可以测量顾客对企业产品或服务的满意程度。通过满意度的定期测量和纵向比较，可以帮助企业找出提高产品质量或服务水平的切入点；通过满意度的横向比较，则可以找出与同业竞争者相比较的优势与劣势。

### （二）顾客满意理论模型

根据顾客满意的各种分类所形成的研究，其目的不在于怎样分类，而在于怎样能让顾客满意。因此，研究者们按照实际的调查和观察，提出了顾客满意的不同理论模型。

#### 1. CS 理论

CS 是英文 Customer Satisfaction 的简称，译为“顾客满意”。CS 模型产生于二手车交易行业。20 世纪 70 年代，美国的二手车销售业务广为顾客关注，更多的消费者愿意先买一辆二手车为自己的代步工具。但由于二手车销售竞争激烈，且二手车所带来的后续修理与保养工作又非常复杂，如果后续服务工作无法保障，消费者购买的倾向性就会弱化。因此，研究者们认为，让顾客满意，是保障顾客放心购买的条件，这种让顾客满意活动就表现为交易时企业对后续的各项服务工作的保障。由此，CS 理论应运而生，并广为各类企业所关注。

CS 理论是伴随着顾客导向的观念而产生的，是以顾客为中心理念的贯彻落实，是消费者主权时代的必然结果，也是顾客所拥有的一种特权。然而，从企业销售效果的角度分析，在有些行业，CS 理论确实能保障企业销售绩效的提升，但在有些行业则可能体现得不明显或常常无体现。因此，CS 理论需要考虑一个适用范围的问题，对希望形成顾客忠诚的行业，CS 理论有着非常明显的功效，如为追求稳定水准的市场定位，塑造品牌形象、提升品牌价值的行业，CS 理论的价值一定很高。反之，则可能难以体现其价值，如小型餐馆、无关紧要的日常用品等。但大多数企业对顾客满意理论还是具有很高的认同度的，从使用的角度看，效果也非常好。

#### 2. 4C 理论

4C 理论是美国北卡罗来纳大学营销学专家劳特朋教授于 1990 年提出的。4C 理论的提出形成了一个全新的整合营销视角，即以消费者需求为导向，重新设定了市场营销组合的四个基本要素，即消费者（Consumer）、成本（Cost）、便利（Convenience）和沟通（Communication）。

4C 理论强调，企业首先应该把追求顾客满意放在第一位，考虑顾客的需求；其次，努力降低顾客的购买成本，为顾客节约时间、体力、精力和货币；再次，要充分注意到顾客购买过程中的便利性，以自己的努力方便顾客的购买，而不是从企业的角度来决定销售渠道策略；最后，还应以消费者为中心实施有效的营销沟通，即企业应通过与顾客进行积极有效的双向沟通，建立起基于共同利益的新型顾客关系，而不再是企业单向地促销和劝导顾客。通过双向沟通，可以保证双方在沟通中找到能同时实现各自目标的通途。

4C 理论的意义可以从以下两个方面进行分析：一是从研究者的角度来看，4C 理论给研究者带来了一个研究企业营销问题的全新视角，主要表现为给研究者研究顾客满意理论提供了思想上的帮助，更多的顾客满意理论均是在 4C 理论的指导下完成的，包括品牌价值的界定标准、顾客满意指标的延伸、消费者购买行为的依赖路径等。二是从实践者的视角看，4C理论的确立对企业营销工作的开展界定了全新的理念，对企业营销工作发挥了指导性的作用，包括企业新产品开发的依据、企业定价时所思考的问题、企业对渠道界定的标准以及如何与顾客沟通等。

**【案例2-2】 微软公司的战略调整**

1999年5月，微软公司在其首席执行官巴尔默的主持下，开始了一次全面的战略调整，这次调整是微软公司经营观念的一次革命，它使微软公司不再只跟着公司技术专家的指挥棒转，而是更加关注市场和客户的需求，注重倾听顾客的反馈信息，以保证微软的产品更能受到顾客的青睐。这是微软公司在4C思想的指导下进行的一次观念大转变。

当然也有对4C理论持不同意见者，认为4C理论不能替代以4P命名的市场营销组合策略。这些不同意见可归纳如下：

(1) 4C理论是顾客导向，而市场经济要求的是竞争导向，中国的企业营销也已经转向了市场竞争导向阶段。顾客导向与市场竞争导向的本质区别是：前者看到的是新的顾客需求；后者不仅看到了需求，还更多地注意到了竞争对手，冷静分析自身在竞争中的优、劣势并采取相应的策略，在竞争中求发展。

(2) 4C理论虽然已融入营销策略和营销行为中，但企业营销又会在新的层次上同一化。不同企业只是程度上的差距问题，并不能形成营销个性或营销特色，不能形成营销优势，因而也就不能保证企业市场份额的稳定性、积累性和发展性。

(3) 4C理论以顾客需求为导向，但顾客需求还存在是否合理的问题。顾客总是希望所获得的产品或服务质量好、价格低，尤其在价格上的要求是无界限的。只看到满足顾客需求的一面，企业必然要付出更高的成本，久而久之，会影响企业的发展。所以从长远看，企业经营要遵循双赢的原则，这是4C理论需要进一步解决的问题。

(4) 4C理论仍然没有体现既赢得客户，又长期地拥有客户的关系这一营销思想。它并没有解决满足顾客需求的操作性问题，如提供集成解决方案、快速反应等。

(5) 4C理论总体上虽是4P理论的转化和发展，但被动适应顾客需求的色彩较浓。根据市场的发展，需要从更高层次上以更有效的方式在企业与顾客之间建立起有别于传统的新型的主动性关系，如互动关系、双赢关系、关联关系等。

**3. 4R理论**

基于4C理论存在的上述问题，美国营销学教授唐·舒尔茨（Don E. Schultz）于2001年提出了4R新营销理论。4R分别指关联（Relevance）、反应（Reaction）、关系（Relationship）和回报（Reward）。4R理论对企业销售工作的要求如下：

(1) 紧密联系顾客。企业必须通过某些有效的方式在业务、需求等方面与顾客建立关联，形成一种互助、互求、互需的关系，把顾客与企业联系在一起，减少顾客的流失，以此来提高顾客的忠诚度，赢得长期而稳定的市场。

(2) 提高对市场的反应速度。多数公司倾向于说给顾客听，却往往忽略了倾听的重要性。在相互渗透、相互影响的市场中，对企业来说，最现实的问题不在于如何制定、实施计划和控制，而在于如何及时地倾听顾客的希望、渴望和需求，并及时做出反应来满足顾客的需求。这样才会有利于市场的发展。

(3) 重视与顾客的互动关系。4R 营销理论认为，如今抢占市场的关键已转变为与顾客建立长期而稳固的关系，把交易转变成一种责任，建立起和顾客的互动关系。而沟通是建立这种互动关系的重要手段。

(4) 回报是营销的源泉。由于营销目标必须注重产出，注重企业在营销活动中的回报，所以企业要满足客户需求，为客户提供价值，不能做无用的事情。一方面，回报是维持市场关系的必要条件；另一方面，追求回报是营销发展的动力，营销的终极价值在于是否能给企业带来短期或长期的收入。

4R 理论的基本特点如下：

(1) 4R 营销以竞争为导向，在新的层次上提出了营销新思路。根据市场日趋激烈的竞争形势，4R 营销着眼于企业与顾客建立互动与双赢的关系，不仅积极地满足顾客的需求，而且主动地创造需求，通过关联、关系、反应等形式建立起与顾客的独特关系，形成企业独特的竞争优势。

(2) 4R 营销真正体现并落实了关系营销的思想。4R 营销提出了如何建立关系、长期拥有客户、保证长期利益的具体操作方式，这是关系营销史上的一个很大的进步。

(3) 4R 营销是实现互动与双赢的保证。4R 营销的反应机制为建立企业与顾客关联、互动与双赢的关系提供了基础和保证，同时也延伸和升华了营销的便利性。

(4) 4R 营销的回报使企业兼顾到成本和双赢两方面的内容。为了追求利润，企业必然实施低成本战略，充分考虑顾客愿意支付的成本，实现成本的最小化，并在此基础上获得更多的顾客份额，形成规模效益。这样一来，企业为顾客提供的产品和追求的回报就会最终融合，相互促进，从而达到双赢的目的。

当然，4R 营销同任何理论一样，也有其不足和缺陷。如与顾客建立关联、关系需要实力基础或某些特殊条件，并不是任何企业都可以轻易做到的。但不管怎样，4R 营销提供了很好的思路，是经营者和营销人员应该了解和掌握的。

**4. 4V 理论**

20 世纪 80 年代之后，随着高科技产业的迅速崛起，高科技企业、高技术产品与服务不断涌现，营销观念、销售方式也得到了不断地丰富与发展，并形成了独具风格的新型理念，在此基础上，国内有学者综合性地提出了 4V 的营销哲学观。这里的“4V”是指差异化（Variation）、功能化（Versatility）、附加价值（Value）、共鸣（Vibration）等四项内容的营销组合理论。从内容上看，4V 组合理论仍然是从顾客的角度进行的阐述。

(1) 从差异化的角度进行阐释。

顾客是千差万别的，顾客的需求也是千差万别的。企业为满足个性化的顾客需求，需要不断地创造差异。企业创造差异需要凭借自身的技术优势和管理优势，生产出符合个性化消费需求的产品，并提供符合顾客需求的服务。在销售方面，要通过有特色的活动，在消费者心目中树立起具有品牌特色的良好形象。

4V 理论所追求的“差异”是产品的“不完全替代性”，即在产品功能、质量、服务、营销等方面，企业为顾客所提供的产品与服务是竞争对手部分不可替代的。为此企业要在产品差异化、市场差异化和形象差异化三个方面形成品牌诉求。

产品差异化是指某一企业生产的产品，在质量、性能上明显优于其他生产厂家的同类产品，从而形成独占的市场。以冰箱生产企业为例，海尔集团适应我国居民住房紧张的实际情况，推出了小巧玲珑的小王子冰箱；美菱集团满足一些顾客讲究食品卫生的要求，生产出了美菱保鲜冰箱；而新飞则以省电节能这一特点吸引了不同的顾客群。

形象差异化是指由企业实施品牌战略和CIS战略而形成的差异。企业通过强烈的品牌意识、成功的CIS战略，借助于媒体的传播，使企业在消费者心目中树立起良好的形象，从而使消费者对该企业的产品产生偏好。

市场差异化是指由产品的销售条件、销售环境等具体的市场操作因素形成的差异。这些差异大体包括销售价格的差异、分销渠道的差异和售后服务的差异等。

（2）从功能弹性化的角度进行阐释。

一个企业的产品在顾客中的定位有三个层次：一是核心功能，它是产品之所以存在的理由，主要由产品的基本功能构成。如手表是用来计时的、手机是用来移动通话的。二是延伸功能，即功能向纵深方向发展，如手机的贮存功能、与电脑联通上网功能、移动股市行情反映功能，甚至启动家庭智能电器等功能。它沿着“单功能—多功能—全功能”的方向向前发展。三是附加功能，如美学功能、补充功能等。总之，产品的功能越多，其所对应的价格也就越高，这里表现的是功价比原理。

功能弹性化是指根据顾客消费要求的不同，提供不同功能的系列化产品，增加一些功能，使其变成高定位奢侈品（或高档品），减掉一些功能使其变成大众化消费品。消费者根据自己的习惯与承受能力选择具有相应功能的产品。20 世纪八九十年代，日本许多企业盲目追求多功能或全功能，而有些功能是消费者不需要的，这就造成了功能过多，让消费者无所适从进而望而却步。因此，产品功能的多少，以满足消费者需求够用为限。

（3）从附加价值化的角度进行阐释。

从当代企业产品的价值构成来看，其价值主要包括基本价值与附加价值两部分。前者是由生产和销售某产品所付出的物化劳动和活劳动所决定的，后者则由技术附加、营销或服务附加、企业文化与品牌附加三部分所构成。从科学技术发展的状况来看，围绕产品物耗和社会必要劳动时间的活劳动消耗在价值构成中的比重将逐步下降；而高技术附加价值、品牌（含“名品”“名人”“名企”）或企业文化附加价值与营销附加价值在价值构成中的比重却显著且将进一步上升。目前，在世界顶尖级的企业之间，其产品竞争已经不仅仅局限于核心产品与形式产品了，而是将竞争优势明显地表现在产品的第三个层次——附加产品上，即更强调产品的高附加价值。因此，当代销售新理念的重心在“附加价值化”上。

为此，我们的销售应依据三个方面的工作：第一，提高技术创新在产品中的附加价值，把高技术含量充分体现在“价值提供”上，从技术创新走向价值创新。第二，提高创新性销售与创新性服务在产品中的附加价值。高附加值产品源于服务创新与销售工作中的全新理念。许多企业已清楚地认识到，开启市场成功之门的关键就在于顾客满意，而针对顾客满意的“价值提供”则更强调服务创新。服务创新能力不但是衡量企业能否实现消费者“价值最大化”的重要标志，而且也是衡量企业自身能否实现“利润最大化”的“预警器”。第三，提高企业文化或品牌在产品中的附加价值。在当今社会，从表面上看，消费者仍是购买企业产品的使用价值，但实质上是购买企业的价值；从表面上看，消费者是消费企业所提供的产品，实质上是消费企业的文化。因此才有了“海尔产品的价格不是产品价值，而是企业价值”，海尔产品虽然不轻易降价，但仍然得到了消费者的认可。

(4) 从引起双方共鸣的角度进行阐释。

共鸣是企业持续占领市场并保持竞争力的价值创新给消费者或顾客所带来的“价值最大化”以及由此所形成的企业的“利润极大化”。这里强调的是将企业的创新能力与消费者所珍视的价值联系起来，通过为消费者提供价值创新，使其获得最大程度的满足。消费者是追求“效用最大化”者，这一追求要求企业必须从价值层次的角度为顾客提供具有最大价值的创新产品和服务，使其能够更多地体会到产品和服务的实际价值和效用。这是消费者追求“需求满足”的一种期望价值和满意程度，是企业对消费者基于价值层面上的一种“价值提供”，这种“价值提供”构成了价值创新的核心内容。因此，只有实现企业经营活动中各个构成要素的价值创新，才能最终实现消费者的“效用最大化”，而当消费者能稳定地得到这种“价值最大化”的满足之后，他们与企业之间产生了共鸣，最终成为企业的终身顾客。

纵观国际市场竞争，在现代产品价格构成中，由“价值提供”所构成的价格所占比重越来越大，而“价值提供”从更深层次上提高了企业的竞争能力。价值创新的着眼点就是将企业的经营理念直接定位于消费者的“价值最大化”，通过“顾客导向”的理念和“尊重顾客”的行为，为目标市场上的消费者提供高附加值的产品和效用组合，以此实现顾客让渡价值。

菲利普·科特勒对顾客让渡价值的解释是，顾客让渡价值是指顾客整体价值与顾客整体成本之间的差额部分。顾客整体价值包括顾客从购买的产品和服务中所期望得到的全部利益(产品价值、服务价值、人员价值和形象价值)；顾客整体成本除了货币成本之外，还包括非货币成本（时间成本、体力成本和精神成本等）。顾客让渡价值的实现要求顾客所期望得到的全部利益（顾客整体价值）在价值量上要大于顾客所花费的全部成本（顾客整体成本），即产生整体上的消费者剩余。因为每一顾客在消费产品和服务时都具有一定的价值取向，顾客的购买行为是在对成本与利益进行比较和心理评价之后才发生的。因此，企业在经营活动中不仅要创造价值，而且要关注顾客在购买产品和服务时所付出的全部成本。只有顾客整体价值达到最大化后，顾客才乐意付出全部的整体成本；而企业也只有在“价值提供”上达到顾客要求时才能获得全部的顾客整体成本，从而使“利润最大化”，达成供求双方的共鸣。

## 第四节 销售运行模式

企业在销售运行中，销售人员面对顾客或客户该怎样开展销售工作呢？这里提供了一些方法，主要包括：爱达（AIDA）模式、迪伯达（DIPADA）模式、埃德帕（IDEPA）模式、吉姆（GEM）模式、费比（FABE）模式等。

### 一、爱达模式

爱达模式（AIDA）是以英文四个词的头一个字母 A、I、D、A 构成的模式，这是西方销售学中一个重要的模式，其具体含义是指一个成功的销售人员必须把顾客的注意力吸引或转移到他所销售的产品上，使顾客对销售人员所销售的产品产生兴趣，这样顾客欲望也就随之产生，然后再促使其采取购买行为，达成交易。AIDA 中的四个英文单词如下：A 为 Attention，即引起注意；I 为 Interest，即诱发兴趣；D 为 Desire，即刺激欲望；最后一个字母 A 为 Action，即促成购买。

### （一）模式特点

爱达模式的吸引注意力、诱导兴趣、刺激购买欲望这三个阶段，为销售人员发挥聪明才智、展示销售能力提供了极大的空间，销售人员可以根据具体的销售环境与销售对象自主地决定“谈判”的程序与方法。这一模式四个步骤的先后次序和完成时间没有固定的要求，销售人员可根据自己的工作技巧和所销售的产品性质灵活变化。每一阶段可长可短，也可重复某一步骤或省略某一步骤。无论如何，达成交易的可能性总是存在的，这是奉行这一模式的终极目标。

### （二）模式步骤

当销售人员面对陌生的销售对象，可按照以下步骤进行（这里只是建议）：

**1. 引起顾客的注意**

（1）说好第一句话。用简单的话语向顾客介绍产品的使用价值；运用一些恰当的事例引起顾客的兴趣；帮助顾客解决存在的问题；向顾客提供一份有价值的资料，并使其接受所推销的产品；注意语言的运用。

（2）把顾客的利益和问题放在第一位。

（3）保持与顾客的目光接触，遵守社交礼仪，尊重对方，让顾客从自己的眼神里感受到真诚、热心、可信赖。

**2. 唤起顾客的兴趣**

（1）示范产品的功能、性质、特点，让顾客感觉到购买后所能获得的好处和利益。示范可让顾客参与。

（2）示范过程中要有讲解并进行情感沟通。

（3）示范后帮助顾客得出相应的正确结论，以激发顾客的购买欲望。但不能强迫，更不能恐吓。

**3. 激发顾客的购买欲望**

（1）建立与检查顾客对销售人员和所销售商品的信任度。

（2）强化感情，顾客的购买欲望多来自感情。

（3）多方诱导顾客的购买欲望，以充分的理由诱导。

**4. 促使顾客采取购买行动**

当顾客具备了以下条件时，应设法促使顾客采取购买行动：

（1）顾客必须完全了解产品及其价值和使用价值。

（2）顾客必须信赖销售人员及其所代表的公司。

（3）顾客必须有购买欲望。

（4）要争取圆满地结束洽谈。

（5）要了解清楚谁有购买决策权。

### （三）模式的适用范围

爱达模式从消费者心理活动的角度来具体研究销售的不同阶段，不仅适用于店堂销售（顾客上门），也适用于一些易于携带的生活用品和办公用品的销售。爱达模式不适用于大件消费品和特殊物品的销售。

## 二、迪伯达模式

“迪伯达”（DIPADA）是由 6 个英文字母 D、I、P、A、D、A 组成的译音。这 6 个字母分别代表如下因素：Definition，即准确地界定客户的需求；Identification，即将客户需求与产品结合起来；Proof，即证实销售的产品符合顾客的需要和愿望；Acceptance，即促使客户接受产品；Desire，即刺激顾客的购买欲望；Action，即确保客户做出购买决定并付诸行动。

### （一）模式特点

迪伯达模式是国际推销专家海英兹·姆·戈得曼（Heinz M. Goldmann）总结出的销售模式，它是爱达模式的具体操作步骤，充分体现了销售洽谈的需要性原则和说服规劝性原则。销售人员，尤其是销售新手，可按迪伯达模式的六个步骤设计说服顾客洽谈的程序和内容，以训练和提高销售人员的说服能力，提高销售水平。

迪伯达模式紧紧抓住了顾客需要这个关键性的环节，充分体现了说服劝导的原则。与爱达模式相比，虽然迪伯达模式比较复杂，步骤多，但针对性强，销售效果较好，因而受到了销售人员的重视。

在实际运用中，迪伯达模式被认为是一种创造性的销售模式，是以需求为核心的现代销售学在销售实践中的突破与发展，被誉为“现代销售法则”。

### （二）模式运用

（1）准确地发现并指出顾客有哪些需求和愿望。在这一阶段，销售人员应围绕顾客的需求，探讨顾客需要解决的问题，而不要急于介绍所要销售的产品。这种做法体现了以顾客为中心的准则，最能引起顾客的兴趣，有利于制造融洽的销售气氛，有利于消除销售障碍。

（2）把顾客的需求与所要销售的产品紧密联系起来。在发现并指出了顾客的需求后，再向顾客介绍产品，并把产品与顾客需求联系起来，这样就能很自然地引起顾客的兴趣。

（3）证实自己所销售的产品符合顾客的需求和愿望，而且正是顾客所需要的产品。

（4）促使顾客接受自己所销售的产品。在说服的过程中，顾客往往不能把自身的需求与所介绍的产品联系起来，所以，销售人员必须拿出充分的证据向顾客证明，所介绍的产品符合顾客的需求，顾客所需要的正是这些产品。当然，这些证据必须是真实可信的。

（5）刺激顾客的购买欲望。在销售介绍过程中，仅仅使顾客把他的需求和你销售的产品联系起来是远远不够的，还应该使顾客认识到：他必须购买这样的产品。因此必须激发顾客的购买欲望。

（6）促使顾客采取购买行动。这个阶段同爱达模式的第四个阶段“促成交易”是相同的。

由于迪伯达模式紧紧抓住了顾客需要这个关键性的环节，使销售工作更能有的放矢，因而具有较强的针对性。

### （三）适用范围

就产品类型而言，迪伯达模式更适用于销售生产资料方面的产品，同时对信息服务、劳务与人才中介、技术服务、保险等无形产品的销售也会取得较好的销售效果；就顾客类型而言，迪伯达模式更适用于单位购买者，还适用于关系型的老顾客及熟悉顾客。

### 【案例 2-3】 迪伯达模式的应用[①]

迪伯达模式创造者海英兹·姆·戈得曼讲了这样一个故事：

某手表生产商对一些手表零售商店的销售状况进行了调查，发现商店的售货员对销售该厂的手表不感兴趣，手表零售商的销售策略也有问题。厂方决定开办一所销售技术学校，并派出厂里的销售代表到各手表零售商店进行说服工作，目的是使他们对开办销售技术学校产生兴趣并能积极配合，如安排人员参加学习等。一天，一名销售代表来到了一家钟表店，运用迪伯达模式对钟表店的负责人进行了成功地说服。下面是销售代表特伦顿与钟表店负责人迪尔的对话：

特伦顿："迪尔先生，我这次来这里的主要目的是想向您了解一下商店的销售情况。我能向您提几个简短的问题吗？"

迪尔："可以。您想了解哪方面的情况？"

特伦顿："您本人是一位出色的销售人员……"

迪尔："谢谢您的夸奖。"

特伦顿："我说的是实话。只要看一看商店的经营状况，就知道您是一位出色的销售人员。不过您的职员怎样？他们的销售业绩与您一样吗？"

迪尔："我看还差一点，他们的销售业绩不太理想。"

特伦顿："完全可以进一步提高他们的销售量，您说呢？"

迪尔："对！他们的经验还不丰富，而且他们当中的一些人现在还很年轻。"

特伦顿："我相信，您一定会尽一切可能帮助他们提高工作效率，掌握销售技术，对吗？"

迪尔："对。但我们这个商店事情特别多，我整天忙得不可开交，这些，您是知道的。"

特伦顿："当然，这是难免的。假如我们帮助您解决困难，为你们培训商店职员，您有什么想法？您是否愿意让您的职员学习和掌握制定销售计划、赢得顾客、增加销售量、唤起顾客的购买兴趣、诱导顾客做出购买决定等技巧，使他们像您一样，成为出色的销售员呢？"

迪尔："你们的想法太好了。谁不愿意有一个好的销售班子呢。不过，如何实现您的计划？"

特伦顿："迪尔先生，我们厂为你们这些零售商店的职员开办了一所销售技术学校，其目的就是训练这些职员掌握您希望他们掌握的技能。我们特别聘请了一些全国有名的销售学导师和高级销售工程师负责学校的培训工作。"

迪尔："听起来很不错。但我怎样知道他们所学的东西正是我希望他们学的呢？"

特伦顿："增加您的销售量符合我们的利益，也符合您的利益，这是其一。其二，在制定训练计划时，我们非常希望您能对我们的教学安排提出宝贵的意见和建议。"

迪尔："我明白了。"

特伦顿："迪尔先生，这是一份课程安排计划。我们把准备怎样为您培训更好的销售人员的一些设想都写在这份材料上了。"

迪尔："好吧，把材料交给我吧。"（特伦顿向迪尔介绍了计划）

特伦顿："我已经把您提的两条建议都记下来了。现在，您还有什么不明白的地方吗？"

---

① http://zhidao.baidu.com/question/8226054.html.

迪尔："没有了。"

特伦顿："迪尔先生，您对我们这个计划有信心吗？"

迪尔："有信心。办这所学校需要多少资金，需要我们分摊吗？"

特伦顿："您只需要负担受训职员的交通、伙食、住宿费用。其他费用，包括教员的聘金、教学费用、教学工具等，统统由我们包了。我们初步计算了一下，每培训一个销售员，您最多支付45英镑。为了培养出更好的销售员，花费45英镑还是值得的。您说呢？假如经过培训，每个受训职员的销售量只增加5%的话，您很快就可以收回所支付的这笔费用了。"

迪尔："这是实话。可是……"

特伦顿："假如受训职员的销售水平只是您的一半……"

迪尔："那就很不错了。"

特伦顿："迪尔先生，我想您可以先派3个有发展前途的职员参加第一届训练班。这样，您就知道训练的效果如何了。"

迪尔："我看还是先派两个吧。目前我们这里的工作也比较忙，不能多派了。"

特伦顿："那也是。您准备先派哪两位去受训呢？"

迪尔："我初步考虑派……不过，我还不能最后决定。需要我马上做出决定吗？"

特伦顿："不，您先考虑一下，下周一告诉我，好吗？我给您留两个名额。"

迪尔："行，就这么办吧！"

## 三、埃德帕模式

埃德帕模式（IDEPA）是海因兹·姆·戈德曼根据自己的销售经验总结出来的迪伯达模式的简化形式。埃德帕模式概括了五个阶段，即把销售的产品和顾客的需要与愿望结合起来（Identification）；向顾客示范所销售的产品（Demonstration）；淘汰不易销售、不好销售的产品（Elimination）；证实顾客所做出的产品选择是正确的（Proof）；促使顾客接受所推荐的产品（Acceptance），使顾客做出购买决定。

### （一）模式特点

埃德帕模式比较细腻地考虑到了这里显示出的四个方面的问题：一是有针对性地选择销售对象，注重顾客的需求和愿望；二是让顾客认识到所购买的产品真正地为自己所需，通过示范来展示产品，而不是通过说教；三是将顾客不需要、不愿购买的产品淘汰掉，绝不强求顾客购买自己不需要的产品；四是注重买者和卖者双方的利益，而不是仅仅注重单方的利益。

### （二）适用范围

埃德帕模式多用于向熟悉的中间商销售，也用于对主动上门购买的顾客进行说明与销售。无论是中间商的小批量进货、批发商的大批量进货，还是厂矿企业的进货，也无论是采购人员亲自上门求购，还是通过电话、E-mail等询问报价，只要是顾客主动与销售人员接洽，都带有明确的需求目的，因此，这是一种针对性非常强的销售模式。

### （三）模式的实施

#### 1. 把拟销售的产品与顾客的愿望联系起来

其要求是，销售人员在向顾客展示使用商品获得的利益时，应该注意：商品利益必须符合实际，不可浮夸。在正式接近顾客之前，销售人员应该进行市场行情和用户情况的调查，科学地预测购买和使用这种产品可以使顾客获得什么样的效益，并且要留有一定的余地。

**2. 向顾客展示合适的产品**

当着顾客的面展示并使用产品，以显示出所销售的产品确实具备能给顾客带来某些好处的功能，以便使顾客产生兴趣和信任。熟练地示范所销售的产品，不仅能吸引顾客的注意力，更能使顾客直接对产品产生兴趣。示范最能给人以直观的印象，示范效果如何将决定销售产品的成功与否。因此，示范之前必须周密计划。

**3. 淘汰不宜销售或顾客不喜欢的产品**

有些产品不能满足顾客的需求，我们称之为不好销售的产品。需要强调的是，销售人员在向顾客销售产品的时候，应及时筛选那些与顾客需求不吻合的产品，使顾客尽量买到合适的东西。但也不能轻易淘汰产品，要做一些客观的市场调研及分析。

**4. 证实顾客的选择是正确的**

这是对顾客的一种赞赏，即证明顾客选择的产品是正确的、有眼力的，该产品能满足他的需求。

**5. 促使顾客接受产品**

销售人员应针对顾客的具体特点和需求进行促销工作，并提供优惠条件，以促使顾客购买产品。

## 四、吉姆模式

吉姆模式（GEM）是用英文单词销售的物品（Goods）、企业（Enterprise）、销售人员（Myself）三个词的第一个字母组合成 GEM 的译音。这一模式旨在帮助销售人员培养自信心，提高说服能力。其关键是“相信”，即销售人员一定要相信自己所销售的产品（G），相信自己所代表的公司（E），相信自己（M）。

吉姆模式认为，实现销售成功就是销售物品，让顾客认同企业，由销售人员推动实现交易。因此，交易成功是这三个因素综合作用的结果。吉姆三角模式见图 2-3。

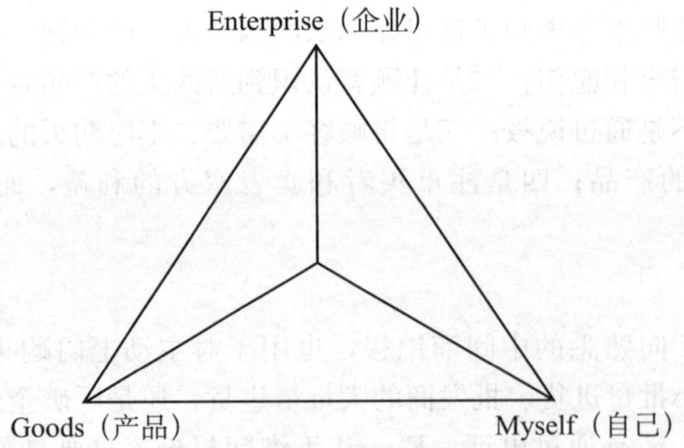


**图 2-3 吉姆三角模式**

从操作内容的角度分析，销售人员应做到以下几点。

**1. 相信自己推介的产品**

销售人员应对自己所销售的产品有全面、深刻的了解，同时要把自己的销售品与竞争者的产品进行比较，看到它们的不同之处，更主要的在于发现和证实自己的销售品有哪些长处，对其充满信心。销售人员对自己产品的信心会感染顾客。

**2. 相信自己的企业**

要使销售人员相信自己的企业。企业的信誉是基础，而信誉是依靠销售人员与企业的全体员工共同努力创造的。企业的良好信誉，能激发销售人员的自信和顾客的购买动机。

**3. 相信自己**

销售人员要有自信，应正确认识销售职业的重要性和对自己工作的意义，从更高层面来认识自己的职业，如从公司层面、从产业层面和从消费层面上来认识销售工作的重要性，并真正喜欢这份富有挑战性的工作，确信自己的工作一定有更好的发展前景，确信自己能创造奇迹，这是销售成功的基础。

以上是对销售人员的整体要求，销售人员在销售过程中应深入研究顾客对销售的心理认识过程，同时应十分注重自己的态度与表现，进而成功地开展销售工作。

## 五、费比模式

费比模式（FABE）是由美国俄克拉荷马大学企业管理博士、中国台湾中兴大学商学院院长郭昆漠总结出来的销售模式。费比模式由产品的特征（Feature）、产品的优点（Advantage）、产品的利益（Benefit）、产品的证据（Evidence）四个单词的首字母组成。

### （一）费比模式的工作程序与内容

**1. 将产品的特征详细地介绍给顾客**

这一模式要求销售人员在见到顾客后，要以准确的语言向顾客介绍产品的特征。介绍的内容应当包括：产品的性能、构造、作用，使用的简易性及方便程度，耐久性和经济性，外观优点及价格等，如果是新产品，则应做更详细的介绍。如果上述内容多而难记，销售人员应事先打印成广告式的宣传材料与卡片，以便在向顾客介绍时将材料和卡片交给顾客，使顾客能更详细地了解产品。

**2. 充分分析产品的优点**

这一模式要求销售人员针对第一步骤中介绍的特征，寻找出产品特殊的作用，或者说明某项特征在该产品中扮演的特殊角色，具有的功能等。如果是新产品，则应说明产品的开发背景、目的，设计时的主导思想，开发的必要性以及相对老产品的优势等。

**3. 罗列产品给顾客带来的利益**

这是费比模式中最重要的步骤。销售人员应在了解顾客需求的基础上，把产品能给顾客带来的利益尽量多地列举给顾客，不仅要讲产品外表的、实质上的利益，更要讲产品给顾客带来的内在的、附加的利益。从经济利益、社会利益到工作利益以至于社交利益，销售人员都应一一列举出来。只要顾客对其中某一利益感兴趣，就可能促使其产生购买愿望。

**4. 以证据说服顾客**

这一模式要求销售人员在销售产品的过程中避免使用“最便宜”“最划算”“最耐用”等字眼，因为这些话已经令顾客反感而没有说服力了。因此，销售人员应用最真实的数据、案例、实物等证据消除顾客的各种疑虑，促使顾客购买。可选择人证法（社会名人或顾客熟知的人士对产品的评价）、物证法（产品实物、模型、质检报告、鉴定书、获奖证书等）、例证法（典型的实例，完整的个案，时间、地点、人物、结果，具体详细的数据）。

**（二）费比模式的特点**

与其他几种模式相比，费比模式有一个明显的特点，即事先把产品特征、优点及带给顾客的利益等列出来，印在纸上或写在卡片上，这样就能使顾客更好地了解有关的内容，减少产生疑问与异议的可能。正是费比模式的这一特点，使它受到不少销售人员的大力推崇。

**（三）运用费比模式的操作技巧**

运用费比模式时，有如下操作技巧：

（1）把一些大客户和大人物的名字记录下来，最好做成一个专门的《榜样顾客记录册》，在里面记下有助于说服顾客的详细资料。

（2）准备一些相关证明资料（如销售单、媒体评论等）。

（3）与几位老顾客建立良好的关系，必要时让意向顾客打电话向老顾客了解情况。

（4）对顾客说，“您不相信我，但一定会相信我的客户吧！我可以给您电话，您自己问问好吗？”

（5）不仅要告诉顾客谁在这里买过产品，还要说明他（们）为什么要买。

（6）把榜样顾客的需求和意向顾客的需求结合起来。

（7）运用“您认为……吗？”“您知道……吗？”等问句，让顾客参与对榜样顾客的讨论。

# 第二章

# 销售工作计划

销售工作是有计划进行的，在一个销售团队中，制定出一个合理且务实的销售计划是保证销售工作有条不紊地进行的基础，也是所有企业销售工作的开始。“用兵之道，以计为首。”无论是单位还是个人，无论办什么事情，事先都应有一个打算和安排，这就是计划。

有了计划，工作就有了明确的目标和具体的步骤，就可以调动大家的积极性，增强工作的主动性，减少盲目性。同时，计划本身又是对工作进度和质量的考核标准，对行动者有较强的约束和督促作用。

## 第一节　制定销售计划

计划是一个有意识的、系统的决策过程。作为一种有目的的活动，计划的制定需要根据实际情况进行思考，计划的执行需要管理人员进行指导和控制，并充分利用组织内部成员的知识与经验。计划为每个人和每个单元的工作提供了一种清晰的指南，同时计划也必须要考虑环境与条件的变化。

### 一、销售计划的内容

销售计划不是通过拍脑袋和想当然就能制定出来的，它要有根有据。销售计划制定的根据是企业所处的销售环境、未来环境的变化趋势、企业自身所具备的条件和能力、企业所能把握的资源等，由此思考企业的销售目标、销售预算、销售定额等。

#### （一）分析销售环境

企业所处的销售环境是指对企业销售工作形成影响的因素，包括社会经济发展状况、行业发展动态、市场状况、消费者需求状况、竞争对手状况、销售渠道状况、销售促进工作的开展以及企业的销售历史等。

**1. 社会经济发展状况**

社会经济发展状况关乎整个国家的命运，当然也关乎企业的命运。由美国征收中国进口关税引发的中美贸易摩擦对我国的经济造成了很大的影响，它使得一些以出口国际市场为主要经营模式的企业的销售工作无法顺利和正常进行，进而导致企业的销售目标难以实现。进行社会经济发展状况分析需要使用 PEST 分析法，即从政治（Political）、经济（Economic）、社会（Social）和技术（Technological）等多方面分析影响企业的主要外部环境。

**2. 行业发展动态**

行业发展动态包括行业发展的水平、科技含量与技术进步的速度、行业的发展前景、各企业市场行为的规范程度等。这里可以从两个方面进行思考：第一，要考察企业的战略定位。有些企业在行业中处于领先地位，则企业需要不断地研制新的产品，销售工作也要不断地创新；有些企业在行业中处于跟随状态，企业的销售工作则无须更多地创新，因为企业销售的产品是消费者或用户所熟悉的。第二，要分析行业的未来状况。如果企业所在行业是朝阳产业，未来的市场状况会有利于企业的发展，如果是夕阳产业，则企业还要思考今后的战略转型问题。

**3. 市场状况**

市场状况和行业发展动态紧密相连。一方面，行业的发展水平直接在市场中体现；另一方面，市场状况直接影响并制约着行业的发展。企业以市场需求状况来评定产品的市场价值。如果市场需求状况好，企业实现的销售利益就大；如果市场需求萎缩，企业的销售状况就会受到直接的影响。

**4. 消费者需求状况**

消费者有着需求的惯性，对日常生活用品常常认牌购买，因此，企业对品牌的培育有助于销售工作的开展。对耐用消费品，消费者除了注重品牌外，还会考虑品牌的个性特征、技术水平、服务能力等，因此，企业的销售工作就要全面考虑对消费者销售方案的解决。对特殊品，消费者由于珍爱或有特殊意义，希望能与销售人员面对面地沟通，以获得更多的行业信息和企业信息，因此，双向的沟通和信息的及时反馈就是销售工作必须思考的问题。

**5. 竞争对手状况**

分析这一因素时，主要分析竞争对手的技术水平、产品创新能力、目标市场指向、运作市场的能力、为推动销售工作的开展所出台的制度、政策、方案和策略等。分析竞争对手需要使用比较法、SWOT 分析法等，比较本企业与竞争对手的优势与劣势，找到本企业发展的机会和可能面对的威胁，并据此制定出赶超竞争对手并争取市场优势的销售工作方案。

**6. 销售渠道状况**

销售渠道是企业销售工作的合作伙伴，是经营本企业产品的下游企业。一般情况下，销售渠道的供应商都不止一两家，而是多家。也就是说，本企业与本企业的竞争者都是销售渠道的供应商。这说明，选择渠道、争取渠道与本企业的更好合作就是在进行着市场竞争，其中包含有销售政策、销售手段的竞争，也有渠道关系的竞争等。

**7. 销售促进工作**

企业在销售工作中要有一定的预算支出，以保证销售工作的正常运行。在制定销售计划时就要考虑与核定销售预算的额度，并考虑这一预算支出用于促销工作的哪些方式上，包括媒介的选择、传播方式的选择、本企业品牌独特销售主张（USP）的内涵及其运用、是否参与社会性的公共关系活动、参与方式的选择，等等。

**8. 企业销售历史**

企业的销售历史主要是指企业历年的销售状况，包括销售额、销售量、销售结构（不同产品大类的销售比例）、销售成本、市场覆盖、销售利润以及销售变化趋势等。这些指标是企业制定新一年或新一轮（中期 3～5 年）销售计划的重要参考依据，也是企业制定未来发展规划的依据。

企业销售计划的最终形式是以销售计划书的形式得以成形的。销售计划书分为年度销售计划书和中期销售计划书，其中以年度销售计划书最为重要，它是计划年度开展销售工作的依据，同时在执行过程中还会有一些补充与修订。

### （二）进行销售预测

分析环境的目的在于通过对环境内涵的把握来预测未来的市场状况，包括政府的经济政策对未来市场形成的影响以及未来可能的政策导向、企业所在行业的市场现状与未来走势、消费者需求的变化方向、行业中竞争格局可能的演变等。对这些内容可用 SWOT 分析法进行分析。这些因素决定了企业可能的销售状况、可能实现的销售额与利润额、市场占有率、市场覆盖状况等。这些指标均是销售计划中所必须确定的指标。

### （三）确定销售目标

销售目标是企业销售工作的期望，也是销售部门的工作任务，还是企业得以发展的必要条件。在制定销售计划时，销售部门要总结前一计划期的执行情况，近五年销售指标的实现情况，再根据前述对销售环境的分析和对市场未来走势的预测，把各个方面的情况结合起来，进行科学的计算与推断，由此提出下一计划期切实可行的销售目标。

### （四）分配销售定额

销售定额也称销售配额，它是指企业在计划年度实现销售目标的各种额度比例，表现为在销售总额中，每一大类产品应实现销售目标的比例，一般按获利水平由高向低依次排序，同时还要考虑市场的容量、竞争状况及需求状况；在销售总额中，每一部门实现销售目标的比例因各部门销售的产品大类的不同而不同，所以应根据具体情况确定销售定额；同时，各部门还要将销售目标进行分割并分配。总体上说，销售配额可以按时间类别、部门类别、地区类别、产品类别、客户类别、人员类别等要素进行分配。

### （五）编制销售预算

销售预算是指为开展销售工作及参与对市场销售工作起到积极影响作用的社会活动所计划支付的费用。在编制销售预算时，要参考销售收入目标额、销售配额、历史上近五年每年销售费用及市场投入额、企业的市场规模、未来的市场潜力等。在制定销售预算时，最好能留有一定的余地，以防意外情况下需要增加投入。

### （六）制定销售策略

销售目标的实现需要通过销售工作的开展，而销售工作的开展需要销售思路与销售手段的配合。所以，确定了销售目标，还要各个部门协同商讨销售过程中可供选择的销售方案与销售策略，如以何种方式或模式进入市场、进入哪些市场、如何确定目标群体、如何影响目标群体、信息如何传播、与客户怎样进行双向的信息沟通、以何种方式保证顾客利益的满足等。

**（七）实施销售计划**

这是销售计划的执行问题，也是销售计划能否执行得更好的问题。销售计划一经制定，就要由各个部门贯彻执行，以实现销售目标。在实施销售计划的过程中，企业要明确各个部门、各个小组及每一个人的具体职责与任务，保证销售目标能层层得以贯彻落实。

**（八）过程监督与控制**

在计划的执行过程中，要有监督与控制的手段，并形成具体的评价和反馈意见，这就需要一系列制度的支撑。在制度的执行过程中，销售经理要承担起对销售过程的监督与控制职责，通过销售日报、销售周报、销售月报、销售季报以及月度总结和季度总结实施监督工作。如果有意外事故或情况发生，销售经理要及时汇报、及时处理；如果有环境和其他因素的变化，也要及时做出修改或调整销售计划，以适应新的情况，保证销售工作不受影响。

制定销售计划的程序见图 3－1。

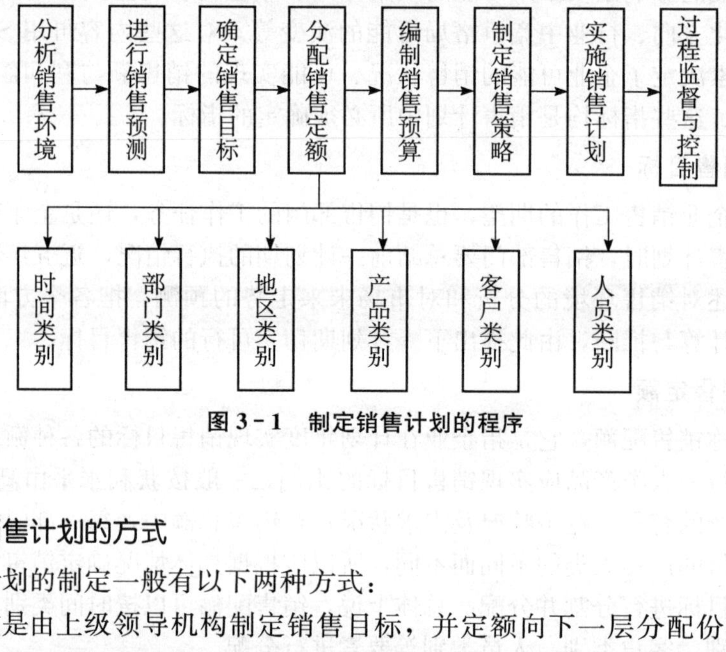


**图 3－1　制定销售计划的程序**

## 二、制定销售计划的方式

企业销售计划的制定一般有以下两种方式：

第一种方式是由上级领导机构制定销售目标，并定额向下一层分配份额。其运行思路是：企业最高决策层按照企业的发展战略规划和历年企业的市场销售状况制定出企业总体的销售目标，然后将销售目标分解为各事业部所应承担的任务，最后由各事业部向各销售部门分配，并落实到组、人。我们称这种方式为“下行方式”，也称“分配方式”。

第二种方式是由最基层人员或小组确定自己或本小组能够完成的销售目标，然后逐层向上一级汇报。各个事业部将自己事业部的销售目标汇总、统计完之后，向公司总部汇报，由此形成公司总的销售目标并以此为计划。此后，各销售管理层的工作就是监督计划的执行情况，发现问题及时解决。这是一种由下至上的“上行方式”，也称“汇总方式”。

这两种制定、运行销售计划的方式，其方向是相反的，前一种计划的起点是后一种计划的终点，后一种计划的起点是前一种计划的终点。由于两种计划方式的互逆性，所以它们的优缺点也具有反向性。这里我们很难判断哪一种方案较好，哪一种方案较差，不同的企业可能适应不同的方式。

分配方式是一种权力型模式，它按照最高领导层的旨意建立销售计划目标体系。如果权力机构对市场状况的分析、判断正确，对竞争对手了解，对未来市场的走势能够准确地把握，就能够保证销售计划制定得科学、可行。但如果权力机构只是将自己期望的结果转变成销售目标，而不是经过科学的分析、预测，就可能导致销售目标和销售计划远离实际的市场状况，导致销售计划无法实现。同时，身处市场第一线的销售人员缺乏对计划制定的参与感，不易将上级所决定的计划和目标转化为自己内心所愿意承担的计划，还可能会影响市场销售人员的情绪，进而导致销售工作的积极性受挫。

汇总方式是一种民主型模式，它由销售人员或最基层的销售小组自己决定自己的销售计划和销售目标。由于销售人员身处市场的前沿，对市场的竞争状况深有感触，对竞争对手的特征容易掌握，对渠道情况了如指掌，对顾客的需求把握得住，因此，这种方式较前一种方式更容易贯彻落实，更能够保证销售目标的实现。

## 第二节　销售目标计划

制定销售计划时，首先就是要制定销售目标。销售目标在销售计划中居于核心地位，销售目标是与企业的总体营销目标相配合的，销售目标的制定有利于实现企业的经营方针、经营目标和发展计划。同时销售目标还可以指导销售行为、激励销售人员、降低销售成本、增加企业利润、提高销售管理效率。

### 一、销售目标的内容

销售目标必须符合企业的总体营销目标，并且销售目标还要细分到各个销售区域、各个销售部门、各个销售小组、各个销售人员，进而形成一个销售目标体系（见图 3-2）。

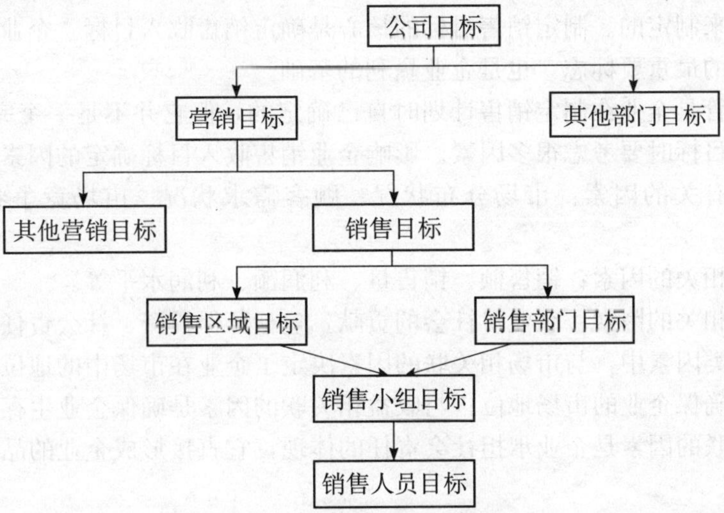


**图 3-2　企业销售目标体系图**

企业销售目标按照销售活动可以进一步细分为销售额目标、销售费用约定、销售活动目标和销售利润目标等，其中每一种目标都有不同的目标内容，其具体内容见表 3-1。

**表3-1 企业销售目标的细分**

| 目标 | 目标内容 |
| --- | --- |
| 销售额目标 | 部门、地区、区域销售额，销售产品的数量，销售收入，市场份额 |
| 销售费用约定 | 旅行费用、运输费用、招待费用、费用率（占净销售额的比率）、各种损失等 |
| 销售活动目标 | 访问新客户数量、营业推广活动、访问客户总量、商务洽谈 |
| 销售利润目标 | 每一位销售人员所创造的利润、区域利润和产品利润 |

## 二、销售目标的制定程序

制定销售目标的程序是：收集市场信息—分析需求并进行销售预测—制定销售策略—确定具体的销售目标—制定销售方案—执行销售方案，最后对销售状况进行评估与控制（见图3-3）。

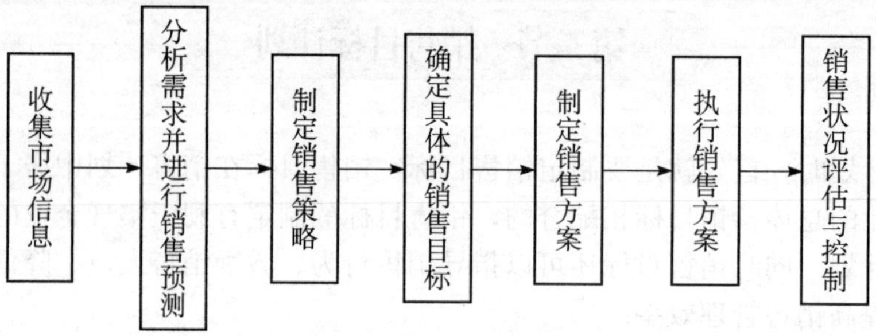


**图3-3 制定销售目标的程序**

## 三、制定销售目标的方法

销售目标通常是在销售预测的基础上，结合公司的营销战略、行业特点、竞争对手的状况及公司的现状来制定的。制定销售目标的核心是确定销售收入目标。企业销售收入的大小是企业经营状况的最重要标志，也是企业赢利的基础。

销售收入尽管是企业在制定销售计划时自己确定的，但它并不是一个完全的主观数字。企业在制定销售目标时要考虑很多因素。影响企业销售收入目标确定的因素主要有：

（1）与市场有关的因素：市场分布状况、顾客需求状况、市场竞争状况、市场占有率等。

（2）与收益相关的因素：销售额、销售量、利润额、利润水平等。

（3）与社会相关的因素：企业对社会的贡献，包括环保投资、社会责任投资等。

在以上三大类因素中，与市场相关联的因素决定了企业在市场中的地位，它以销售目标和市场占有率来确保企业的市场地位；与收益相关联的因素是确保企业生存与发展的必要条件；与社会相关联的因素是企业承担社会责任的体现，它直接形成企业的品牌形象，并关乎企业未来的发展。

在考虑以上三个方面因素的基础上，销售计划制定者还要选择计算销售目标的具体方法，应用到的方法主要有以下几种。

**(一)根据销售增长率确定销售目标**

销售增长率是企业本年销售收入增长额与上年销售收入总额之比。本年销售增长额为本年销售收入减去上年销售收入的差额,它是分析企业成长状况和发展能力的基本指标。

$$销售增长率=\frac{企业本年销售收入增长额}{上年销售收入总额}\times 100\%$$

本年销售增长额=本年销售收入-上年销售收入

下一年度销售目标=本年度销售收入×(1+销售增长率)

销售增长率是衡量企业经营状况和市场占有能力、预测企业经营业务拓展趋势的重要指标,也是企业扩张增量资本和存量资本的重要前提。这项指标越大,表明其增长速度越快,企业的市场前景越好。这项指标缩小,说明企业的产品销售额有所下降,销售规模萎缩了;如果比率没有发生变化,说明企业产品销售状况处于稳定的态势。其中第二种情况最令人担忧,如果不是受策略性调整的影响,这种情况的出现就要分析是不是企业经营上出了问题,如果是,就要研究问题的关键,以便于及时解决。

**例:** 某企业 2017 年完成销售收入 5 000 万元,实现销售增长率 20%,如果 2018 年的市场保持不变,则 2018 年的销售目标值可定为 6 000 万元。

这里 20%是销售增长率,按照这一销售增长率计算的计划期销售目标应该是:

5 000(万元)×(1+20%)=6 000(万元)

企业的销售增长率不仅受市场需求及企业市场占有率的影响,还受到竞争者的干扰。因此,销售增长率往往与企业的愿望有一定的差距。要想得到相对比较准确的销售增长率指标,需要综合考虑过去几年的销售发展状况,求出平均销售增长率。

$$平均销售增长率=\sqrt[n]{\frac{本年度销售实绩}{基准年销售实绩}}\times 100\%-1$$

公式中的 $n$ 值是以基准年为 0 年,然后计算出当年是基准年的第 $n$ 年,如果是第 3 年,则 $n$ 为 3,如果是第 5 年,则 $n$ 为 5。

在实际的使用中,有时也用经济增长率或业界增长率指标来替代销售增长率,从而确定企业的销售目标。成熟的企业可选择这两项指标之一。因为根据这两项指标计算企业的销售目标,可以保证企业能够达到经济整体或同业的同等销售增长水平,与同业共同分享市场需求扩大带来的红利。同时,企业也可以这两项指标作为参考,确定略高于同业的销售增长率,以保证企业在市场中争取到相对较高的市场份额。

**(二)根据市场占有率确定销售目标**

市场占有率是一定时期、一定市场范围内企业实现的销售额(量)占业界同类产品总销售额(量)的比率。市场占有率也是分析企业竞争能力和企业信誉高低的一项重要指标。这一指标也说明企业的产品在市场上受到消费者的欢迎程度。它与企业产品的品质、技术水平相关。在产品品质和技术水平不分伯仲的情况下,品牌的价值和企业的理念就是企业争取市场的关键。

$$市场占有率=\frac{企业实现销售额(量)}{业界同类产品总销售额(量)}\times 100\%$$

销售目标值=业界销售预测值×企业市场占有率目标值

一般来说,成长性比较好、销售能力比较强的企业,市场占有率会有逐年不断扩大的趋势。但在市场竞争不断加剧的环境中，市场占有率的瓜分是极其残酷的，很多企业就是在争取市场占有率中败下阵来的。有远见和有能力的企业，通过不断创新来争取更新、更大的市场。

**（三）根据市场占有增长率或实质销售增长率确定销售目标**

市场占有增长率是企业计划年度的市场占有率与前一年市场占有率的比值。这是根据企业对其产品和品牌在市场中的地位不断扩大的期望来决定销售目标的方法。同时企业市场占有率的增长也说明企业在市场中的实力，企业的品牌在市场中处于一种健康的态势。

$$\text{市场占有增长率}=\frac{\text{计划年企业市场占有率}}{\text{前一年企业市场占有率}}\times 100\%$$

业界增长率也称实质增长率，是指企业产品的市场增长率与同业同类产品的销售市场增长率之比，这一指标说明企业的发展是否与业界同步。如果实际增长率大于 1，说明企业在市场中的发展步伐快于同业的平均水平；如果等于 1，说明企业在市场中的发展步伐与业界同步；如果小于 1，则说明企业在市场中的发展步伐落后于同业。这时，企业必须要从自身找原因。

$$\text{业界增长率}=\frac{\text{企业产品市场增长率}}{\text{业界同类产品市场增长率}}\times 100\%$$

发展规模较大的企业适于选择市场占有增长率作为计算企业销售目标的方法，新型中小规模的企业适于选择业界增长率作为计算企业销售目标的方法。

根据企业市场占有增长率或业界增长率确定销售目标，实际上是企业依据其在市场上的扩大目标或实质增长目标来决定销售目标。这时，当企业计划年的销售目标与过去一年的销售实现持平时，实际上不一定是维持了现状。因为，这一方法只是和自己的过去进行的比较。只有当业界（实质）增长率保持不变时，才可称为维持了现状，而只有当企业的市场增长率高于业界市场增长率时，才可称为实质的增长，反之则不认为这是实质的增长。

**（四）根据销售盈亏平衡点确定销售目标**

销售盈亏平衡点是指当销售收入等于销售成本时的交叉点，在这一点上，销售的损益值为 0，即不盈不亏，只有销售收入超过这一点时企业才有盈利。一般来说，销售收入由总成本和总利润构成，总成本又分为固定成本和变动成本。盈亏平衡时的销售收入（$X$）等于固定成本（$F$）加上变动成本（$V$）（见图 3-4），即：

$$X=F+V$$

公式可转化为：

$$X-V=F$$

其中，变动成本随销售收入的增减而变动，所以可通过变动成本率来计算每单位销售收入变动成本的增减率。

$$\text{变动成本率}\ (V_X)=\frac{\text{变动成本}\ (V)}{\text{销售收入}\ (X)}$$

由盈亏平衡点界定销售收入，这时的销售收入为：变动成本＋固定成本；变动成本为：变动成本率×销售收入，则销售收入为：

$$\text{销售收入}=\text{变动成本率}\times\text{销售收入}+\text{固定成本}$$

公式可演变为：

固定成本＝销售收入－变动成本率×销售收入＝销售收入×（1－变动成本率）

即 $F=X-V_X\cdot X$

$F=X(1-V_X)$

盈亏平衡点上的销售收入目标值（$X_0$）为：

$$销售收入目标值=\frac{固定成本}{1-变动成本率}$$

即

$$X_0=F/(1-V_X)$$

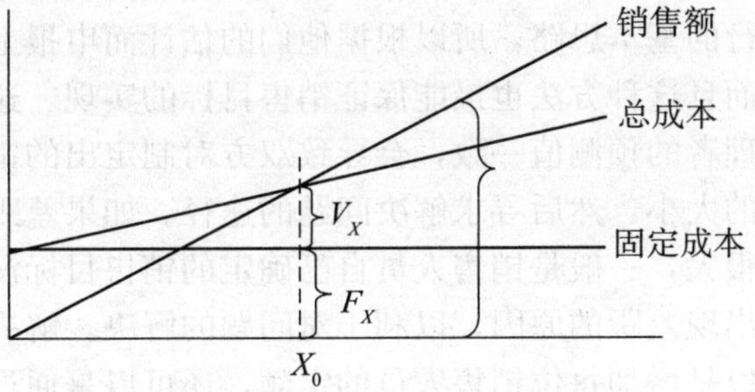


图 3-4 盈亏平衡点示意图

盈亏平衡点上的销售收入额确定了之后，企业可确定一个纯收益目标值，在盈亏平衡点上的销售收入目标值的基础上，再加上这个纯收益目标值，就是计划期的销售目标值。

**（五）根据经费预算确定销售目标**

在企业的正常经营活动中，必须有各项经费的开支，如销售费用、人事费用、折旧费用等。这些费用的开支均需要在销售毛利中扣除。根据经费预算确定销售目标，就是要使企业通过销售实现的销售毛利足以抵偿各种费用开支。

$$企业销售毛利率=\frac{销售毛利}{销售收入}\times100\%$$

$$=\frac{销售收入-销售成本}{销售收入}\times100\%$$

$$=1-销售成本率$$

那么：

$$销售收入目标值=\frac{销售毛利}{1-销售成本率}$$

或：

$$销售毛利率=\frac{营业费用+营业纯利润}{销售收入}\times100\%$$

则：

$$销售收入目标值=\frac{固定费用+预期纯利润}{1-销售毛利率-变动成本率}$$

**（六）根据消费者购买力确定销售目标**

根据消费者购买力确定销售目标，是通过估计企业服务范围内的消费者购买力状况来预测企业的销售额，这种方法适合于零售企业和部分生产快速消费品、供应区域市场的生产企业。其基本程序是：

（1）设定企业的服务范围，并调查这一范围内的人口数、户数、收入水平及消费支出水平。

（2）调查企业服务范围内商店的数目及其平均销售能力。

（3）估计各商店的销售收入。

（4）确定企业的销售收入目标值。

**（七）根据销售人员的申报确定销售目标**

这是根据企业一线销售人员的申报，逐级累计，最后求得企业销售收入目标的一种方法。由于一线销售人员熟悉市场状况，清楚自己的销售能力，积累了一定的市场运行经验，具有对下一年度市场运行的基本思路，所以根据他们的估计而申报上来的销售收入能够反映当前企业的销售状况，而且这种方法也最能保证销售目标的实现。这时，如果一线销售人员对自己的销售预期与管理者的预测值一致，会导致双方对制定出的销售目标均满意。如果出现不一致，首先看差距的大小，然后寻求解决问题的途径。如果差距不大，对目标值进行适度调整即可；如果差距很大，一般是销售人员自己确定的销售目标没有达到管理者所期望的目标值，这时，要找出出现差距的原因，以利于对问题的解决。解决存在差距的方式可以是增加销售人员人数，可以是增加每位销售人员的定额，还可以是通过培训提高销售人员的销售能力等。企业最好通过后两种方式的同时选择，来保证销售目标的制定达到管理者的期望目标。只有在当企业的销售目标增加幅度很大时，才适宜选择第一种方式。

根据销售人员的申报确定销售目标时，需要注意以下三点：

（1）申报时尽量避免过分保守或夸大。预估销售收入时，走极端的情况经常发生，因此销售人员应依据自己的能力来申报“可能”实现的销售收入量（值）。

（2）检查申报内容。一线销售管理者须对销售人员申报的内容进行检查，看其是否符合自己的能力和市场的趋势。

（3）协调上下目标。申报程序采用的是“由下至上的汇总式”，为防止过于保守或过于夸张的后果出现，销售经理还要采用“从上至下的分配式”模式来进行调整，做好上下的协调工作。

## 第三节 销售预测分析

销售预测是指对未来特定时间内（如一年）全部产品或特定产品在市场上的销售数量与销售额度进行预先的估计。它在充分考虑未来各种影响因素的基础上，结合本企业的销售实绩，通过一定的分析方法提出的切实可行的销售目标。

销售预测是制定销售计划的第一步工作，销售预测的结果可以作为企业全部销售运作规划的关键因素。人事、财务及其他所有部门都要根据销售预测的结果编制新一时期的工作计划。销售预测是企业销售计划的基础工作，影响着企业资源的分配和整个销售管理工作的安排，做好销售预测工作有利于企业各项工作的开展。

### 一、影响销售预测的因素

在进行销售预测之前，必须要考虑哪些因素会影响销售预测的准确性，销售管理者应将这些因素进行分类。这里我们从外部和内部两个方面对其影响因素进行划分。

**（一）外部因素——不可控因素**

外部因素是指企业以外的因素，对这类因素企业无法预知，同时它对企业的销售工作又产生着重要的影响。这类因素主要包括以下方面。

**1. 需求的动向**

需求的动向包括消费的流行趋势、消费者爱好的转变、生活形态的变化、人口的迁移等。企业对这些因素不可能掌握得十分清楚，只能通过对各项人口指标和经济指标的分析加以预测。对此企业所能做的是平时注重资料的积累，了解市场调查机构公布的数据，定期做一些市场调查工作，以掌握市场需求的动向。

**2. 经济形势的变化**

销售收入深受经济形势变动的影响。这里所讲的经济形势，不仅仅是指国内的经济形势，也包括其他国家的经济形势。如美国的经济危机和经济政策影响到了全球经济，也影响到了我国的经济，进而使我国企业国际市场的运行工作受到了巨大的冲击。同时，企业还要掌握有关资源产业的未来发展方向、政府及相关要人对经济政策的见解、GDP 的增长、工业生产增长率、工业品物价和消费物价指数、经济增长的变化形式等。

**3. 同业竞争的动向**

随着市场竞争的加剧，竞争对手的市场状态直接影响到本企业的销售状况。如果竞争对手的市场成长性好，就可能会挤占本企业的市场份额。因此，企业要掌握竞争对手的技术水平、市场重心、产品特征、价格体系、促销活动、服务状况等。

**4. 政府对销售的政策取向，消费者社团的变化动向等**

政府的各项政策、措施、法律法规等对企业销售有着约束和指导性影响，企业的销售工作必须遵照政府的规定，在法律的约束下，同时在法律的保护下开展销售活动。

**5. 科学技术的发展**

在经济运行中，科学技术的成果会在产品的生产中得到体现，而生产高科技含量产品的企业会在市场的运行中争取主动，形成巨大的市场引力，进而带动企业的销售。因此，企业在销售工作中要不断地捕捉市场信息，掌握科技成果的转化，以保证跟上科学技术进步的步伐，进而保证市场的稳定。

**（二）内部因素——可控因素**

企业内部的各项因素尽管在企业管理工作的范围内，具有一定的可控性，但对销售工作产生的影响也要给予高度重视，否则有可能会出现把握不定、运行不顺的局面。影响销售工作的企业内部因素主要包括以下几个方面。

**1. 营销活动政策**

这包括产品政策、价格政策、销售渠道政策、广告和促销政策的变更等。

**2. 销售政策**

这主要是指对优秀销售工作者的奖励、对积极销售行为的表彰等。

**3. 生产状况**

这包括生产能否随销售状况的变动而在生产技术水平、产品创新、产品品质等方面进行改进。

**4. 文化状况**

这包括企业的价值观、企业的营销理念、销售人员的行为规范等。这些内容直接影响到销售人员的工作状态和工作积极性。

## 二、销售预测的基本方法

成功的销售预测依赖于科学的预测方法。销售预测方法主要分为定性预测和定量预测。在实际的销售预测工作中，这两类方法都会用到，但什么时候使用定性预测，什么时候使用定量预测，要根据实际需要而定。

### （一）定性预测法

定性预测法是依靠人们观察分析问题的能力、经验判断的能力和逻辑推理的能力所进行的预测分析。在实际应用中，预测者根据所了解的情况和实践积累的经验，对客观情况做出主观的判断。

定性预测法在工作实践中被广泛使用，这种方法特别适用于对预测对象的数据资料（包括历史的和现实的）掌握不充分，或影响因素复杂，难以用数字描述，或对主要影响因素难以进行数量分析的情况。

定性预测法偏重于对市场行情的发展方向和各种影响销售成本因素的分析，能发挥预测人员的主观能动性，运用起来简单易行，灵活便利，可以较快地提出预测结果。但在使用时，也要尽可能地搜集数据，以保证结果通过数据得到表现。

定性预测法主要有以下几种。

**1. 经理意见法**

经理意见法是依据经理人员的经验，利用多个人或所有参与者的意见得出销售预测值的方法，这是最古老、最简单的预测方法之一。这种方法的优点是简单快捷，不需要经过精确的设计与计算。因此，当预测资料不足而预测者的经验又相当丰富时，这是一种最适宜的方法。经理意见法在中小企业中特别受欢迎。

这种方法的不足之处是：

（1）由于这一方法是以个人的经验为基础的，不如统计数据那样令人信服。

（2）采用经理意见法往往需要许多经理通过讨论来得出结论，会耗费太多的精力和时间。

（3）高层经理和情绪强烈的管理人员可能比更了解产品和市场的管理人员对最终预测所产生的影响更大。

但无论怎样，经理意见法依然有它存在的价值。当无法依据时间序列预测未来时，这种方法可以发挥更大的作用。

**2. 销售人员意见汇总法**

销售人员最接近消费者和用户，对产品是否畅销，以及市场对花色、品种、规格、式样的需求都比较了解，所以许多企业通过听取销售人员的意见来推测市场需求和未来的市场走势。这种方法是先让每个参与预测的销售人员对下一年度销售的最高值、最可能值、最低值分别进行预测，算出一个概率值，最后再根据不同人员给出的概率值求出平均销售预测值。

这种预测方法的优点是：

（1）简单明了，比较容易运行。

（2）销售人员经常接近购买者，对购买者意向有较全面、深刻的了解，对市场有敏锐的洞察力，做出的预测值可靠性较高，风险较小。

（3）适应范围广，无论对大型企业还是中小型企业，无论是对工业品经营还是对食品、副食品销售，该方法都可以应用。

（4）销售人员直接参与企业的销售预测，会对企业上级下达的销售定额有较大的信心，并积极努力去完成。

（5）运用这一方法，也可以获得按产品、区域、顾客或销售人员来划分的各种销售预测值。

这一预测方法也有缺点：

（1）销售人员可能对宏观经济形势及企业的总体规划缺乏了解。

（2）销售人员受知识、能力或兴趣的影响，其判断总会有偏差，有时还会受情绪的影响，导致估计过于乐观或过于悲观。

（3）有些销售人员为了能超额完成下一年度的销售定额指标，获得奖励或晋升的机会，可能会故意压低预测数字。

尽管存在以上缺点，但这种方法还是经常被企业所采用。因为销售人员过高或过低的预测值偏差可能会相互抵消，预测总值会比较准确。另外有些预测偏差可以在现实的销售工作中及时得到纠正和调整。

**3. 购买者意见调查法**

购买者意见调查法是根据购买者的意见和对未来购买的打算进行销售预测的方法。这种方法是通过征询顾客的潜在需求或未来购买计划，了解购买活动的变化及特征等，然后在收集购买者意见的基础上，进行市场变化分析，并预测未来市场需求。

运用这种方法，不仅可以发挥预测组织人员的积极性，而且还可以征求消费者或用户的意见，大大提高了预测的客观性。通过这种方法，企业还能了解到更多的消费者对产品与服务的心理感受，从消费者心理层面把握市场需求。这种方法主要用于预测市场需求情况和企业商品销售情况。

实际运用中可选择多种形式，如可以在商品销售现场直接向消费者询问商品的需求情况，了解他们准备购买商品的数量、时间，某类商品需求占总需求的比重等问题；也可以利用电话询问、网络调查等形式，提出问题请顾客回答，然后将回收的意见进行整理、分类、总结，再按照典型情况推算整个市场未来需求的趋势；还可以采取直接访问的方式，到居民区或用户单位直接询问他们对商品质量的要求，近期购买商品的计划，购买商品的数量、规格等。具体采用何种方式调查，要以调查对象的数量而定。如果调查对象数量少，可以采用发放征询意见表的方式进行；如果调查对象人数较多，可以采取随机抽样或分级抽样并通过网络调查的方式进行。

在预测实践中，这种方法常常用于生产资料商品、中高档耐用消费品的销售预测。调查预测时，应注意取得被调查者的合作，解除调查对象的疑虑，使其能够真实反映商品需求情况。要使这种方法有效，必须具备两个条件：一是购买者的意向明确清晰。在实际调查中，常常碰到购买意向不明确的消费者，如果是这样，所调查的结果对预测是没有意义的。二是购买意向真实可靠。调查中，有些消费者为了应付调查者的提问，回答问题很清晰，购买意向很明确，但并非其真实的想法。这种情况所获取的数据非但对预测不利，而且可能会导致错误的预测结果。

更多的情况是，在调查员的启发下，消费者还是能很准确地描述未来的需求意向的。因此，这种预测方法一般准确率较高，但预测两年以上的市场需求状况时，其可靠程度就要比短期预测差一些。因为时间长，市场变化因素多，消费者不一定都按照长期的商品购买计划进行购买，所以预测结果可与用其他预测方法所得到的结果进行对比，如果偏差很大的话，可进行适当修正，以使预测结果相对精确。

**4. 专家预测法**

专家预测法是根据专家意见做出销售预测的方法。专家既可以是经销商，也可以是科技人员或大学教授。一般来说，对某方面有研究的专家，他们的专业知识较丰富，分析问题较全面，对一些经济现象可能导致的结果，能从更深层面上进行挖掘与阐释，对市场趋势进行的分析比非专家要更透彻。专家意见既可能是对市场进行调查的结果，也可能是分析过去统计资料所得出的结论，还可能是对各种影响因素综合考虑之后对市场趋势的预测。高级管理人员的估计有时会难免过于乐观或悲观，因此，一些企业可能借助于外部力量，比如请专家做出销售预测。

有时候有些企业会聘请外界科技人员、大学教授等来评定将来的市场需求情况。一些商业信息机构也常发行或出售长短期商业情况的定期预测，企业可以将这些预测作为专家意见来采纳或利用。因为商业信息机构就是专门进行商业信息分析的单位，这其中融入了专家的意见，其准确度较高，可信性较强。

专家意见法的优点是：

（1）预测速度较快。专家们在预测时，事先已经对各种相关问题有很深的见解，预测只是将此前研究的结果予以确立。

（2）节约费用。一般情况下，专家对某市场的预测是不收费的；如果通过大众传媒倾听专家的意见，则可以免费获取信息。

（3）专家们有着丰富的专业知识，考虑问题周全，能印证并协调各种不同的观点。

（4）如果基本资料较少，运用其他方法可能找不到答案，此时求教于专家是最好的方法。

专家意见法存在如下的缺点：

（1）专家意见有时不具有说服力，因为它毕竟不是客观事实，所以可能会让人难以信服。

（2）责任分散。如果一个具体的预测有多位专家参与，不能说明哪个具体专家预测的准确度高，也不能说明哪个具体专家预测的准确度不高。也就是说，预测的好与坏难以估计。

（3）运用这一方法所得的地区、顾客、产品分类等预测数，没有总预测数那样可靠。

因此，专家预测法适于从全局的角度进行把握，不适合进行具体的预测。

**（二）定量预测法**

定量预测法是借助于数学和统计学的分析工具，通过对以往销售记录的分析，做出对未来的预测。定量预测法主要有时间序列分析法、回归和相关分析法、趋势外推法、模拟分析法等。

**1. 时间序列分析法**

时间序列是指将各种经济指标的统计数字，按时间的先后顺序排列所形成的数列，并依据数列给出的数值进行的预测。在实际运用时，是将经济发展、购买力增长、销售变化等统计变量的一组观察值，按时间序列加以排列，构成统计的时间序列，然后运用一定的数学方法使其向外延伸，由此预测市场未来的发展变化趋势，确定市场预测值。因此，时间序列分析法也称历史延伸法或外推法。

运用时间序列法进行预测时，必须以准确、完整的时间序列数据为前提。为了让时间序列中的各个数值正确地反映预测对象的发展规律，各数值间具有可比性，编制时间序列要做到：总体范围一致；代表的时间单位长短一致；统计数据的计算方法和计量单位一致。

在以市场需求为核心的时间序列中，每个观察值的大小，实际上就是影响市场变化的各种不同因素在既定时刻发生作用的综合结果。从这些影响因素发生作用的大小和方向变化的时间特性来看，这些因素造成的时间序列数据的变动可以分为以下四种类型。

(1) 长期趋势变动（$T$）。长期趋势变动表示时间序列中数据的变动不是由意外的冲击因素引起的，而是随着时间的推移逐步发生的。它描述了一定时期内经济关系或市场活动中持续的潜在稳定性。即它反映观察目标（预测目标）所存在的基本增长趋向、基本下降趋向或平稳发展趋向的模式。因此长期变动趋势的特点是，其发展趋势具有稳定性和规律性。

(2) 季节性变动（$S$）。季节性变动归因于一年内的特殊季节、节假日。它反映了在一年中，经济活动和市场活动或多或少具有的规律性变化。例如：在我国每年春节所在的月份里，商品零售额达到最大值；冷饮销售高峰出现在每年的夏季；“五一”“十一”等节假日已经成为商品与服务销售的黄金时段。这就是说，季节性变动基本上是每年重复出现的周期性变动，因此它的规律性和周期性都是可以预测的。

(3) 周期性变动（$C$）。周期性变动表现为整个市场经济活动水平呈现出不断的、周期性的变动，它不同于季节性变动中所呈现的小周期。这里的周期性是指由于经济环境的变化和竞争的发展，市场会出现一个扩张时期，紧接着是一个收缩时期，再接下来又是一个扩张时期的变化。在经济发展中，尽管各国经济出现的周期性并不完全一致，但在全球经济的发展中，国际经济环境对各国经济影响的联动性越来越明显，从而使各国经济的周期性越来越具有趋于同步性和联动性的特点，这就是现今经济的蝴蝶效应。因此，这里的周期性是大周期，是经济周期。在一国经济中，通常在一定时期内这一经济周期会影响到大多数经济部门，如住宅建筑、汽车业的发展等。此外，在时间序列中，影响周期变动的也可能是货币政策和政府政策的改变。

(4) 不规则变动（$I$）。不规则变动也称随机变动，它是指时间序列数据在短期内由于随机事件而引起的忽大或忽小的变动。例如战争、自然灾害、政治或社会动乱等导致的不规则变动。这种不规则变动对经济的影响具有不可预测性。企业在对未来市场的预测中只能通过留有余地的思路作为应对不规则变动因素对经济影响的手段。

在上述各类影响因素的作用下，历史上时间序列数据的变化，有的具有规律性，如长期趋势变动和季节性变动；有的不具有规律性，如不规则变动（偶然变动）以及循环变动（从较长时间来观察也具有一定的规律性，但短期间的变动有时是不规律的）。时间序列分析法就是要运用统计方法和数学方法，把时间序列数据作为随机变量 $X_j$（$j=1, 2, \cdots, n$）分

解为 $T$、$S$、$C$、$I$ 四种变动值，也就是说，$T$、$S$、$C$、$I$ 四种变动的综合作用构成了时间序列 $X$。一般情况下，综合作用有以下两种方式：

①乘法模型方式，即：

$$X=T\times S\times C\times I$$

②加法模型方式，即：

$$X=T+S+C+I$$

一般情况下，按乘法模型方式或加法模型方式求得的预测值只是历史发展规律的结果。由于迄今为止人们尚未找到一种可供使用的定量分析方法来精确分析循环变动和不规则变动值，而只能通过定性分析方法对此进行估计，依此来对季节性变动和长期趋势变动值做出调整。因此，在实际应用中，人们一般将时间序列分析法定量预测的乘法模型方式和加法模型方式简化应用，即：

①$X=T\times S$

②$X=T+S$

运用时间序列分析法进行市场预测时，首先应绘制出历史数据曲线图和平均值变动曲线图，确定其趋势变动的类型；然后，根据历史资料的趋势变动类型和平均值变动曲线以及预测的目的与期限，选择具体的预测方法，并进行模拟、运算；最后，将量的分析和质的分析相结合，确定未来市场发展趋势的预测值。

**2. 回归与相关分析法**

有些事物彼此之间存在着直接或间接的因果关系，同样，企业产品的销售量也会随着某种变量的变化而得到改变。当销售与时间之外的其他事物存在相关性时，回归与相关分析就可以发挥更大的作用。这一方法对于销售预测是非常有用的。例如，人口数量一旦增加，则社会商品零售额必然会增加；汽车数量一旦增加，轮胎的销售也会随之增加。相关分析正是依靠掌握与销售量（或需求量）之间存在的重要因果关系的某种变量，通过统计方法，寻求二者之间的关系，并借此计算未来预测值的方法。这种方法的预测结果与回归分析方法相同。

相关分析在决定销售是否与某种或某些变量相关时使用，主要是寻找影响销售的因素及其影响程度，这种关系的程度可以通过相关系数（$r$）来衡量。

相关系数的值域范围为－1～＋1，符号表示销售与另一变量之间关系的方向，具体数值表示相关程度。负的相关系数表示销售与另一变量间的变动方向相反。例如，如果分析新房地产开工数与利率上升的关系，这将是负的相关系数。当利率上升时，新房地产开工数会下降。正相关系数表示两个变量呈同一方向变动。如当收入上升时，家具的购买量将会增长，因此，这两个变量之间有正的相关关系。

关系的强度是通过相关系数的值来表示的，计算出的相关系数越接近 1，表示变量之间的关系越强；相关系数为 0 时，表示两个变量之间没有关系存在。

回归分析试图判断在因变量（销售量）和一个或多个自变量之间是否存在某种偶然的关系，如果发现了某种关系，那么，因变量（销售量）的值可以根据自变量的特定值来加以预测。回归分析有多种形式，其中最简单的是直线回归。在直线回归中，自变量（$x$）与因变量（$y$）的关系被假定为线性关系。这时可利用一元回归分析法来对未来计划期的销售量进行预测，具体步骤如下：

（1）确定影响销售目标的因素。可根据目标市场的具体情况，确定出影响企业销售目标的因素，如本企业产品的价格、竞争者同类产品的价格、本企业的广告预算、竞争者的广告预算、消费者的可支配收入等。

（2）列出函数关系式：

$S=f$（$MP$，$CP$，$MAD$，$CAD$，$CIC$）

式中：$S$——销售量

$MP$——本企业产品的价格

$CP$——竞争者同类产品的价格

$MAD$——本企业的广告预算

$CAD$——竞争者的广告预算

$CIC$——消费者的可支配收入

（3）收集和整理因变量和自变量的观察样本资料。根据预测要求，通过市场调查收集纵断面观察样本资料和横断面观察样本资料。纵断面观察样本资料是指因变量、自变量的历史统计数据。它反映了同一地区或同一组织内经济现象随着时间的推进在其发展过程中出现的因果关系关联形态。横断面观察样本资料是指在某一特定时间内，不同地区或不同组织的因变量和自变量统计数据。它反映的是预测对象在特定时间内的经济行为中表现出的因果关系关联形态。

（4）建立回归方程预测模型。根据自变量的个数和因变量、自变量之间的函数关系，以及所掌握的样本资料，按照回归分析的基本原理建立回归方程预测模型。

（5）进行相关分析、方差分析与显著性检验。对于任何一组给定的因变量和自变量观察样本数据，都可以用最小二乘法计算出回归方程的参数并最终建立回归方程式。但这样建立起的回归方程式不一定有实际意义。虽然凭借专业知识和实践经验可以从质的方面判断其是否符合规律，但无法从量的方面做出测评。为此，需要借助于方差检验和显著性检验把握方程式的可用性。方差检验是分析自变量与因变量之间的线性关系对因变量变异的影响程度。显著性检验能够计算出反映自变量与因变量线性关系的回归方程式的显著性水平。

（6）预测。经过相关分析与显著性检验后，利用达到某一显著性水平的回归方程预测模型进行实际预测，包括计算销售预测值和置信区域。

这里我们将相关分析与回归分析结合在一起使用，是因为二者之间存在密切的联系。相关分析与回归分析之间的关系是：相关分析是回归分析的基础和前提，回归分析是相关分析的深入和继续。相关分析需要依靠回归分析来表现变量之间数量相关的具体形式，而回归分析需要相关分析来表现变量之间数量变化的相关程度。只有当变量之间存在高度相关时，进行回归分析寻求其相关的具体形式才有意义。

一般来说，回归和相关分析法多用于行业需求量的预测，亦可用于业界销售量的预测，但是如果发现企业对市场缺乏影响力，就必须以时间序列分析法为主体来预测销售。如果想得知整个业界（包括大小企业）需求量的预测值，应综合使用时间序列分析法与相关分析法。

## 三、销售预测程序

销售预测程序是指进行销售预测的一系列工作步骤，包括从预测目标的确定到销售预测结果使用的全过程。销售预测一般要经过确定目标、初步预测、选择预测方法、依据内外部因素调整预测、比较预测与目标、检查和评价等阶段。具体程序如图3－5所示。

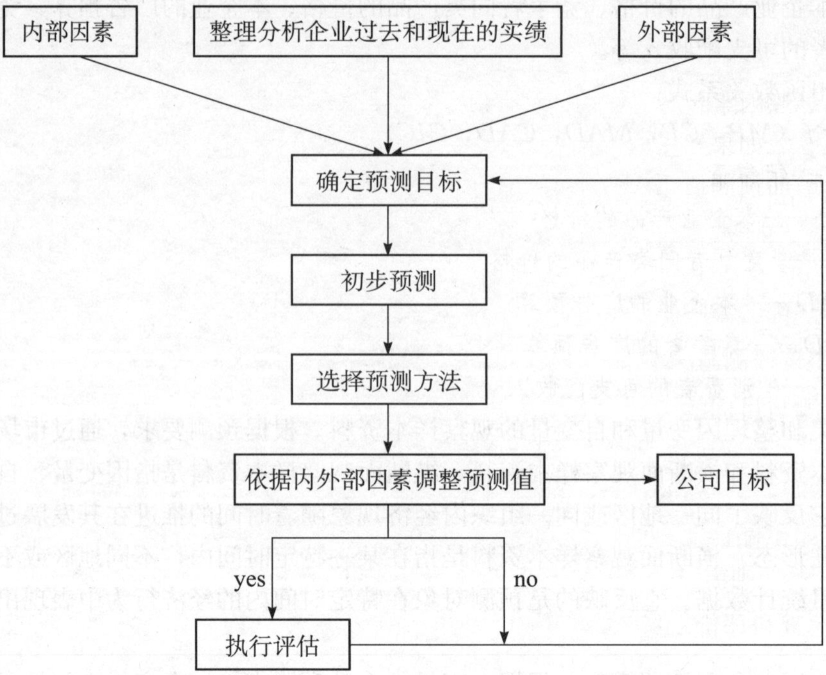


图 3-5　销售预测程序

**（一）确定预测目标**

预测目标是通过预测所期望达到的结果。如果最终的预测结果与期望的结果相同，预测工作就实现了预测目标，如果预测结果与期望的结果出现了差距，就要找出原因，进行预测过程的检查。确定预测目标需要明确以下问题：

（1）预测目的是什么？

（2）预测结果将被如何使用，谁来使用？

（3）是否用于计划开发的新市场？

（4）是否用于个人销售配额的设定？

**（二）初步预测**

初步预测未来的销售量，主要确定预测应涉及哪些变量，如销售量、市场占有率、利润率、促销费用的投入、市场竞争的状况、市场未来的走势等。

**（三）选择预测方法**

这一步骤主要决定采用什么方法来进行预测，比如，是选择定性分析法还是定量分析法；在这两大类方法中具体选择哪一种或哪几种预测方法。

**（四）依据内部可控因素调整预测值**

需要考虑的内部因素主要有：与过去相比，预测期内的工作将有何变化？整个营销战略是否会改变？有无新产品推出？价格策略有无变化？促销费用如何安排？销售渠道怎样确定？等等。如果在这些因素中有一些变化，就要看具体是什么因素，其变化的方向和对未来市场的影响程度。如果变化的方向有利于本企业市场的发展，如有新产品上市、促销费用有所增加、原有的渠道在拓宽并增加了新的销售渠道，等等，这时可以适度增加销售预测值，反之则需要减少销售预测值。

**（五）依据外部不可控因素调整预测值**

外部不可控因素包括：经济环境的变化、有重要的竞争对手加入、竞争对手的营销政策发生了变化等。如果经济环境发生了变化，如政策支持、需求量增加、国际市场状况良好等，可适度增加预测值，反之则需要减少预测值。竞争对手的加入，使原本竞争已经很激烈的市场愈加激烈，势必会影响到本企业的市场，从而使本企业的销售量下降。如果竞争对手的营销政策发生了变化，如竞争对手的新产品上市、增加了市场投入的力度、有渠道拓宽的迹象等，这些都会影响到本企业的市场稳定和发展。

**（六）比较预测与目标**

进行预测与目标的对比主要看预测与目标是否一致，当预测不能满足目标时，是降低目标值，还是进一步采取措施实现原来的目标？当预测超过了目标时，还要看预测目标是否能实现。进行预测与目标的比较，其目的主要是看预测目标能在多大程度上实现，如果实现的可能性大，如把握程度在80％以上，就说明这样的预测是能够实现的，如果把握程度很低，如在50％以下，则需要重新对预测目标进行思考。

**（七）检查和评价**

检查与评价主要做以下两个方面的工作：

（1）做出的销售预测不是一成不变的，随着环境的变化需要调整目标，或采取积极的措施实现原来预定的销售目标。

（2）必须有一个反馈机制，使一些重大的变化能够在销售预测和决策中反映出来。

这两项工作主要是在执行过程中进行的，目的在于发现问题并能够及时解决。

## 第四节　销售定额管理

销售定额也称销售配额，它是分配给销售人员在一定时期内完成的销售任务，是销售人员须努力实现的销售目标。因此，它是分割后的最小单位的销售目标。

销售配额是销售经理制定销售计划最有力的措施之一，销售经理利用销售配额来规划每个计划期的销售量及利润。同时，销售配额还可以作为衡量销售人员、销售小组或整个销售区域任务完成状况的一把尺子，如果运用得当，可以有效地激励每个销售人员更好地完成销售任务。

### 一、销售配额的特征

销售配额体系是销售管理的重要职能，它与销售计划、销售目标以及销售行为制度共同构筑了销售管理的职能体系。因此，在设计销售配额时，一方面要考虑与整体销售计划、销售目标的关系，使之成为销售计划和销售目标的执行工具，另一方面还要考虑使之能够激励销售人员完成个人和企业的销售目标，也就是说，销售配额的制定要能够调动销售人员的积极性，保证销售目标的实现。好的销售配额应具备以下特征：

**（一）公平性**

公平性不是平均分配，不是每个销售人员的配额相等，而是应根据不同销售区域的市场潜力、市场竞争的状况等进行不同的分配，同时考虑销售人员的销售经验、以往的销售业绩等不同的销售能力。

### （二）可行性

销售配额应该可行并兼具挑战性，是销售人员或最小销售单位通过积极配合、运用策略、努力工作能够实现的销售额度。太高的销售配额会使销售人员感到巨大的压力而无法实现，从而不能调动销售人员的积极性；太低的销售配额会使销售人员过于轻松而达不到激励的效果，同时也可能导致市场资源的损失。

### （三）灵活性

销售配额要有一定的弹性，并依据环境的改变、各种因素的变化而进行适度调整，如制定最高配额、可行配额、保底配额三个标准，并辅以不同程度的奖励措施，这样可以保证销售人员的士气，使每个销售人员都能为自己设定努力的方向。

### （四）可控性

销售配额要有利于销售经理对销售人员的工作进行检查，如小件产品的销售可按每日的销售量进行检查，并从中发现销售规律。按照以往的销售规律，如果出现反常状态，则可及时发现并寻找原因，以便采取措施纠正偏离目标的状态。大件产品的销售可按周、旬、半月、月等时间段的销售量进行检查，但每日需要有销售记录。

### （五）易于理解

销售配额的制定和内容必须能被销售人员理解和接受，如时间的界定、销售量的界定、最小销售单位的界定、最小销售区域或渠道的界定、具体销售对象的界定等。所有指标都清晰可见，便于销售人员自我检查和评估，以激励销售人员努力工作。

## 二、销售配额的类型

企业使用的销售配额通常有四大类：销售量配额、财务配额、销售活动配额、综合配额（见表 3-2）。这四大类销售配额涵盖了企业销售工作的所有岗职，任何一项具体的销售工作都可以选择那些与其工作密切相关的配额类型。

**表 3-2　销售配额类型**

| 销售量配额 | 财务配额 | 销售活动配额 | 综合配额 |
|---|---|---|---|
| 1. 总销售额（量）<br>2. 分区销售额（量）<br>3. 分部门销售额（量）<br>4. 分小组销售额（量）<br>5. 分销售员销售额（量）<br>6. 客户类型配额<br>7. 产品类型配额 | 1. 销售总费用<br>2. 分区域销售费用<br>3. 分部门销售费用<br>4. 总毛利<br>5. 分区域销售毛利<br>6. 分部门销售毛利<br>7. 利润额 | 1. 访问客户次数<br>2. 新客户开发数（获得订单）<br>3. 新准客户数<br>4. 市场调研<br>5. 参加培训和会议<br>6. 展览展销活动次数<br>7. 服务活动（电话、上门）<br>8. 工作总结与汇报<br>9. 投诉、抱怨处理<br>10. 培养新的销售人员 | 1. 行为规范程度<br>2. 销售创新程度<br>3. 销售准备工作<br>4. 产品、市场及相关知识<br>5. 销售计划执行<br>6. 销售效果（销售额与利润额）<br>7. 客户评价 |

### （一）销售量配额

销售量配额是最常用、最重要的销售配额，一般用销售额表示。有些大件产品的销售也可以用销售量表示，但单独使用销售量的比较少，如果使用销售量也要重计销售额。这是因为销售额指标是衡量生产经营活动的最常用指标，它容易被销售人员和管理者理解。

销售量配额的主要内容包括：总销售额（量）、分区销售额（量）、分部门销售额（量）、分小组销售额（量）、分销售员销售额（量）、不同客户类型配额、不同产品类型配额等。其中最经常使用的设置销售量配额的方法是，以某一地区过去的销售为基础，以市场应该增长的百分比为增长比例，由此确定该地区当年的销售配额。如经过对该地区市场需求增长潜力的考核，并结合企业的运营能力，得出当年期望该地区的市场增长率为10%，则该地区每个销售人员的销售配额就是上年销售量配额加上10%，即为上年配额的110%。

销售经理在设置销售配额时应考虑以下因素：

（1）区域内总的市场需求状况。

（2）竞争者在该地区的地位。

（3）本企业现有的市场占有率。

（4）本企业市场的质量（一般取决于该市场销售人员的主观评价）。

（5）该地区过去的销售业绩。需要对过去的销售数据进行调整，以适应现有销售人员、销售区域的状况，同时又能体现企业的现有销售政策。

（6）新产品推出的方法、路径与效果，价格的调整及预期的经济条件。

依据上述因素，销售经理要具体设置出销售区域的销售量配额，并将配额层层分解落实到区域内的各个销售组织和销售人员。表3-3是一个企业设置销售配额的具体实例。

**表3-3　某企业某销售区域的销售量配额及其执行情况**　　单位：件

| 销售量配额 | 实际销售量 | 客户类型配额 | 产品类型配额 | 产品实际销售 |
|---|---|---|---|---|
| 甲销售员配额：900 | 900 | 重要客户配额：500 | A产品：300<br>B产品：200 | 300<br>200 |
| | | 一般客户配额：400 | A产品：250<br>B产品：150 | 250<br>150 |
| 乙销售员配额：400 | 330 | 重要客户配额：250 | A产品：150<br>B产品：100 | 150<br>30 |
| | | 一般客户配额：150 | A产品：100<br>B产品：50 | 100<br>50 |
| 丙销售员配额：700 | 700 | 重要客户配额：400 | A产品：250<br>B产品：150 | 250<br>150 |
| | | 一般客户配额：300 | A产品：200<br>B产品：100 | 200<br>100 |

从表中可以看出，乙销售员没有完成重要客户的B类产品的销售量配额，差额为70件。销售经理应对这一情况进行调查，找出具体的原因，并帮助乙销售员分析问题所在，提出改进的具体措施。

### （二）财务配额

财务配额是指用财务指标所表现的数据，用以强调具体的销售行为和销售量对企业利润的贡献。财务配额有助于改变销售人员不顾利润而尽可能多销售产品的倾向。如果销售人员在盈利少、容易卖的产品上花太多的时间与精力，就会大大降低企业的盈利能力；如果销售人员紧紧盯住老客户，而不是积极地开发新客户，就会使企业固守现有的市场，从而失去未来的市场。

财务配额主要包括：销售总费用、分区域销售费用、分部门销售费用、总毛利、分区域销售毛利、分部门销售毛利、利润额等。这些指标主要表现为三个方面：费用配额、毛利配额和利润配额。

**1. 费用配额**

提高利润率的关键在于对销售费用的控制。费用配额总是与销售量配额一起使用，其目的是控制销售人员的费用水平。费用配额通常用销售量的百分比来表示。

设置销售配额时，销售经理要注意以下两个问题：

(1) 大多数销售人员常常过高地估计他们所需要的销售费用。

(2) 必须保证销售人员有相对充足的经费来开发新客户，维持正常的销售业务。

如果有销售人员某月销售费用开支超过了费用配额，而他的销售额也同比例地高于他的销售配额，这就是一种正常情况。对此，销售经理应予以表扬而不是批评。

在企业的实际执行中，销售量配额、费用配额常常与销售人员的个人收入挂钩，并通过一定的经济手段来鼓励销售人员节约开支。如企业的销售制度规定，在保证销售配额完成的前提下，将节约的费用配额按一定的比例，以津贴的形式返回给销售人员。

用销售额百分比设置费用配额也存在一定的问题，因为销售费用并不会完全随销售额的变化而等比例变化。因此，企业可以考虑设计出一个按销售额百分比小比例递减的办法，而由此节约的销售费用可提取一定的比例用于对销售人员的奖励。

**2. 毛利配额**

企业的每一大类产品实现的利润不一定完全相同，为使企业的利润水平能得以提高，销售经理可采用毛利配额来替代销售配额，以强调利润额、毛利额的重要性。

毛利配额可以帮助说明销售任务的完成情况，如销售人员甲完成销售额 50 万元，而销售人员乙完成了 40 万元。仅从销售额上看甲完成得比较好，但甲的费用为 10 万，乙的费用为 7 万，从毛利率上看，甲的费用率为 20%，乙的费用率为 17.5%，费用率的增加就是毛利率的下降。

毛利率一方面可以从节约的销售费用中获取，另一方面还可以从多销售高毛利水平的产品中获取。一般情况下，在一家企业的产品组合中会包含多个产品大类，每个产品大类的销售毛利并不完全一致。企业如果能通过毛利配额和相应的销售政策鼓励销售人员努力销售毛利水平高的产品大类，则会提高企业的盈利空间。

**3. 利润配额**

在毛利中将费用扣除就形成了企业利润。利润配额是体现销售目标的最好形式，是保证企业健康发展的必要条件，也是企业价值的最好体现。在销售工作中利用利润配额可以控制企业的销售费用，使企业的利润水平超越同行业的平均水平，形成企业的超额利润。确定利润配额会使销售人员从单项地关注销售量配额，转向对销售额和利润额给予同样的关注和重视，进而促使销售人员愿意花费精力和时间去开发那些最有效益的客户，以保证利润目标的实现。

企业在销售工作中会想尽一切办法争取利润的最大化，但销售人员对影响利润的因素是无法控制的。影响销售利润的因素主要包括产品的价格、产品的生产成本、企业的促销费用和销售费用等。在这些因素中，只有销售费用与销售人员的工作直接相关，其他因素都是销售人员无法控制的，即销售人员无法对自己创造的销售利润负责。因此，以利润指标评价销售人员的工作能力与工作业绩不太公平。在实际工作中，合理地计算销售人员通过销售所带来的净利润是非常困难的，因此利润配额只可作为辅助性的指标加以运用。

### （三）销售活动配额

销售工作不是完全能以销售业绩来衡量的，有些销售工作可能短时间内并不能获得销售业绩，还有一些销售工作属于销售的辅助性或服务性工作，等等。在这种情况下，利用销售活动配额可以避免对销售额的过分依赖，同时，也可以使销售工作事事有人做，充分发挥每个人的积极性，保证销售工作井井有条。在设置合适的销售活动配额时，销售经理首先要决定销售人员最重要的销售活动，并做好工作的次序安排。

企业的销售活动主要有以下内容：

（1）对客户的拜访。

（2）吸引新顾客，获得新顾客的订单。

（3）市场调研与信息获取。

（4）参加培训及销售会议。

（5）参加展览展销活动。

（6）参加各项服务性工作。

（7）工作总结与汇报。

（8）投诉、抱怨的处理。

（9）培养新的销售人员。

销售活动配额是销售配额得以实现的基础性要素。尽管销售活动配额中所涉及的各项工作不直接给企业带来销售效益和利润，但没有这些工作，就无法保障销售工作的顺利开展。因此，这里的各项工作是销售工作的重要组成部分，而不是可有可无的工作。

设置销售活动配额可以让销售人员对他们的日常活动和销售路线做出更好的安排，以节省时间和经费开支，并为取得良好的经济效益提供帮助。设置销售活动配额也是销售经理做好销售管理工作的重要手段，销售经理通过对销售活动配额的检查，可以掌握销售人员的工作状况，以指导销售人员更好地开展后续工作。

尽管销售活动配额中所涉及的各项工作对企业的销售工作具有重要的意义，但由于不直接实现销售收入并产生经济效益，因此，这些工作常常不被销售人员所重视，起不到激励的作用。为此，企业应考虑将销售活动配额与销售配额一起使用，同时配以一定的津贴奖励，以提高销售人员完成这类工作的积极性，有效地完成销售活动配额。

### （四）综合配额

综合配额是对销售量配额、财务配额、销售活动配额进行综合而得出的配额。它以多项指标为基础，用以全面衡量销售人员的销售业绩和销售工作，因此更加合理。

综合配额的设置需要用到权数的概念，这是针对不同配额的重要性所设定的不同的比例，即对重要的销售配额给予更大的权数，以保证销售经理和销售人员重视这些工作并能积极地开展这些工作。综合配额运用的程序是：第一步，设定指标；第二步，统一权数范围；第三步，给不同指标以不同的权数；第四步，对销售工作进行考核。

这里需要说明的是，权数的使用可以按不同的要求进行确定，其中可选择总数为 100 或

10或1作为分割权数的范围。这里100和1被选择的可能性大一些，因为，按百分制计算是人们的习惯；如果选择1作为权数的范围，只要乘以100，就可以转化为百分制了。通过权数对销售人员综合配额的计算，其结果是：如果没有完成配额，则最终的分数会小于权数，如果超额完成了配额，则最终的分数会大于权数。权数范围一旦确定，就要统一按确定的数值进行核定，不可改来改去，也不可在一个企业中对销售人员按不同的权数范围进行计算。

综合配额设定可以用销售人员综合配额表来加以运用（见表3-4）。

**表3-4　某销售人员综合配额表**

| 项目 | 权数 | 配额（元） | 实际完成额（元） | 完成比例（%） | 权数×完成比例 |
|---|---|---|---|---|---|
| 产品销售额 | 50 | 50 000 | 55 000 | 110 | 55 |
| 销售毛利 | 20 | 20 000 | 18 000 | 90 | 18 |
| 新客户数量 | 20 | 30 | 25 | 83 | 17 |
| 服务、培训 | 10 | 60 | 70 | 117 | 12 |
| 综合配额 | 100 | — | — | — | 102 |

表3-4说明，从综合配额的角度分析，这位销售人员完成了配额，但每项配额完成的情况不完全一致。接下来要对销售人员的综合配额进行横向比较，以作为销售经理对销售人员奖惩的依据。表3-5、表3-6是两名销售人员的综合配额完成情况。

**表3-5　销售人员综合配额表A（甲销售员）**

| 项目 | 权数 | 配额（元） | 实际完成（元） | 完成率（%） | 配额完成率×权数 |
|---|---|---|---|---|---|
| 销售额 | 50 | 200 000 | 180 000 | 90 | 45 |
| 净利润 | 30 | 100 000 | 70 000 | 70 | 21 |
| 新客户 | 20 | 20 | 10 | 50 | 10 |
| 合计 | 100 | | | | 76 |

**表3-6　销售人员综合配额表B（乙销售员）**

| 项目 | 权数 | 配额（元） | 实际完成（元） | 完成率（%） | 配额完成率×权数 |
|---|---|---|---|---|---|
| 销售额 | 50 | 300 000 | 270 000 | 90 | 45 |
| 净利润 | 30 | 150 000 | 120 000 | 80 | 24 |
| 新客户 | 20 | 25 | 15 | 60 | 12 |
| 合计 | 100 | | | | 81 |

通过甲、乙销售员综合配额完成情况的对比，可以看出，乙销售员比甲销售员综合配额的完成情况好。

在实际工作中，销售经理应对所有销售人员的综合配额完成情况进行排序，并按最终的得分多少划分出不同的奖励界限，并确定不同的奖励标准。

## 三、确定销售配额的方式

在以上所有的销售配额中，销售量配额应用得最为广泛。在此，我们主要讨论销售量配额确定的基本方法，其他配额的确定方法与之基本相同。

### （一）根据区域销售潜力确定

销售潜力是企业期望在特定区域内取得的销售额在行业预计总销售额中所占比例。对很多企业而言，销售预测常常是把各个区域的估计值加总来计算结果。比如，区域A的销售潜力是100万元，或者占企业总潜力（总预测值）的10%，那么，管理层就可以把这一数额作为指标分配给区域内的销售人员。所以销售区域销售指标的总和应该等于企业的销售潜力。

但在有些情况下，企业不可能直接把销售潜力作为指标分配给销售人员，而是需要进行调整。企业可以从以下两个方面来考虑调整问题。

首先，对于年龄比较大而且在企业工作了很长时间的销售人员来说，年龄可能会导致体力下降；而刚刚加入企业的新销售人员没有经验，对工作有一个熟悉的过程。对这两类销售人员，分配给他们的配额应该小于销售潜力，这样可以让他们更好地适应周围环境，树立自信心，保持高昂的士气。

其次，对大部分销售人员，管理层下达的配额应该略高于区域的销售潜力。这些人年富力强，也有一定的销售经验。因此，给他们以相对较高的配额，可以激发他们的积极性，鼓励他们努力开拓市场，创造奇迹。但配额也不能定得太高，如果高出销售潜力太多，销售人员会感到无望而泄气甚至绝望，进而不努力工作。

### （二）根据历史经验确定

企业经过一定时间的积累，会对未来市场和企业自身的销售潜力与销售能力有一个基本的判断。在此基础上，管理层依据历史数据和实践经验，可以判断并确定出一定的增长比例，根据这一比例来确定销售人员的销售配额。这种方法的优点是计算简便、成本低廉。如果企业使用这种方法，至少应该使用近几年（如三年至五年）的平均销售量。因为，企业每一年面临的情况都会有变化，如果使用前一年的数据，会将某些不确定因素对销售造成的影响放大，进而导致准确度不高。而依据几年的销售数据，会将那些不确定因素对销售造成的影响通过平均发展速度的计算弱化或抵消，从而提高对未来市场判断的准确性。

但仅仅依据历史经验确定销售配额仍有一定的局限性。因为，使用这种方法没有注意到销售区域中的销售潜力会发生变化，如金融危机、经济衰退、政策改变、消费者观念发生变化、新的竞争者加入等。所以应该在以往经验的基础上，多考虑一些区域市场可能发生的变化。

### （三）根据经理人员的判断确定

销售经理在指挥销售的工作中不仅积累了经验，而且由于不断地学习和思考，他们既有理论知识，又有实践经验，因此对市场的预估有一定的准确性。通过经理人员的判断来确定销售配额既简便易行，又节约时间和费用。

但经理人员通过判断确定销售配额一定要避免平均分配，同时避免一刀切。对有差异的区域市场一定要心中有数，并能根据差异性设定不同的销售配额。如对新进入的市场，由于销售人员对市场的熟悉程度不高，其销售配额就要低于原有的已经成熟的市场，但对于市场的增长比例，新市场要快于老市场。这是因为新市场基数小，可以通过对市场的逐步了解而使其高速增长。原有的市场由于基数较大，其增长比例自然会放缓。对不同的销售人员，要考虑他们的年龄、经验、能力等，结合所在市场的特点做出合适的判断。

使用这种方法隐含着这样的假设，其前期设置的销售配额是完全合理的。但实际上，每一期销售配额的确定都不可能非常合理。因此，销售经理只能根据上述差异尽量使销售配额的确定相对合理，以保证能调动销售人员的积极性。

## 四、分配销售配额的方法

企业总的销售配额确定后，应进行具体的分配，以便执行、落实，确保销售配额的完成。分配销售配额的方法主要有以下几种。

### （一）时间别分配法

时间别分配法是指将年度目标销售额平均分配到一年的12个月或4个季度中的一种方法。这一方法根据一年的四季变化、节假日所形成的市场需求的不同而进行分配。因此，在平均分配的基础上可进行适度调整。不同的产品根据时间别进行调整的思路并不完全一样。有些产品夏季为销售旺季，如电冰箱、冰激凌等；有些产品冬季为销售旺季，如洗衣机、羽绒服等；有些产品节假日为旺销期，如日常生活消费品；有些产品节假日并不是旺销期，如工业品。

时间别分配法的优点在于简便易行，容易操作。缺点是忽略了销售人员所在地区的大小以及客户的多少，只注重目标销售额的完成情况，因此，在客观环境差异很大的条件下，无法调动销售人员的积极性。克服上述缺点的办法就是将时间别分配法与产品别分配法、地区别分配法和客户别分配法结合起来，效果会更好。

### （二）部门别分配法

部门别分配法是指以某一营业单位为目标来分配销售额的方法。部门是一个销售团队，销售人员彼此都很了解，因此，这种方法的优点是，强调销售单位的团队合作，能够利用销售单位的整体力量来实现目标销售额。这种方法的缺点是过于重视单位目标的达成，容易造成部门之间的屏障，同时也忽略了销售人员个人的存在。因此，当企业将目标销售额分配到各个销售单位时，应该考虑这个单位所辖地区的特性，例如，销售区域的大小、市场的成长性、竞争对手的情况、潜在客户的多少等。

### （三）地区别分配法

地区别分配法是指根据销售人员所在地区的大小与客户的购买能力来分配目标销售额的方法。实际上，无论何种产品，不同区域市场的需求潜力均存在很大的差异。生产者市场的市场集中度高，其差异会更大；消费者市场由于文化背景、生活习惯等方面的不同，也会造成需求上的差异。地区别分配法正是从区域差异的角度进行的分配。这种方法的优点是，可以充分挖掘区域市场，使产品在当地市场的占有率逐渐提高，因此，这种方法比较容易为销售人员所接受。其缺点是，很难判断某地区所需商品的实际数量以及该地区的潜在消费能力，所以在分配目标销售额时，必须考虑各个地区的经济发展状况、人口数量、生活水平、消费习惯等因素。

### （四）产品别分配法

产品别分配法是指根据销售人员销售的产品类别来分配目标销售额的方法。每个企业均有着不同的产品组合，产品组合中的不同产品类别所针对的目标市场有一定的差异性，各个产品类别的毛利水平不同。因此，按照产品类别来确定目标销售额更有合理性。采用这种方法的前提是，企业要培养尽可能多的忠诚客户。这是因为，这是如果消费者经常改变消费需求，变化所消费的产品，就很难判断某种产品的消费者大体上有多少人，产品别分配法也就失去了意义。所以，企业必须进行市场调查，及时准确地了解消费者需求的变动情况，从而采取一系列措施来满足消费者的需求，创造更多的品牌忠诚者。这样，产品别分配法也就有据可依了。

### （五）客户别分配法

客户别分配法是指根据销售人员所面对客户的特点和客户数量的多少来分配目标销售额的方法。这种方法充分体现了“以客户为导向”的思想，可以使销售人员把工作重点放在大客户或特殊客户身上，有利于客户的深度开发和忠诚客户的培育。但是，这种方法会使销售人员为了业绩只注重维护与老客户的关系，而忽视对新客户和准客户的开发。因此，选择这种方法时还要运用综合配额法对销售人员的行为进行约束，使其能在重视老客户关系稳定的基础上积极开发新客户。

### （六）人员别分配法

人员别分配法是指根据销售人员的能力大小来分配目标销售额的方法。这样做有利于激励能力强的销售人员继续努力，鼓励能力差的销售人员提高其销售能力。但是，这种方法容易使销售队伍产生等级之分，使能力强的销售人员产生自满情绪，使能力差的销售人员产生自卑感，从而形成内部矛盾。因此，选择这种办法时，最好能在管理层规定不同选择档次的基础上，让销售人员自行申报，既能使其量力而行，又能保证销售总目标得到落实。

以上方法各有其优点与不足，在实践中，应尽量将两种或两种以上的方法结合起来使用，以便扬长避短、优势互补。

## 五、销售配额的作用

销售配额是销售经理在销售计划管理中最有力的措施之一。销售配额规定了销售单位和个人必须实现的最低目标，将销售配额目标值与实际完成值进行对比，可以用来衡量销售单位、销售人员完成任务的状况。如果配额管理运用得当，可以激励每个销售人员更好地完成任务，这对一个销售组织的发展有着极其重要的作用。销售配额具体的作用有以下几个方面。

### （一）导引作用

每个销售人员完成了销售配额就是实现了销售工作的目标。量化的指标便于销售经理指导销售人员的工作，同时为销售人员的努力指明了方向。销售经理通过比较配额的完成情况，可以发现销售组织的优势与劣势，销售人员根据配额的完成情况，也可以识别市场上存在的问题与机会。

好的配额设计可以使销售管理工作顺畅而有序，销售经理通过销售配额可以把握工作进度，及时发现问题，及时提出解决问题的思路。如在实际工作中不好销售的产品常常与好销售的产品混在一起，如果按每种产品来分配配额，就可以区别出好销售的产品和不好销售的产品。再比如，不同区域市场的市场潜力各异，如果按地区来分配销售配额，就能够发现不同区域市场的差异。在面对大客户时，销售人员对不同的大客户耗费的精力与时间可能相同，但最终实现的销售额并不相同，如果按客户分配销售额，就能够解决不同客户之间最终实现的销售额落差巨大这一问题。

**（二）控制作用**

配额一经确定，销售人员便有了衡量销售绩效的标准。配额的设置可以使销售人员目标明确，并能积极地想办法完成各项配额所规定的工作。如设置新客户访问配额、大客户销售配额、商品展示配额等均可以使销售人员更有针对性地安排自己的活动。

为了更有效地开展工作，配额的设置应涉及销售活动的各个方面，如开拓市场的前期工作不是销售量配额所能管辖的工作，为了保证这项工作的开展，必须要有市场调研工作、市场信息的把握、区域市场的分析以及区域市场进入策略的设定等一系列市场销售的前期性工作，并为此设定配额，如可设定市场信息反馈量、反馈速度及反馈信息的有效性等配额。在销售这一环节中，仅仅设置销售配额也是不够的，还应对新客户的拜访、准客户的确认以及其他一些辅助性销售活动设置配额。因此，在设置配额时，销售经理一定要全面考虑销售人员应该参与的活动，并在配额设置上体现出来。

**（三）激励作用**

销售经理总是在不停地寻找保持销售人员士气的方法，如果配额的设置具有挑战性，就可以产生更大的激励作用。如果目标很容易实现，激励的作用就会减弱，销售人员可能会因此而变得懒散、懈怠，甚至连较低的目标都实现不了。如果目标定得过高，销售人员就会因为一个无法实现的目标而放弃努力。若强迫销售人员实现无法实现的目标，结果只能起到相反的作用。这种结果可能会导致两种情况的发生：一是销售人员弃职而另谋高就，这种情况会不利于销售队伍的稳定；二是销售人员完成了销售目标，但结果却损害了与消费者的关系，这种情况会为以后销售工作的开展埋下隐患。因此，制定一个合理的配额，对组织、对销售经理、对销售人员都会带来积极的作用。

配额常常被用来激励销售人员克服困难，如某产品销路不畅、某些产品竞争加剧，这些都可以通过设置配额来激励销售人员。

销售配额还可以用作销售竞赛的标准，而销售竞赛可以激励销售人员实现短期目标，如一个月可以确认 10 个新的准客户。由于存在区域差异，竞赛配额应根据区域的特点进行调整，以便保证对每个销售人员都是公平的。设置竞赛配额时应注意，不要总让最好的销售人员取胜。如果竞赛不能为所有的销售人员提供多赢的机会，那么竞赛或许会产生负面作用，其结果必然会减弱激励的效应。

**（四）评价作用**

销售配额对于评价销售人员的作用也提供了标准。配额设计合理会有利于销售经理对销售人员的能力进行评估。当配额直接与销售人员的薪金或报酬有关时，配额不仅具有评价作用，而且其激励作用也会明显地体现出来。销售经理在比较销售人员的实际成果与销售配额的差距后，可据此来指导销售人员下一步的销售行为，以提高整体的销售绩效。销售人员也可以将自己的实际绩效与销售配额进行对比，找出销售工作中的不足与问题，从而不断地提高销售效率。

**【案例 3-1】 销售受阻的原因何在？**

某电子产品企业的销售部门按行政区划将全国划分成不同的销售区域，每年年初向销售区域总经理下达其所辖销售区域的年度销售计划。销售区域奖金总额根据该销售区域的年度销售总额的一定比例提取。每个业务人员的奖金也与其所负责区域的销售额挂钩。如果销售区域完不成销售计划，无论什么原因，销售区域所有人员的奖金都会受到很大影响。

为了提高自己的销售量，业务人员在向批发商介绍产品的时候，往往向客户承诺一些难以实现的优惠条件，比如批发商进货达到一定量时给予高额返利、向批发商或者专卖店提供进行统一形象装修的补贴，等等。同时，为了扩大自己的销售额，除了开拓自己负责的区域以外，许多销售区域还向相邻销售区域的经销商以优惠条件批发产品，以至于最后各销售区域之间互相抢占对方地盘。

刚开始时，这种做法的确提高了企业的销售额，企业也因此在一些地方的市场占有率得以大幅度提高，区域经理和业务人员的奖金收入在业内达到了中高水平。但是两三年以后，这种做法的弊端就开始暴露出来。一方面，许多经销商发现该企业的业务人员不守信用，令他们蒙受了很大损失，纷纷停止从这家企业进货；另一方面，由于各销售区域之间互相冲货愈演愈烈，严重影响了企业的整体市场策略。最后，企业的整体销售业绩开始下滑。

# 第四章

# 销售组织管理

组织是关于群体活动的安排与运行机制，建构组织的目的是使相关成员的活动效果优于单个人单独活动的效果，形成 1+1>2 的态势。销售组织是企业组织体系的重要组成部分，是企业充分发挥具有销售能力各要素作用的基本保障。企业的销售组织是企业内部从事销售工作的人、事、物、信息、资金的有机结合，通过统一的协调行动完成企业既定的销售目标。

在各种物质条件具备的情况下，构成企业销售组织的成员就是企业的销售经理及其带领的销售队伍。

## 第一节　销售组织的构建

任何一个企业，只要它和市场相关，就必须构建一支销售队伍，并形成相对稳定的销售组织，从而保障企业销售工作的顺利进行。

销售组织由以下两个层级的人员构成：一个层级为销售经理，负责销售管理工作；另一个层级就是销售人员，专职于销售运行工作。企业在构建销售组织时也要考虑两个方面的因素：一方面，要考虑销售经理的人选；另一方面，要考虑销售经理所管辖的宽度，即确定销售队伍的人数。由于销售经理的人选由最高决策层确立，因此，在构建销售组织时，销售经理的人选一经确定，接下来的事情就是由销售经理负责销售组织的构建。

构建销售组织需要遵循一定的工作程序，一个销售组织的构建通常涉及组织类型的选择和组织规模的确定等问题，其具体工作需要根据组织的目标和组织的内外环境来协调销售组织的各项工作。构建销售组织的工作步骤为：分析市场与顾客、确定工作类型、确定工作任务、进行工作设计、建立组织结构等（见图 4－1）。

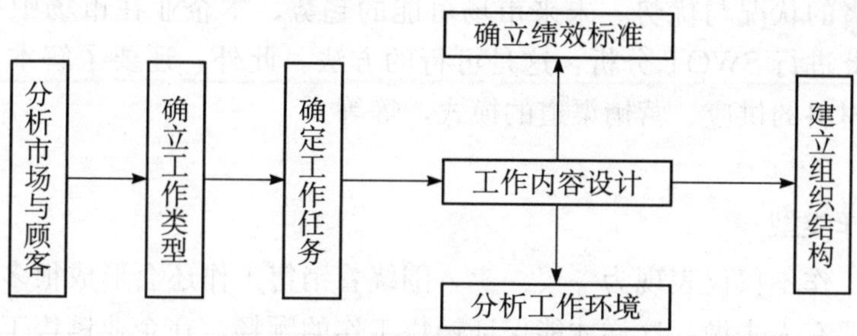


图 4-1 构建销售组织流程图

## 一、分析市场与顾客

分析市场与顾客是构建销售组织的第一步工作，这是因为，销售组织需要与市场打交道，组织的设定必须符合市场要求，遵守市场规则，以保证组织各项销售工作运行得顺畅。一般情况下，组织的销售人员会面对消费者市场和组织（产业）市场这两种市场类型中的一种，很少有企业会跨越这两个市场类型的。而不同类型的市场具有不同的特征。

消费者市场是为满足家庭和个人消费而形成的市场，这一市场的特征是：

(1) 范围广、人数多。

(2) 交易额小、交易次数多。

(3) 消费者购买模式、习惯都存在着明显的差别。

(4) 地域相对分散。

(5) 营销商品具有多变性。

(6) 消费者购买行为的非行家性。

组织（产业）市场是指为生产、转卖或公共消费而购买产品的组织构成的市场，包括生产商、中间商、集团购买者等。其特征是：

(1) 购买者数量少。

(2) 购买规模大。

(3) 地域相对集中。

(4) 购买决策人较多（属非人格化决策）。

(5) 理性购买，专家购买。

(6) 购买过程长。

这些不同的特征意味着在不同市场上从事销售活动的销售人员所应承担的工作不同，所扮演的角色也不同。

面对消费者市场上的顾客，销售人员是专家，销售人员必须在消费者购买前、购买中和购买后给予消费者全面的帮助，包括传递必要的信息、说明技术特征和使用时的注意事项、遇到问题及时帮助消费者解决。

面对组织市场上的客户，销售人员无须系统地讲解产品的技术，因为组织市场上的购买者大多是专家或内行，销售人员的工作职责是提出完整的配套解决方案，并传达必要的信息。这时，企业的销售组织和销售人员与客户是合作者的关系，形成了互惠互利的共同体。

除了对这两大类型的市场进行不同的分析之外，企业在确立销售组织之前还要更细致地了解具体市场的特征与状况。所要做的工作是了解本企业所进入的市场领域，包括市场上的技术水平、竞争者的状况与优势、未来市场可能的趋势、本企业在市场中可能的位置，等等。有些企业对此进行SWOT分析，这是可行的方法。此外，还要了解本企业市场的上下游状况，包括原材料的供应、营销渠道的模式，等等。

## 二、确立工作类型

企业的销售工作不仅仅表现为一买一卖，围绕着销售工作还会形成很多的工作类型。每一种工作类型都要有人去做，这样才能保证销售工作的顺畅。在企业销售工作的运行中，根据销售工作着眼点的不同，主要分为开发性销售工作、支持性销售工作和维护性销售工作等。

### （一）开发性销售工作

开发性销售工作是指销售人员在从事销售工作时不是按照常规的约定按部就班地开展工作，而是不断出台新的销售思路，不断确立新的销售策略，不断创造出新的销售模式，使销售工作持续创新。实际上，开发性销售工作是一种策划性工作，这种工作是对销售工作的预先思考和规划，它可能是由专人负责，如销售经理或销售策划者规划，也可能是由销售人员自己规划，然后按照预定的方法实施。

一般情况下，在面临新客户时，销售人员通过对新客户进行事先了解，设计出新的销售思路与方案并付诸实施，这样就使得销售工作不断创新。由此，开发性销售工作就表现为进入新的市场、开发新的客户、创造新的订单、激励老客户购买企业新的产品、从竞争对手手中争取客户等。

这种类型的销售工作极具挑战性，因为一切都是从新的地方开始，销售人员必须对客户面临的各类问题提出更好的解决方案。因此，能够承担开发性销售工作的人员，应该是最优秀的，也是最具有创造性的销售人员。有些企业专门设有市场部、策划部或公关部，专职对销售工作出台新的方案，以指导新销售工作的运行。专门从事策划工作的人员一般学历水平都比较高，知识面相对比较宽，思路比较灵活。这样开展开发性销售工作，实际上就相当于把本应由策划公司承担的工作搬到了销售组织的内部，长期对销售工作提供指导，这样比使用策划公司更灵活，效率更高。很多大型公司都专门设有策划部为本公司的销售工作提供服务。对于一些小公司，可以将这项工作与销售工作融为一体，也可以使销售人员一身兼二任，既从事开发性销售工作，也从事按部就班的销售工作。

### （二）支持性销售工作

支持性销售工作是指为实际的销售人员所从事的销售工作提供支持和保障性的工作。通过支持性销售工作保证企业销售工作的顺畅进行。其工作内容主要包括促销、对客户进行培训与教育、技术支持、信息服务等。

对于企业的销售工作而言，支持性销售工作具有对销售工作提供支持的功效，销售人员特别愿意在支持力度大的公司里从事销售工作，这样会使销售人员的工作容易展开、工作顺畅。支持性销售工作的开展，相当于销售人员在从事销售工作之前，企业就已经为他们的工作建立起了良好的市场基础。

支持性销售工作分为两种类型：一种是战略性支持的工作；另一种是战术性支持的工作。战略性支持工作是指通过企业投资在社会公众中建立起良好的品牌形象，形成企业品牌的光环效应，进而拉动市场销售工作的开展。战略性支持工作主要包括：社会赞助性工作、体育营销、公益营销、各类公共关系工作等。这类工作一般列于企业的战略投资之中，由高层进行决策，因而不在销售组织中实施。战术性支持工作是指通过企业的销售预算，直接针对市场的扩大而开展的各项工作。战术性支持工作主要包括：促销、营业推广、对客户进行培训与教育、技术支持、信息服务等。这类工作是企业销售组织所从事的工作，列于销售工作之中。这里所说的支持性销售工作主要指的是后一种类型的工作。

支持性销售工作是销售工作中不可或缺的组成部分，必须要有专人负责。承担这类工作的人虽然不从事具体的销售工作，也不接受企业的销售配额，但如果没有这部分工作，销售人员在从事销售工作中会感到步履维艰，企业也很难把握市场，进而很难保证销售目标的实现。

### （三）维护性销售工作

维护性销售工作是指为了销售工作的正常进行所做的必要的保障性工作。它与支持性销售工作相比，有两个方面的不同：第一，支持性销售工作发生在销售运行之前，即使与销售同步发生，也常常表现为独立运作；维护性销售工作与销售工作同步进行，并且列于销售工作之中，这类工作不做，销售工作就等于没有完成。第二，支持性销售工作可以大力度做，也可以小力度做，有时也可能会有一个时期不做。一般企业会界定什么时间或时期做，如节假日、新品上市时、周年纪念回报客户等，没有选择的时间就属于不做的时间。维护性销售工作是必须要做的工作，没有这项工作，企业的销售工作就不可能正常进行。

维护性销售工作主要包括对客户订单进行处理、负责产品的运输、销售工作中即时的信息传递等后勤服务与销售保障性工作。从事这类工作的人员有时被称为司机销售人员或订单处理人员。司机销售人员主要负责销售送货，产品不到顾客的手中，销售工作就不算完成；订单处理人员主要负责订单处理，包括下达发货指令、督促发货人员发货、通知客户发货信息等。这类销售人员不负责销售及销售以后出现问题的处理。

## 三、确定工作任务

在实际工作中，不同类型的销售人员之间存在明确的职责分工，但也相互结合或转化，目标只有一个，就是以顾客为中心提升销售业绩，其具体的工作任务为：接受订单、创造订单和维护客户关系。

### （一）接受订单

在销售类型的划分中，开发性销售人员和支持性销售人员都是订单的接受者，他们的大部分工作内容是接受来自客户的订货。尽管在工作中为增加销售额而提供各种附加服务，但很少有人真正进行创造性的销售。许多销售业务几乎不需要销售人员做出任何努力就能成交，尤其是针对长期的客户、大客户等。有些能够进行战略性支持的企业，其品牌影响力会产生巨大的市场拉动效应，这又会使销售工作简单化。

对于订单接受者来说，最主要的任务是强化顾客心中的一个重要概念——价格。顾客最关心的也是价格，因为顾客对产品的技术指标、品质、性能、功效已了如指掌。如果这时竞争对手降低产品价格，企业就可能会失去这份订单；如果本企业的产品性价比优于竞争对手，订单的获取就会水到渠成。

由于销售工作常常表现为销售人员的个人行为，在没有严格制度约束的条件下，如果本企业个别销售人员向顾客报出更低的价格，这时，顾客一方面会感觉到这个企业管理不规范，另一方面会感觉有机可乘，因而会向每一位销售人员单独询价，从中选择价格最低的报价者，这样的结果会不利于企业未来销售工作的开展。因为，没有健全制度或有健全制度但不能贯彻落实的企业，会给顾客留下不好的印象，使顾客联想到销售人员的行为不规范，说明企业的管理水平低下，顾客会怀疑企业是否值得长期合作，因此，企业很难长期留住顾客。相反，如果企业制度健全，执行到位，销售人员的行为规范，会给顾客留下非常好的印象，使顾客信任企业，进而愿意与企业建立长期的合作关系。

因此，我们希望企业的销售制度健全，企业的文化能够统一销售人员的行为，销售人员在传播企业销售信息时只有一种声音、一个尺度，并能团队作战，严格执行价格政策。长此以往，企业、销售人员个人和顾客都会从中受益。当然，这需要在企业的销售制度中做出严格的规定。

### （二）创造订单

与任何客户的第一单签约都属于创造订单，而在长期的销售工作中促使客户增加订单数量也属于创造订单。在一个高度竞争的市场中，运用创造性销售技能向顾客销售产品，是开发性销售人员的重要工作职责。

订单创造者不仅需要赢得新顾客，还要留住老顾客，并在此基础上增加顾客的订单数量。这项工作需要运用创造性的销售策略和具有说服力的销售技能，才能不断赢得新的订单，增加新的顾客。

开发性销售人员的任何一次工作都会面临着新的顾客，都需要创造性地与顾客洽谈。因此，他们的工作与支持性销售人员和维护性销售人员的工作相比难度更大。在某种程度上可以说，只有订单创造者才称得上是真正的销售人员。

创造订单的工作对象有两类，一类是全新的顾客，另一类是从竞争对手手中转移来的顾客。即使是全新的顾客，盯住这类顾客的供应商也绝不会是本企业一家。一方面，因为竞争者都在不惜浑身解数，努力拉住顾客；另一方面，顾客一般也都是在骑马找马，一旦碰上对自己更有利的机会，他们就会转向另一家供应商。因此，争取客户的青睐也不是一件容易的事情。

在创造订单的工作中，销售人员会遇到两种类型的问题。第一，销售人员必须让潜在的顾客对他们业已习惯的产品和服务感到不满。第二，销售人员经常需要克服巨大的阻力——潜在顾客对本企业产品的不了解、对本企业品牌的质疑等。因此，开始攻克难关时，顾客所掌握的大量信息是顾客向本企业施加压力的巨大筹码，这时顾客的购买意向会指向其他品牌，而不是本品牌。如果此时顾客转而倾向于本品牌，只有在下列两种情况下才可能发生：一是本企业的产品品质、适用性、品牌、服务等方面优于竞争对手；二是在顾客提出很苛刻的要求和条件下，本企业所做的让步空间大于竞争对手。无论哪一种情况发生，销售人员都应该应对自如，并真正了解竞争者的产品与品牌，这样才能让顾客心服口服，接纳自己的建议和所销售的产品。

### （三）维护客户关系

在现代企业的销售运行中，越来越多的销售人员不再单纯以价格的优惠赢取顾客，也不再把目标紧紧盯在销售纪录的创造上，而是与客户保持良好的沟通与往来关系。这就是销售运行中的关系营销。

这种关系表现为销售人员与顾客的相互信赖。这种关系的建立一定是在顾客获得利益的基础上，如时间的节约、成本的节省、无体力和精力的消耗，在此基础上获得了有价值、令人满意的产品和服务。这种关系的长期维护可以通过让顾客更深入地了解企业，参与到企业的运营之中而获取，如到企业参观，让顾客提出自己的见解与要求等。

建立和维护与顾客的关系，一般起始于良好的口碑和对顾客有用的信息，然后帮助顾客解决现存的问题，并加强双向沟通，当顾客对本企业产品和品牌从一般了解到深入了解，进而形成了使用的习惯和真正的信任时，关系便会具有一定的稳定性。但在严酷的市场竞争中，再稳定的关系，一旦碰到利益冲突，关系便会破裂。因此，维护顾客关系是一个相对比较长的过程。在这个过程中，如果企业能够直接针对顾客的问题提出整体解决方案，效果会比较理想。

在维护客户关系的过程中，销售人员要特别注意以下一些工作：

（1）收集顾客信息，对顾客了解得越多，与顾客沟通的效果会越好。

（2）制定访问计划，包括访问的时间、所选择的切入话题、结束话题等。

（3）不管有无交易行为发生，保持与顾客的适度沟通都是特别重要的，可通过手机微信和短信、E-mail 等形式，必要时通通电话会更好一些。

## 四、工作内容设计

不同的企业或公司，销售人员的工作内容是有所不同的，具体的工作内容取决于出售产品的性质、目标市场的特征、顾客的文化背景以及所处的地理位置等。如通用公司的销售人员面对不同的顾客，需要考虑顾客的特性、文化背景、需求指向以及所需的技术服务等。雅芳公司的销售人员则可以按照公司的统一销售模式走访顾客、提供咨询等。因此，通用公司销售人员的工作比较复杂，而雅芳公司销售人员的工作则比较简单、规范。

对于一般的企业（更多的是指制造业，因为制造业可选择的销售方式较多，销售运行的难度较大），销售人员的工作不一定直接面向顾客，而可能是面向中间环节，如各种类型的销售渠道、经销商、电商平台等。由于企业的目标市场分布广泛，企业的销售工作内容设计还必须考虑对各个区域市场的管理。因此，有些企业通过建立区域市场销售机构的方法来实施对销售渠道乃至区域市场的控制。这样，销售工作的内容就表现为多样化和系统化的态势。具体工作内容应该包括以下方面：

### （一）解决顾客提出的问题

顾客在购买前、购买中和购买后都会有一些问题不清楚，销售人员有必要更多地了解顾客或潜在顾客的问题，并说明如何通过购买或使用本企业的产品来解决存在的问题。

### （二）向顾客提供服务

销售人员向顾客提供的服务主要包括：处理投诉、返还缺损商品、展示样品、购买建议及帮助顾客对已购买产品升级换代，同时还可以协助分销商向顾客提供服务，即与分销商合作共同为顾客提供服务。

### （三）针对老顾客和新顾客开展销售工作

销售人员的销售业绩来源于新顾客的获取和老顾客购买数量的增加。这是销售人员最重要的工作内容。销售人员在工作中经常与顾客沟通，把新开发的产品在第一时间告知顾客，这样可以增加现有顾客对原有产品的认同与购买，并影响到对新产品的认同与购买；销售人员广结人缘，在力所能及的条件下，不断帮助一些可能的顾客解决困难或问题，会使其新顾客的队伍得以扩大，销售业绩提升。

**（四）帮助自己的顾客做好销售工作**

有些公司的销售工作是通过批发商和零售商进行的。公司的产品好不好销、顾客存在哪些问题，都需要销售人员深入市场才能获取，这时，销售人员在渠道中可直接面对顾客，倾听顾客的反映。实质上这时销售人员的工作是帮助自己的经销商从事销售工作，销售业绩的增加记录在经销商的账目之中，当然也扩大了本企业产品的市场份额。通过延长销售手臂的办法，使经销商更积极地销售本企业产品，调动更多经销商的积极性，是扩大市场份额的最好办法。

**（五）指导顾客正确地使用产品**

达成交易并不意味着交易的结束，销售人员常常需要指导顾客正确地使用产品，让顾客充分享受产品带给他们的便利、乐趣和美好的感受。如顾客购买了一台计算机，销售人员通常会帮助顾客掌握操作和使用计算机的方法，并传授相关的知识，交代应注意的事项。

**（六）与顾客建立和保持长期并可延续的良好关系**

很多销售工作均是建立在销售人员与顾客友谊和信任的基础之上的。对于每一名能够对最后购买决策施加影响的人，销售人员都需要与他们在互惠互利的基础上建立友好的个人关系。这种个人关系本质上是一种公共关系的延伸，是为下一步的销售和长期关系的建立奠定基础。关系的延伸会使得以后的销售工作更加简单、更加节约，也更加有效率。

**（七）为公司提供市场信息**

销售人员承担着为本公司提供各种市场信息的职责，包括竞争对手的活动、顾客对新产品的认识、顾客对原有产品和销售政策的意见、市场中的风险和机遇以及自身工作等方面的信息。由于信息可以成为企业决策的依据，因此，一般来说，很多企业都做出了关于反馈市场信息的制度，如在周报、月报、季报中附有相关的市场信息，或单独有信息通报和回馈制度，企业可根据信息的价值和为企业带来的后续效应（包括经济效应和社会效应）酌情奖励。

以上工作看起来纷繁复杂，但长期从事销售工作的人会做到心中有数。同时，销售人员会通过各项工作的结合和互相影响形成对各项工作的整合，由此使各项工作均能产生放大性的市场效应，进而提升销售业绩 。

## 第二节 销售组织的类型

构建销售组织是做好销售工作的基础，它需要确立销售组织的结构，考虑销售组织的类型，并合理配备相应的销售人员等。

销售组织结构的选择受到企业人力资源状况、财务状况、产品特性、目标市场状况、消费特性及竞争对手等因素的影响。在考虑这些因素的基础上，企业应根据自身的实力及发展战略，选择适合于本企业的销售组织形式，以保证用较小的管理成本和市场投入获得较大的运营效益。

不同的企业可能会确立不同类型的销售组织。销售组织划分的类型主要有：按区域划分的销售组织、按产品划分的销售组织、按顾客划分的销售组织、复合型的销售组织、大客户销售组织、团队型销售组织等。

## 一、区域型销售组织

区域型销售组织是指在企业的销售组织中，各个销售人员被分配到不同的地区，形成以覆盖不同地区市场为核心的销售组织形态。在进入的区域市场中，分配到每一个地区的销售人员共同构成了组织严密的销售部门。其中，每个销售人员都有自己所管辖的范围或对象，面对自己所负责的范围或对象全权代表企业或公司开展销售业务。在地区销售部门中，销售经理即为区域主管，他负责的是大区域，其下可以设业务经理，也可以直接领导销售人员。如果设业务经理，其业务经理就负责中型区域，即把大区域划分成相对比较集中的中型区域，而销售人员则负责中型区域中的一个更小的部分，即小型区域。大区域可能按片划分，如东北市场、华北市场、西北市场、西南市场、华南市场、华中市场、华东市场等，也可能按行政区域划分，如北京市场、上海市场、河北市场等。区域的划分具有相对性，中国市场在世界市场中是个大区域，东北市场在中国市场中是个大区域。

区域型销售组织结构如图 4－2 所示。

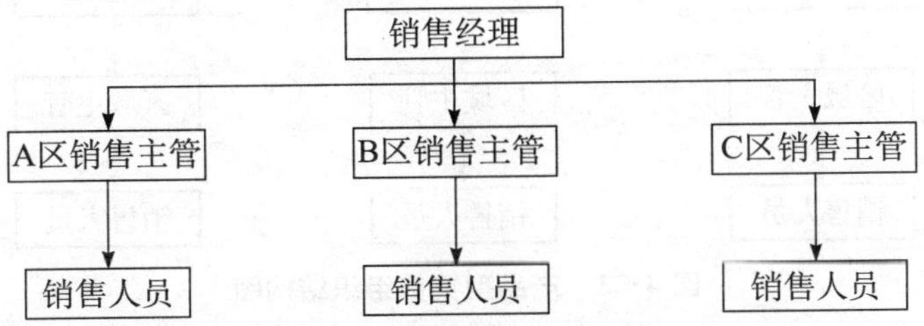


**图 4 2　区域型销售组织结构图**

在区域型销售组织模式中，区域销售主管的权力相对比较集中，决策速度快；地域集中，相对费用较低；人员集中，易于管理。总部对各区域销售部门仅以各项指标（见第三章的销售配额）作为考察依据，更多的事情都由区域主管负责。只有遇到影响全局的大事，才由总部出台思路，并予以颁布和贯彻落实，如产品技术上的问题、产品零配件质量的问题、促销费用的使用问题、提供大规模赞助的问题等。

区域负责制可以提高销售人员的工作积极性，激励销售人员去开发当地业务和培育潜在的客户关系。但销售人员要从事公司生产的所有产品的销售，而各类产品的技术要求、服务要求差异很大，因此可能会导致销售人员的技术和服务能力不能满足市场需求的状况。有些企业在区域划分的基础上，再将销售人员按不同的产品进行划分，即每类产品的销售都有专人负责，这样就解决了上述问题，形成了对不同产品的客户提供不同的技术与服务的运行模式。

我国地域辽阔，各地区差别较大，所以大部分企业都采取区域型销售组织的形式。由各地区主管负责公司所有产品的销售业务，形成区域主管领导销售业务经理或销售人员，销售人员面向经销商的运行体系。

销售区域可以按照销售潜力相等或工作负荷相等的原则加以划分，但每种划分都会遇到利益和代价的两难处境。具有相等销售潜力的地区给每个销售人员提供了获得相同收入的机会，同时也给企业提供了一个衡量工作绩效的标准。但在实际工作中，要想达到各个区域的销售潜力或工作负荷绝对相等是不可能的。区域间差异性会很大，如中国的东西部市场潜力差异性就非常大，企业可以通过以下两种途径来解决这个问题：一是根据不同的市场潜力确定销售配额；二是定期对销售人员的岗位按地区进行轮换。

在市场潜力相对一致的不同区域市场中，如果各区销售额长期不同，则可以判断是由于各销售部门的管理能力和不同区域的销售人员的能力或努力程度不同所致。如果是管理问题，可以通过经验交流、岗位培训、销售主管轮换岗位等形式来提高销售主管的管理水平；如果是销售人员的努力程度问题，则可以通过加大奖励力度来调动销售人员的积极性。

## 二、产品型销售组织

企业按产品类别分配销售人员，每个销售人员专门负责特定产品或产品线的销售业务，每个产品线的销售都由特定的销售部门负责，每个销售部门都负责一个或几个产品线的销售，由此形成上下对应的销售组织形态。产品型销售组织结构如图 4－3 所示。

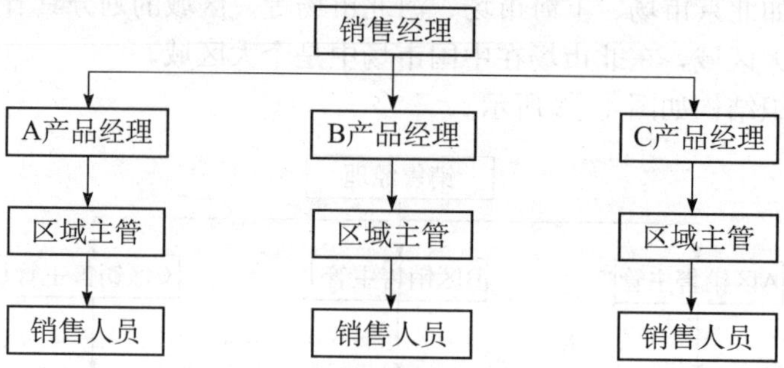


**图 4－3　产品型销售组织结构图**

随着产品技术水平的提高，产品管理越来越受到市场的关注，客户更愿意与懂专门技术的销售人员打交道。而市场中不断出现由于产品技术和质量问题导致顾客利益受损的情况，如丰田汽车的刹车门事件、曾经历史上出现的热水器事件等，也使得企业对产品管理问题给予了高度的重视。许多企业根据产品或产品线来建立销售组织，特别是当产品技术复杂、产品大类之间联系较少或数量众多时，按产品专门化建立销售组织可以保障销售工作在提供技术服务方面更具有针对性，并保证服务技术水平提升，让客户或消费者满意。

有些企业产品种类繁多，如果按产品型销售组织的方式来运作市场，则在销售运行中，不同的销售人员会面对同一顾客群，尤其是在企业统一品牌的战略中，不同的产品大类由不同的销售人员来执行市场销售的职能，这样不仅使销售成本提高，而且也会引起顾客的反感，这时，产品型销售组织就会显示出极大的不足。因此，产品线整齐、产品大类涵盖产品数量不多的企业适宜选择这一销售组织形式。

## 三、顾客型销售组织

顾客型销售组织是按照目标市场的集中度所形成的不同顾客群而建构起来的销售组织，即企业按市场和顾客类型来组建自己的销售队伍，如计算机厂商可以把企业的客户按其所处的行业划分为电信类客户、金融类客户、流通类客户等。服装类公司可以按性别将男性服装和女性服装分开，也可以按年龄分为儿童服装客户、年轻人服装客户和中年人服装客户等。实际上，按不同顾客的类型构建销售组织，执行的是市场细分的职能。

在经济发展中，按照客户的类型来划分销售组织的企业越来越多，因为市场专业化与顾客导向的理念是一致的，二者都强调了市场导向或顾客导向的营销观念。世界上著名的公司如 IBM、施乐、惠普、通用食品和通用电气等都是按照这一类型的模式来运行公司销售业务的。

按顾客类型来组织销售队伍最明显的优点是：每个销售人员都能了解到顾客的特定需求，加强销售的深度和广度，易于把握顾客信息，能降低销售人员的费用，更能减少渠道摩擦，为新产品开发提供思路。

按顾客类型来组织销售队伍也存在一定的问题，如销售人员负责众多的产品销售，有时负担过重，或可能出现对产品熟悉程度不高的现象；当主要顾客减少时，或者某一目标市场的顾客转移其购买方向时，这种组织类型会给企业造成一定的威胁。

因此，这种类型的销售组织适用于产品线整齐、目标市场的集中度比较高的企业。

顾客型销售组织结构如图 4-4 所示。

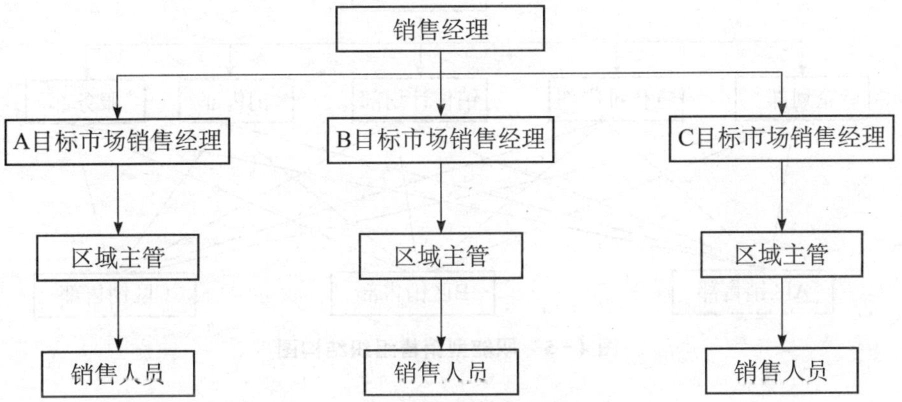


**图 4-4 顾客型销售组织结构图**

## 四、职能型销售组织

职能型销售组织是指按照不同的销售职能组建销售组织，这样在实际工作中，可以使销售人员分工明确，各司其职、各负其责。

企业的销售职能一般包括：市场信息、销售业务、销售计划、销售推广、销售运输、售后服务、销售渠道管理、客户关系建立等。这些职能作用的发挥常常显示出各自所具有的相对的独立性。为保证企业每一项销售职能都能发挥出应有的功效，有些企业的销售组织就选择以销售职能为依据来构建销售组织。

以不同的职能作为划分销售组织的依据，要求企业具备以下条件：

（1）企业规模比较大，需要将销售工作所需要的各种职能专门化，并需辅助经营者和管理者将各项职能发挥到位。

（2）销售分公司、经销处、办事处广泛分散于各地区，销售网点多。

（3）生产和经营的产品种类多，需要突出个性，体现差别。

（4）销售人员的素质水平高，可以根据各种销售职能指令完成工作指标或任务。

（5）根据各种销售职能所建立的销售制度已成为其他竞争公司仿效的标杆。

这种销售组织的优点是：销售职能可以得到较好的发挥，销售活动分工明确，有利于培养销售专家。如企业建立信息部，及时获取市场信息和环境信息，并将其破解和分析，就能有针对性地为企业的销售工作指明方向；如企业设有策划部，企业所有的销售活动均按照策划的要求运作，就会使企业的销售行为更加规范、销售水准更高、销售效果更好、社会影响力更大。

这种销售组织模式的缺点是：指示命令系统复杂，可能会政出多门；如果各职能之间衔接不好，就会出现工作漏洞，造成失调或混乱，销售活动缺乏灵活性。

要想使不同职能的销售组织有效地发挥作用，应注意以下几点：

（1）给各职能之间设定明确的职能范围，密切进行相互之间的联系与协调。

（2）使指令系统一元化，避免因指令繁多造成不必要的混乱。

（3）使销售组织的运行带有灵活性，避免迟缓和不适宜的情况出现。

职能型销售组织结构如图 4－5 所示。

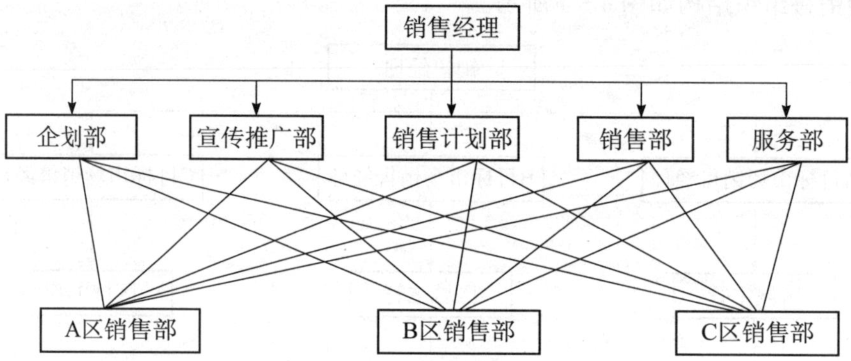


**图 4－5　职能型销售组织结构图**

## 五、复合型销售组织

前几种销售组织类型的划分都是假设企业只依据一个条件。在实际工作中，只按照一个条件来划分销售组织的类型常常会带来一些照顾不周的弊病。选择几个有效的条件来共同影响销售组织的划分，形成复合型销售组织的类型，则可以避免可能出现的问题。

复合型销售组织是指按照两个或两个以上的约束条件来划分销售组织的类型。可选择的模式有：

（1）区域-产品型模式。即按照区域、产品两项指标来划分销售组织，表现为在大区域销售机构之下，又按照产品大类对销售人员进行划分。

（2）区域-顾客型模式。即按照区域、顾客两项指标来划分销售组织，表现为在大区域销售机构之下，又按照不同顾客的类型对销售人员进行划分。

（3）产品-顾客型模式。即按照产品、顾客两项指标来划分销售组织，表现为先按产品大类划分销售组织，再按目标顾客将销售人员分开，进而形成如服装公司 A 大类产品销售部门之下的儿童服装销售部等，电器公司冰箱销售部门之下的医疗机构用户部、家庭用户部等。

（4）职能-区域型模式。即按照职能、区域两项指标来划分销售组织，表现为先按照职能将销售机构分开，再按照区域将销售人员分开。如某公司销售促进部下辖不同区域的促销部。

（5）区域-职能型模式。即按照区域、职能两项指标来划分销售组织，表现为在大区域销售机构之下，又按照职能将销售人员分开，形成某区域销售部之下的销售信息部、销售策划部、销售促进部、销售服务部等不同部门。

复合型销售组织可选择的类型比较多，对于一些大公司还可以依据三个或三个以上的标准来构建销售组织。具体选择什么标准，要依据企业的状况和市场的需求来确定。这种类型的销售组织适用于拥有广阔市场、面对多种类型顾客、生产多种类型产品，同时在市场投入中有着相对比较宽裕的预算，且近期（1年）、中期（2～3年）、远期（5年以上）销售目标明确的企业。

## 六、大客户销售组织

根据“二八”原理，企业80%的销售额来自20%的客户。因此，企业与大客户的交易是销售工作的重中之重，企业在设计销售组织时必须予以特别关注。大客户销售组织是指以客户的规模和复杂性为划分依据，按照市场专业化的形态划分销售组织的类型，企业为全力满足大客户的需求设置专门的机构，配备专门的人员来负责大客户的销售业务（见图4-6所示的大客户识别图）。

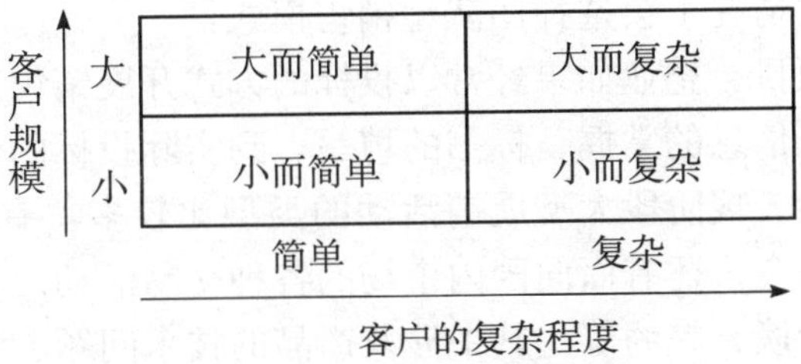


**图4-6　大客户识别图**

当一个客户符合下列条件时，可以被看做大客户：

（1）采购职能是集权化的。

（2）高层管理者能够影响组织的购买决策。

（3）存在多种购买影响因素。

（4）购买过程复杂且存在较大差异。

（5）要求企业提供特殊的价格折扣。

（6）要求企业提供特殊的服务。

（7）购买定制化的产品。

对大客户的销售业务管理，企业通常实行销售人员负责制。建立一支独立的大客户销售队伍，由专门的销售人员负责对大客户的销售及相关的各项工作，给大客户提供一些特殊的关照。每位大客户销售人员通常负责一个或多个大客户，并且负责协调企业与大客户之间的关系。这时的销售人员不太像企业的销售人员，而更像企业与客户之间的协调员，他（们）常常站在客户的角度，代表客户提出各种要求，并积极协调解决，这样的销售部门通常会赢得大客户的好感。

在实际工作中，不仅有为大客户专门设置的有一定时限的销售部门，如“鸟巢”工期5年的时间，成为“鸟巢”供应商的中标企业就是按照项目管理的思路，专门为这一大型工程项目成立大客户销售部，工期结束后，这一部门就终结了相应的销售工作。也有不受时间限制的长期的大客户销售部，如针对某大客户而设立的长期而稳定的销售部门等。如果企业面对的客户比较多样化，在销售部门的设置上可能会出现大客户销售部与其他类型的销售部并存的现象，以便于按照客户的特点和市场的要求开展销售工作。

## 七、团队型销售组织

团队型销售组织是企业在设置销售机构时以团队为核心进行布局，以保证在销售工作运行时能形成合力、重拳出击，这样一方面可以展示企业的实力和能力，另一方面也体现出企业对销售工作的重视。团队型销售组织的运作方式与单兵作战正好相反，单兵作战时势单力薄，碰到棘手的问题没有协商的对象，在团队型销售运作中，这些问题都不存在。

团队角色理论是由英国剑桥产业培训研究部前主任贝尔宾博士和他的同事经过多年在大洋洲和英国的研究与实践基础上提出的。贝尔宾在1981年出版了《团队管理：他们为什么成功或失败》(*Management Teams*：*Why They Succeed or Fail*）一书。在这本书中，他提出了一套团队角色模型。其基本思想是：没有完美的个人，只有完美的团队。在一个团队中只要适当地拥有如下角色：实干家、协调员、推进者、智多星、监督员、凝聚者、完美主义者，就能够保障团队的运作并获得良好的结果。

一般企业在以下几种情况下会选择团队型销售模式：

第一，参加投标的项目。企业如果经常以投标的方式开展销售工作，就应专门设置一个团队型销售组织，从事从信息的掌握、标书的填写，到实际投标的全部运作过程。

第二，大型展销活动。现阶段大型展销活动的类型比较多，有面向国际市场的广交会，有到国外参展的各种交易会，还有面向国内市场的各种交易活动。在展销会上，销售人员的基本工作职责是接待、洽谈、签约等。其中涉及产品的技术问题、法律问题、财务问题、国际贸易问题、产品定价问题，等等。对此，如果企业以销售团队的组织形式来参与展销活动，就可以应对各种可能发生和必须解决的问题。

第三，与大客户或重点客户的会见或谈判。企业的大客户或重点客户是企业最重要的客户，对于这类客户的销售，企业必须要以团队的形式出现，以便应对客户提出的各种问题并满足客户的各种要求。

团队型销售组织的优点如下：

(1) 企业销售队伍形成合力，能够整体展示企业和品牌的风格和形象。

(2) 形成强势的谈判格局，在商务洽谈中争取主动。

(3) 能够攻坚更难攻克的市场，使企业的销售工作成效显著。

(4) 能够解决工作中出现的各种问题，包括各类危机事件。

(5) 能够提供给顾客整体的解决方案，形成顾客对企业的依赖。

团队型销售组织也存在下列问题：

(1) 由于集体作战，很难鉴别每个销售人员的个体能力。

(2) 薪酬和奖励难以差别化，而平均分配又很难调动销售人员的积极性，尤其是难以调动工作能力强的销售人员的积极性。

(3) 团队中难免会出现滥竽充数的现象，从而使能力差者不被发现，或发现了也无法制裁。

基于以上问题，采用这一组织形式时，严格销售制度、监督和检查销售过程、考核每一位销售人员的贡献是至关重要的。

**【案例 4-1】 美国通用电气公司的大型销售团队**

美国通用电气公司为了更好地为重要客户提供服务，成立了跨职能和跨公司的大型销售团队。针对爱迪生公司从通用电气公司购买蒸汽涡轮发电机项目，通用电气公司专门成立了一个 140 人的跨公司团队以减少停工期。这个团队包括 60 名来自通用电气的员工，其他成员则来自爱迪生公司。

无论是因为何种原因要设立团队型销售组织，企业都要考虑团队内部的结构问题，要富有一定的弹性，以便根据需求进行结构和人员方面的调整，同时还要考虑团队的规模和职能、团队整体和个人的报酬机制等。这些决策在很大程度上取决于团队的战略目标。如果团队的主要任务是提供大量的售后服务，则团队中还要包括支持性销售人员，因为支持性销售人员能够更好地理解售后服务的需要，促进销售工作的完成。

另外，随着销售团队规模的增长，个人有减少努力的倾向，因而有必要限制团队的规模。

团队销售并不是所有情况下的最佳选择，建立销售团队的成本很高，只有存在巨大潜在销售量和利润时才适用，如公司只能利用团队为大客户而不是为小客户提供服务。即使是客户的大规模购买，用销售代表和代理商能满足客户需要的话，就没有必要组建销售团队。

组建销售团队时，最重要的是考虑其是否与购买者的需求保持一致。如果企业的重要客户或潜在客户利用购买团队来实施复杂的购买决策，那么公司最好也采用跨职能的销售团队来服务客户。

未来销售发展的趋势会由现在发挥个人的销售能量向发挥团队集体的销售能量的方向发展，这是企业保持和发挥自身竞争能力的一种选择，这种选择要坚持需要和必须的原则，以便既能够保证销售工作的顺畅，又能够适度节约成本。

## 第三节 销售组织的规模

销售人员是企业的重要资产，企业每年需要在销售人员身上投入大量的资金。销售人员的数日与销售量和销售成本密切相关。如果销售人员增多，销售量与销售成本亦会同时增加，但不一定是同比例增加，这就需要考虑最佳规模的问题。

销售组织的规模是用销售人数进行衡量的。最佳销售人数是指销售人数与销售效益和销售效率之间所形成的最佳匹配，可用人均销售效率最大化来表示，不足最佳人数的销售组织，其销售效益有继续挖掘的潜力；超过了这个规模，销售效益就会出现递减或下降。

在最佳销售规模的状态下，每个人每天都有着均衡且饱满的工作内容，每项工作都无遗漏地有合适的人在做，工作状态顺畅且没有可能形成有不良影响的弊端和瑕疵，对日常出现的各种问题都有人进行处理，销售运行机制会保障系统的正常运转与维护，制度会约束每个人积极努力地工作。这种状态就是最佳规模销售组织的目标追求。

在一个销售组织制度健全、运行接口正常的情况下，销售经理就要考虑如何确定最佳销售规模的问题了。其中可选择的方法主要有任务分解法、工作量法、销售能力法和边际销售额-成本法等。

## 一、任务分解法

任务分解法又称销售目标分解法，是指将企业的销售目标转化为销售任务，将销售任务分割成便于操作的最小单位，然后根据销售人员平均销售能力的上限（可根据以往的经验确定，也可以经过测试确定），确定每人所能承担的任务，再根据每人所能承担的任务来确定销售人员人数的一种方法。通过这种方法可以确定每个销售人员在自己的职责范围内所能形成的相对比较饱满的工作任务。其具体的计算公式是：

$$销售组织规模（人数）=\frac{预测销售额（销售目标）}{每位销售人员年平均完成的销售额}$$

公式中，企业年度销售目标已经确定，关键是确定每位销售人员的年平均销售额。销售人员的经验、知识水准、性格、努力程度等都可能会影响销售人员的能力，而销售环境、区域文化、收入水平等外在因素又会影响到不同区域市场的需求潜力。因此，销售经理还要根据销售人员的基本情况、企业状况、市场环境等综合因素来确定每位销售人员的销售任务。经验数字和测试数字都可以作为确定销售人员销售任务的依据。

上述公式的运用我们以例 1 来进行说明。

**例 1：** 假定一家公司明年预测完成销售额为 5 000 万元，如果每位销售人员平均完成的销售额为 200 万元，那么该公司就需要 25 位销售人员来实现 5 000 万元的销售额，即

5 000÷200=25（人）

以任务分解法来确定销售组织的规模，其运用比较简单。但这种方法在理论上有一定的缺陷，因为企业在编制销售计划时已经预先确定了销售目标，这时，销售经理只需要根据目标销售额来决定所需要的销售人员数量，其计算过程运用的是一种倒推法。在实际工作中，销售队伍是已经存在的，虽然销售人数的变化可增可减，但真正为实现销售目标而进行人员增减，实施起来有一定的困难。因为销售人员的增减都是在给销售组织做手术，增加人员上岗之前需要培训，减少人员需要有人转岗或调离，这些事情都不是短时间内能够完成的。因此，可行的办法是：销售额应建立在既定销售队伍规模的基础上，增加销售人员将增加销售预期，减少销售人员将减少销售预期。

如果在逻辑上进行一定思路的调整，就能保证任务分解法的使用。因此，在实际工作中，任务分解法仍然是最常用的确定销售组织规模的方法。这种方法尤其适用于销售环境相对稳定，销售变化缓慢并且可以预测，没有重要的战略调整的企业。这种方式如果以佣金作为薪酬方案，还可以保持较低的销售成本。

## 二、工作量法

工作量法是指按照销售中各项工作量的大小来确定销售组织规模的方法。其中包括完成既定销售额所需要的工作量、拜访潜在顾客的次数所形成的工作量、各项服务工作所形成的工作量，等等。这一方法是以相同工作量或可比工作量为原则来确定销售人员数量。其基本

工作步骤如下：

（1）选择一个可将顾客或潜在顾客清楚地分为几个等级的依据，这个依据可能是每年的销售量，可能是从销售量中获得利润的数目，也可能是顾客需求的量或顾客数目，通常较多使用的是销售量。

（2）根据过去的购买形式、销售经验或销售量等，决定每一级顾客的数目和相对的访问率——每年对一个顾客的访问次数。

（3）计算企业销售访问的总次数。每一类顾客数乘以各自所需的访问次数，便是销售人员的总工作量。

（4）确定一个销售人员每年的平均访问次数。这个估计应考虑到顾客的地理分布和集中性、每次访问所需的时间、等待的时间和其他合适的因素。

（5）估计所需销售人员的数目。计算方法是：

$$销售人员数量=\frac{总访问次数}{每位销售人员的平均访问次数}$$

**例 2：** 某企业的客户按等级分为甲、乙、丙三类，每类客户的年访问次数、总访问次数见表 4-1，假如每位销售人员每年可完成 900 次访问，则这个公司需销售人员的人数为：

49 500÷900＝55（人）

**表 4-1 工作量设计表**

| 客户等级 | 客户数目（个） | 访问次数（次） | 总访问次数（次） |
|---|---|---|---|
| 甲 | 300 | 50 | 15 000 |
| 乙 | 600 | 30 | 18 000 |
| 丙 | 900 | 10 | 9 000 |
| 丁 | 1 500 | 5 | 7 500 |
| 合计 | 3 300 | 95 | 49 500 |

## 三、销售能力法

销售能力法是指企业通过测量每位销售人员在范围大小不同、销售潜力大小不同的区域销售产品的能力，计算在各种可能的销售人员规模下企业的销售额和投资收益率，用以确定销售组织规模的一种方法。

分析销售能力的方法可以通过以下三个步骤进行：

第一步，测量销售人员在不同销售潜力区域内的销售能力。

一般来说，区域的销售潜力越大，这一地区的销售绩效越高，因为销售潜力大的地区会形成一种拉动性需求，无论谁从事这 地区的销售工作，其销售绩效都会提高。

但销售绩效的增加往往赶不上销售潜力增加的步伐，即销售绩效增加的速度一定慢于销售潜力增加的速度，这是因为：第一，销售潜力随着销售收入的增加而增加，有时会形成骤增，但企业销售能力的增加是一个渐进的过程，它不会完全与销售潜力增加的速度相吻合；第二，增加以后的销售潜力会受到更多竞争者的关注，竞争者会通过销售能力的增加而获取市场份额，进而形成对销售潜力的瓜分。

在这两种情况下，企业必须通过调查，测定各种可能的销售潜力下销售人员的销售能力。另外企业还要关注竞争者。一般情况下，走在竞争者的前面，快速扩大竞争规模、提升销售能力是一种可行的方法。

第二步，计算在各种可能的销售人员规模下，企业的销售额。

其计算公式是：

$$企业销售额=每人平均销售额\times 销售人员数$$

第三步，依据投资报酬率确定最佳的销售人员规模。

根据各种可能的销售人员规模下的企业销售额（销售收入），以及通过调查得出各种相应情况的销售成本和投资情况，即可计算出各种销售人员规模下的投资额。

其计算公式是：

$$投资报酬率=\frac{销售收入-销售成本}{投资额}$$

投资报酬率最高的人员规模即为最佳销售人员规模。

这种方法运用起来比较复杂，其前提条件是，必须有足够的地区来做相同销售潜力的估计。同时该方法运用过程中只是将销售潜力作为影响销售绩效的唯一因素，忽略了地区内客户的组成、地理分布情况、区域亚文化的特征及其他因素的影响。所以，只有当其他因素相同，或其他因素对销售绩效的影响可以忽略不计，且各种可能的销售人员规模的销售潜力资料很容易取得时才能得以运用。

此外，销售人员的工作负荷在各公司中也不尽相同，这一点与公司文化、产业状况、产品属性、市场状态均有着直接的关系。公司文化决定了销售人员的工作状态；产业状况有技术含量高低之分，有市场上升与下降之分等；产品属性表现出了购买频率的高低，并形成了对渠道选择的影响；市场状态反映了市场的密度、成长的状况、需求的状态和竞争的态势等，所有这些均会对销售造成影响。因此，企业在考虑自身的销售能力时，应结合必要的影响因素进行全面的估算，以保证对自身的能力有一个正确的评价。

## 四、边际销售额-成本法

边际销售额-成本法是依据增加一名销售人员所创造的边际销售额和企业所付出的成本二者的对比来确定销售人员数量的一种方法。当企业增加一名销售人员所创造的销售额大于企业为该名销售人员所付出的成本时，增加这名销售人员对企业来说就是有利的，这时企业就应该接收这名销售人员。最佳销售人员的数量应该满足下面的公式：

$$该名销售人员所创造的边际销售额=企业为该名销售人员所付出的成本$$

在这一公式中，关键在于确定销售人员的数量变化与销售额之间的变化关系，以及销售人员的数量变化与企业为销售人员所付出的成本之间的变化关系。这一关系所表现的形态见图 4－7。

图 4－7 说明，当销售人员的数量增加时，为增加销售人员所支付的工资会小于增加销售人员为企业带来的销售额。因此，增加销售人员对企业是一种有利的选择。这里需要说明的是，企业并不是压低新增加销售人员的工资，而是由于在其他条件（如生产投入、销售促进费用投入、管理费用投入等）不变的条件下，由于相对费用的节约，从而使销售人员及销售额同时增加，形成对企业有利的态势。

但增加销售人员的数量要有一定的限制，一般情况下，四个条件制约着销售人员数量的增加，第一，由企业的生产能力所决定的产销能力；第二，由潜在市场需求所决定的市场最大需求；第三，市场竞争激烈程度所导致的本企业可能的市场占有率；第四，销售人员的工

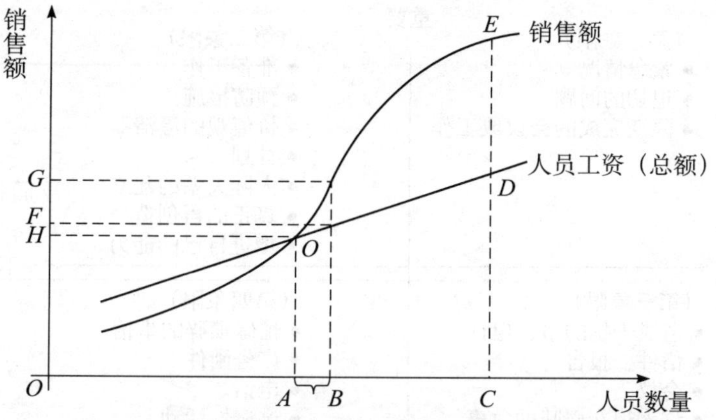


**图 4-7　增加销售人员数量与增加销售额与增加工资之间的关系**

资水平。企业的产销能力决定了企业的最大销售量；潜在市场需求能力决定了市场需求量；竞争激烈程度高的产业常常考验着企业的销售能力；销售人员的工资越高，对企业的销售压力就越大。在这四个条件的制约下，企业的最佳销售人员数量为 $C$ 点。

图中从 $A$ 点到 $B$ 点，为增加的销售人员数量；$F$ 点为增加销售人员所支付的工资；$G$ 点为增加的销售人员所实现的销售额；$D$ 点为最大销售人员规模企业所承担的工资；$E$ 点为最大销售人员规模企业所获得的销售额。从图中可以看出，$C$ 点这一最大销售人员规模对企业是最经济的选择。

## 第四节　销售组织的管理

一个销售组织的设计完成之后，企业就应着手实施对销售组织的管理工作。在企业的销售运转中，对销售组织的管理是一项非常重要的工作，它涉及企业销售运行的质量，关乎销售目标的实现和企业品牌的运行。这里我们仅从销售运行的角度，通过对时间管理和销售地图的应用来分析销售管理的实施步骤。

### 一、时间管理

#### （一）对时间管理的理解

时间对任何人都是公平的，一天给每个人都是 24 小时。但对于每个人来讲，对时间的运用却差异悬殊。有些人时间效益高，进而成就更大的事业；有些人时间效益低，进而一无所获。在销售管理中，对时间的管理特别重要，运用好时间就能取得良好的销售效益。

销售运行中的时间管理是指销售经理帮助销售人员有效地应用时间资源，以达成个人或组织重要目标的实现。销售事务同其他事务一样，也有轻重缓急，销售经理要学会选择，学会放弃。

美国管理学教授史蒂芬·柯维博士将自己所做的事情划分成了四个象限，见图 4-8。

在不同的象限中有不同的工作内容，这些内容基本说明了我们每天都在做的一些事情。面对这些事情，每个人的安排并不一样，有些人感到很忙，有些人并没有忙的感觉。其中

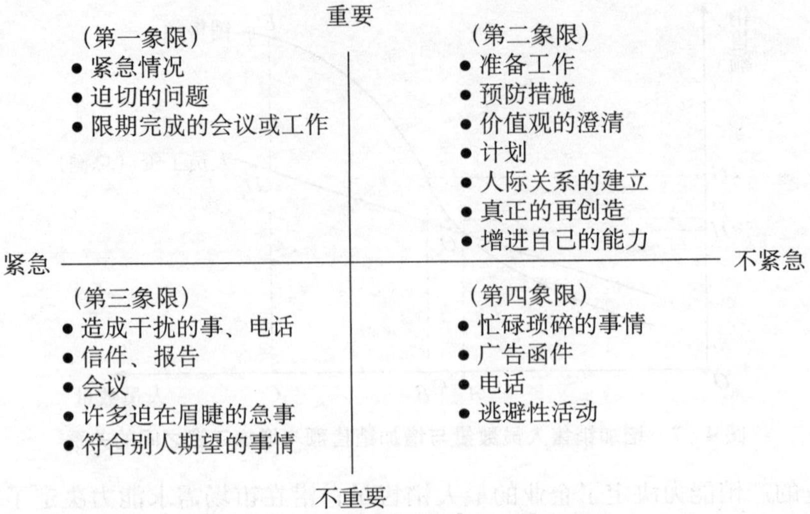


**图 4-8 史蒂芬·柯维博士的四象限图**

"忙"的人，他在时间的分配上，留给第一象限工作内容的时间通常比较多。这样，把重要且紧急的事情优先处理，这种安排看似符合人们的习惯和运行逻辑，但是正如 Charles Hummel 在《急事的奴隶》（*Tyranny of the Urgent*）一书中所说：重要的事情通常不需要在今天甚或这个星期完成，但急事却非得立刻行动不可。急事的迫切性总让人觉得非常重要不可耽搁，从而一步步耗损我们的精力。然而，如果从时间的架构上来看，这种似是而非的重要性便会逐渐消失，于是很多人怅然回忆起有多少重要的事情被耽搁在一旁，警觉自己已经成了急事的奴隶。

图 4-8 将重要且紧急的事情放在了第一个象限中，实际上是在告诫人们，在时间的安排上要把重要的事情放在第一位。重要的事情是指那些真正有助于达成我们目标实现的事情，是让我们的工作与生活更有意义、更有成就的事情，但是这些事情通常并不是那么迫在眉睫——而这一点也恰恰是时间管理的最大误区。从这个时候开始，我们成了时间的奴隶而不是时间的主人。

为了成为时间的主人，对销售人员的时间管理也要将要做的事情按照四象限的逻辑进行划分，然后按照重要事情优先安排的法则对每一件事情安排顺序并分配时间。

销售经理的工作内容大致如下：

（1）细化销售计划，将指标分解到更小区域，并确保执行到位，对本区各项销售指标的完成过程进行指导、监控、调整。

（2）负责组建和管理销售/组织架构体系，并负责对管辖区的人员进行招聘、培训、指导、提升、管理和监控，确保所管辖区域销售队伍的数量和质量，并对直属下级进行考核、激励，为公司业务发展培养和储备人才。

（3）依据销售管理制度，对管辖区域的管理制度进行细化和完善，使其适用性和可操作性更强，并对其执行效果全权负责。

（4）依据公司销售网络发展计划，加强市场建设，确保本区域零售网络建设的数量和质量，并对本区域零售网络的建设、维护和发展全权负责。

（5）定期召开业务经理会议，确保有效及时地开展工作，宣传新计划，寻求新机会，培训具有现代销售意识的销售队伍。

(6) 负责对销售费用预算及销售合同的审定与监控，保证现金流通的顺畅，并保证销售货款的回收。

(7) 严格贯彻、执行销售部下达的市场价格及货品流向管理制度，确保管辖区域市场环境的有序管理。

(8) 负责市场一线信息的及时收集、分析与反馈，并根据分析结果及区域推广计划，制定出三个月滚动销售预测，对销售预测的真实、准确、及时、有效全权负责。

(9) 负责管辖区域内目标库存的管理工作，定期收集并统计分析零售终端的库存，并对本区域的库存结构负责。

(10) 依据市场部整体推广计划及促销计划，执行全国统一的市场推广计划，并与推广经理一起，结合本区域市场实际情况，制定本区域的月度、年度市场推广方案，报请市场部及销售部审批后，严格贯彻执行和监控，并对本区域推广计划的执行效果全权负责。

(11) 负责本区域公共关系工作的开展，搞好与当地政府、金融机构、新闻机构及社区等各类组织的关系，树立良好的企业和品牌形象。

(12) 对各项售后服务工作负责，对售后人员及服务质量进行考评，同时要定期对公司的售后服务政策提供建设性的意见，以便从整体上提高售后服务水平。

此外，还有诸多的计划外事宜，如重大客户的投诉、危机事件的处理、下属之间矛盾问题的解决、必须参加的应酬，等等。对销售经理而言，最重要的不是把每一件事情都做好，而是要做重要的事、做正确的事、做该做的事，做到有所为有所不为。从工作性质的角度分析，最重要的事就是对提高销售业绩有帮助的事。

培训是一件非常有助于提高销售业绩的事情，但容易被忽视。这是因为培训对销售业绩的支撑不会立竿见影，短期内还会占用销售人员的时间。但长期的不规范、低效率的工作比短时间的学习所需要付出的时间代价要高得多。

建立良好的分销与陈列标准并且贯彻实施也是一件重要的事情，但这项工作不是一件很着急的事情，因为它需要花时间去研究和贯彻落实。在这项工作贯彻落实之前还需要对人员、客户进行培训，在落实中需要申明制度、监督行为，若非如此，就不能体现出良好的效果。但为了取得立竿见影的效果，有些销售经理更愿意去做促销，以获得眼前销售业绩的提升。缺乏良好市场基础和市场规划的促销，最终得到的只是日渐疲软的市场表现，丢掉的却是宝贵的时间与长期的业绩。“磨刀不误砍柴工”讲的就是这个道理。

根据以上分析，销售经理应参照史蒂芬·柯维博士的四象限图，将自己的所有工作根据轻重缓急进行分类，将最重要的工作、与长期销售业绩提升有关的工作放在首位，保证自己的工作有条不紊地进行。

**(二) 时间管理的步骤**

做好时间管理，成为时间的主人，一切要从简单的计划开始。做时间计划可以从以下几个方面进行：

(1) 列单。把自己要做的事情一项一项地记录下来，并养成良好的习惯。如果记性不太好，可以借助于电子记事本、笔记本等工具把自己要做的事情记录下来。

(2) 组织。组织是根据列好的清单分门别类，再依据重要性安排次序，并想清楚每件事情应怎样来处理。

（3）删除。完成组织后，看看排在最后面的事情是否必要，如果没有必要，就把它删掉。删掉时间不容许做的事情，在权衡之后，对不必要做的事情也予以删除。

（4）习惯。将上述三个步骤变成日常生活的习惯，而不是日常生活的负担。习惯之后你会感觉到这些事情不会占用更多的时间，反而会帮助你解决时间紧张的问题。

（5）成就感：当按以上步骤操作以后，你就会发现，进行了时间管理的日子比没有进行时间管理的日子完成的事情多了，人也有成就感了。这个成就感就是优质计划的回报。而这个回报，会让自己感觉到所付出的努力没有白费，所有的付出都是值得的。

销售经理要成为一个优秀的管理者，要管理好自己所需要做的职业范围内的事情并不是一件非常困难的事，只是因为不会设定计划，不会评估每个工作的重要性并加以调配，从而感到自己的工作非常沉重，压力很大。缺乏时间管理的人容易感到灰心、愤怒和焦虑，而且没有多大的成就感，甚至缺乏自尊，没有办法真正地享受工作带给自己的快乐。

## （三）销售时间管理工作

时间就是金钱，人们必须善于利用每天的时间，追求最大的工作效率。除了上述我们列出的销售经理的工作内容外，每一位销售人员每天也都有很多事情要做，如以电话或其他方式寻找目标客户，与目标客户进行面对面的接触，处理合同、报告等文件，开展促销活动，反馈市场信息，催促货款，为顾客提供售后服务以及出差或者等待顾客的上门等许多花费时间的事情。面对如此多的工作，销售人员如果能够科学地做出计划，就能够减少时间的浪费，提高工作效率。

### 1. 为销售人员规划路线

我国地域辽阔，如果公司是以经销商为渠道而开展销售工作的，则一个销售人员可能会负责好几个城市，甚至好几个省的销售工作，这时，出差时间会占销售人员可用时间的相当大的比例。如果公司以直接的零售商为渠道而开展销售工作，则一个销售人员可能会负责多个零售商，每天要奔走于各个网点，进行销售工作的监督或问题的处理。如果开展促销活动，销售人员还要安排与促销工作有关的各项工作。在实际工作中，大部分销售人员把1/3的工作时间花在路上。因此，路线的规划就变得非常重要。我国的交通状况近年来有了很大的改善，但路线安排仍然是令销售人员头疼的事情。

为了进行路线规划，销售人员应该把当前顾客和潜在顾客的位置在区域地图上用点表示出来，即绘制出销售区域的位置图，销售人员可将所在地区的商业地图备齐，然后绘制出销售人员所在销售区域的地图，再将销售区域内各个当前顾客和潜在顾客逐个地按照实际的地理位置标在图上。在图上同时标出竞争对手的经销店和本企业的经销店（用不同的颜色标出），根据这样一张地图，就可以估算出本企业在此辖区内竞争力的强弱。

有了销售地区地图后，销售人员就可以较容易地规划出自己的走访路线。但还要注意以下问题：

（1）综合考虑，统筹安排。尽量用最短的时间、最少的费用，走访尽可能多的客户。

（2）销售人员每一次做出差计划的时候，首先要考虑的问题就是要拜访哪些客户或目标顾客，拜访的目的是什么，拜访的时机是否适当，然后根据需要拜访目标的数量及其所在地考虑出差的日程和路线的安排。

（3）制定出差日程和路线的时候，需要考虑当地的交通情况，避免因为交通工具的转换而浪费时间和延误行程。

（4）在出差路线的安排上，除非有足够的理由或特殊的原因，否则就应该避免来回折返，以免浪费时间与金钱。合理的差旅路线安排能够节省时间，使销售人员能够将工作时间最大限度地用于与客户的接触，增加销售。合理的出差路线安排可以减少差旅费用的开支，也可避免销售人员由于过度奔波而导致身体疲惫和对工作的厌倦。

**2. 确定拜访效率**

对客户的拜访频率要适度，拜访频率过高会占用客户的时间，进而影响到客户的工作；拜访频率过低可能会给竞争对手留有空隙，使竞争对手乘虚而入。因此，在确定拜访频率时必须考虑以下因素：

（1）是否有工作需要。想要留住客户，关键是满足对方的要求，包括产品质量、交货安排、价格、服务等方面。同时销售人员的拜访次数要恰当，要能够摸清客户的采购或购买周期，满足对方采购工作的需要。

（2）与客户的熟悉程度。双方熟识、关系稳定的客户，通过电话的联系就能够解决工作上的问题。这种方式既可以节省双方的时间，又可以节约销售人员的交通费用。双方交易稳定，客户需要比较固定，而又没有太多的细节需要洽谈和特殊情况需要处理的，可以通过销售协调员进行联系，以减轻销售人员的工作负担。但销售人员仍需要主动保持与客户的接触，询问客户是否有销售或服务上的工作需要协助处理。此外，间隔一段时间以后，销售人员应该安排时间对客户进行拜访，以维护彼此的感情。

（3）考虑客户的订货周期，这就需要销售人员与客户建立良好的关系，对客户的生产经营活动有比较全面的了解，从而可以准确地判断客户什么时候需要订货。

## 二、销售地图的应用

销售地图是指根据销售工作所进入的目标市场布局状况设定的地图，同时在后续的工作中，跟随进入新市场的步伐，使其不断展示出市场布局的新状况，用以观察本企业的市场布局，同时也要通过销售地图观察企业最重要竞争对手的市场格局。企业在销售工作中使用地图管理，这是一种科学的管理方法。

### （一）对销售地图的理解

销售地图是销售人员在各自区域活动时所应遵循的路线模式，这种模式通过地图和列表将其内容标示出来，并说明销售人员走访每个细分市场的顺序。在销售地图上可以标注客户分布情况、竞争者分布情况、交通情况、重点区域的设定、访问路线等。在一个大的区域中，销售地图中的点表示的是进入的市场，如北京市场、上海市场、新疆市场、广西市场等；在一个省或一个市的区域市场中，销售地图中的点表示的是进入的小区，如在北京市场，公司产品进入了海淀区、丰台区、通州区等；在一个更小区域的市场中，销售地图中的点应该小到具体的店铺。通过这些店铺的分布状况，公司就可以实时监控市场的运行。店铺是销售渠道的末端点，通过销售地图所展示的店铺数量与密度，可以告知销售人员本公司产品的市场覆盖状况、是否尚有市场空隙、下一步的工作目标等信息。同时，对销售地图要实时更新，这在网络经济时代是可以实现的。

销售地图中的末端点最初是靠销售人员一个点一个点调查出来的，这是一项非常艰苦且富有挑战性的工作。可口可乐公司的销售人员最初就是这样开展工作的。

**【案例4-2】 可口可乐销售人员的市场调查**

可口可乐销售人员每天的工作如下。

1. 早会工作说明

（1）研究调查区域总地图，按调查路线行走规则设计当天的行走路线。要求每天早上必须计划当天的调查区域，并确定大致的路线走向。

（2）检查当天调查要带的表格、地图及工具，包括：总地图、区域分地图；调查表，每天带出60张或更多；工具，包括笔（蓝，红）和夹子。

2. 进行客户调查

行走路线原则：在指定的地图区域内进行调查，不可跨区调查；调查时以大路为主线靠右行走。从何处离开主线就从何处回到主线，继续沿主线前进；保证无遗漏、不重复；沿街区走闭环状路线，不得有开口；完成一片后再进行下一片，不得任意穿插路线。

3. 标图

将客户位置和客户序号准确地标在区域分地图上，并将此编号圈起来；每张分地图的客户序号都必须从1开始，依次往下标，如2、3……对地图所做的每一个修改都必须经过再三确认后方能进行；对地图上没有标出的路、街或巷，用红笔在地图上绘出该路段和明显识别标记（如建筑物、单位、广告牌等），并标上路名；单行线、禁转路口、手推车路线也要标明，为以后配送货物提供方便。

4. 调查表格

填写调查表格要求：字迹清晰，端正，易读；用蓝色或黑色笔填写；认真填写每一栏项目；每张调查表格上必须填写调查者姓名、编号、调查日期以及调查区域编号；每天交回的表格必须按当天的调查序号排列。

5. 晚会

调查人员一般每天下午4：00左右回到营业所，稍事休息后开晚会。在晚会上，区域经理应当奖励成绩优秀的队员，慰问劳累了一天的团队成员。

晚会内容：

（1）核对、整理当天的表格及地图。

（2）交回当天的表格及地图，待检查合格后才能离开办公室。

（3）当天的调查表及地图必须在当天下班前交回。

（4）交流当天的工作情况。

（5）带好第二天要用的表格及地图。

运用销售地图管理市场，建议设置一间管理市场的作战室，只要踏进这间屋子，企业经营的市场状况一目了然。战争时期的指挥官，均是用地图来进行布局，并指挥战役。销售地图能够给销售人员带来市场布局的直观感觉，并使其映在脑海中，在变更市场布局时，就形成了一种销售地图运行图，并以此开展对销售工作的管理。

### （二）销售地图的设置

销售地图的作用在于确定销售人员有序而全面地覆盖市场，同时减少旅差费用。研究表明，销售人员根本不需要把1/3的日常工作花在路上，他们需要将更多的时间用在与客户的会面上，如在客户的办公室里等。

规划销售人员的路线时，销售经理应该考虑产品和工作的特点。如果拜访频率是有规律的，工作内容也是有章可循的，规划销售地图就比较容易，如药品、杂货、香烟等产品的销售人员比较容易规划销售路线。对客户进行不规则的拜访也很容易失去客户，客户会寻找其他的供应商。

在销售地图的设计中，一般销售地图多采用图表加注记的方式来表达市场相关信息，表示产品区域销售情况、渠道拓展情况、用户满意度、竞争产品的市场分布等情况。销售地图在统计数据之上，用简单的地图平台来直观地表达这些市场信息，从而有利于企业进行决策。

销售地图的制作可按以下内容划分：

(1) 销售分布地图。该地图用来表示产品销售区域、销售门店、售后门店等情况，常见于产品介绍、宣传等场合。

(2) 销量地图。该地图用来表示不同时期产品在各个市场区域中销量波动的情况。

(3) 竞争产品对比图：竞争性产品在市场上的占有情况和市场行为往往对企业产品战略制定十分重要，在地图上对比分析竞争对手和企业自己的产品，能够直观地发现企业在市场开发中的薄弱环节。

(4) 消费者满意指数图：消费者对企业产品是否满意决定了产品在市场中的前途，企业售后部门往往将消费者满意指数作为一项十分重要的考核指标。

### （三）销售地图的应用

在上例可口可乐通过销售地图进行店铺调查的基础上，这里仍然以可口可乐公司销售地图的运用为例来进行说明。

### 【案例 4-3】 可口可乐公司销售地图的应用

作为可口可乐公司在中国的合资生产企业，天津可口可乐公司在销售地图的利用方面做得不错。天津可口可乐的销售业务范围包括天津、河北、内蒙古、新疆、西藏等省（市、自治区）。在天津可口可乐的销售地图中，包含了整个天津市的详细地图信息，也包括了销售业务范围如河北、内蒙古、新疆、西藏等省（市、自治区）的行政区划地图。在这些地图中，不仅有城市街道、河流、湖泊、建筑物、省区的行政区划，还带有丰富的行政属性数据，如人口、国民生产总值、平均收入等。地图系统还包括数万个可口可乐公司在天津市的直接和间接销售客户的基本信息、位置分布等。

天津可口可乐公司的销售地图系统主要有以下功能：

(1) 地图查询。销售经理可以方便地查询地名、道路、建筑等各种地图信息，并在地图上予以定位。可以查看辖区内各省、地区或县的面积、人口、收入等统计数据，结合销售数据，为制定市场销售策略提供依据。

(2) 售点管理。销售经理可以在地图上查看售点布局，依据各种条件查询销售点并迅速在地图上定位该销售点，查看销售点的基本资料和销售数据，并用不同颜色的直方图、饼图等显示查询结果，或为查询结果分类。销售经理还可以在地图上按设定的条件找出某些不符合公司要求（如库存周期过长、周转速度过慢）的销售点并做醒目的标记，使销售经理掌握情况并督促销售点改进。

(3) 对拜访路线、销售路线及配送路线进行管理。在地图上查看每一条路线上分布的销售点及销售状况，及时掌握每位员工的工作，找出有问题的路线，并责成相应业务代表解决；根据用户业务系统生成的配送路线，打印出标有路线和送货点的配送地图交给相应的司机，提高配送效率。利用地图网络功能，可以将天津市地图等分成间距为任意宽度的小图，然后为每个销售点标出网络坐标，业务系统依据网络坐标对配送进行集中管理，生成较优的配送路线。

互联网条件下的销售地图全部可以在网上实现，并可以实时更新、实时监控。

# 第五章

# 销售队伍管理

销售队伍是由销售人员构成的，企业的销售工作是由销售人员来完成的，而销售人员的工作状况关系着企业的市场运行、品牌形象、效益与发展等。如果企业没有一支来之能战、战之能胜的销售队伍，企业的一切工作都无从谈起。企业对销售队伍的管理就是对销售人员的管理，而销售人员的工作性质又决定了其工作的分散性、多样性和各自为战。因此，企业对销售人员的管理不像对生产人员的管理那样集中、组织性强。对销售人员的管理，任何企业都很难达到整齐划一的程度。

## 第一节　优秀销售人员的素质

实践证明，不是所有的人都适合做销售工作，也不是所有做销售工作的人都能够成功。普通销售人员和高效率销售人员之间的水平有很大差异。一项对500多家公司的调查表明，27%的销售人员共创造了52%的销售额，而余下的销售人员中，仅有50%的人是公司希望在下一年度中继续聘用的。因此，选用优秀销售人员直接关乎企业的发展。

优秀的销售人员应具备以下基本素质。

### 一、心理素质

美国有关研究机构的抽样调查表明，销售业绩优秀的人群与销售业绩一般的人群之间的平均智商值是基本相当的，而反差最大的是心理素质，即销售业绩优秀的人群的心理素质大大高于销售业绩一般的人群。所以，导致销售业绩好的原因并不是一个人的智商超群，而是良好的心理素质。

良好的心理素质是指一个人抗挫折的能力很强，遇到困难与失败时，能保持情绪稳定，并能以高昂的精神状态去面对环境的压力。销售是最容易遭遇挫折的职业，销售人员经常会受到冷落、拒绝、讽刺、挖苦、打击，并一次一次地失败。每一次挫折都可能会对销售人员造成巨大的打击，导致其情绪低落、意志消沉，最终会影响销售工作的开展，或者使销售人员干脆退出竞争。

此外，销售人员肩扛销售指标，身后有主管经理一次又一次地催促，眼前面临的是客户的冷漠与拒绝，因此，良好的心理素质是一个合格销售人员的必备条件之一。

### 二、专业素质

销售人员要靠专业知识而不是仅仅靠经验来开展销售工作。在千变万化的市场环境中，过去成功的经验往往会成为今天成功的最大障碍。这是因为，经验很可能是骄傲的资本、炫耀的依据。销售人员一旦滋生了骄傲的情绪和炫耀的愿望，进取就会成为一件不可能的事情了。

销售人员要具备专业能力，如产品知识、技术知识、操作与使用产品的方法、销售技巧、促销策略、经销商管理、渠道管理、终端管理、市场运作、商务谈判等方面的知识和实务能力，追求更多、更深、更全面的知识是销售人员激励自己的永恒法宝。这其中，对产品知识、技术知识、产品操作知识的掌握，是要求销售人员对本专业以外知识的掌握，并且这些要求是在销售工作开展之前就要具备的，这是开展销售工作的基石。

前面我们曾经提到过销售工程师的概念，就是要求销售人员掌握这些知识，以使销售人员超越自我，达到工程师的水准。

### 三、市场悟性

悟性是指对事物理解和分析的能力。人们常常说某个人悟性好，是指这个人理解一件事或物时的速度快，而快取决于这个人已有的经验、知识足够多，并且必须具备联想与嫁接的思维方式。

市场悟性指的是对市场状态感悟的速度、分析的正确与透彻等方面的表现。如果说一位销售人员市场悟性好，指的就是这位销售人员能够从市场信息中捕捉到有价值的东西，并为我所用，如发现新的目标市场、能够用知识感化用户、能够对用户的特殊需求正确领略并能够正确传达等。

很好的市场悟性是成为一名优秀销售人员的充分条件。在这个世界上，没有什么东西能够替代销售人员的市场敏感性和判断力了。好的市场判断力会使销售人员的敏感性更高、创造的销售业绩更好，相应的，销售人员的成就感也就越强。

销售人员的市场悟性与知识、经验、勤奋有关，如善思考、善推理、善挖掘等，这些都是销售人员悟性感知的个体条件。当然，市场悟性也与企业的文化氛围、制度约束等密切相关。在一个好的企业环境中，销售人员就愿意将自己的悟性充分发挥出来，这些是销售人员悟性感知的具体条件，也是发挥销售人员悟性能量的环境氛围。由此我们认为，销售人员悟性的发挥须在销售人员自身条件具备的情况下，需要企业为其创造更好的氛围。

### 四、价值取向

价值取向代表着个人对特定事物重要性的判断，这种判断受到面子、权力、生活地域、生活方式等环境条件和自身特点的影响。企业是商人的集合，从骨子里就带有商人的气息，因此，企业是功利的。企业的功利追求是通过销售工作得以实现的，因此，销售工作也是具有功利性色彩的，从而导致销售人员形成了功利性的价值取向。对每一位销售工作者而言，功利性的价值取向是值得提倡的，因为它用数据说话，表明每一位销售人员为企业创造价值的多少，这是保障企业功利性价值取向得以实现的根本。对销售队伍而言，具有功利性价值取向的人十分看重自己努力付出的物质回报，因为，这种回报是自身价值取向得到企业认可的标志。

功利性价值取向是与销售工作的物质导向和个人主义性质相吻合的。需要指出的是，功利主义不是简单的自私自利，而是强调自己的努力必须要得到物质回报，并且不容许他人侵占；同时，他们也不去侵占别人的利益，而且在自己的物质利益回报得到确认后，并不排除将自己的物质回报同其他人分享的可能性。因此，功利性价值取向是一种付出与回报的平衡。

## 五、个人动机

个人动机是销售人员从事销售工作的一种念头，是影响销售能力最为关键的一个因素，它影响到销售工作的每一个方面，反映出一种发自内心的对特定目标（如金钱、名誉、地位、创新等）的追求。个人动机有正向与负向之分。正向的个人动机是一种好的动机，一般指向个人的销售目标和职业成长追求；负向的个人动机是一种不好的动机，一般以破坏或损害集体利益为表现形式，如将销售款项据为己有，以不正当甚至违法的手段获取更高的职位等。当一个人的个人动机达到一定强度时，就会有足够的内在动力和敏感性去捕捉可以实现特定目标的机会，并在实现个人目标的过程中投入足够的努力。

对任何一种销售工作，个人动机都是一种必须具备的关键条件。正向的个人动机与工作中的热情、努力程度、韧性、敏感性都有关系。这种动机直接影响到一个人是否能在压力下保持自觉工作，在工作中是否追求个人作用的价值，是否追求以客户的物质标准来衡量自己的工作结果，是否对沟通对象的情感变化有足够的敏感性和自发的应对能力，是否有足够的热情和动力根据外部环境的变化及时调整自己的行为等。

## 六、洞察力

洞察力即洞察他人心理活动的能力，或站在对方的立场上考虑问题的能力。销售人员每天都和各种各样的客户打交道，因此，销售人员要善于倾听，能察言观色，从中发现客户在语言表述以外的信息和心理活动迹象。

由于有了这样的洞察力，销售人员能够设身处地地为客户着想，帮助客户解决各种问题。销售人员如果不能清楚地察觉到客户内心的真实想法，就很难把握与客户沟通的最后结果。在商务谈判过程中，销售人员应该通过对方的谈话用词、语气、动作、神态等微妙的变化来洞察对方的心理活动，这对销售成功与否至关重要。

在销售过程中，“倾听”其实比“劝说”更加重要，善于倾听的销售人员能充分调动对方的积极性，让对方产生如遇知己的感觉。

善于倾听的原则在于：销售人员的肢体语言与口头语言和客户说话的内容高度一致。比如，客户在讲到自己艰苦奋斗的创业史时，善于倾听的销售人员就会表露出敬佩的表情，甚至适当地睁大眼睛并用一些感叹词来配合客户的述说，从而调动对方谈话的积极性，使其形成一种心理满足以及对销售人员配合谈话的一种好感，将谈话引向深入。

### 七、表达能力

表达能力对销售工作的开展至关重要，但表达能力强不等于话多。表达能力的具体要求是：第一，要能把话说清楚，使对方和相关人士能听懂；第二，说话要有逻辑性，一环扣一环，不自相矛盾；第三，该说的说，不该说的一定不说。

这里要强调的是，销售人员在与客户谈话中不要滔滔不绝，不要抢话，不要以自己为主，不要自己找话题。在与客户的沟通中把这些权利转给客户，并顺着客户的意思走，这样谈话中话题的引导由客户一方决定，使客户对谈论的话题更感兴趣，这是保证客户心情舒畅并使以客户为中心理念得到贯彻落实的最重要条件。

有了基本的表达能力，还要使表达的语言通俗、生动、易于理解。因此，要求销售人员使用大众语言，这是通俗性的要求；同时，在表达思想时，销售人员应使用多种表达形式，如手势、表情、肢体语言、音调、比喻、讲故事等，这是生动性的要求。

此外，销售人员还要在语言表达中表现出积极性与礼貌性。积极性表现为销售人员总是以正面的、促进的、爱护的语调和用词来表达自己的看法。礼貌性表达表现为销售人员应避免使用令对方不快、不舒服或反感的词汇或语调。

### 八、组织能力

销售人员的组织能力具体体现在一系列销售活动中，使整个活动的运行能够有条不紊，充分发挥效能。销售人员掌握着大量的客户信息、产品信息、行业信息和经济信息，每种信息都必须以可用的方式组织起来。

在销售工作中，经常会有一些活动，如产品推介会、商品展览展销会、用户联谊会等大型活动，这些活动仍然需要销售人员很好地进行组织。因此，销售人员组织能力的发挥是至关重要的。

销售人员在组织工作中要把握好为什么要做（Why）、在什么地点（Where）、什么时间做（When）、做什么事情（What）、何人来做（Who）、如何做（How），即 5W1H。

此外，如何处理信息、如何安排时间、如何安排日常工作等都反映出销售人员的组织能力。安排得好，工作条理清晰，故障率低，个人、企业、顾客三方都满意；若工作杂乱无章、又忙又乱，则会严重影响工作的有效性。

### 九、社交能力

卡耐基基金会为期 5 年的研究表明：一个人获得工作、维持工作、提升工作，15%取决于他的知识，85%取决于他与人打交道的能力。作为一名销售人员，日常工作中会接触到各种各样的客户，参与各种各样的社交活动，所面对的客户有着不同的知识背景和不同的社会阅历、生活习惯、风俗礼节，这就要求销售人员具有很好的社交能力，能在各种场合面对任何人，并应对自如、见机行事。

社交能力是衡量一个销售人员是否适应现代开放社会和能否做好本职工作的重要标准。

销售人员要善于与各界人士建立亲密的交往关系，同时，销售人员必须懂得各种社交礼节、宴会礼节、商务礼节、公共场合礼节等。在与客户进行洽谈的过程中，往往有些问题在正式场合不能解决而在社交场合能够解决。

当然，社交能力的提高并不能一蹴而就，它需要销售人员掌握相关的知识，还常常需要销售人员具有一定的社会经验和社会阅历的积累。此外，销售人员占有大量的信息也非常重要。

## 第二节　销售人员的岗位

销售人员的岗位比较特殊，该岗位要求销售人员独立地开拓市场，按自己的愿望与客户沟通，工作不在上级领导的视野之内，个人的能力在销售业绩中能够得到体现。为此，我们有必要对销售人员的岗位进行分析与描述。

### 一、岗位分析

在企业中，工作与销售人员相匹配是招聘优秀销售人员的关键，对某项工作的理解是招聘过程的起点。每个企业设定的销售职位都是不同的，销售经理在聘用销售人员之前，对每个特定职位的需求及相关的特点都要进行分析。企业负责招聘工作的人员在确定了选择销售人员的标准后，就要进行具体的岗位分析。

岗位分析是对组织中某个特定岗位的目的、任务、责任、权力、隶属关系、工作条件、任职资格等相关信息进行收集和分析，以便对工作岗位的任职做出明确的规定，并确定完成该工作所需要的行为、条件和人员的过程。

通过工作分析能够明确各项工作的要求、责任，掌握工作的特点，提出任职人员的心理、生理、技能、知识与品格要求等条件。在此基础上确定任用的标准，这样，招聘工作就有了明确的选择依据。

企业在进行岗位分析时，要考虑市场、产品线、任务和责任、权限范围等因素。

（1）市场。我们的销售人员与谁打交道？市场是由谁构成的，是由代理商、批发商、零售商构成的，还是由最终用户或消费者构成的？销售人员是否需要拜访购买者？在客户一端，其他人是否有决策权？等等。

（2）产品线。产品线的技术程度如何？一位销售人员将负责多少种不同产品的销售？产品是否具有通用性？产品是否必须满足每一个客户的特殊要求？

（3）任务和责任。这项工作是否需要特殊的技能？它包括哪些类型的出差？销售人员履行职责时如何与公司保持联系？与谁联系？

（4）权限范围。个人所具有的决策权有多大？如何与上司相处？

### 二、岗位描述

企业针对每一个岗位进行岗位分析后，下一步就是对各岗位做出详细描述。岗位描述是在岗位分析的基础之上进行的，岗位描述的正式书面结果就是工作说明书（Job Description），包括工作内容与特征、工作责任与任务、工作权力、工作目的与结果、工作时间与地点、工作岗位与条件、工作流程与规范等。其中最重要的是工作职责与任务，包括销售与服务的职责、计划、报告、公司联系、日常行政事务及内容处理。

工作说明书因不同的产品与服务、用户购买行为、销售形式与公司文化等而不同。相同的职务，在不同的地区、销售不同的产品和面对不同的客户的销售人员，其工作说明书都有区别。销售经理要详细分析目标市场，研究在新老客户、主次地区、高低档产品之间最佳的时间分配结构，明确每个销售人员的重心，以便认识候选人在经历、技能、知识和个性特征方面的不同要求。

销售经理还应该定期分析、检查并修改工作说明书，以反映产品、服务、竞争、用户、环境和战略的变化，使工作说明书在销售人员面对不同地区、不同产品、不同客户时，形成有差异的内容，以使工作说明书更能准确地指导销售人员开展工作。

## 第三节　销售人员的招聘

在企业的各项管理工作中，对销售人员实施管理的难度是最大的，原因在于：第一，销售人员身处市场之中，个体行为多于集体行为，制度执行起来困难重重；第二，对销售人员的工作做不到实时监控，主要靠销售人员的自觉行为。因此，对销售人员的把握至关重要，这种把握一靠销售人员的自觉行为，二靠及时的信息沟通，以矫正其行为。能否做到这一点，与销售人员的基本素质和敬业精神有着直接的关系。企业招聘销售人员时要严格限定招聘范围，遵循一定的招聘原则，按照确定的招聘程序来逐步展开，以确保销售人员的质量。

### 一、招聘渠道

选择优秀的销售人员要求企业寻找多种多样的招聘渠道，因此，企业必须清楚各种招聘渠道的优缺点，以便根据具体情况做出正确的选择。常见的招聘渠道的类型与内容如表5-1所示。

**表5-1　常见的招聘渠道的类型与内容**

| 招聘渠道的类型 | 内　容 |
|---|---|
| 内部招聘 | 现有人员推荐、非销售部门转岗、公司人才数据库储备 |
| 公开招聘 | 招聘会、媒体广告、网络招聘、校园招聘 |
| 委托招聘 | 职业介绍所、人才交流中心、专业协会、猎头公司 |
| 隐秘招聘 | 供应商、客户、竞争者 |

#### （一）内部招聘

内部招聘即面向企业内部非销售岗位的人员进行招聘，这种招聘方式的优势是明显的。

首先，应聘者熟悉产品类型，熟悉公司运作，能够更好地理解职位的要求，而且在同一企业文化的环境中，不存在文化冲突。

其次，招聘工作信息通过内部沟通的方式传递，节省了广告费、会务费等，因此内部招聘比外部招聘成本低。

最后，企业对应聘者较为了解，能够较容易地选择到一些有发展潜力和对企业有较高忠诚度的销售人员。

通过内部招聘，企业可以为员工重新选择岗位提供机会，使所有员工感觉到企业在不断地为每个员工创造机会，可以增强员工的工作满意度。

但内部招聘也存在一些不足，如可能缺少适合本岗位的人选、应聘者被拒绝后可能不满意、对销售工作有误解、在转向销售工作时需要有一段困难的适应期，等等。

内部招聘流程如图 5-1 所示。

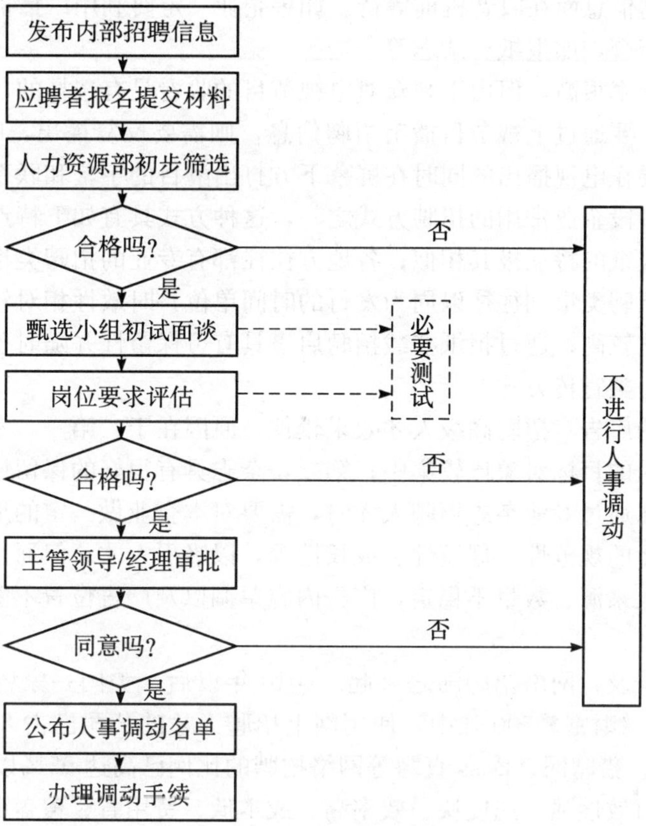


**图 5-1　内部招聘流程**

## （二）公开招聘

公开招聘的途径包括招聘会、媒体广告、网络招聘、校园招聘等。

### 1. 招聘会

招聘会是一种外部招聘的形式，是企业通过参加招聘会这一渠道来选择销售人员。每年各类社会机构都会举行一些招聘会，不仅为相关人士提供就业机会，同时也为企业发展提供人才资源。企业只需缴纳一定的摊位费即可在招聘会上设点招聘。

通过招聘会招聘销售人员的优点是：能与被招聘者面对面交流，提高招聘质量，甚至可以减少初试流程；能很好地介绍和展示公司的实力，更容易吸引应聘者；可以按标准招聘，减少个人偏见；节省时间和成本，并直接获取候选人的详细资料；通过参加招聘会很容易实现招聘目的；能更好、更直接地了解其他公司的招聘策略和招聘方法。

招聘会的不足之处在于：对优秀销售人员的招聘难度很大，因为优秀销售人员往往不情愿去招聘会上找工作；应聘人员容易在了解公司后填写简历，造成简历失真。

**2. 媒体广告**

媒体广告是通过媒体登载招聘广告进行招聘的形式。传统的媒体广告有广播、电视、报纸、杂志。

（1）广播适于播出娱乐节目，让人们在开车、处理家务或做一些其他事情时收听，但企业不适合在广播上播出招聘启事，因为广播信息转瞬即逝，不利于记录和保存；同时听者也不会专门为收听招聘信息而在收音机前等待。如果企业一定要利用广播播出招聘启事，也一定要有其他媒体的配合，如报纸、杂志等。

（2）电视的收视率很高，但由于观众对电视节目的收看是有选择的，所以也不适于播出招聘启事。企业如果要通过电视节目播出招聘信息，则需要反复播出，时间持续要长一些，如 7～10 天，而且要在电视播出的同时在屏幕下方打出醒目的字幕和联系方式。

（3）报纸是现阶段企业常用的招聘方式之一，这种方式具有如下特点：企业的招聘往往带有地域性，这和报纸的特征极其相似；各地方往往都有专业的招聘类报纸或专刊，阅读的有效性较强；地方招聘类报刊往往以周为发行的时间单位，时效性相对较好；报纸登载广告的价位较低，性价比较高；通过报纸登载招聘启事具有可保留性并随时备查；招聘广告的刊登也是对企业的另一类宣传方式。

（4）专业杂志的广告对招聘高级人才效果较佳，原因在于：第一，专业杂志是专业人士阅读的刊物，其针对的目标对象比较集中；第二，杂志具有很好的保留性和重复阅读性。基于以上两点，企业在通过专业杂志招聘人才时，需要对本企业做一定的形象介绍，图文并茂更好，以表现出企业的规范性、规模性、成长性等，以吸引人才。但通过专业杂志这种方式招聘容易出现候选人来源、数量不稳定，广告内容单调以及广告位置不醒目等问题。

**3. 网络招聘**

随着互联网的普及，网络招聘随之兴起。2010 年以后，美国一家咨询公司公布的一项跟踪研究报告显示，《财富》500 强中，使用网上招聘人才的公司已占 88%。如今，中国的 58 同城、前程无忧、猎聘网、Boss 直聘等网络招聘的比例已高达 95%以上。

网络招聘具有时效性强、速度快、效率高、成本低、费用省、覆盖面广、招聘方式灵活等优势，但这一招聘方式会出现一些虚假信息，信息处理难度大，同时它对使用的群体往往有限制，所以其效果还要视具体招聘的岗位而定。

**4. 校园招聘**

企业选择招聘普通高校或职业学校具有营销理论基础的应届毕业生，是由于企业能够在校园中找到足够数量的高素质人才，应聘者学习愿望与学习能力较强，有可塑性，容易培训；应聘者渴望开始工作，工作热情高；应届毕业生一般薪酬较低，年轻，有精力投入工作，更具适应性和愿意被重新分配，比老销售人员更愿意出差。

招聘应届毕业生要注意的是：应届毕业生们的心理素质、社会适应能力、个人期望值等都有一个适应、成熟的过程；他们缺少工作经验，可能并不能完全理解销售工作的要求，需要进行一定的培训才可以胜任工作；他们在一定程度上还不成熟，比老的销售人员会有更高的销售拒绝率；对工作的期待过于理想化，对自身的能力也有不现实的估计，容易对工作产生不满情绪，在毕业后的前几年会有较高的离职率。

### （三）委托招聘

委托招聘就是企业委托中介机构实施的招聘。中介机构可以是职业介绍所、人才交流中心、专业协会、猎头公司等机构。

**1. 职业介绍所**

企业提供详细的工作说明书及求职条件，委托职业介绍所的专业顾问帮助筛选，以简化工作程序，获得合格的候选人。

通过这一途径选择的销售人员，企业对其期望值不能过高，因为通过这一途径找工作的人往往能力不高且难以找到更理想工作。

**2. 人才交流中心**

人才交流中心储备了大量的候选者信息，并向企业推荐，供企业从中选择优秀的销售人员。目前，国内各层级人才交流中心的机制还有待完善，企业可以在北京、上海、广州、深圳、武汉等影响力较大的人才交流中心挑选优秀的人才。但这样的人才可能同时会被多家企业盯住，同时人才本身也是随时准备跳槽。如果企业不能用机制和利益留住这类人才，即便招聘到了这样的人才，其流失的可能性也很大。企业应在销售队伍的稳定与发展两个方面寻求一个平衡。

**3. 专业协会**

现在各个产业领域均有专业协会。专业协会了解行业情况和专业特点，经常与厂商、经销商、销售经理和销售人员沟通与往来，因而企业可以请专业协会代为联系或介绍销售人员。

**4. 猎头公司**

猎头公司是现阶段招聘中高级销售人才非常有效的途径，表现如下：

首先，猎头公司通过寻找各个专业领域中的优秀人才作为其资源，因此，猎头公司往往掌握着很多中高级销售人才的详细资料。

其次，猎头公司作为中介机构，可以给招聘单位提供较多的选择，并与用人单位为所推荐的人才规定出最低的工资水平，从而保住了这些人才的利益。

再次，企业通过猎头公司的工作，可省去企业人力资源部门的招聘与初选的过程，大大节省了时间成本。

最后，猎头公司提供的人员具有较强的专业性和职业性，职业道德普遍较好，能满足企业对人才的需求。

但猎头公司招聘也有很大的局限性，表现如下：

首先，所招聘的职位大多数只限于销售主管以上的职位，即中高级职位。对于一些需要较低职位的企业很难达到理想的招聘效果。

其次，猎头招聘的服务费较高，一般是招聘岗位年薪的20%～50%，一些小型企业或效益不太好的企业很难负担。

再次，由于猎头公司之间的竞争，猎头公司在招聘中也经常会运用一些手段和技巧。

最后，猎头公司推荐的人才往往是在职的人员，所以面试成功后的后续工作较多，影响公司人力资源招聘计划的实行，甚至会影响到企业的正常运转。

**（四）隐秘招聘**

隐秘招聘是通过企业运行中的各种相关关系而进行的招聘，其中包含从供应商、客户、竞争者等处挖人。

**1. 供应商**

从供应商处招来的销售人员了解产品质量、性能及使用方式，因此，他们可以熟练地展示产品，向用户或消费者说明产品本身的特性和使用产品的技巧。这些技巧对支撑销售工作有着积极的作用，所以许多零售商从供应商处聘请销售人员，由他们担任供应商所供产品的销售导购，其销售效果远远高于零售商所招聘的导购员。

**2. 客户**

产品销往政府机构的企业往往聘请曾就职于政府部门，尤其是政府采购部门的人员担任本企业的销售主管或销售经理，以获得更好的销售业绩。这些人员了解市场及产品，熟悉购买产品的决策者，拥有着良好的客户关系，工作中可以直接和购买方的决策者打交道。但由于存在这种直接的关系，常常不使用谈判技巧，同时也不去思考销售品质的问题，因此，一旦有问题发生，可能就会使这些人员和购买方决策者的关系不好维系。如果企业要招聘这样的人员（如离退休的政府官员或曾经的购买决策人），销售经理要采取谨慎态度，否则可能会永远失去客户。

**3. 竞争者**

将竞争者手中的销售人员挖到本企业中，这是许多企业都在做的事情。这种渠道的优点是：应聘者具有丰富的销售经验，了解该行业以及需求该行业产品的客户类型，同时应聘者已建立了客户关系，可能带来新的客户，具有可供评价的销售记录会为本企业带来很大利益。

这一渠道的缺点是雇用费用较高；忠诚度较低；已养成了固定的工作方式，难以再培训；应聘者如果离开公司可能会带走客户。

如果一个企业有很多人员空缺，没有时间培训员工，又要求较高的销售业绩，从竞争对手那里挖掘销售人员是最有效的方式。实际上，很多企业派人员每月拜访竞争对手的销售卖场，不是为了了解价格，而是为了寻找优秀的销售人员。

从竞争对手手中挖销售人员，须有两个前提：一是自己的产品较竞争对手有优势，销售人员愿意销售自己企业的产品；二是企业给销售人员的待遇要优于竞争对手，对竞争对手的销售人员具有巨大的吸引力。

## 二、招聘原则

销售人员是一支不稳定的队伍，销售人员的跳槽，直接影响着企业销售工作的开展。为了保证企业销售目标的实现，招聘销售人员是企业经常要做的事情。

企业在招聘销售人员时要遵守以下原则。

### （一）公开原则

当职位出现空缺，需要补充人员时，应把招聘的有关信息公开。这样做有两方面的好处：一是给人才以公平竞争的机会；二是将招聘工作置于公开监督之下，防止不正之风。

### （二）竞争原则

为了把有销售能力的人员补充到本企业的销售岗位中，在招聘过程中要严格考核程序、完善考核机制，通过公平竞争，选择合适的人选。

### （三）全面原则

一个人是否胜任销售工作以及发展前途如何，往往是由多方面因素决定的，在招聘过程中要对应聘人员的品德、能力、知识、智力、心理、过去工作的经验和业绩进行全面考核。

### （四）能级原则

这里的能级指的是能力的级别，即根据销售人员的能力来确定其级别与级职。一个人的能力有大小，本领有高低，而销售工作也有不同的层级，即使在同一层级，工作也有难易，要求也不同。因此，招聘工作要求量才录用，用其所长。

### （五）效率原则

在招聘过程中，要灵活选用适当的招聘方式，每一种招聘方式都有其特点，也都不是尽善尽美的。因此要遵循一个最基本的原则，即用尽可能低的成本录用尽可能高质量的员工。

## 三、招聘程序

企业招聘销售人员的基本流程可按照得克萨斯 A&M 大学市场营销学教授 Charles M. Futrell 的观点，即首先确定销售人员选拔的总程序（见图 5－2），然后提出具体的工作步骤（见图 5－3）。

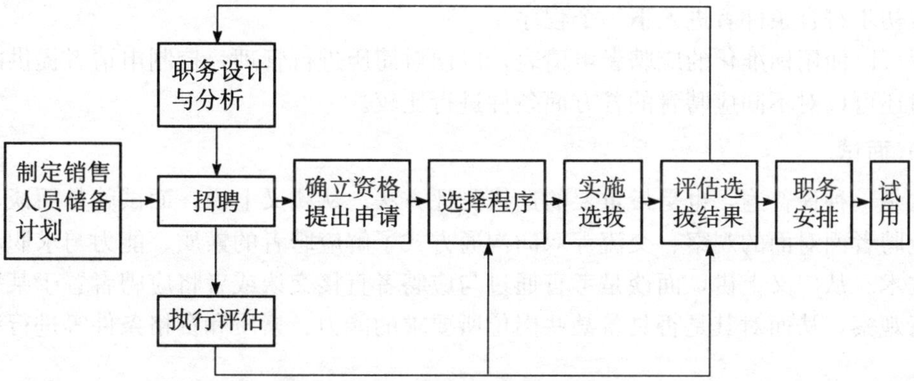


**图 5－2 销售人员选拔总程序**

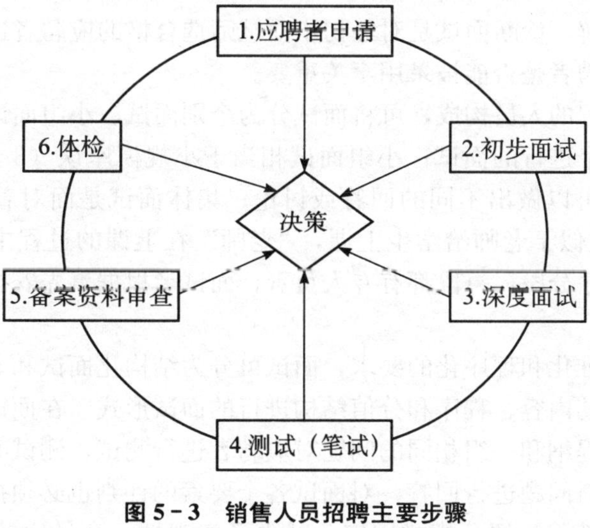


**图 5－3 销售人员招聘主要步骤**

在实际工作中，每个企业的招聘程序并不完全一样，我们也不主张完全一样，但我们要对几个重要的步骤进行仔细探讨。

**（一）初步淘汰**

通过多种途径获得的候选人通常比岗位所需要的人数多，也免不了其中有滥竽充数的。为了防止明显不合格的人员继续参与以后各阶段的选拔以节省时间、费用和提高效率，要对应聘者进行初步淘汰。

初步淘汰可以分为以下两种情况：

一是直接在现场对应聘者进行筛选。对于直接到现场的应聘者，可以先由负责派发申请表的人员对明显不适合做销售工作的应聘者予以婉言拒绝（不发申请表）。对初步印象（如年龄、性别、外貌、体格等）合格的应聘者发给申请表，要求应聘者据实填写，必要时请他们出示有关证件和资料。负责招聘的人可根据申请表上的相关信息进行初步淘汰。淘汰标准可按销售工作的要求事先确定，衡量时可参考一些必备条件，如年龄、学历、工作经验、个人兴趣、性格等。

二是间接对应聘者进行筛选。企业发布了招聘信息或者参加了各种招聘会后，可以得到更多应聘者的简历，这时相关负责人（如销售经理）可根据销售岗位的需要进行认真的筛选，确定初步符合条件者进入下一个程序。

企业可以使用标准化的应聘者申请表，以便对简历进行管理，控制申请者提供的信息内容，同时还可以对不同应聘者的各方面条件进行比较。

**（二）面试**

面试是一种最普遍，也是最重要的选拔测评方法。从狭义上说，面试就是面谈，即通过考官与应聘者面对面的观察、交流等双向沟通方式了解应聘者的素质、能力与求职动机的一种选拔技术。从广义上讲，面谈是考官通过与应聘者直接交谈或者将应聘者置于某种特定情境中进行观察，从而对其是否具备某些岗位所要求的能力、素质和资格条件等进行测评的一种方法。

**1. 面试的类型**

面试根据达到的效果可分为初步面试和诊断面试。初步面试类似于面谈，比较简单、随意，目的在于相互了解。诊断面试是对经初步面试筛选合格的应聘者进行实际能力和潜力的测试，这种面试对应聘者是否能被录用至关重要。

根据参与面试过程的人员构成，可将面试分为个别面试、小组面试、集体面试和流水式面试。个别面试是单个进行的面试；小组面试相当于小规模座谈（3～10 位应聘者），对同样的问题每位应聘者可以做出不同的回答或讨论；集体面试是面对着更大群体的面试（10 位以上的应聘者），类似于老师给学生上课，“老师”在上课的过程中找出优秀的“学生”；流水面试是将面试程序分段，每段都有专人负责，面试者根据事先安排好的程序，一个环节一个环节地接受面试。

根据组织形式标准化和程序化的要求，面试可分为结构化面试和非结构化面试。结构化面试是依据预先确定的内容、程序和分值结构进行的面试形式。在面试过程中，考官必须根据事先拟定好的面试提纲和一组相同的问题对应聘者进行测试，测试时不能随意变动面试提纲，应聘者也必须针对问题进行回答，对面试各个要素的评判也必须按分值结构合成。这种面试结构严谨、层次性强，评分模式固定，减少了主观性，容易比较出各个应聘者的优缺点。但面试时问题机械，提问的方式固定，对应聘者的潜质很难挖掘，不能发现应聘者的应变能力和适应环境的能力。非结构化面试又称开放式面试，这种面试方式没有固定的面试程序，面试问题、内容和顺序等都取决于现场面试者的兴趣和应聘者的回答。面试时的问题有时会偏离主题很远，这样更有利于挖掘面试者的思路与特长。这种面试方式灵活性强，信息含量大，但具有一定的主观性，成本高、效率低，有时谈论一个双方感兴趣的话题会需要很长时间，由此也会形成考官对应聘者的一个特殊的印象。为了弥补以上两种方式的不足，有的企业采用半结构化面试的方式，既融进了结构化面试的成分，又融进了非结构化面试的技巧，以获得较好的面试效果。

**2. 面试的过程**

面试包括五个基本阶段，即关系建立阶段、导入阶段、核心阶段、确认阶段和结束阶段。在不同的阶段，适用的题目类型也有所不同。

关系建立阶段的主要任务是创造一种轻松、友好的气氛，便于双方在后边的面试过程中更好地沟通。这时双方通常会讨论一些与工作无关的事情，如天气、交通等。这部分内容大致占整个面试内容的2%。这个阶段主要采取一些简单回答的封闭性问题，如“冷吗?”“这里好找吗?”等等。

导入阶段主要问应聘者有准备且比较熟悉的问题，以缓解应聘者紧张的情绪。考官所问问题比较宽泛，有较大的自由度，如自我介绍和讲一讲自己的经历等。导入阶段占整个面试的比重大致为8%，这一阶段最适宜的面试题目是开放性的问题，即可以随意回答且比较好回答的问题。

核心阶段是整个面试中最为重要的阶段，考官在这一阶段着重收集关于应聘者核心胜任能力的信息，并依据这些信息在面试结束后做出是否录用的决定。核心阶段占整个面试的比重为80%，在这一阶段可以将开放性问题、探索性问题、假设性问题、封闭性问题和行为性问题结合起来，以有效地获得关于应聘者关键胜任能力的信息。

确认阶段要对应聘者关键胜任能力的判断进行确认，确认阶段在整个面试阶段所占的比重为5%。这一阶段所使用的问题最好是开放性问题。如“概括一下工作的基本步骤”“对你自己的工作有何打算”等。

在结束阶段，考官检查自己是否遗漏了关于关键胜任能力的问题，并加以追问。这时应聘者也可以借这个机会来推销自己，表现职位所要求的关键胜任能力。这一阶段占整个面试比例的5%。在这一阶段可以适当采用一些关键胜任能力的行为性问题或开放性问题，如“你能举个例子说明一下如何应对比较难对付的客户吗?”等等。

**3. 面试技巧**

面试时应注意面试的提问、倾听及非语言信息三个方面的技巧。

作为考官，最好不要提出那些让应聘者直接描述自己能力、特点和个性方面的题目，因为无论怎样回答都不好判断其回答的真伪。例如问一名应聘者“你认为自己最主要的优点是什么?”他可能回答“我很善于与人沟通”，这样的答案是不能提供任何有价值的信息的。比较好的办法是追问一个行为性的问题，如“请你举个例子，来说明你在工作中是怎样有效地与人打交道的”，这样，应聘者就必须讲出自己经历中的案例来证明自己的答案。

考官应避免提封闭性的问题。因为如果提封闭性的问题，应聘者可能会对考官的意图做出猜测。最好将这样的问题改成开放性、诱导性的问题，并适当采用探寻式追问。如将“你是否会热爱这份工作?”改成“如果你要做这项工作，会怎样设定工作程序?”或“第一步要做什么工作?”等。

要学会倾听。考官在面试过程中还要学会有效地倾听。倾听可以考核一个人的语言组织能力、逻辑思维能力，从中发现他的特点以及存在的问题。面试中倾听要注意以下问题：第一，要善于提取要点；第二，在听的同时注意思考和想象；第三，要善于进行阶段性总结；第四，少说多听；第五，排除各种干扰。

**（三）测试**

面试反映的是应聘者的外在表象，测试则能测出应聘者的真实能力和水平。测试主要考查应聘者的专业知识和相应能力等。测试可通过笔试和口试两种方式。笔试就是由主考官出试卷，由应聘者在规定时间内、规定环境中在卷面上回答。

口试是主考官事先将题目拟定好，编成号，应聘者通过抽签来选择问题，并在规定的时间内当场回答。

测试主要进行以下方面的把握：

（1）专业知识的测试，主要进行销售知识方面的测试，目的是看应聘者是否具备有关销售方面的基本知识，包括产品知识、客户知识、竞争知识、行业状况等。

（2）智力测试，主要是进行综合智力水平的测试，包括逻辑和推理能力、学习与适应环境的能力、语言和数字的使用及空间想象能力等，可分为综合智力测试和专业智力测试。综合智力测试用来测量应聘者的综合智力水平，包括理解力、思维能力、记忆力、判断力以及学习能力等。当企业对销售人员有某些智力方面的特殊要求时，可以使用专门智力测试来评价应聘者，如学习速度、数字能力、逻辑思维能力、语言表达能力等。

（3）诚实测试，用来检验应聘者的诚实性，以了解应聘者的道德规范和行为体系。诚实是一种人格，它属于道德层面的范畴。在销售工作中评价销售人员诚实的标准是实事求是，来不得半点儿虚伪和虚假，因为虚伪和虚假会使销售人员的信用受到影响，如夸大产品功效会导致企业的品牌受损，断送客户关系；私用销售货款、虚报出差费用会导致犯罪行为的滋生，等等。

（4）态度测试，用来检测应聘者对从事销售工作的热情程度。销售工作很辛苦，尤其是在自信心受到打击之后，更容易使销售人员对销售工作失去信心。因此，只有热爱销售工作，不畏惧销售工作，能够从失败中总结经验、教训，不断地做自我心情的调整，才能使销售工作有成效。

（5）个性测试，个性有时和人格有一定的关系，它们都属于心理层面的范畴。人格又不能等同于个性，人格是人的个性中除能力以外部分的总和，表现为需要、动机、兴趣、爱好、感情、态度、性格、气质、价值观等。对应聘者的个性进行测试，目的是了解应聘者的适应力、推动力、感情稳定性、脾气可控性等方面的情况，看应聘者是否适合或能否胜任相应的销售工作。

（6）情景测试，用来测试应聘者在不同市场或销售环境中的识别、判断能力和应变能力。其方法是，将应聘者置于一个特定的销售环境之中，由考官观察应聘者的行为反应，以判断其个性。情景测试中所设定的环境表现形式各异，且与实际环境相类似，只是比可能的实际环境更具有代表性。

（7）成就测试，用来测试应聘者在一般情况或某一特殊方面经过学习或训练后可能导致实际能力的变化。如果经过学习或训练能力有明显的提高，就说明应聘者可塑性强，有培养的价值和条件，能够成就一番事业。如果应聘者经过学习或训练，实际能力没有太明显的提高，则被认为可塑性不是很强，没有太大的培养价值。其测试方法有两种：一种是通过笔试将自己的设想谈出来；另一种是现场操作。

**（四）调查**

在测试或二次面试合格后，应对应聘者做相关的调查，以确认资料的真实性。

调查的主要内容有：工作经历，通过应聘者以前的工作单位或客户获取这方面的信息；品格与学历，通过应聘者的母校教师、同学、过去的同事了解；信用与人格，通过当地的信用机构和对应聘者较熟悉的同学、同事等人做调查。

调查的主要方式有：拜访被咨询者、电话联系、信函核查。

调查时要注意的问题：第一，要通过不同的信息渠道来验证信息；第二，可委托专门的调查机构；第三，如果应聘者尚未离开原单位，在做背景调查时要特别注意技巧，不要给应聘者产生不利的影响；第四，应主要调查与应聘者未来工作有关的信息。

**（五）录用**

在人员录用中要遵循以下原则：

（1）工作动机优先原则。在合格人选的工作能力基本相同时，应聘者希望获得这一职位的动机强度，是决定是否被录用的关键。研究表明，一个人的工作绩效取决于他的能力和积极性两个因素。动机越强，积极性就越高。

（2）注重工作能力原则。在合格人选的基本情况差不多时，以往的工作经验和工作绩效是决策者应看重的条件。

（3）公平竞争的原则。对所有应聘者应一视同仁，不要人为地制造不平等的限制，应采用竞争录用、择优录用的原则。

（4）慎用超过任职资格条件的应聘者。录用一个知识、经验、技能和素质水平远远高于工作需要的候选人未必是一件好事。因为录用后其要求（包括工资待遇、工作条件与环境等）过高，流动的可能性也会增大。

## 第四节　销售人员的培训

在企业经营管理的诸多要素中，人是企业未来成长与生存的最关键因素。面对日益复杂的外部环境，企业必须不断提高员工的素质，才能保持企业的竞争力，这就使员工培训成为必要。

### 一、对销售人员培训的原则

销售人员培训是指企业为销售人员提供与销售工作有关的知识、技能、态度和行为的学习机会，旨在增进销售人员的工作绩效，更好地实现企业的整体目标。

被誉为销售培训之父的国民收款机公司（NCR）的创始人约翰·帕特森曾说过，在NCR，我们的销售人员从未停止过学习。可见，企业对销售人员进行系统、全面、综合性的培训十分必要。

在对销售人员的培训过程中，要注意把握以下原则：

**（一）学以致用的原则**

企业的培训要有针对性，一切从岗位的要求出发，既不能片面强调学历教育，也不能急功近利，追求立竿见影的效果，而应是缺什么补什么，学什么用什么。

**（二）尊重差异的原则**

从普通的销售人员到销售主管，其工作性质不同，创造的绩效不同，能力与需要达到的工作标准也不同。在培训中应因材施教，选择合适的人做合适的事。同时，应将拟进行培训的销售人员进行基本分类，如对于无经验型销售人员，可专门做操作方面的培训（针对刚毕业的大学生）；对于专业不对口型销售人员，应作补充专业知识方面的培训。

**（三）有效学习的原则**

有效学习的原则有：有学习欲望时才学习；通过实践活动较容易学习；联系过去、现在的经验较易学习；联系未来，有指导意义的内容较易学习；在非正式的、无威胁的环境中学习效果更佳。

**（四）效果反馈与结果强化的原则**

学习中反馈的信息越及时、越准确，培训的效果就越好。对结果的强化，不仅要在培训结束后马上进行监测，如通过考试、考核，还应在培训后的工作中进一步强化，如对销售工作中计划的制定、销售问题的解决等。

**（五）解决问题原则**

销售实践中会遇到很多问题，有些问题在实践中可以解决，有些问题则不能解决。这时，销售人员应把不能解决的问题记录下来，在培训时将这些问题提出来讨论，或请教老师或他人。

**（六）激励原则**

培训的目的是让销售人员通过参加培训，感受到组织对他们的重视，提高他们对自我价值的认识，增强其个人的操作能力和职业发展的机会。为此，对优秀的学员（提问多、考核结果优秀的）应给予适度的奖励。

## 二、销售人员培训步骤

销售人员培训的全过程应包括：确认培训需求、制定培训计划、教学设计、实施培训、培训反馈。

**（一）确认培训需求**

培训可分为定期培训和不定期培训两种。对每年招聘的新销售人员，应在上岗之前做定期培训；对在职人员也应定期培训，一般是一年两次。不定期培训，应在企业工作需要时，如新产品上市、新市场开辟，或市场运行中出现了诸多的问题时，对相关人员进行培训。

一般来说，企业应先培训业绩中等的销售人员（占销售人员总数的60%），以获得最好的培训效果。业绩最好的销售人员（占销售人员总数的20%）通常不会在现有水平上有显著提高，培训也许不能解决问题。这里需要确认现有的销售人员是否需要培训以及需要培训什么内容等问题。

（1）培训需要的提出。根据企业对销售人员的要求和销售人员的现实表现之间的差距，提出培训需求的意向，并报告给企业培训管理部门。

(2) 需求分析。确定销售人员是否需要培训，哪方面需要培训。要求与现实之间的差距可能是由很多因素造成的，并非都是人的素质和能力问题，所以要分析产生差距的原因，如果不是人的因素，就要排除培训的意向。同时还要考虑培训经费的高低和培训效果等问题。

(3) 确认培训。确认哪些人员需要培训，需要提高的是能力还是素质，是哪方面的能力和素质。

**(二) 制定培训计划**

培训计划需要明确以下问题。

**1. 培训目的**

培训的目的很多，每次培训至少要确定一个主要目的。如发掘销售人员的潜力、增强销售人员对企业的信任、训练销售人员工作的方法、改善销售人员的工作态度、提高销售人员的工作情绪、奠定销售人员合作的基础等。

**2. 培训时间**

培训计划中的时间选择包括三方面的内容，一是培训计划的执行期或有效期；二是培训计划中每个培训项目的实施时间或者培训时间；三是培训计划中每一个项目的培训周期或课时。培训时间的长短可根据需要来确定。

培训时间一般可根据以下几个方面进行考虑：

(1) 产品性质。产品性质越复杂，培训时间应越长。

(2) 市场状况。市场竞争越激烈，培训时间应越长。

(3) 人员素质。人员素质越差，培训时间应越长。

(4) 要求的销售技巧。要求的销售技巧越高，需要的培训时间也越长。

(5) 管理要求。管理要求越严，培训的时间越长。

**3. 培训地点**

依据培训地点的不同，培训可分为集中培训和分开培训。集中培训一般由总公司举办，培训企业的所有销售人员。一般知识和态度方面的培训可集中培训，以保证培训的质量和水平。分开培训是各分公司自行培训销售人员，有特殊培训目标的可采用这种方法，这样可以结合销售实践来进行培训。

**4. 培训方式**

销售人员培训的方式有很多种，如课堂培训、现场培训、会议培训、上岗培训、模拟培训等。各企业可根据实际情况选择适宜的培训方式。

**5. 培训师资**

在培训计划中要明确每个培训项目的培训教师由谁来担任，一般来说，销售培训的教师有三种来源，一是公司的专职培训师，二是正规销售机构的人员，三是公司外聘的培训专家。无论什么形式的师资，培训教师都应由学有专长和富有销售经验的专家学者或销售经理来担任。

**6. 培训内容**

培训内容常因工作的需要及受训人员已具备的才能而异。总体上可包括以下内容：

(1) 销售技能的培训。产品销售的过程实质上就是与顾客沟通的过程，销售人员不仅要学会做买卖（一笔一笔的交易），更要与顾客建立一种持续稳定的关系。从这个意义上说，培训销售人员，尤其是对新员工销售技能的培训是非常重要的。销售技能一般包括聆听技能、表达技能、时间管理、市场预测、顾客服务、处理异议、组织技法、达成交易等方面的内容。

（2）产品知识。产品是连接企业与顾客的纽带，销售人员必须对产品知识十分熟悉，尤其是对自己所销售的产品。对于高科技产品或高科技行业来说，培训产品知识是培训项目中必不可少的内容。培训产品知识可通过课堂讲解、生产线实习、一对一帮助等路径进行。

（3）顾客知识。顾客是企业销售工作中最重要的主体，因为顾客具有多样性，所以销售人员需要知道不同类型的顾客是如何使用产品的。只有了解顾客内在需求和基本想法的销售人员，才能受到顾客的喜爱。

（4）竞争和行业知识。销售人员必须掌握同业者和竞争者的情况，主要包括产品特征、技术特点、运行方式、管理模式、客户状况等，从而真正了解竞争对手。通过与同业者和竞争者的比较，销售人员可以发现企业的优势与劣势，从而扬长避短，更好地开展销售工作。

（5）企业知识。向销售人员讲授企业知识，可以增强销售人员对企业的忠诚度，使销售人员能真正融合在本企业的文化之中，热爱企业，理解企业文化，增强自豪感，并在销售工作中将其传达给顾客，从而有效地开展对顾客的服务工作，进而培养顾客对企业的忠诚。

### （三）教学设计

教学设计这个环节是以培训教师为主要执行人而进行的工作。教学设计的内容一般包括以下方面。

#### 1. 培训内容分析

培训内容分析主要是对设置的课程需要进行分析，每一门设定的课程都要具有针对性。如市场营销学课程主要针对培训对象的总体营销思路的确立和营销策划的开展；销售管理学主要针对销售技能的提高；客户关系管理主要针对与客户关系的建立、维护、发展；公共关系学主要针对企业各种关系的维护并配合营销工作的开展，着眼于企业长期的发展，等等。

#### 2. 选择、购买、编写教学大纲

每一门课程的设置都要编写教学大纲，教学大纲包括针对的教学对象、对不同教学对象所提出的教学要求与教学目的、具体的教学内容、所包含的案例，等等。

#### 3. 受训人员分析

培训过程中，应将教学对象进行划分，如按培训对象进入企业的时间可分为新员工和老员工；按照不同地区的销售人员划分，可分为边远地区销售人员、近区域市场销售人员，或国内市场销售人员、国际市场销售人员；按招聘对象的来源进行划分，可分为来源于大专院校的销售人员和来源于社会各界的销售人员；按照是否有相关工作经验划分，可分为有经验的销售人员和无经验的销售人员，等等。

#### 4. 选择、确定培训形式和方案

培训形式主要有课堂讲授、模拟训练、野外团队训练、案例分析、经验交流等。培训方案主要是针对具体的一次培训所出台的培训计划，包括时间、地点、人员的确定，培训内容的设定，考核制度的要求，考核结果的价值分析与对后续职位和工作的影响等。

### （四）实施培训

这是培训的中心环节，也是所有前期工作的具体执行。国外学者提出了 LDOS 培训模式。LDOS 是指讲解（Lecture）、示范（Demonstrate）、实践（Operate ）、总结（Summary）四项内容。

**1. 讲解**

在这一阶段，培训者应准备好各种教具，如活页夹、幻灯机、投影仪、录像机、录音机等。特别是以计算机为主的多媒体的运用，能极大地增强培训效果。

在这一阶段，讲解的重点围绕着培训目标而展开，每一讲都应有明确的教学目的，向受训者讲清楚从这一讲中可以学到什么知识、获得什么技能、得到什么回报与利益，应告诉受训者学什么、做什么以及为什么要这样学、这样做。

**2. 示范**

除讲解外，培训者应有足够的示范工具和示范案例来辅助和强化讲解的内容，培训者可亲自动手示范，也可利用一些教具示范。有些示范还可以设定场景，确立销售对象，采取互动的方式进行，表现出的形式就是销售情景的模拟或再现。

**3. 实践**

这是在培训者的指导下让受训者自己去做，通过动手做来更好地理解、消化、吸收培训者讲解的内容。在实践中，受训者一旦发生错误的操作，培训者就应及时纠正，严格操作程序，不允许受训者走捷径，草率应付。对于正确的受训者应给予及时的肯定和鼓励，以强化动作的效果。在实践这一环节的最后，应再安排一些重复的练习，以强化实践效果。

**4. 总结**

这是LDOS程序的最后阶段，培训者和受训者一起对前三个阶段的内容进行回顾、总结，强化受训者掌握的知识，肯定成绩，指出不足，预告下一轮培训的目标与内容。

### （五）培训反馈

**1. 培训教师考评**

培训教师考评是指让受训者为培训教师进行打分和评价，以作为制定下一次培训计划的参考。对于好的培训教师，应设法使其长期为企业提供培训服务。

**2. 培训组织管理的考评**

受训者对培训工作人员的组织、管理工作进行评价，以作为完善培训体系、改善培训工作的依据。

**3. 应用反馈**

这是对培训的知识体系进行有用性评估，看哪些内容在实践中有更大的指导意义和价值，将这些内容记录下来，并作为下一次培训内容的首选。对于在实践中没有太大用处的内容，在下一次培训中将其弱化或删除。

**4. 培训总结、资料归档**

对上述所有的工作进行总结并归档，其目的在于为以后的工作提供参考。

表5-2是培训实施过程中应注意的事项。

**表5-2 培训实施过程中应注意的事项**

| 培训阶段 | 注意事项 |
|---|---|
| 培训前 | 1. 制定培训计划<br>2. 编写培训教材<br>3. 聘请培训教师<br>4. 安排培训场所<br>5. 准备培训设备<br>6. 安排好有关人员食宿 |

续表

| 培训阶段 | 注意事项 |
|---|---|
| 培训中 | 1. 保持与培训人员的联系<br>2. 保持与受训人员的联系<br>3. 观察受训人员的课堂表现<br>4. 及时将受训人员的意见反馈给培训人员<br>5. 保证培训设施的便利使用<br>6. 保持培训场所的干净整洁<br>7. 适当安排娱乐活动 |
| 培训后 | 1. 评价受训人员的学习效果<br>2. 听取培训人员和受训人员的改进意见<br>3. 酬谢培训人员<br>4. 培训总结<br>5. 跟踪调查受训人员的工作绩效<br>6. 调整培训系统 |

## 三、销售人员培训方法

对销售人员进行培训的主要方法有：演讲法、个案研讨法、视听技术法、角色扮演法、行为模仿法、模拟法、户外活动训练法、电子学习法等。

### （一）演讲法

演讲法是指以讲课的方式传授课程的内容。这种方法的优点是可以同时培训很多销售人员，培训成本较低，短期内可以传授很多知识和信息。缺点是受训者被动地接收信息，缺乏联系与反馈的机会。这一缺点可以在演讲后通过讨论或回答问题的方式予以弥补。

### （二）个案研讨法

这是运用美国MBA教学的一种方式。在培训中，教师提供案例或假设性案例让受训者研读，在个案中发掘问题、分析原因、提出解决问题的方案，并从中选择一个最合适的解决方案。这种方法的优点是，可以增进受训者分析与判断的能力，并从案例中归纳出原理，使受训者在遇到工作上的难题时能独立解决。

### （三）视听技术法

这是一种运用投影、幻灯片及录像等手段进行培训的方法。在培训中，这种方法很少单独使用，通常与演讲法或其他方法配合使用。其优点是，可集中受训者注意力，提高其学习动机；设备重复使用，成本低；训练时间较易控制；可以使受训者有身临其境的感觉。这种方法的缺点与演讲法类似。

### （四）角色扮演法

角色扮演法是指给学员一个故事情节让受训者演练。这种方法让受训者有机会从对方的角度看问题，体会不同的感受，并从中修正自己的态度与行为。这种方法的优点是，受训者参与度高，可立即演练培训中所学的技能；角色扮演具有互动效应，可以提高受训者的应变能力和在逆境中解决问题的能力。这种方法的缺点是，可能会对较内向的受训者造成情绪上的不安。

**（五）行为模仿法**

行为模仿法是指通过专家示范正确的行为，并提供机会让受训者通过角色扮演进行行为演练。这种方法适用于态度与行为（如人际关系技巧）方面的培训课程。采用这种方法时应慎重选择示范者。另外，在练习中教师也要给受训者适时反馈意见，以调整不正确或不合适的行为模仿。

**（六）模拟法**

模拟法是指创造一个真实的情景让受训者做一些决策或表现出一些行为。培训过程中可选择一些有价值或很优秀的销售人员的真实销售片段，尤其是所攻克的一些难关。将这些片段记录下来，让受训者去模仿，以寻找优秀销售人员当时的心态和所做出的努力，这样有助于培养受训者的自信、意志和锲而不舍的精神。模拟法是可以减少一些培训成本的，但如果受训者抱着一种玩乐的心态，则学习效果会不太好。

**（七）户外活动训练法**

户外活动训练法是指利用户外活动来发挥团体活动技巧，以增进团体有效配合的培训方法。这种方法可增进受训者解决问题、加强团队合作的能力。同时，还能增加受训者的新鲜感，更具有吸引力，也能增加受训者的学习动机。

这种方法的优点是可以吸引受训者的注意力，并打破原有的思维模式，增加团队精神。不足之处在于课堂的安全问题令人担忧，培训费用高，也不能将所学的技能应用到工作之中。

**（八）电子学习法**

电子学习法是指受训者通过计算机、因特网、光盘等先进的信息技术进行分散学习。这种方法能够使受训者不受时间、地点的限制，做到缺什么，补什么，增加自己的知识与技能。这种方法的运用对制作者的要求是：制作的学习内容要全面、系统；单元划分要清晰；每一单元要具有独立性，形式要多样。这种方法的运用对受训者的要求是：自觉学习，有效利用时间，清楚自己在哪些方面存在不足，以便选择学习的内容。采用这种方法对自觉学习者可能很有效，但对于学习自觉性不高的受训者，如果没有相应的控制手段，可能无法保证其学习的效果。

**【案例 5-1】　销售始于被拒绝**

日本推销之神原一平 1936 年时的推销业绩在公司中已经是第一了，但他并没有因此而满足，仍然狂热地工作，他构想了一个大胆的推销计划，找保险公司的董事长串田万藏，要一份介绍日本大企业高层次人员的“推荐函”，大幅度、高层次地推销保险业务。因为串田先生不仅是明治保险公司的董事长，还是三菱银行的总裁、三菱总公司的理事长，是整个三菱财团名副其实的最高首脑。原一平通过他经手的保险业务，不但可以打入三菱的所有组织，而且能打入与三菱相关的最具代表性的大企业。

但原一平并不知道保险公司早有严格的约定：凡是从三菱来明治工作的高级人员，绝对不介绍保险客户，当然这也包括董事长串田。

为了这一突破性的构想，原一平坐立不安，他咬紧牙关，发誓要实现自己的推销计划。他非常有信心地推开了公司主管推销业务的常务董事阿部先生的门，请求他代向串田董事长要一份“推荐函”。阿部听完原一平的计划后，默默地瞪着原一平不说话，过了很久，阿部才缓缓地说出了公司的约定，回绝了原一平的请求。原一平却不肯打退堂鼓，问道：“常务董事，我能不能自己去找董事长，当面提出请求？”阿部的眼睛瞪得更大了，更长时间的沉默之后，说了5个字：“姑且一试吧。”说完，就挤出一副难以言状的笑容，把原一平打发出门了。

过了几天，原一平终于接到了约见通知，兴奋不已的他来到三菱财团总部，层层关卡，漫长的等待，把原一平的兴奋劲耗去了一大半。他疲乏地倒在沙发里，迷迷糊糊地睡着了。不知过了多长时间，原一平的肩头被戳了几下，他愣然醒来，狼狈不堪地面对着董事长。串田大喝一声：“找我有什么事？”原一平还没有清醒过来，当即就被吓得差点说不出话来，想了一会儿才结结巴巴地讲了自己的推销计划，刚说出：“我想请您介绍……”串田就打断了他：“什么？你以为我会介绍保险这玩意？”

原一平在来这前，就想到过自己的请求会被拒绝，还准备了一套辩驳的话，但万万没有料到串田会轻蔑地把保险业务说成“这玩意”。他被激怒了，大声吼道：“你这混账的家伙。”接着又向前跨了一步，串田连忙后退一步。“你刚才说保险这玩意，对不对？公司不是一向教育我们说：‘保险是正当事’吗？你还是公司的董事长吗？我这就回公司去，向全体同事传播你说的话，你等着瞧。”原一平说完转身就走了。

一个无名的小职员竟敢顶撞、痛斥高高在上的董事长，这使串田十分生气，但对小职员话中“等着瞧”的潜台词，他又不得不认真地去思考。

原一平走出三菱大厦后，心里非常不平静，他为自己的计划被拒绝既气恼又失望，他无可奈何地回到保险公司，向阿部说了事情的经过，刚要提出辞职，电话铃响了，是串田打来的，他告诉阿部，原一平刚才对他恶语相加，他十分生气，但原一平走后他再三深思。串田接着说：“保险公司以前的约定确实有偏差，原一平的计划是正确的，我们也是保险公司的高级职员，理应为公司贡献一分力量，帮助业务员扩展业务。我们还是参加保险吧。”

放下电话，串田马上召开临时董事会。会上决定，凡三菱的有关企业必须把全部退休金投入明治公司，作为保险金。原一平的顶撞痛斥，不仅赢得了董事长的敬服，还获得了董事长日后充满善意的全面支援，他慢慢地实现了自己的宏伟计划：3年内创下了全日本第一的推销纪录，43岁后，15年里一直保持着全国推销冠军，连续17年推销额达百万美元。

1962年，日本政府特别授予他“勋四等旭日小绶章”。在日本，获得这种荣誉的人是少有的，连当时的日本总理大臣福田赳夫也羡慕不已，当众慨叹道：“身为总理大臣的我，只得过勋五等旭日小绶章。”1964年，世界权威机构美国国际协会为表彰原一平在推销领域的非凡成就，给他颁发了全球推销员最高荣誉——学院奖章。原一平是明治保险的终身理事、业内的最高顾问。他真可谓功成名就了！

# 第六章

# 销售区域管理

销售区域管理是顺利完成企业销售任务、实现企业战略目标的关键环节，是企业销售管理的有机组成部分。合理而有效的销售区域划分可以节约销售人员的时间，提升销售效率，有利于企业对销售活动进行组织与管理。因此，企业在成立初期以及实现扩张时，有必要在销售区域的设计上下一番工夫；企业在日常管理过程中同样要将销售区域日常管理放在重要位置。

## 第一节 销售区域概述

销售管理可以为企业创造源源不断的现金流，而销售区域管理是销售管理在销售区域这个维度上的细化，更具有可操作性和可控制性。企业管理层应该站在企业整体立场上对销售区域进行管理。

### 一、销售区域的含义

销售区域是指在一定时期内分配给销售人员、销售部门、经销商、分销商的一组现有的和潜在的顾客。这个概念强调了销售的受众，即顾客，而不是地理范围的区域。顾客这个概念随着立足点的不同，所特指的对象也不尽相同：站在公司销售部门的角度，顾客是指销售本公司产品的经销商；如果制造商直接将产品销售给大用户，则公司的顾客就是直接的用户(使用者)；站在经销商的角度，批发商和零售商又成为他们的顾客；零售商的顾客则是最终购买该商品，实现其使用价值的消费者。用一句话来概括，企业的顾客就是接受企业产品和服务的那些对象。

### 二、建立销售区域的目的

既然销售区域的概念明确了销售区域并不是特指地理范围，那么销售区域可以有地理界限，也可以没有地理界限，也就是说，销售区域的划定并不是以地理界限为标准的。企业一般将总体市场分为多个细分市场，通过分析企业自身优势，估计各个细分市场的潜力，选择目标市场，进行市场定位。一个销售区域可以被认为是该企业所进入的一个或几个细分市场的进一步细分。建立销售区域是企业加强销售管理的十分重要的一环。事实上，如同亚当·斯密在《国富论》中对分工的讨论一样，划分销售区域无非是将销售部门的工作进行划分，只不过这种划分不是像分工那样对于生产的每一个步骤的划分，而是对于整个公司目标市场的平面划分。这种划分的最终目的与分工类似——化繁为简，化整为零，便于控制，便于考核，便于熟练度的提高等。

具体来讲，建立销售区域的目的可以归纳为以下几个方面。

**（一）落实企业总体销售目标**

每一个企业都有其整体的销售管理目标。销售区域划分后，就可以把企业的整体销售目标（销售量、市场开拓、货款回收、利润等）层层分解，为每一个销售区域制定具体目标，形成整体目标的子目标，使整个销售系统任务明确。整体目标的实现依赖于各销售区域的正常运作，依赖于各子目标的完成情况。通过销售区域的设置，实施制度管理，可以给每位销售人员规定严格的销售区域，并严禁窜货，促使销售人员更加努力地开发自己的区域市场。

**（二）对销售人员的激励**

销售区域的相对独立性，给了销售人员发挥主观能动性的更大空间。赫茨伯格双因素理论认为工作本身的属性对员工来说是最为重要的激励因素。自我施展空间的扩展、自主权的增大、责任感的增强，对销售人员都有很强的自我激励作用。当销售区域建立好了之后，销售人员会产生强烈的主人翁意识，会更好地致力于提高工作效率；销售人员会有强烈的动机投身于销售工作之中，提升销售工作的业绩，享受工作本身为自己带来的成就感。这样一来，本销售区域目标的完成便水到渠成了。

**（三）提高销售服务质量**

这一点类似于“分工论”中提到的分工有利于技术熟练度的提升。销售区域将一群销售人员的工作对象限定在一个较小的范围之内，有利于改善企业的营销管理，提高销售服务质量。我们至少可以从以下三个方面来理解这一点：

（1）由于销售区域限定了一个相对较小的范围，这便有利于销售人员更快地掌握销售区域内的环境，更有效地开发新客户，发现更多的销售机会。

（2）销售人员可以更好地了解销售区域内现有顾客的各种情况，通过对现有顾客的深度营销，改善销售服务质量，与顾客保持良好的信息沟通关系，以保持其对本公司产品的忠诚度。

（3）可以更有效地改善区域内的市场服务，及时处理销售过程中的各种问题，使销售工作更加顺利、有效。

**（四）建立有效的控制机制**

这里的控制对象主要有两个：业务控制和成本费用控制。

（1）业务控制。企业可以通过比较各区域市场之间的相对指标（如区域市场占有率、区域市场销售增长率、区域市场利润率等），对各区域市场的业务状况进行评估，然后分析各销售区域的具体情况，采取具有针对性的营销策略，以提升本企业各区域单元在各自区域市场内的竞争力。可见，科学合理的销售区域划分提高了对各区域单元的评价和控制的效率，从而改善了销售管理的质量。

（2）成本费用控制。由于区域范围相对较小，因此在广告费用、促销费用的安排上更加合理，更加有针对性，运用更加有效。每一个销售区域都有指定的销售人员负责，销售人员能更加合理地设计对客户的访问路线，更加有效地分配对客户的访问时间，以避免对客户的重复访问，节省销售人员在访问途中的时间，减少旅行和住宿费用等，从而降低销售成本。

### （五）便于客观科学地对销售人员进行考核与评价

企业在不同区域市场中的地位是不一样的。一般情况下，企业面临的区域市场可能会有四种情况：一是市场潜力大，竞争激烈；二是市场潜力大，竞争不激烈；三是市场潜力不大，竞争激烈；四是市场潜力不大，竞争不激烈。如果对所有销售人员采用同一套考核标准进行业绩评价，可能会出现不公平、不科学、不严谨的状况，所以企业应该根据不同区域市场的竞争现状，制定出对销售人员不同的业绩评价标准和考核办法。销售人员对于这样的考核比较容易接受，并有动力去改善自身的工作，努力提高工作质量和效率。

# 第二节　销售区域的设计

销售区域的设计既要遵循一定的设计原则，又要把握好一定的设计方法，以保证销售区域设计的合理、有效，为实现销售目标奠定良好基础。

## 一、销售区域设计的原则

销售区域的设计最理想的状态是：为每一名销售人员预留足够的市场潜量，为其设立一个可以完成但又不能轻易完成的工作量，从而刺激他们充分挖掘自身的潜力，以饱满的精神投入工作之中，为自己赚取丰厚的物质回报，同时实现企业的整体销售目标。此外，为了保证公平，销售区域设计还要尽量保证对于每位销售人员的市场潜力的一致性，这样做便于对销售人员业绩进行横向比较，从而可以更科学合理地评价销售人员的工作态度及努力程度，为实施奖惩提供客观的依据。但是，上述状态只是一种理想状况，在现实环境中很难做到。

通常情况下，企业设立销售区域时应遵循如下五项基本原则。

### （一）全面性原则

全面性是指所有的销售区域一定要覆盖企业所选定的全部目标市场。划分销售区域是完成 STP，即市场细分（Segmenting）、选择目标市场（Targeting）和市场定位（Positioning）之后的工作，随着工作重心转向销售区域划分，很有可能使得前期已经明确了的目标市场轮廓被弱化，从而在划分销售区域时，产生尚未覆盖的盲区。出现市场盲区，就必然会出现市场资源的浪费，为竞争对手留下市场空间，为以后的市场开发工作留下隐患。因此，在设计销售区域时，无论采用什么设计方法，一定要保证市场区域的划分是在选定的目标市场内，最终的销售区域要充满整个目标市场。

### （二）可行性原则

销售区域设计的可行性原则包括以下几点：一是市场潜力转化成现实的市场需求的可行

性。每个销售区域都要有一定的市场潜力，只有存在市场潜力，区域市场才可能有需要并有必要开发和渗透。销售经理要了解市场潜力在哪里，有多大，如何利用才能使市场潜力变成销售需求，实现销售收入。二是企业销售能力的可行性，即企业自身拥有足够的能力和资源对划分的每个区域进行市场开发和占领。三是所确定销售区域的目标应具有可行性，即销售区域目标的设定可以让销售人员经过努力在一定时间内实现。

### （三）公平合理原则

销售区域设计的重要原则就是要公平合理，每个销售人员都享有大致均等的机会。这一原则的提出有两个要求：一是要求所有的销售区域具有大致相等的市场潜力。二是要求所有销售区域安排基本相同的工作量。只有在市场潜力大致相同时，不同销售区域的销售人员的业绩才有可比性。而所有区域工作量大致相等，则可避免苦乐不均，减少区域优劣之争，提高销售队伍的士气。如果不能保证上述两个条件，就要考虑平衡的问题，即市场竞争激烈程度与市场潜力的平衡、工作量与市场潜力的平衡。表现为市场潜力大会伴随着市场竞争激烈程度的加剧，市场潜力小会与市场竞争不激烈相伴；市场潜力大则工作量也大，市场潜力小则工作量也小。

### （四）挑战性原则

销售区域的设置应该具有挑战性，一般应以中高水平销售人员的最好业绩作为衡量标准，使销售人员有充足的工作量，使中高水平的销售人员能够发挥出自己的才干，使一般水平的销售人员必须全力工作，以保证销售目标的实现。在确定销售目标时还要保证每个销售区域要有足够的销售潜力。有挑战的工作对于任何人来讲都是一种强大的内在激励，要实现工作目标，每一个销售人员必须充分发挥自己的聪明才智，不屈不挠地为之付出艰苦的努力。

### （五）目标具体化原则

销售区域的目标应尽量具体化，指标数字化，一目了然，便于理解。这里的具体化包含两层含义：一是销售区域的界限要明确，销售人员清楚哪些目标群体由自己负责，哪些目标群体由他人或其他部门负责；二是销售指标要明确，如销售额、销售量、销售利润、销售访问率、销售成本等。销售区域管理人员一定要使每一个销售人员确切地知道自己要达到的目标，并且做到目标指标化，指标数字化，数字精确化。这既便于考核销售人员的经营业绩，又能使销售人员明确自己的工作方向。

## 二、设计销售区域的步骤

企业生存的环境是经常变化的，市场潜力、竞争对手、销售人员工作负荷和预计销售前景对公司的区域结构都有影响。因此，企业必须根据环境的变化不断地调整销售区域。

销售区域的设计过程一般包括如图 6－1 所示的几个步骤。

### （一）划分控制单元

设计销售区域的工作开端于划分控制单元，即将 STP 后的目标市场按照某一标准划分成若干个可控的市场单元。划分控制单元时常用的标准是现有客户数和潜在客户数。利用现有客户数可以很好地估计目前的工作量，而潜在客户数能够预测未来销售发展的潜力。此外，地理面积、工作量等也可以作为控制单元划分的依据。企业还可以根据本企业实际情况

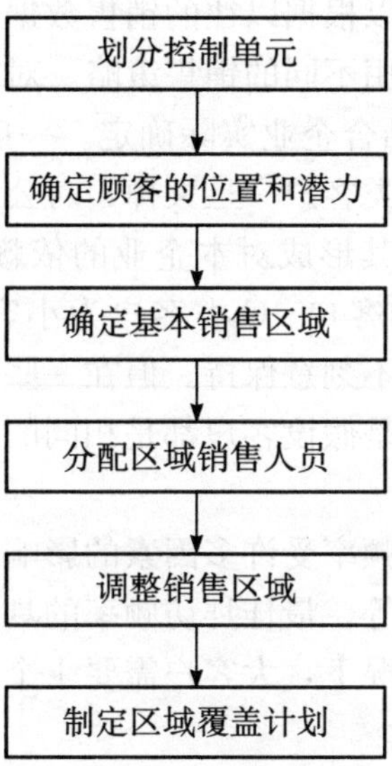


**图 6-1　设计销售区域的步骤**

设计划分控制单元的标准。

由于控制单元并不是最终的销售区域，而是组成销售区域的更小单位，所以控制单元可以而且应该尽量小一些，以便领导层对其进行全面的把握与监控；小的控制单元有助于管理层对其进行调配和组合；小的控制单元如果出现什么问题也不至于产生全局性的影响。一般来说，控制单元可以按照邮政编码区域单位划分，或者以行政区域划分。典型的销售区域可由几个控制单元组成，如一个销售区域可能由三个市组成，另外的一个销售区域可能由四个县组成等。

### （二）确定顾客的位置和潜力

划分好控制单元后，自然地就要对单元内部进行具体分析，这种分析主要是针对现有顾客和潜在顾客的位置分布和购买潜力的调查与分析。一般来说，负责销售区域划分的人员首先可以通过手头现有的以往销售资料来识别现有顾客并分析他们的行为习惯，然后通过各种民间组织或咨询机构出具的报告及相关杂志、报纸、电视、互联网等渠道识别潜在客户的分布，并研究他们的行为偏好，最后将现有客户和潜在客户的信息加以汇总，估计出每一个客户能够为企业带来的业务量，并按照可以获得利润的大小对客户进行分类。上述工作的最终目的是为确定基本销售区域提供必要而全面的资料。

### （三）确定基本销售区域

确定基本销售区域通常有两种方法：合成法和分解法。合成法又称自下而上法，是由小的地理单位合并为大的地理区域。合成法特别适合于消费品厂商或者实行密集分销的公司。分解法又称做自上而下法，是根据销售潜力把整个市场分解成销售潜力近似相等的细分市场。分解法特别适合于工业品厂商或者实行独家分销的公司。

#### 1. 合成法

把基本控制单元合并成为销售区域需要考虑几个变量，例如顾客的消费类型、拜访频率、每个控制单元的拜访总数、销售人员的工作负荷能力等。

合成法的基本步骤如下：

（1）分析目标客户。管理层可以根据以往的销售数据，结合客户不同的需要和特点，把客户划分为若干类，每一类客户采用不同的销售策略。对客户进行分类，一般采用的方法是客户 ABC 分析法，其分类标准应结合企业实际确定。一般情况下，A 类客户为大客户，虽然数量较少，但其购买量较大，这类客户一旦失掉，对公司销售业绩影响很大，属于企业要紧密联系的客户，需要采取措施使其形成对本企业的依赖。B 类客户为中客户，数量居中，购买量也居中，属于企业要保持的客户。C 类客户为小客户，数量虽多，但通常购买量很小，属于企业顺便满足的客户，并不刻意保持。但在一些工业商品销售中，或直复营销的销售形式中，一般不对客户分类，而是假设客户都是相同的，对所有客户执行相同的销售制度并采取相同的销售策略。

（2）确定最佳拜访频率。拜访频率受许多因素的影响，如销售潜力、产品性质、顾客购买习惯、竞争特性和顾客访问成本等。最佳拜访频率的具体数值可以由管理层来判断确定或者建立数学模型计算出来。一般情况下，大客户需要 1 个月访问 1 次，中客户需要 2 个月访问一次，小客户需要一年访问 2 次。

（3）确定每个控制单元的拜访总数。每个控制单元的拜访总数等于控制单元中客户的数量乘以对该客户的拜访次数。如果将客户分为大、中、小客户，则先分别计算，然后汇总。

（4）确定工作负荷能力。销售人员的有效拜访次数受到一次访问的平均时间和相邻两次访问中间的旅途时间两个因素的影响。销售人员每天拜访的平均次数乘以一年的拜访天数就可以得出这个销售人员的工作负荷能力。

（5）初步组合销售区域。依照划分标准将每一个控制单元都组合到相应的销售区域之中，初步形成界限清晰的销售区域。如以客户数量为标准，要考虑各区域之间客户数量的平衡，将邻近的控制单元组合到该区域中。销售区域内各控制单元一年中需要拜访客户总数等于一个销售人员所能进行的拜访总数（即为前面所说的工作负荷）。

（6）根据需要调整销售区域。在初步组合销售区域后，各个销售区域依据某一划分标准已经达到平衡，但这种基于一个标准的平衡还是不够理想的，需要在兼顾其他标准的基础上进一步调整，使之达到更高要求。比如说初步组合的销售区域具有大致相等的客户数，但是各销售区域的地理面积却相差悬殊，销售经理希望各销售区域在客户数基本相等的同时，地理面积也能大致相当，以平衡各区域的工作量。为此，可以从客户规模大的销售区域中，选择一个地广人稀、客户较少的控制单元，将该控制单元重新划分给一个地理面积较小的区域，以达到新的平衡。如果面积大的区域正好与面积小的区域相邻，而且符合条件的客户正好处于两区域的交界处，新的平衡就很容易实现。否则，就可能要同时调整好几个区域才能成功。

**2. 分解法**

分解法适合于独家分销或者是销售工业品的公司。这种方法要求销售经理首先估计出销售量，然后再分解为销售人员配额。

分解法的基本步骤如下：

（1）确定总的销售量。通过开展市场调查和市场预测，在确定公司经营目标的基础上，进一步确定公司总的预期销售量。

（2）确定每个控制单元的销售量。管理层可以采用层层分解的方法把总的销售量分配到各个控制单元中去，从而得到每个控制单元的销售量。

（3）确定每个销售人员的平均销售量。为了达到赢利的目的，管理层必须确定每个销售人员必须完成的销售份额，这就涉及销售人员的销售经验和成本分析等。

（4）确定销售区域。总销售量除以销售人员的平均销售量可以得到销售区域的人员数量。这一步主要是分解总体市场，按照销售人员都具有平等销售潜力的原则划分销售区域，使得每个销售人员拥有相等的市场潜力。因为每个区域的控制单元的销售量已经确定，管理层需要做的就是为每个销售人员分配足够数量的相邻单元。在这里，区域潜力应该等于或者大于每个销售人员的销售能力。

（5）根据需要调整销售区域。要保证市场潜力和工作负荷两个指标在所有的销售区域的均衡，对初步设计方案进行调整是非常重要的。

**（四）分配区域销售人员**

销售人员一旦确定，管理层就可以把单个销售人员分配到各个地区。在任何一个销售队伍中，销售人员的销售能力和工作效率都可能不同，他们在销售经验、技巧、年龄、身体状况、能动性等方面都会存在差异。销售经理应意识到，销售区域有好、中、差之分，销售人员也有好、中、差之分。同时，销售区域及销售人员都有各自的特点，即使两个区域的销售潜力完全一样，一个销售代表可能在一个区域获得成功，但在另一个区域却会遭到失败。要把销售区域与销售人员结合起来，使销售人员发挥最大的作用。例如，如果一个销售区域覆盖好几所高校，那么知识层次比较高的销售人员相对就会更容易取得良好的业绩；相反，如果一个销售区域的目标顾客为几乎没有接受过教育的人，那么和蔼可亲的销售人员更容易在此销售区域取得成功。

实际上，对于销售人员的分配，因为其对象是个体素质差异显著的销售人员，故而涉及微妙的管理艺术问题，并不是单纯依靠历史数据和计算模型就能够解决问题的。对于那些有经验、有开拓精神的销售人员，如果被困在一个市场潜力差的销售区域内，他们会因缺乏机会而无法施展才能。如果换个新人来代替他，新销售人员在这里可以得到一个极好的学习机会。对于市场需求仍在增长的销售区域，如果配置一个满足现状的销售人员，他可能不再会积极地利用市场给予的好机会，最好把他派往成熟的低增长的销售区域，既满足他的需要，又符合公司利益。

在实际应用中，许多企业将销售区域划分为大、中、小三种规模，将小区域分配给缺乏经验的销售人员，中等区域分配给有经验的销售人员，而将大区域分配给经验丰富、技巧成熟的高级销售代表。这样做既可以调节上面所说的销售人员的差异，又可以给管理层管理销售队伍带来便利。需要说明的是，这种做法并不是对销售区域设计方案的否定，同等规模的销售区域仍然有同样的要求，所以在大、中、小规模的区域设计中仍然要用到以上所说的方法。

**（五）调整销售区域**

随着公司和市场的不断变化，销售区域就有可能会变得不合时宜而需要做出调整。在实际工作中，随着公司规模的扩大，需要大量的销售人员来占有市场。当某区域的市场需求快速增长，大量的潜在客户涌入市场，以至于销售人员只能做表面的维持工作，而不能进一步地开拓市场。例如，在一个销售潜力快速增长的区域里，某个销售人员的销售额在两年中增长了45%，从表面上看是全公司增长水平最高的，但是，实际情况却并非如此，这个销售人员的工作可能做得很糟糕，因为在这两年时间里，该销售区域的销售潜力增长了100%。

由于该销售区域的迅速变大，该公司已经开始失去原先的市场份额。当区域销售人员的增多无法与销售区域的变化同步时，销售人员会因追求利润指标的完成而忽略其他的工作，如宣传工作、寻找新客户工作等。有时候，销售任务也会发生变化，比如说顾客要求有越来越多的附加值服务，这样销售人员的销售时间就变少了，原来销售区域的工作量便发生了变化，管理层可以缩小销售区域，并且增加新的销售人员，以便对原来的销售区域做出调整。

当然，销售区域也可能因为变小而需要调整。如果销售区域过小，可能是原来设计的问题，也可能是市场状况的变化或主要客户的重新定位使销售区域变小，这样销售人员为了提高自己的销售业绩，就会越过自己的边界到别人负责的区域里进行销售，即发生区域侵犯现象，给公司带来很多负面效应，如增加成本、降低效率、降低士气等。当发生区域侵犯现象的时候，进行区域调整就显得越发重要了。

无论怎样调整区域，销售经理都应坚持区域设计的合理性原则。在进行区域调整时，销售经理既要考虑公司利益，又要重视销售人员的意见，只有将两者结合起来，才能达到区域调整的目的。

**（六）制定区域覆盖计划**

在建立销售区域和配备销售人员后，管理层应该为每个销售人员制定区域覆盖计划。

**1. 为销售人员规划拜访路线**

销售人员花在旅行上的时间很多。旅行时间一般是无效的，而销售人员的时间是宝贵的，所以应该采取措施尽量减少无效时间。

所谓拜访路线，是指销售人员每天或者每月巡回拜访销售区域内客户的路线。一旦划分销售区域，销售人员必须对自己区域内的客户加以有效管理，依据各个客户重要程度的不同、任务的不同等来安排销售拜访。一个销售人员一般负责多个客户服务。客户散布于销售区域内，设计一条能够经过当天所有要拜访客户的路线，可以节约时间，降低成本。

为了进行路线规划，销售人员可将所在区域的商业地图备齐，然后绘制出销售人员所在销售区域的地图，再将销售区域内各个当前顾客和潜在顾客按照实际地理位置标在图上，并在图上用不同的颜色标出竞争对手的经销店和本企业的经销店，绘制出销售区域位置图。根据此地图，销售人员可以估算出本企业在此销售区域内市场竞争力的强弱。有了销售区域位置图后，销售人员就可以比较容易地规划出自己的拜访路线。

**2. 确定拜访频率**

客户采购人员的工作一般都很忙，过于频繁的拜访可能会浪费他们的时间，影响他们的工作，但过少的接触又可能给竞争对手乘虚而入的机会，因此拜访频率一定要适度。在确定拜访频率时必须考虑如下因素：

（1）是否有工作需要。想要留住客户，最关键的是满足对方的需求，既包括产品质量、交货安排、价格、服务等因素，也包括销售人员恰当的拜访次数能够满足对方采购工作的需要。

（2）与客户的熟识程度。双方熟识、关系稳固的客户，通过电话联系就能够解决工作上的问题。这样，既可以节省双方的时间，又可以节约销售人员的交通费用。但销售人员仍然需要主动地保持与客户的接触，询问客户是否需要协助处理一些事宜。不仅如此，在间隔一段时间之后，销售人员还应该安排时间对客户进行拜访，以维护相互之间的交情。

（3）客户的订货周期。销售人员需要与客户建立良好的关系，对客户的生产经营活动有一个比较全面的了解，从而可以准确地判断出客户什么时候会订货等。

## 第三节 对销售区域实施管理

企业或高层销售经理对销售区域进行管理，可从战略层面和实践层面进行管理。战略层面的管理着眼于未来，实践层面的管理着眼于现实，包括对销售区域的销售路线管理和时间管理。如果两个层面的管理能够很好地衔接，则区域销售管理的系统性和连续性便得到了贯彻落实。

### 一、销售区域管理的概念

企业为了更好地向目标消费者销售自己的产品和劳务，必然要对其销售活动进行必要的组织和管理，销售区域管理是企业销售管理的重要组成部分。对大多数企业而言，一夜之间占领所有的目标市场是不可能的，因此做好销售区域管理是很重要的一步，关系到企业的生存和发展。

所谓销售区域管理，是指企业为实现整体销售目标，把握市场机会和实现商品交换而进行的，包括划分销售区域、开拓区域市场、协调区域市场、控制销售活动等一系列具体管理活动的过程。这一过程也是实现销售商品、取得销售收入、扩大市场份额的过程，是站在企业整体立场上对销售区域进行的管理。

### 二、销售区域战略管理

从战略的高度来对销售区域进行管理，必须要进行销售区域的划分，确定目标销售区域，在目标销售区域内实施开拓战略，并对目标销售区域进行维护与巩固。

#### (一) 正确认识和划分销售区域

我国是一个幅员辽阔的国家，各个地区的自然条件、风土人情、经济文化水平等各个方面都存在很大的差异。销售区域的划分将影响企业的整体运营效率和各个销售区域的效率，因此，必须引起管理人员的足够重视。一般情况下，销售区域的大小是由企业的经营规模决定的，较小的企业销售区域划分得比较粗、范围比较大；经营规模较大的企业销售区域划分得比较细、范围比较小。

一般来说，销售区域的划分主要有以下几种方法。

**1. 按地理区域划分销售区域**

很多企业是按地理区域（以省、市、县为单位）来划分销售区域的，用这种方法划分销售区域的优点很多：第一，地理区域已经存在，不需要再花太多的人力、物力、财力和时间去研究。第二，消费者对很多产品的需求带有很明显的地域色彩，因此许多企业在产品的营销上往往以地理区域为基础。第三，很多产品需要生产厂商提供各种类型的服务。如技术服务、送货服务、促销服务等，按地理区域提供服务就可以减少企业派出技术人员的数量；可以分区设置中转仓库，减少不合理运输，及时为客户送货上门。因此按地理区域设置销售区域使企业能为客户提供更周到的服务。第四，在我国，区域性的中间商特别多，在某一区域内它们往往占有绝对的竞争优势，作为生产企业必须以区域为单位派出销售人员，以密切与中间商的关系。第五，有利于节省交通费用。由于每个销售人员的销售范围相对较小，交通费用自然也相对较少。

按地理位置划分销售区域，可以按大区划分为东北市场、华北市场、西南市场、华东市场、华南市场、中南市场、西北市场等。也可以按省、市为单位划分销售区域。目前很多大公司以省、市为单位划分销售区域，一是一些基础资料比较容易得到，如人口、购买力的统计资料，用这些资料来评估销售区域的销售潜力比较可靠，容易把握；二是区域边界明确，理论上不容易产生区域之间的业务摩擦。

按地理位置划分销售区域时，还可以按邮政编码划分。在一些特大型城市（如北京、上海、广州等），如果把它们也作为一个销售区域，由于范围太大、人口太多，在日常销售管理中就不好控制，销售业务也很难开展。在这些特大型城市中以邮政编码划分销售区域，就能体现出它的优势：一是比较方便，简单易行；二是相同邮政编码的区域，往往具有类似的经济特征。

在具体拟定一组销售区域时，不能仅仅按行政区域生搬硬套，还要结合实际情况，遵循一些原则来划分。这些原则包括：地区易于管理；销售潜力易于估计；可使出差时间减至最小；能为各销售代表提供足够的、相等的工作量和销售潜量。

**2. 按顾客划分销售区域**

按顾客划分销售区域是指企业将其目标市场按顾客的属性进行分类，不同的销售人员负责向不同类型的顾客进行销售。

顾客的分类可依其产业类别、规模、分销渠道等来进行。根据用户类型、用户规模划分销售区域使销售人员能够深入了解所接触的顾客的需求及要解决的问题，以利于在销售活动中有的放矢，提高成功率。但是当同一类型的顾客比较分散时，则会增加销售人员的工作量，加大销售费用，影响销售业绩。因此，按顾客划分销售区域通常适用于同类顾客比较集中的产品项目。

**3. 按经济贸易区域划分销售区域**

按经济贸易区域划分销售区域有两种形式：一是以区域性经济中心来设置销售区域。这是一种经济区域和地理区域兼顾的销售区域设置方式，以考虑经济区域为主。二是以贸易区域划分销售区域。以贸易区域来划分销售区域是很多企业采用的销售区域划分方式，特别是那些依赖大批发商进行销售的生产企业都或多或少采用这种销售区域划分方式。贸易区域的设计依据批发商、零售商及消费者的行为。

按经济贸易区域划分销售区域，企业可以将消费习惯、消费能力等因素相同的地区予以整合，成立销售分公司，以降低销售成本，同时使企业的销售更具有针对性和实效性。企业可以利用经济贸易区域核心城市的辐射功能，带动周边区域的其他城市联动消费，形成统一的消费习惯，建立同质的消费倾向。

### （二）确定目标销售区域

在企业依据一定的标准划分、设计好销售区域后，就要根据对这些销售区域的认识和了解，结合自身企业的资源状况，确定即将进入的销售区域。企业确定要进入的销售区域也称目标销售区域。在选择目标销售区域的时候，要考虑以下因素。

**1. 各销售区域市场容量及潜力**

销售区域中某一种商品的潜在需求量可用以下简单的公式计算：

$$S_1=f\times P_1-f\times P_0$$

式中：$S_1$——市场的潜在需求量；

$f$——消费者的数量；

$P_1$——销售区域可能达到的普及率；

$P_0$——现有的普及率。

以销售区域的电冰箱市场为例，该地区现有 5 000 万人，以每户 5 人计算，共有 1 000 万户。如果某一年的电冰箱普及率为 20%（城市与农村平均数），下一年要达到 25%，则下一年电冰箱的潜在需求量为：

$$S_1=(1\,000\times 25\%)-(1\,000\times 20\%)$$
$$=250-200$$
$$=50\text{（万台）}$$

在计算出销售区域潜在需求量后，还要计算在这一区域市场上本企业可能的销售量，可用下列公式：

$$S_0=S_1-(Q+M-X)$$

式中：$S_0$——本企业在市场上可能销售量；

$S_1$——当年市场潜在需求量；

$Q$——当地其他同类企业总产量；

$M$——当年从外地或国外进入的数量；

$X$——当地市场产品调出数量。

由上面计算已知下一年当地市场电冰箱的潜在需求量为 50 万台，本地下一年产量为 20 万台，从外地调进及国外进口为 34 万台，调出为 8 万台，则：

$$S_0=50-(20+34-8)$$
$$=50-46$$
$$=4\text{（万台）}$$

在计算销售区域市场上的潜在需求量时，还可以采用连续比率法。例如，某企业新生产某种饮料，估计在当地市场的潜在需求量为：

某种饮料的市场潜在需求量＝人口×每人可任意支配收入×可支配收入中用于食品的平均百分比×在食品的花费中用于饮料的平均百分比×在饮料中该饮料可能达到的市场占有率

**2. 地理位置**

一般来说，企业对本地市场及周边市场比较熟悉和了解，容易控制和管理，因此，这样的市场可以成为企业目标销售区域的首选。

**3. 各个销售区域的竞争状况**

企业选择目标销售区域市场不仅要了解未满足的需求，这类市场要有一定的购买力，而且要了解竞争对手是否已经完全控制了的市场。如果竞争对手尚未完全控制市场，那么，企业选择这种目标市场才有实际意义。进一步说，虽然竞争对手已经完全控制了市场，但如果本企业有条件赶上或超过竞争对手，那么也可将此作为企业的目标销售区域市场，并设法打入这一市场，提高市场占有率。总之，各个销售区域的市场竞争激烈程度是不一样的，一般应本着先易后难的原则，从市场的缝隙入手，逐步扩大本企业的市场。

**4. 企业的自身资源状况**

除了要考虑各个销售区域的市场特征之外，还要考虑企业自身实力，量力而行。企业实力主要包括财力、生产能力、销售能力及对销售活动的管理能力。

总之，企业要根据市场的实际情况和自身的竞争优势来选择目标销售区域。各个销售区域对企业的重要性是不同的，在确定目标销售区域之后，还要将各个区域的重要性排出优先次序。首先，将存在现实需求与潜在需求的所有销售区域找出来，确定为首选区域，其余区域作为备选区域。其次，在首选区域中将企业目前销售能力所能达到的区域作为目标区域。再次，将目标区域中本企业存在局部优势的区域确定为重点区域。最后，将重点区域中的重点区域即企业当前的基础区域确定为关键区域。这样，各个销售区域的优先次序从低到高依次为：备选区域—首选区域—目标区域—重点区域—关键区域。各个销售区域的重要性决定了企业分配自身资源的顺序。

**（三）目标销售区域的开拓战略**

**1. 设定销售目标**

具体来说，设定销售目标就是对顾客进行地区别、行业别、性别、年龄别的分层，对这些顾客，分别设定销售量及毛利目标，并将目标具体分配给每一个销售人员。目标必须以数量的、货币价值的计数方式来表示，目标的分配务必清楚、具体，使销售人员能随时铭记在心，随时展开行动。同时还要设法扩大销售量、提高毛利率、节约销售费用，以期获得最大的成果。

**2. 利用销售地图**

要巧妙地管理某一对象，适当的管理方法是不可或缺的，销售地图即为其中之一。

**3. 遵循市场区隔化的原则**

一般市场区隔化遵循以下原则：

（1）购买动机区隔原则。如：顾客为何购买？

（2）购买时机区隔原则。如：顾客在什么时候需要购买哪种产品？

（3）交易主体区隔原则。如：哪些顾客在购买？

（4）交易客体区隔原则。如：顾客购买哪些产品？

（5）交易地点区隔原则。如：顾客在哪里购买？

（6）交易方法区隔原则。如：顾客用什么方法购买？

对上述每项原则都要有深刻、清楚的认识，以利于目标销售区域开拓战略的实施。

**4. 把握市场开拓的节奏与速度**

市场开拓要求企业管理者思路超前、目光敏锐、反应迅速，在市场开拓时要考虑企业自身实力和可持续发展的要求。企业开发市场的速度和节奏应该在企业能够有效控制的范围内。大多数优秀企业在开拓市场的时候是十分谨慎的，往往是成熟一个，发展一个，巩固一个。比如，可口可乐 1985 年在上海设立第一家合资企业时，将经销商严格锁定在江、浙、沪三个地区，直到 12 年后才开始在东北设厂。开拓新市场是维系企业生存的一项永无休止的活动，对潜在客户的开发必须连续不断地进行。

**（四）区域市场的维护与巩固**

创业难，守业更难，企业挤进某个区域市场已经很不容易了，而企业要维持住稳定的市场份额难上加难。一般情况下，潜在危险可能出现在人（销售人员、客户、经销商、代理商等）、财（货款回收、价格制定等）、物（商品的存储、运输、调剂、配送等）管理的各个环节。近年来，我国有的企业在这方面出现了一些问题，主要有销售队伍的管理和控制、铺货与窜货等。

## 三、销售区域路线管理

在不同的销售区域，企业会选择或采取不同的销售路线计划，这是因为每一个销售区域的市场布局和内在结构均有不同的特点。每一个销售区域在管理运作时都要有一个与其他区域不同的实施步骤，这就要求区域经理非常熟悉所管辖区域的基本情况，并根据市场状况和区域特征编制出区域的销售路线。

### （一）销售路线设计流程

销售路线设计流程是按照图 6－2 所示的四个阶段进行的。

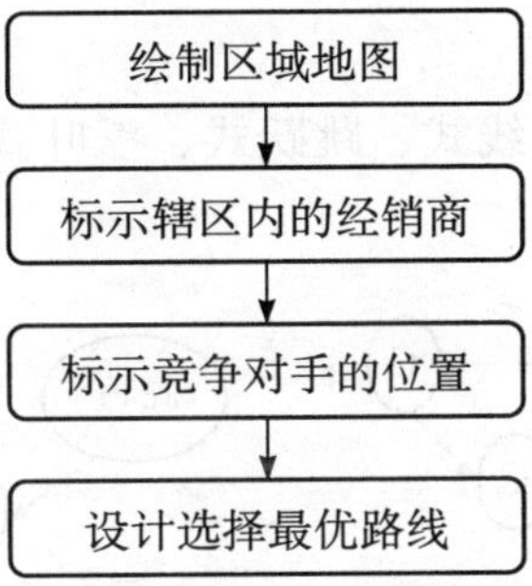


**图 6－2　销售路线设计流程**

（1）绘制区域地图。要求地图绘制得要翔实、准确。其具体做法是，先备齐所辖区域的商业地图，根据商业地图绘制出本企业、本部门辖区的“销售责任辖区地图”。

（2）标示辖区内的经销商。可按照实际街道地图加以标示，在地图上面标出每一个 A 类客户、B 类客户和 C 类客户的具体位置。不同群体可使用不同颜色加以区分。

（3）标示竞争对手的位置。在地图上标出竞争对手的具体位置（用不同的颜色标出不同的竞争对手），根据这样一份地图就可以估算出本企业在这一辖区内的市场活动状况与竞争能力的强弱。

（4）设计选择最优路线。销售人员在责任辖区内的所有销售活动，包括拜访、沟通、送货、收款、服务等，均按照最优路线实施，以保证企业销售工作的有序和销售效率的提升。这样一来，长期在一个销售区域内工作的销售人员就会形成一个习惯性的工作路线，在此基础上还可做一些加大经销商密度的工作，以保证企业充分利用区域内的市场资源。

### （二）销售路线的设计要求

销售路线的设计有如下要求：

（1）帮助建立起客户资料库。通过销售拜访路线，逐户拜访责任辖区内的经销商，建立起客户资料库（包括客户的地址、负责人、信息联络人、销售产品内容、类型、业绩、占地面积、进货接洽人、财务负责人等）。

（2）分清销售人员的责任辖区。以销售地图为依据，圈出销售人员的责任辖区，将经销商按地址逐一标明。

（3）帮助确定拜访顺序与拜访周期。整理出区域内经销商（客户）的资料，决定拜访顺序和拜访周期。

（4）对客户要照顾周全。每条销售路线的设计以辖区内销售人员能照顾到为原则，销售人员依据所设定的销售路线拜访客户，保证不重复、不遗漏；为顺利完成销售任务和提高销售效率，每一条销售路线规定里程数应有所限制（如销售圈规定在50公里以内）；无论销售旅行是一天还是一周，这项设计都应遵循"销售人员在驻地附近会见第一个客户和最后一个客户"的原则；安排日程时，尽可能减少销售人员夜里或周末离家（或离驻地）的情况发生。

（5）及时调整责任区域。销售人员的"责任辖区分配"与"销售路线"不是一成不变的，如果市场发生变化（如客户搬迁、移址、改制、重组、改变经营方向等），或者企业经营战略发生变化（如改制、改变投资方向、领导人更迭等），相应的销售工作也要发生变化，其销售政策、策略、方法、路线等都可能发生变化，因此要及时做出调整。

**（三）销售路线的基本模式**

销售路线的基本模式主要有直线式、跳跃式、三叶式、循环式、区域式等不同的类型，具体见图6-3。

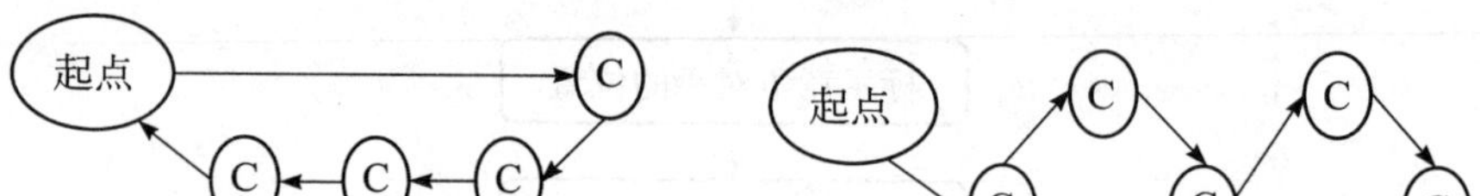


**图6-3 销售路线的基本模式**

（1）直线式。这是指客户的分布形成一条直线，销售人员在确定拜访路线时从公司出发，沿途拜访所有客户，然后按原路线或选择其他路线返回公司。

（2）跳跃式。这是指销售人员的拜访路线不在一条直线上，而是需要转向确立销售路线的一种模式。面对这种路线，销售人员先从离公司较近的片区开始拜访，然后跳跃到下一片区。

（3）循环式。这是指销售路线是一种环状结构，销售人员从出发点出发按圆周形式拜访一圈，结束拜访时正好又回到出发点。

（4）三叶式。这是指将销售区域分成一个个叶子的形状，销售人员每次拜访可视时间的充裕程度选择其中的一叶或几叶进行。

（5）区域式。这是指按照小区形成的一片片销售区域，销售人员在拜访时根据划分的小区进行，这种形式的路线一定要避免重复。

**（四）制定销售路线的效果**

以上销售和拜访路线模式只是大致描述出了企业在销售运行中可能出现的路线类型。在实际工作中，并不是所有的销售拜访路线都完全与所描述的类型相同。企业制定销售区域拜访路线重在节约销售成本，创造最佳销售效果。因此，企业按实际情况制定出了销售拜访路线后，要求销售人员认真执行，以保证达到以下效果：

（1）节约时间，减少不必要的浪费，降低销售费用。

（2）分配出更多的时间为有价值的客户提供最佳的服务，以保证高价值客户的稳定性。

（3）掌握每一位经销商、零售商销售量的变化态势，据此作为未来制定销售目标的依据。

（4）通过对经销商的拜访，掌握经销商的能力与特点，作为新产品上市、经销点和零售点选择和实施促销活动的依据。

（5）按照销售拜访计划的规定，对客户提供定期、定点、定时的服务。

（6）通过对经销商运行资料的掌握，充分了解经销商和零售商的存货周转速度，从而作为铺货的依据，做到不积压，不断货。

# 第七章

# 销售渠道管理

绝大多数制造商并不是把生产的产品直接卖给用户（包括最终消费者和生产者用户等），而是通过一些分销渠道才使自己生产的产品与用户发生关联，从而促进产品交易的实现。选择有中间渠道的营销模式，可以保证企业能够在适当的时间、地点，以适当的价格来满足更多用户的需求，从而方便用户的购买和使用，使企业的价值得到实现。

## 第一节 销售渠道概述

销售渠道又称分配通路、分配路线等，是指某种产品或服务从生产者手中转移到消费者手中所经过的路线，包括帮助企业产品实现转移的所有企业和个人，如生产者、商人中间商、代理中间商、实体分配辅助商以及其他辅助商、消费者和用户等。

### 一、销售渠道的特点

销售渠道具有以下特点：

（1）销售渠道是一组路线。它是由商品流通的当事人及组织机构所组成的，即由各种买者和卖者组成的。企业选择销售渠道，相当于对各种流通当事人及组织机构的选择。

（2）销售渠道是一条特定的流通路线。当生产者的商品向消费领域转移的时候，所流经的路线是特定的。商品的销售渠道是一个互相联系的有机整体。

（3）销售渠道具有稳定性的特点。销售渠道一经确定，就具有相对稳定性。这是因为建立销售渠道是一个相对复杂的过程，它需要进行大量的调查研究，需要投入大量的人力、物力和财力；另外，生产者与某中间商建立了经销关系，并将商品卖给某个中间商后，这种经销关系也很难马上改变。所以，销售渠道一经形成，便具有相对稳定性。

（4）销售渠道的起点和终点界限分明。在销售渠道系统中，无论是直接渠道还是间接渠道，其渠道的起点都是生产者，终点都是消费者或用户。

（5）销售渠道成员职责明确。在每个具体的销售渠道中，每个渠道成员的职责是明确的，在“生产者—批发商—零售商—消费者（用户）”这一渠道中，生产者的职责是负责生产商品，批发商的职责是将商品集中再分散，起着集散商品的作用，并为零售商服务，而零售商的任务是在适当的时间和地点为最终消费者服务。

## 二、销售渠道的类型

自20世纪80年代以来，分销渠道系统有了新的发展，突破了由生产者、批发商、零售商和消费者组成的传统模式和类型。企业在建立自己的销售渠道时有许多类型可供选择，按照渠道成员之间的关系来划分，可以将企业的渠道类型分为传统分销渠道模式、垂直分销渠道模式、水平分销渠道模式和多元分销渠道模式。①

### （一）传统分销渠道模式

传统分销渠道模式是指渠道各成员之间形成一种松散的合作关系，渠道成员各自追求自己的最大利润，其模式较多。按级数可划分如下：零级渠道，指厂商与消费者直接见面的销售渠道，即厂商—消费者；一级渠道，指厂商与消费者之间只有一个中间商环节的销售渠道，即厂商—零售商—消费者；二级渠道，指有两个中间商环节的销售渠道，即：厂商—批发商—零售商—消费者：三级渠道，指渠道中有三个中间商环节的销售渠道，即厂商—代理商—批发商—零售商—消费者；按是否有中间环节可划分为直接渠道与间接渠道；按渠道某一环节所含的中间商数目可划分为宽渠道与窄渠道，等等。这些类型的渠道是基本的渠道模式，无论渠道模式发生哪些变化，这些传统的渠道模式永远是构建渠道的基本模型。所不同的是，传统渠道由于彼此之间无约束，结果可能会导致整个分销渠道的效率下降。鉴于此，传统分销渠道又称松散式分销渠道。

传统分销渠道有着较大的灵活性，可以随时、任意地淘汰和选择企业所需要的渠道。在法治社会，选择这种模式，制造商与经销商的联系依靠的就是约束彼此之间行为的合同。但在经济社会中，不遵守合同约定的行为比比皆是。因此，约束的无效性也导致了传统渠道运行的无序，很多企业无信任、无忠诚度可言。

在现代经济社会中，仍然有更多的中小型企业选择传统的渠道模式。这是因为：

（1）中小型企业资金实力有限，产品类型与产品标准处于不稳定状态，不适合采取系统的分销渠道模式。

（2）有些企业受市场环境波动的影响和激烈竞争的压力，产品的生命周期很短，经营方向具有不确定性，导致了无法建立系统的分销渠道模式。

（3）企业的经营不是以做品牌为经营主线，而是以利润为经营主线，以价格扰动市场，能赚钱就做，不能赚钱就走，也导致了无法建立系统的分销渠道。

（4）大量的中小型生产企业支撑了大量的小商小贩，企业这样做风险不大，且获利颇丰，不愿意走正规的渠道建设模式，如一些中小型的服装加工企业、鞋帽企业、日用品企业等，就是靠一些松散的商贩来进行销售，很难做到讲规模、重品牌、塑形象。

在市场经济不发达时期，在品牌创建与保护成本超越了企业支付能力的时期，传统的分

---

① 李先国．销售管理．北京：中国人民大学出版社，2009．

销渠道模式仍然具有广阔的市场空间。即使在发达的市场经济条件下，也很难避免不规范渠道现象的存在。

### （二）垂直分销渠道模式

垂直分销渠道模式是由制造商、批发商和零售商组成的一种统一的联合体，每个成员把自己视为分销系统中的一分子，关注整个系统的成功。其中包括三种形式：公司式、契约式和管理式。

#### 1. 公司式

这是以公司自身为核心建立起来的销售渠道，表现为公司建立自己的销售公司、销售分公司、办事处、旗舰店、直营店等，形成产、供、销一条龙的销售体系，或者公司通过与代理商、批发商、零售商的战略联盟形成的分销体系来销售企业的产品。公司式分销系统是渠道关系中最紧密的一种形式，是制造商、经销商以产权为纽带，通过企业内部管理组织的延伸，或通过企业管理制度的建立与经销商形成的紧密合作的销售系统。

企业可以通过以下两种方式来建立公司式分销系统：

（1）制造商控制。制造商设立销售公司和销售分公司，建立分支机构或兼并商业机构，采用工商一体化的运行模式形成销售网络。现在很多民营企业采用这种销售模式。

（2）中间商控制。大型商业企业统一控制众多制造型企业和中小商业企业，形成了工贸商一体化的销售网络，如日本的“综合商社”、美国的西尔斯都属于这种类型。现在中国的苏宁、国美、大中在家电领域也在朝着这个方向发展。相对于前一种由制造商控制的渠道模式，在这种渠道模式下，由于中间商对市场的熟悉度高于制造商，因此具有更为强大的信息获取能力；又由于中间商有着广泛的公共关系网络，并掌控着市场，因此又具有着融资的巨大优势。

#### 2. 契约式

契约式是指制造商或分销商与各渠道成员通过法律契约来确定彼此之间的分销权利与义务关系，形成一个独立的分销系统。这一分销系统与公司式分销系统的最大区别在于成员之间不形成产权关系，与管理式分销系统的最大区别在于用契约（而不是权力或实力）来规范各方的行为。对于各个规范经营的厂家或商家，契约是具有强制约束力的手段，但对于不规范经营的厂家或商家，契约只是一纸空文。因此，在规范经营的市场环境中，契约的有效性有助于这种模式的运行。这也是当前许多制造商、经销商、服务商等企业更多地愿意选择这种模式的理由。通过这种模式，厂家和商家的产品、服务或商号、品牌等会迅速地扩散到世界各地的市场之中。

在长期的营销实践中，涌现出了多种形式的契约式分销系统，主要表现为以下三种形式：

（1）以批发商为核心的自愿连锁销售网络。在实践中，许多批发商将独立的零售商组织起来，批发商不仅为零售商供应各种商品，还提供着与此相关的各种服务，如销售活动的标准化、统一店标、统一订货、共同采购、统一库存管理、统一配货、统一融资、统一培训等。这一系列服务的内容是任何单一零售商都无法做到的。这种分销渠道往往集中在日用百货、五金配件等领域。

（2）零售商资源合作销售网络。由于单一零售商在激烈的市场竞争中抵御风险的能力较弱，因此，有一些同类的零售商自觉地组织起来，形成一个联盟组织或合作组织，组织中的成员进行集中采购，共同开拓市场，以获得单一零售商所无法获得的市场权力，包括谈判权、争取更低价格权、市场运营出资权等。这其中成员之间最重要的合作就是通过集中采购而获得价格折扣，它增大了该组织面向供应商的谈判砝码。相对于以批发商为核心组织起来的销售网络，这种形式的网络成员之间所形成的联系程度要松散一些，合作的事宜要少一些。

(3) 特许经营销售网络。在市场经济的环境中，特许经营是一种获取经营权利，争取市场地位的最有效方法之一。特许经营权的运作思路是：特许权授予方（更多的是专利持有人或制造商一方）按照协议准许被授予方使用自己已经开发出的品牌、商品、专利技术、经营模式等，在短期内满足巨大的市场需求、形成市场规模的做法。选择这种模式，特许经营权的被授予方按协议应先支付一笔特许权使用费，换取在一定区域范围内生产、出售特定商品或服务的权利，并须遵守合同中关于经营活动的各项规定。

**3. 管理式**

管理式分销系统是指由一个或少数几个实力强大、具有良好品牌声望的大公司依靠自身的影响力，通过强有力的管理约定，将众多分销商聚集在一起而形成的分销系统。

管理式分销渠道模式尽管也属于纵向渠道的一种，但它使渠道走向了扁平化，是一种渠道扁平化模式的形态。这种扁平化不是直销，它比直销多一个层级。制造商对渠道所做的工作是规范渠道的行为，主导渠道的运行。

这种渠道模式的出现是出于竞争、控制的需要。渠道层级过多，会增加通路的中间环节，导致成本上升，核心竞争力下降；通路过长，会削弱供应商对终端的控制力。随着竞争的加剧、利润的摊薄及产品生命周期的缩短，最初的分销渠道（如大户制）开始落伍，尤其是随着大卖场、大型超市及专业连锁的发展，零售环节可以越过批发商而直接向厂家大批量采购，已成为大中城市的重要渠道模式。在二、三线市场，随着原有的层级批发体系以及大户代理制的解体，厂家逐渐转向更贴近终端市场的中小型批发商。

**【案例 7-1】　联想通路三部曲：从多层级到扁平化**

联想集团是渠道扁平化发展的成功案例。作为中国 IT 行业的领先者，其渠道再造经历了三个具有标志性的阶段。20 世纪 90 年代中期，联想实行代理渠道制。在全国范围内，联想拥有几千家分销代理商，从分销商再铺货到零售商。由于渠道过长，导致管理混乱甚至失控，尤其是随着联想产品线的增长，渠道已达不到共享的效率。1998 年，联想开始第二阶段渠道模式的重构，引入专卖店的特许经营模式，加速构建直营店，2000 年年底，联想专卖店的销售增长超过分销和代理渠道。2004 年，受 DELL 电脑直销模式在中国市场迅速进展的挑战，联想再次进行渠道改造，建立第三阶段的新渠道模式“渠道短链＋客户营销”，以更短的渠道和强化客户为中心的营销模式赢得竞争优势。

从联想渠道演进的路径可以看出，联想早期以层级较长的分销为主，虽然最大限度地利用了社会资源，但企业对渠道的控制力被削弱，并且增加了产品成本。第二、三阶段渠道模式以终端为突破口，贴近最终用户，并通过加盟专卖店塑造了品牌形象。

渠道扁平化的好处显而易见，但由于扁平化的路径和方式不同，渠道扁平化也存在一定的风险。中国本土企业渠道扁平化的典型路径有：调整渠道结构使渠道重心下沉、自建渠道和基于互联网技术建立e渠道等。其中自建渠道的风险最大，在增强企业控制力的同时，带来成本的巨大风险，耗费企业大量资金、人力、精力。因此，自建渠道的扁平化策略需要企业在收益与成本之间进行权衡。

### （三）水平分销渠道模式

水平分销渠道模式又称共生型渠道关系模式，是指由两个或两个以上成员相互联系在一起，共同开发新的营销机会。其特点是两个或两个以上的企业横向联合共同构建一个新的机构，发挥各自优势，实现分销系统有效、快速的运行。实际上这是一种横向的联合经营，目的是通过联合，发挥资源的协同作用或规避风险。如可口可乐公司与雀巢公司合作组建新的公司。雀巢公司以其专门的技术开发新的咖啡及茶饮料，然后交由熟悉饮料市场分销的可口可乐公司去销售。

这种模式运行的基本要求是：

（1）具有更大规模、更高水准的市场需求。大规模、高水准的市场需求对供应商的要求高，尤其是在科技含量、技术水平、产品品质和品牌建设方面要求极为严格。如国际大工程项目的招标。

（2）具有本行业的先进技术水平，这是对参与这一模式运行企业的要求。这里并不是要求一个具体的企业达到世界最先进的水平，而是要求在把握资源、攻克技术难关、解决市场难题等方面有一定的专长。

（3）具有优势互补的先决条件。每一个参与市场运行的企业都有自身的长处，但单个企业在面对严酷的市场竞争时，会感到实力不足。当以水平分销渠道模式建立起一个联合组织时，这个联合组织所拥有的实力能达到市场上的最高水准。

（4）具有进军更大市场的愿望，愿意接受更严格市场的挑战。每一个企业面对更大规模的市场都会跃跃欲试，但又都忐忑不安。这时，形成联合的管理式渠道模式就成为企业一种必然的选择。

水平分销渠道模式的优势是：通过合作实现优势互补和规模效应；节约成本；快速拓展市场。

水平分销模式存在的问题：合作过程中会产生一定的冲突和困难，市场运作由谁来主导，使用谁的品牌（联合品牌也有前后排序的问题），运行结果的利润如何分配等。当然这些问题可以通过协议来解决，但利益冲突和合作期限总是需要考虑的问题。

水平分销渠道模式比较适合实力相当而且营销优势互补的企业。

### （四）多元分销渠道模式

多元分销渠道模式也称渠道多元化战略，这是满足不同细分市场、尽可能覆盖多元市场需要的一种模式。多元渠道模式在快速消费品、消费类电子产品（如手机、电视、数码产品）等领域应用较多。企业采取多元、复合渠道模式，同时有多种流通模式并存，如既有直营，也有分销等。

多元分销渠道模式的出现，主要有两个原因：一是随着消费者细分程度的提高以及零售业态的丰富，单一的渠道模式不足以覆盖大部分消费群体以及零售卖场、网点；二是厂家在渠道变革的过程中，原有渠道体系和新导入渠道体系同时存在，从整个渠道体系的横截面看，呈现出多元、复合的特征。

**【案例 7-2】 娃哈哈——从单一渠道到多元渠道**

娃哈哈的渠道是由单一化渠道成功转型到多元化渠道的典型。公司创立之初，限于人力和财力，主要通过糖烟酒、副食品、医药三大国有商业主渠道内的一批大型批发企业经销其儿童营养液。随着公司的稳健发展和产品多元化，其单一渠道模式很快成为企业的销售瓶颈，娃哈哈开始基于“联销体”制度（联销体制度是娃哈哈和代理商之间建立的一种共同经营产品的渠道体制，从厂家、经销商到终端每个环节的利益和义务都很明确）进行渠道再设计。首先，娃哈哈自建销售队伍，形成一支约 2 000 人的销售大军，隶属于公司总部并派驻各地，负责厂商联络，为经销商提供服务并负责开发市场、甄选经销商；其次，娃哈哈在全国各地开发 1 000 多家业绩优异、信誉较好的一级代理商以及数量众多的二级代理商，确保娃哈哈渠道重心下移到二、三线市场。自建的销售队伍充分保证了娃哈哈渠道多元化战略的实施。娃哈哈针对多种零售业态，分别设计开发不同的渠道模式。对于机关、学校、大型企业等集团顾客，厂家上门直销；对于大型零售卖场及规模较大的连锁超市，采用直接供货；对于一般超市、酒店餐厅以及数量众多的小店，由分销商密集辐射。这种“复合”结构，既能够有效覆盖，又能够分类管理，有利于在每种零售业态中都取得一定的竞争优势。

从娃哈哈案例可以看出，渠道多元化是实施企业战略多元化的必然结果，也是企业生命周期发展的必然阶段。

我国经济在发展过程中，市场表现出了较高的复杂性和动态性，因此，当企业采取多元化分销渠道战略时，必然面临渠道冲突、渠道效能控制的难题。窜货是我国渠道冲突的典型“疑难杂症”，许多采取渠道多元化战略的企业都由于窜货顽疾不治而身亡。

渠道冲突是由于各方利益分配不一致所致。多元渠道并存，冲突就在所难免，如直营体系和分销体系之间、经销商之间。但采用多元渠道也并非意味着均衡用力、不分主次。企业资源有限，当采取多元化分销渠道模式时，必然面临资源分配难题，甚至会影响渠道的整体效能。

## 第二节 销售渠道的构建

在销售渠道的构建与选择中，由于产品的类型不同，其市场特点与消费习惯也各不相同，因此在渠道的建设方面也存在差异。即便是相同类型的产品，受企业管理经验和管理水平的影响，在设计渠道时也有所不同。本节主要讨论日用消费品、工业品、服务产品及高新技术产品的销售渠道建设问题。

### 一、日用消费品销售渠道的构建

#### （一）日用消费品的特点

日用消费品通常指人们的日常生活用品，也称日用品，是消费者的生活必需品，主要包括塑料、五金、电料、服装、家电等百货类商品和粮食、饮料等副食类商品。

日用消费品的市场特点如下：

（1）销售机构多，市场分布广。消费者的购买人数多，居住分散，需要大量的销售网络，且密度大，分布广，每个人、每个家庭都是永久的购买者。

（2）销售的物流任务重。由于消费品的种类繁多，结构复杂，需求量大，而且生产资料的供应与生产过程最终也将转化为消费品。从这个意义上讲，物流的工作量是很繁重的。

（3）消费过程是零星、分散的，需要经常购买。因此，要随时随地保持商品的供应，以方便消费者购买。

（4）产品的品牌对消费者的购买行为有着重要影响力。

消费品的这些特点，对销售渠道的建设有着重要的影响，关系到销售渠道选择的基本模式。

### （二）日用消费品常用的几种销售渠道模式

#### 1. 厂家直供模式

厂家直供模式是指生产厂家直接将产品供应给终端渠道进行销售的销售渠道模式。这种销售渠道模式的优点是：渠道短，信息反应快，服务及时，价格稳定，促销到位，易于控制。该模式的缺点是：受交通因素的影响较大，适宜在消费比较集中的地方建立渠道；在设立的过程中，会出现销售盲区；由于采用直供模式，管理成本较高。

#### 2. 多家代理（经销）模式

多家代理（经销）模式是指厂家在建立渠道的时候通过选择多家经销商来构建销售渠道，以建立庞大的销售网络。这种销售渠道模式的优点是：销售渠道的市场覆盖面较宽，销售面广，市场渗透力强，各级渠道成员的职责分明，渠道网络较大。其缺点是：渠道环节多，管理较困难，容易产生价格混乱的现象，导致“价格战”；受利益因素的影响，渠道容易出现窜货现象。

#### 3. 独家经销（代理）模式

独家经销（代理）模式是指企业在选择经销商（代理商）的时候，在某个区域只选择一个经销商（代理商），再由经销商（代理商）来建立渠道系统的模式。这种销售渠道模式的优点是：开拓市场较容易，厂家与经销商很容易达成共识，能够最大限度地调动经销商的积极性，价格较稳定。该模式的缺点是：产品的销售大权交给了经销商，企业容易受到经销商的把控。因此，这类销售渠道往往是企业在其自身知名度不高或新产品上市时选择的一种销售渠道模式。

#### 4. 平台式销售模式

平台式销售模式指生产厂家以产品的分装厂为核心，由分装厂负责建立经营部，负责直接向各个零售点供应商品，从而建立以企业为中心的销售渠道。这种平台式的销售模式适用于密集型消费的大城市，服务细致、交通便利。厂商通过经销商构建强大的物流平台，每个经销商管理几条街、几百家店，送货上门，从而做到真正意义上的深度营销。这种销售渠道模式的优点是：责任区域明确、严格；服务半径小；送货及时、服务周到；网络稳定、基础扎实，受低价窜货影响小，精耕细作、深度营销。该模式的缺点是：受区域市场的条件限制较强，必须经过厂家直达送货，需要有较多的人员配合管理。

上述几种销售渠道模式在具体运用的时候，还可以根据企业的不同类型、规模、产品的特点等进行组合，形成复合销售渠道。此外，由于日用消费品本身的复杂性，还可以将其分为便利品、选购品和特殊品三种类型。下面我们分别对这三种类型产品的渠道销售进行分析。

### （三）不同类型日用消费品销售渠道的具体分析

#### 1. 便利品销售渠道的构建

便利品是消费者的日常生活必需品，一般商品的单位价值都不高，属于低值易耗品，消费者经常重复购买。消费者对这类商品一般比较熟悉，有较多的商品知识，购买此类商品时不需要进行购买前的比较分析，也不愿意或者觉得没有必要花费很长时间反复挑选，属于习惯性购买。购买此类商品要求方便、快捷，消费者购买呈现出多次数、小批量的特点。

组建便利品的销售渠道时，应该考虑便利品的特性和消费者的购买习惯。

一般来说，在便利品的销售渠道网络中，零售商占有非常重要的地位。这些零售商的经营业态多种多样，有超级市场、百货商店、杂货店、便利店等。同时，由于零售商的经营业态复杂，所以日用品的销售除了在网络的建设方面采用多渠道策略外，还要考虑渠道的地域分布。便利品的销售网络应主要建在居民区，同时还应建在主要的商业区内，以保证消费者在逛商场时能够顺便购买这些便利品。

#### 2. 选购品销售渠道的构建

选购品一般指消费者在购买过程中，通常要到相关的商店进行挑选、比较后才能决定购买的商品。这类商品较便利品而言，在商品的品种、规格、数量和服务方面要复杂一些，消费者的购买频率低，价格较高，选择性强，主要有家电产品、服装、鞋帽、化妆品、家具等。由于选购品的单位价值较高，消费者对这类商品有一定的知识但了解不多。消费者在挑选和比较的过程中，除了注重商品的内在品质外，还注重商品的外在特征，以满足自己心理方面的需求。所以，消费者购买选购品往往属于理智型的购买。

鉴于选购品的这些购买特点，企业在构建选购品销售渠道时，应在充分满足消费者物质商品需要的同时，还应满足消费者心理方面的需要。另外，选购品也是消费者经常需要购买的商品，在设置销售网络的时候，既要考虑消费者挑选、比较商品的要求，还要满足消费者购买便利性的要求。选购品销售网络的构建应以商业区作为终极销售点，可以将百货店、专卖店、大型超级市场和购物中心、专业市场等作为主要的销售地。鉴于选购品市场覆盖面的要求，还要发展批发商、代理商作为其网络成员，做到选购品长渠道、短渠道和宽渠道相结合的渠道网络。其地理位置应该在商业区、交通便利处、流动人口多的地方，这样构建的销售网络既能满足消费者多样化的购买需要，又能满足消费者购买方便的需要。此外，对某些服务要求较高、选择性较强、体积较大的商品，也可以采用直接渠道进行销售，如家具、家电的销售。

#### 3. 特殊品销售渠道的构建

特殊品是指那些具有独特品质、特定品牌和指定生产厂家的商品，消费者往往愿意花费较多的时间和精力去选购。这类商品属于高档商品，如照相摄影器材、古玩字画、金银首饰、轿车、高档服装以及有特殊用途且价值不菲的商品等。这类商品的单位价值较高，具有某种能满足消费者特殊偏好的功能，如有珍藏价值、可陶冶情操等。对于这类商品，企业在构建销售网络的时候应以窄渠道和短渠道为主，以大中型商业企业和著名的专业店作为其销售网点，这样便于将销售网络牢牢地掌握在企业手中，随时了解市场需求的变化。同时，这种短而窄的渠道选择，能够让目标消费者了解产品的特殊价值和渠道的特别之处。

## 二、工业品销售渠道的构建

### （一）工业品市场的特点

工业品（主要是工业用原材料、工业半成品等）是相对日用消费品而言的，由于工业用品的消费者是行业用户，所以其销售渠道与一般的日用消费品略有不同。

工业品市场是指为满足工业企业生产其他产品的需求而提供劳务和产品的市场。组成工业品市场的主要行业是农业、林业、渔业、采矿业、制造业、建筑业、运输业、通信业、公共事业、金融业、服务业。从市场需求的角度看，工业品市场的需求具有以下两个鲜明的特征：

（1）需求的派生性，即生产资料的需求源于对消费资料的需求，消费资料的需求情况决定生产资料的需求状况。

（2）需求弹性小，即在一定的时期内，需求的品种和数量不会因价格的变动而发生更大的变化。

从产品角度看，工业品市场的产品和服务均用于制造其他产品或提供服务，并非最终消费产品，而且这些产品技术性强，有不少产品价格昂贵。

从购买的角度看，购买者必须具备相关的商品知识和市场知识，且购买批量大、购买者少，多为用户直接采购。

### （二）工业品销售渠道的设计

鉴于工业品市场的特点，组建销售渠道时可以根据其特点，以直销为主，在主要的销售地点设立网点，也可以利用代理商建立销售点或利用批发商进行销售。在构建销售渠道时，还要综合考虑服务的因素，建立短且具有服务功能的销售渠道。主要的渠道类型可以从以下几个方面进行考虑：

（1）渠道广度。对于渠道广度的决策，要求渠道设计人员在渠道的单一性和多元性之间做出选择。目前许多大型工业品厂商，尤其是产品差别较大的厂商，基本都采用了多种渠道的组合，也就是采取了混合渠道。

（2）渠道长度。首先应决定采用直销还是分销，如果采用分销，再来权衡是选取长渠道还是短渠道。总的来说，长渠道难以管理且渠道成本较高，但市场覆盖面大；短渠道则刚好相反，市场覆盖面有限，但是易于控制，渠道成本相对较低。

（3）渠道宽度。即在独家分销、密集分销和选择性分销之间进行选择。独家分销的特点是竞争程度低，市场覆盖程度低。如采用密集分销，则渠道成员之间的竞争程度和产品市场覆盖率都很高，密集分销适用于大众化产品。选择性分销比密集分销更易争取到渠道成员的支持，比起独家分销来又能给消费者带来更大的方便，并且会形成适度的市场覆盖和竞争。

## 三、服务产品销售渠道的构建

关于服务产品的定义，美国市场营销学会认为："服务可被区分界定，主要为不可感知却可使欲望得到满足的活动，而这种活动并不需要与其他产品或服务的出售联系在一起。生产服务产品可能不会需要利用实物，而且即使需要借助某些实物协助生产服务，也不会涉及这些实物的所有权转移问题。"服务产品与有形产品相比，具有无形性、差异性、不可分割性和不可储存性等明显特征。

服务产品常用的销售渠道有直接销售渠道和中介机构组建的销售渠道。

**（一）直接销售渠道**

直接销售渠道是服务生产者经常选用的销售形式，其原因在于服务与服务提供者是不可分割的，采用直接销售形式的企业可以获得某些特殊的经营优势。例如，企业能够较好地控制服务产品的质量，为消费者提供真正个性化的服务，同时还能通过与顾客的直接交流，了解顾客的需求变化和要求，了解竞争对手的动向，及时调整服务产品的质量和内容。适合采用直接方式提供服务的单位有医疗机构、会计师事务所、各类咨询机构等。

**（二）中介机构组建的销售渠道**

这是服务性公司最常使用的渠道模式。由于服务业所提供的服务各不相同，有的是以提供中间产品作为服务的物质基础，如零售商和批发商的服务；有的是以货币产品为主的消费服务。这种服务的复杂性，导致了服务渠道的复杂性。

利用中介机构提供服务的形态有多种，常见的有以下几种：

（1）代理商。主要是在旅游、旅馆、运输、信用、工商服务业等方面的代理。

（2）经纪人。专门执行或提供某种服务，再以特许权的方式销售该服务，如保险经纪人。

（3）批发商。这里是指专门以大批量的方式提供服务的中间商。

（4）零售商。如商业零售商、照相馆、干洗店等。

## 四、高新技术产品销售渠道的构建

**（一）高新技术产品市场的特点**

高新技术产品是指科技含量较高，在某种程度上与生物技术、新材料、互联网和新能源等相关的产品。其特点如下：

（1）技术产品必须是采用了一种复杂技术的最新科研成果，如计算机多媒体技术、超微技术等。

（2）以一个较高的速率更新换代，如计算机从 386 发展到 486 到 586，也不过短短几年的时间。手机从大哥大、普通手机到智能手机只经历了十几年的时间。

（3）新产品的出现、产品质量的革新，能够给市场带来巨大的变化。某些高新技术产品出现时可能在某些特殊领域应用，但随着这种技术的不断发展，应用的领域也越来越广。

高新技术产品市场的特点是具有不确定性，即高新技术产品的消费者类型、新产品接受程度、市场规模及成长的速度等均不确定。原因是：由于高新技术产品的复杂性和先进性，一般消费者对这类产品所具有的效用和能给他们带来的利益不了解；高新技术产品的更新速度相对于其他产品要快得多，这使消费者很可能为了购买更高性能的新一代产品而推迟购买时间。

**（二）高新技术产品的销售渠道设计**

高新技术产品销售渠道的组建要考虑高新技术产品的市场特性、企业规模、产品特性以及销售商能否提供消费者所需的服务等因素。

市场规模的大小是构建高新技术产品销售渠道必须考虑的重要因素。一般来说，高新技术产品刚上市的时候，市场的认知程度较低，市场规模较小，同时企业的规模也不大，在这个阶段，应以企业自己的销售人员销售为主，直接渠道是主要的销售渠道。组建这样的销售渠道，一方面，能够宣传、介绍企业的产品，有针对性地对消费者进行说服沟通，扩大企业产品的影响力，使产品顺利地到达消费者手中。另一方面，这期间企业的规模小，采用直接渠道可以节省大量的促销费用。当市场的销售规模扩大，消费者的市场认知程度提高后，企业可以采用直接渠道和间接渠道并用的形式。选择间接渠道时，关键是如何选择中间商。一般来说，高新技术产品的终极销售点可以是信誉好的百货商场或者是专卖店。

组建什么样的销售渠道，除了考虑市场规模外，还要考虑产品的复杂程度。那些复杂程度高、专业性强的高新技术产品应该以直销为主，以便满足用户的特殊需要并给予指导，而复杂程度低的（如标准品）产品则可以更多地使用外部的销售商。如果销售商不能对用户提供技术服务支持，肯定会危及产品和企业的形象。反过来，如果高新技术企业没有足够的能力和资源来保证其对用户提供服务，那就得依靠销售商来提供。

高新技术产品主要有以下常用渠道模式：

（1）直销模式。优点：信息反应快，服务及时，价格稳定，促销到位，易于控制。缺点：成本过高。直销模式适用于消费对象特定、市场竞争有限的高新技术产品市场，如军工产品、航天工业产品。

（2）直销与代理制相结合。优点：市场覆盖面宽，易于市场渗透。缺点：管理困难，易产生渠道冲突。

（3）各种销售渠道复合模式。

（4）现代直销与多种形式短渠道销售相结合的模式。

## 第三节　销售渠道的管控

一个企业对自己销售渠道的管控需要通过掌握渠道权力、进行渠道激励、控制渠道运行等一系列方法，保证渠道的有序、有效运行。

### 一、销售渠道的权力

销售渠道成员之间的依赖性使得渠道成员必须通力合作，才能最大限度地实现渠道设计的战略目标。但是，渠道中每个成员又都会追逐自己的利润最大化。由于实现渠道设计的总体战略目标并不一定等于每个渠道成员的利润最大，因此，渠道创建者就需要对其他的渠道成员施加影响，确保渠道设计战略目标的实现。我们把一个渠道成员对于同一渠道中另一个成员的影响力定义为渠道权力。

#### （一）渠道权力的形式

这里可以借鉴心理学的研究成果，从权力来源的角度对销售渠道中的权力进行分类。

**1. 奖励权力**

这是指一个渠道成员对于遵从其影响的另一个渠道成员给予奖励的能力。这种奖励能够让遵从另一个渠道成员意愿的一方增加获利的机会。对于厂商而言，奖励权力就是为各类中间商提供更大的折扣、更多的品种或优先供货的机会等。对于批发商和零售商来说，奖励权力就是为厂商提供更多的销售机会，销售更多的品种及更大数量的产品。

**2. 强制权力**

强制权力与奖励权力正好相反，是指一个渠道成员对于不遵从其意愿的另一个渠道成员的惩罚能力。某些渠道成员凭借自己在行业或渠道中的主导地位对其他渠道成员施加压力，迫使其他渠道成员遵从其意愿，否则就给予惩罚，这就是一种强制权力。当拥有奖励权力的一方对于不遵从其意愿的其他渠道成员取消或威胁要取消某种奖励时，也就是其在使用强制权力。不仅厂商可能拥有这种强制权力，而且其他渠道成员也可能拥有这种权力。拥有这种强制权力的，通常总是渠道中大型的、处于优势地位的企业。

**3. 法定权力**

这是指渠道中的某个成员法定拥有的影响其他渠道成员行为的权力。法定权力与强制权力之间的差别就是它是有法律保障的，而强制权力并无法律保障。在一个紧密型组织的渠道系统中，要保证渠道系统的有效性，这种法定权力往往是必要的。但是，在一个松散的渠道系统中，往往就缺乏具有法定权力的渠道成员。因此，当渠道中任何成员都不能有效地运用其他权力来规范其他成员的行为时，整个渠道就会处于缺乏效率的状态。特许经营体系就是特许方运用法定权力来规范受许方行为的最典型形式。

**4. 认同权力**

当某一渠道成员由于其目标或形象得到其他成员的认可，成为其他成员的参考群体时，它就可能试图影响其他渠道成员的行为，这时它就拥有了认同权力。在整个渠道系统中，那些拥有卓越品牌的厂商常常拥有很高的认同权力。厂商能够对经营其产品的批发商和零售商施加相当大的影响。反过来，如果处于下游的渠道成员具有很高的市场声望，则处于上游的渠道成员也会乐于接受下游渠道成员的意见，以便利用下游渠道成员的名声来改善自己的市场地位。

**5. 专长权力**

当某个渠道成员拥有了其他成员所不具备的某种特殊的专业知识或技术专长时，它就有可能利用这些专业知识或技术专长对其他成员的行为施加影响，这就是专长权力。特许经营中，特许方就常常依靠自己所掌握的某种专业知识或技术专长来维持特许经营体系，并获得受许方的加盟费。尽管这种专长权力确实是普遍存在的，但是，渠道成员想要获得并持久拥有和使用专长权力并不容易。首先，某个渠道成员要运用专长权力，必须获得其他成员的信任。但在由众多独立机构所组成的渠道中，要做到这一点往往需要很长时间的努力。其次，一旦其他渠道成员也掌握了这种专业知识或技术专长，这种专长权力的力量就会大大削弱。所以拥有专长权力的渠道成员必须设法长期保持渠道其他成员对自己专业知识或技术专长的需要，才能使这种权力持续地有效。

### （二）渠道权力的应用

厂商为了实现销售目标，运用可能的权力来影响渠道其他成员的行为是非常必要的。渠道成员想要运用权力实施影响，就必须从以下几个方面进行考虑。

**1. 识别可能运用的权力**

渠道成员要运用权力，首先就需要识别出它们可能运用的权力。尽管在某些情况下，渠道成员可能难以识别出自己可以运用的权力，但是，对于厂商来说，它们可能运用的权力在多数情况下可以根据渠道成员的规模、渠道的组织和渠道的环境因素来决定。

大规模的厂商相对于小规模的中间商而言，通常会拥有较高的奖励权力和强制权力。反过来，那些实力强大的、占有主导地位的经销商相对于小型厂商而言，往往也拥有非常高的奖励权力和强制权力。当然，规模本身并不自动赋予渠道成员某种权力，规模只是提供了拥有权力的可能性。大规模的渠道成员是否确实拥有某种权力还取决于它们能否真正建立起这种权力。

在渠道的组织形式方面，依靠规范的契约或合同建立起来的渠道，如特许经营体系，就为特许方赋予了法定权力。在常规松散的渠道中，渠道成员就不可能拥有法定权力。

**2. 建立起渠道权力**

渠道成员常常可以通过投资建立、增加或强化渠道权力。例如，一个渠道成员可以通过信息技术方面的投资，构建一个有特色的存货管理系统，从而在渠道成员中获得专长权力。同样的，企业也可以通过对自身品牌资产的投资，在渠道其他成员中建立起认同权力。当然渠道成员也可以通过投资来构建法定权力。

**3. 运用渠道权力**

（1）五种权力的综合运用。

对于五种类型的渠道权力，渠道成员需要综合运用，以便产生一种综合的效果。法定权力可以加强专长权力，反过来也一样。适当地使用奖励权力能增强认同权力。为了加强法定权力，有时采用一定的强制权力是必要的。一方面，渠道成员在采用奖励权力时，如果同时使用专长权力、认同权力和法定权力，就能更有效地促使其他渠道成员改变它们的行为；另一方面，渠道成员也应当注意到不同权力之间可能存在的冲突，如某个渠道成员运用强制权力就可能会对其原有的认同权力产生破坏作用，强制权力的运用也可能影响到以信任为前提的专长权力。

渠道成员还应当认识到，运用各种不同的权力，往往需要承担不同的经济、社会和政治方面的成本。渠道成员在运用渠道权力前必须考虑到这些成本。

（2）运用权力的影响策略。

渠道成员想要改变和影响其他渠道成员的行为，可以采取多种不同的策略。这些策略可以归纳为以下六种类型。

①许诺策略。“如果你按照我们说的去做，我们就给你某种奖励或好处。”执行许诺策略是以拥有奖励权力为基础的。许诺策略从实施者的角度看是一种奖赏，是正面的，但是，其他渠道成员可能会把它看成是对自己表现的不满和隐含性批评。所以，其他渠道成员会担心许诺策略会引发一场螺旋式的讨价还价。但是无论如何，如果能长期实施许诺策略，它确实是改变渠道成员行为的有效办法。

②威胁策略。“如果你不按照我们说的去做，我们就会以某种方式惩罚你。”实施威胁策略是以拥有强制权力为基础的。以强制权力为基础的威胁策略的运用也常常会增加渠道的冲突，这种策略的运用也可能导致其他成员产生比其他策略更多的不满。在由契约联结的渠道中，实施威胁策略还会削弱渠道的稳定性。

③法定策略。“你必须按照我们说的去做，因为我们签订的协议（合同或备忘录）就是这样要求的”。实施法定策略当然是以一方拥有的法定权力为基础的，但在实践中，协议或合同并不总是具有人们所期望的那种效力。法定权力并不仅仅单独由权威决定，还受到商业规范、价值观和信仰的影响。所以在实施这一策略时，这些其他因素对法定策略的有效性产

生着一定的影响。法定策略与威胁策略一样，最严厉，所以使用也最不普遍。

④请求策略。“请你按照我们说的去做”。实施这一策略是以渠道成员拥有认同权力、奖励权力或者强制权力为基础的。由于这种策略是非强制性的，对于对方所造成的压力是最小的，因此，渠道双方都喜欢采用这种策略。在实践中这是最普遍使用的策略之一。

⑤信息交换策略。即并不直接说明自己想让对方做什么，只是为对方提供信息或与对方探讨采取什么方式对双方合作更有利。也就是采用间接的方法，劝说对方改变态度和看法，自愿做出有利于自己的决定。这种策略是以专长权力和奖励权力为基础的，它不会令对方有高压和严厉的感觉，可以增进双方的满足感，但其常常具有一定的风险性。如果一方提供信息或者采取了积极的行动而另一方无动于衷，这种策略就会毫无结果。

⑥建议策略。与信息交换策略相似，但是它会明确指明结论，如“你按照我说的去做，你会获得更多盈利”。它也是以专长权力和奖励权力为基础的，不需要强制权力，这些与信息交换策略相同，但是建议策略相对来说没有风险。这两种策略都不会给对方造成压力，是最温和、最常被使用的策略之一。

当然，每一种策略的实施都是以拥有特定的渠道权力为基础的，如果本身没有特定的渠道权力，就不可能执行相应的权力影响策略。

## 二、渠道激励

对渠道实施管控的第二个手段是对渠道成员给予激励。激励是渠道权利的一种延伸，它比渠道权利的实施更具有积极意义。

### （一）渠道激励的含义及其必要性

渠道激励就是对渠道成员的激励，是厂商为完成销售目标所采取的，促使渠道成员高度合作的行为。厂商只有通过对渠道成员的激励才能成功地利用销售商销售产品，提供市场所需要的服务，最终提高市场份额和知名度。厂商需要对渠道成员实施激励的原因在于，销售商的特殊地位决定其需求和所面临的问题与厂商是大不相同的。研究表明，特别是在下列几个方面，销售商的需求和面临的问题与厂商有很大的差异：

（1）销售商并不认为自己是厂商所雇用的渠道环节中的一员，而是销售系统中独立的一环。它们常常会有自己的目标，设定自己的职能并决定自己的政策和策略。

（2）销售商首先把自己看作顾客的购买代理，其次才是供应商的销售代理。它们的兴趣在于销售顾客愿意购买的所有产品，而不是单单帮助某个供应商销售某种特定商品。

（3）销售商会把它所提供的所有产品都看作销售给顾客的产品系列中的一员。因此，销售商的销售重点在于获得合适的供应商的产品系列清单，以便进行合理组合，再卖给顾客，而不是把目光放在单个产品上。

（4）对于销售商来说，除非得到某种激励，否则它们绝不会保存单一品牌的销售资料。这些资料对于厂商进行新产品开发、定价、包装设计或制定促销计划可能是很有用的，但是实际上常常被埋没在销售商的记录之中。有时，销售商甚至会故意对厂商隐瞒某些有价值的信息。

由此可见，维系渠道成员之间合作关系的纽带，只能是对于共同利益的追求。在由独立销售商所组成的渠道中，厂商不可能通过其他渠道成员发号施令来实现自己的销售目标。厂商渠道管理中的重要内容之一就是对销售商进行有效的激励，以不断增强维系双方关系的利益纽带。

**（二）渠道激励的方法**

渠道激励的方法有如下三类。

**1. 政策性激励**

厂商通过制定适当的销售政策对销售商实施政策上的激励。

（1）销售专营权的激励。

授予某个特定销售商在一定范围内的销售专营权常常是一种非常有效的激励。为保证该政策的激励效果，常常对销售专营权作如下几个方面的界定：

①区域限定。销售商往往会寻求尽可能大的销售厂商产品的区域，而且通常喜欢独占自己所在区域的所有交易。因此厂商在特定区域内授权销售商的数目以及是否授予独占权，会极大影响销售商的积极性。所以明确地将一定的市场区域，如省、市或县内的销售权授予某个销售商，使销售商获得该地区的销售权，这本身就是一种激励。如果是独家经销权，激励作用会更大。

②期限限定。厂商授权时间的长短也会影响销售商的积极性，授权的时间期限一定要规定得合适。

③销售规模限定。厂商对销售商的市场占有率、销售量或销售额等指标的限定对销售商也具有强烈的目标激励作用。

为达到销售专营权的激励作用，在授予销售专营权的同时一定要规定好双方的违约处理办法。违约可以处以罚款、取消销售专营权或诉诸法律等。

（2）奖励政策。

厂商奖励政策一般分为返利政策和年终奖励政策。返利政策包括以下内容：

①返利标准。要使返利政策起到预期的激励作用，返利标准一定要分清品种、数量和返还额度等。在制定返利标准时既要考虑竞争对手的情况，也要考虑返利标准的现实性，同时还要考虑返利标准可能带来的不利影响，如抛货或窜货等。

②返利时间。返利可以是月返、季返或者年终返还，厂商应当根据产品特性以及货物的流转时间来决定返还时间，并在约定时间内完成返利结算。如果返利时间不合理或者到时不能兑现，返利政策就会失去预期的激励作用。

③返利形式。返利形式可以是现金返还、货物返还或者是两者的结合。如果是货物返还，还要明确规定是否包含在下期任务数中。

④返利附属条件。为使返利政策促进销售，同时避免产生相反的效果，必须规定附属条件，这些条件通常包括严禁跨地区销售、严禁擅自降价和拖欠货款等。

制定返利政策时，返利标准不能规定的过于宽松，否则，返利政策的激励作用就不大；返还的利润数也不应太大，否则，易造成价格下滑或窜货。返利政策不仅在制定时要考虑全面，而且在执行时要严格把控，这样才能保证政策起到应有的激励作用。

年终奖励政策实际上就是一种特殊的返利政策，其主要内容与一般返利政策基本一致。在实践中，许多厂商的年终奖励政策十分优惠，导致经销商为了得到可观的年终奖而低价抛售或者越区销售，冲击正常的价格秩序和市场环境。因此，厂商应积极引导销售商从日常销售中获利，而不是把希望寄托在年终奖励上。

（3）价格折扣。

这是对渠道成员在原定价格基础上的再优惠。作为一种激励，应当只对销售任务完成得好的销售商实施价格折扣，对于未完成任务的销售商取消这种激励政策。价格折扣主要有如下几种形式：

①按货款回收的快慢来决定的价格折扣。总的原则是，货款回收越快，价格折扣越高，具体又分为按回款速度确定的价格折扣、按付款期限确定的价格折扣和按信用承兑时间确定的折扣。

②订货数量折扣。这种折扣可以分为一次性进货数量折扣和累计数量折扣。

③季节折扣。这是指对于淡季和旺季实施不同的价格折扣。

④协作力度折扣。这是指厂商对于合作程度和投入的合作努力不同的销售商，相应执行不同的价格折扣优惠。

⑤进货品种搭配折扣。厂商对于订购不同品种和规格产品的销售商给予一定的价格优惠，以鼓励销售商推销滞销的品种。

（4）放宽交易条件。

厂商最经常采用的一种办法是延期付款和分期付款政策，对销售商实施激励。延期付款或分期付款可以帮助销售商克服资金周转的困难，并吸引更多的销售商积极进货。另一种常用的办法是压批付款，就是厂商把第一批货以一定数量给经销商压货，以后经销商每次在进货时给厂商回款，都除去已经约定好的压批数量。

**2. 直接的经济激励**

上面所述的奖励政策和价格折扣既是一种政策性激励，也是一种经济激励，厂商还可以对经销商实施各种费用补贴和实物激励手段，以换取它们的支持和合作。

（1）费用补贴。

厂商常用的费用补贴有如下几种：

①广告补贴。厂商为了促使经销商积极利用广告媒体或其他途径来宣传自己的产品，对经销商由于宣传自己产品在广告宣传方面的开支给予补贴。广告补贴主要适用于两种情形：一是受资源限制而无法开展大规模广告宣传的中小企业，可以通过广告补贴来利用经销商的资源开展宣传推广活动；二是厂商在产品推广中希望能够经常利用当地媒体，对在当地媒体上投入广告宣传的经销商，厂商可以给予补贴。

②陈列展示补贴。陈列展示的开支包括：人员工资、场地租用费、展示制作费和宣传制作费等。厂商为了鼓励经销商把自己的产品展示在经销商的专柜、大型商超的重要区域或者大型商业活动中，就应当给愿意承担这些工作的经销商给予一定的费用补贴。

③示范、表演和咨询活动等补贴。厂商为了鼓励经销商组织各类销售现场的示范、表演和咨询等促销活动，可以对经销商开展的现场促销活动实施补贴。这类补贴可以有多种形式：一是厂商可以对经销商组织的时装表演、新产品使用示范和新药品推广咨询等活动，实施全额或部分补贴；二是厂商对经销商店庆活动以及定期或不定期的促销活动实施补贴。在很多情况下，大型零售商在组织这类活动前就会告诉厂商促销活动的内容及要求厂商的参与程度。厂商在承诺实施补贴的同时，如果能积极地参与这些促销活动的组织和实施，就能够大力促进相互之间的合作。

④特定期间存货补贴。厂商经常对经销商在特定期间的库存量变化给予一定的补贴，由

此激励经销商在促销前多进货，在促销期间尽可能多销售。有时，厂商为要求经销商对库存进行处理，而对经销商实施库存补贴。厂商会按经销商在一定时间内所处理的库存的数量进行补贴。

⑤恢复库存补贴。在促销活动结束后，经销商的库存就会下降，此时，厂商经常会对经销商实施恢复库存补贴，刺激经销商继续进货。

（2）实物激励。

厂商会对经销商实施如下实物形式的激励：

①随货激励。厂商会在经销商进货时以某个量为单位，赠送一定比例的同一种产品或者其他产品作为激励手段，以提高经销商销售厂商产品的积极性。随货激励既可以针对批发经销商，也可以针对零售商。

②赠品券、代金券和抽奖等激励。厂商为经销商提供这些券，既可以对批发商进行激励，也可以对零售商进行激励。有些厂商常常采用热门旅游线路的旅游券、名人演唱会的门票或热门体育竞赛门票等作为赠券，其激励作用更大。

③陈列附赠。为了方便经销商的产品陈列，厂商采用为零售商提供销售现场陈列设备，如冰箱、陈列架和售卖机等，或者陈列样品和宣传展示工具等方法，对零售商进行激励。

**3. 服务性激励**

无论是厂商还是经销商，采用政策性激励或者直接的经济激励，会受到多方面条件的制约而难以达到预期目标。服务性激励具有政策性激励和直接经济激励所没有的条件限制，是一种更富有发展潜力的激励方法。

厂商可以提供的狭义的服务性激励主要包括以下几种：

（1）为经销商提供各类人员培训。厂商既可以为经销商的销售人员提供销售培训，也可以为经销商提供管理培训，从而使经销商提高销售能力和整体管理水平。

（2）为经销商提供咨询服务。这类咨询服务可以帮助经销商建立和完善客户投诉处理办法、售后服务措施、配送制度和订（发）货程序等各种规范的管理制度，也可以帮助经销商进行目标市场的调研。

（3）为经销商提供技术援助和支持。通常情况下，经销商很少有高水平的专业技术人员，技术力量相对于厂商来说比较弱。当新产品进入渠道时，或者经销商业务拓展到新的领域时，渠道成员需要有人提供技术援助和支持。厂商如果能及时提供帮助，无疑对经销商是一种激励，对于提高经销商的积极性和忠诚度都是有帮助的。

（4）对经销商的促销援助和支持。

厂商在自己的广告中提到经销商、销售商甚至零售商的名称及联系方式无疑是最直接的促销援助和支持，这样不仅提高了经销商的知名度，而且明确表示了厂商对他们的信任。

广义的服务性激励还包括与渠道成员之间的合作与战略联盟。

### （三）渠道激励方法的运用

**1. 对渠道成员需求和问题的调研**

因为对渠道成员的有效激励是建立在渠道成员需求的基础上的，所以在制定和实施渠道激励办法前，厂商要了解有关渠道成员的需求和问题。渠道管理者除了通过现有渠道的正常沟通获得所需要的信息外，还要直接对渠道成员进行调研。

**2. 分析渠道成员积极性下降的原因**

一旦发现渠道成员积极性下降，厂商就应当分析其原因。引起其积极性下降的原因可能是外部环境变化，比如竞争激烈导致利润下降、消费者需求变化引起需求下降，或者价格体系混乱影响市场运行等；也可能是渠道成员本身的原因造成的，包括内部管理水平下降、财务上出现困难或者人员变动等。找到原因后，厂商就应该帮助渠道成员克服困难，采取最有针对性的办法对渠道成员进行激励。

## 三、渠道控制

厂商对渠道进行控制是非常重要的，企业要根据渠道特点实施对渠道的控制。

### （一）渠道控制的重要性

渠道控制是指厂商希望成功地影响一个或多个渠道成员某种决策的行为。渠道控制与渠道权力及其运用有密切的关系。渠道权力是一种渠道影响力，渠道控制既可以通过渠道影响力的成功使用来实现，也可以通过其他方式，如合作、参与等来实现。

渠道控制的重要性如下：

（1）渠道控制是实现渠道功能的基础。适当控制渠道成员的行为，避免某些渠道成员失控，可以充分发挥渠道功能，节约流通成本，提高交易数量和企业经济效益。

（2）渠道控制是维持渠道生存和发展的前提条件。渠道一旦失去控制，不仅企业原来所拥有的渠道优势会荡然无存，而且失去控制的渠道一定没有凝聚力，连渠道本身的生存也会受到严重威胁。

（3）渠道控制是协调渠道内部关系、创造竞争优势的重要途径。在市场环境多变和竞争激烈的情况下，利用渠道来获取竞争优势已成为越来越多企业的选择，得渠道者得天下已成为许多企业的共识。其中通过优化渠道关系，维持和创造竞争优势是控制渠道的主要手段。

### （二）渠道控制的特点

渠道结构的多样性使得渠道控制也具有多样性。在直接渠道或者公司垂直销售渠道中，渠道控制的主要问题是对中间商渠道的控制。从这一角度分析，渠道控制有如下特点：

（1）渠道控制的目的不是控制对方的行为，更不是限制其他渠道成员的发展，而是要建立、发展和维持一种相互依赖、互惠互利的渠道关系。

（2）渠道控制对象具有相互性。渠道成员往往互为控制者和被控制者。渠道成员中谁在一个或几个方面有发言权，谁就往往有对其他成员的控制权。传统上，厂商常常拥有对经销商的控制权，但近年来越来越多的厂商却受到了经销商的控制。

（3）渠道控制力源于市场控制力与制度控制力的结合。

（4）渠道控制在方法上更多的是建立在平等原则上的沟通或者影响，而不是建立在层级制度上的指挥和命令。

### （三）实施渠道控制

实施渠道控制有很多具体的方法和手段，许多渠道控制方法尽管在短期内能够见效，但是从长期看控制的效果并不理想。所以企业选择渠道控制方法时，首先应当进行战略层面上的思考与选择，对于可能影响渠道控制的有关策略做出合理的决策，然后再考虑选择哪些方法进行控制。

**1. 与渠道控制有关的战略选择**

（1）谋求成为渠道领袖。

渠道领袖就是一个在渠道中拥有相对于其他渠道成员更大影响力，对其他渠道成员具有领导作用的企业。由于渠道领袖利用多种领导行为协调整个渠道的运行过程，提高渠道的效率和竞争优势，使每一个渠道参与者都能得到应有的利益，因此，渠道领袖自然拥有对于整个渠道的控制力。传统上，我国的销售渠道中，渠道领袖一般由大型厂商来承担。随着市场环境的变化，各类中间商充当渠道领袖的例子已经屡见不鲜了。不过，并不是渠道中规模大和实力强的成员就能成为渠道成员。渠道中某个成员要想成为渠道领袖，必须要发挥领导作用，使渠道成员之间产生凝聚力，为共同繁荣而努力，创造出单个企业很难获得的渠道协同优势。

（2）通过渠道战略选择，获得对渠道的控制。

从渠道控制的角度看，企业的渠道策略有三种：密集性渠道策略、选择性渠道策略和独家经营性渠道策略。

密集性渠道策略意味着企业需要在某个区域市场争取到尽可能多的中间商来销售自己的产品，这就意味着在选择渠道成员时难以严格控制。这种渠道策略渠道最宽，渠道成员众多，因此渠道控制难度最大。渠道控制的主要内容就是控制渠道的长度和成本。

选择性渠道策略是在特定区域内只挑选那些合格的经销商作为渠道成员。企业一般所挑选的渠道成员有较高的合作意向，也意味着企业获得了对这些成员的相当大的控制力。然而，这一策略下的渠道管理和控制是比较复杂的，渠道冲突也最可能发生。运用这种策略时，渠道控制的主要内容就是区域控制、价格控制和物流控制。

独家经营性渠道策略是在特定区域内只挑选一家中间商。因此，企业可以通过与被授权方签订严格的独家经营合约对其进行控制。这一策略下实施的渠道控制是最严格的。不过，由于独家经营下渠道控制的对象和目标都更加明确，所以控制的实施相对容易一些。独家经营下渠道控制主要包括：事前控制、合作关系控制和二级网点控制等。

（3）定期进行绩效评估。

定期对渠道成员进行检查和评定，也是取得渠道控制权的有效途径。企业如果发现某些渠道成员绩效没有达到预定的标准，既要帮助其分析原因，必要时对标准进行修订，也要对绩效长期不佳的渠道成员提出限期整改的要求，对多次无法达到指标的，就应该考虑取消其渠道成员资格。通过评估，再根据环境和渠道目标的变化，适时对渠道成员数量和渠道体系进行适当调整，将会有利于增强对渠道成员的控制力。

**2. 渠道控制的方法**

（1）运用强制性权力进行控制。

这主要是指对其渠道成员实施禁令或惩罚措施。这种办法能够在短期内见效。但是从长期看，它的效果不如那些能产生积极作用的措施。在选择强制性权力进行控制时，必须保证所采用方法的合理性。在运用某些强制性权力对渠道成员进行控制时，要防止违反公平竞争的原则或违背反垄断的规定。

（2）利用品牌控制渠道。

名牌意味着高利润、巨大销量和受人追捧，也意味着更高的渠道效率。因此拥有名牌的企业可以利用品牌对消费者的影响，来获得对整个渠道的影响和控制。无论对经销商还是对厂家，拥有名牌都是获得渠道控制权的有效办法。

(3) 利用良好服务来获得渠道控制权。

无论是厂商还是中间商，若拥有完善的服务体系，则能为其他渠道成员或最终消费者提供优质服务，并产生强大的吸引力和影响力，由此赢得对渠道的控制。

(4) 实施“助销”制度。

“助销”制度是指厂商直接通过投入各类资源来支持中间商发展的一种渠道运作策略。其具体做法是，厂商向中间商派出销售代表，协助经销商进行营销策划、市场开拓、销售队伍培训、营业推广以及市场管理，同时提供必要的经费支持。这一制度实质是厂商通过帮助中间商进而影响零售商，达到控制中间商和终端市场的目的。

(5) 掌握尽可能多的下游经销商。

在合同契约还无法约束中间商行为的情形下，厂商为获得对渠道的控制权，可以通过掌握尽可能多的下游中间商，或者今后可替代现有渠道成员的中间商来实现。这样做，厂商即使遇到特殊情况需要更换经销商时，也不会受其制约而失去对渠道的控制。

(6) 利用激励手段进行渠道控制。

如前所述，激励也是一种很有效的权力，渠道成员，不管是厂商还是中间商，只要拥有激励资源，就能获得对渠道成员的控制权。

## 第四节 渠道冲突与合作管理

企业在渠道管理中常常会碰到各种各样的渠道冲突。面对渠道冲突，企业必须积极地解决，以保证渠道成员之间的和谐与合作。

### 一、渠道冲突与解决办法

#### (一) 渠道冲突

渠道冲突是指销售渠道中的某一个成员由于各种原因对另一个或几个渠道成员采取敌对态度或行为的情况。渠道冲突的类型有如下几种。

**1. 横向渠道冲突**

这是指某个渠道中处于同一层级的渠道成员之间的冲突。常常表现为跨地区销售、压价销售和不按规定提供售后服务等。

**2. 纵向渠道冲突**

这是指某个渠道中处于不同层次的渠道成员之间的冲突。例如上游中间商采取直销与间销相结合的方法，就可能与下游中间商争夺客户；厂商为了更多销售自己的产品，越过一级销售商直接向二级销售商供货；如果下游经销商越级向更高一级销售商进货，也会引发冲突。纵向渠道冲突往往比横向冲突更普遍。

**3. 渠道间冲突**

渠道间冲突也称交叉渠道冲突，是指两条不同销售渠道中处于同一层次上的经销商之间的冲突。这种冲突既可能是一个厂商采用多渠道的复合销售系统在同一市场销售时所发生的冲突，也可能是不同厂商处于同一层次上的经销商之间的冲突。

通常认为，销售渠道冲突会损坏渠道成员之间的关系，影响渠道运转。但渠道冲突的结果有良性和恶性之分。

良性渠道冲突的结果：许多情况下，渠道成员之间的冲突往往能使各方感觉到对方的贡献，并认识到任何一方的成功都离不开另一方的努力。此时，冲突的结果是良性的和建设性的。这种情形下，各方虽然相互独立，但仍然会认识到目前的渠道关系是实现渠道目标的最佳途径。因此，它们就不会损害相互间的关系，相反会相互促进并提高他们的绩效。

恶性渠道冲突的结果：当渠道冲突加剧到一定程度时，结果就会变成恶性的了。这种结果反映在渠道成员对于从渠道中获得的利益不满。随着这种冲突的加剧，渠道成员的利润指标会下降，成员对渠道会产生一种失望的情绪，进而会失去对彼此的信任。一旦失去信任，整个渠道的竞争力也就丧失了，这时渠道成员间的关系也就难以为继了。

渠道冲突发生的原因很多，渠道成员目标不一、观念上的差异、期望上的差异、角色不对称、争夺稀缺资源、对决策权认识的分歧以及沟通的障碍等都有可能引起渠道冲突。渠道冲突往往是由一些导火索引发，比如价格或者折扣、存货水平、货款回收、技术咨询和服务、销售商经营竞争对手产品、渠道的调整与变革等方面的原因。

### （二）渠道冲突的解决办法

#### 1. 要在渠道设计中建立防范冲突的机制

首先，要建立和促进信息共享机制，通过创造一条渠道内制度化的、信息共享的途径，减少渠道成员间在观念、认识、目标和期望等方面的差异，以防止和减少冲突；其次，建立调节和仲裁机制，即通过借用与渠道无关的第三方力量来解决争端，以防止冲突升级或者使冲突保持在一定范围内。

#### 2. 解决冲突的谈判策略

当渠道冲突发展到公开阶段时，渠道成员间就面临着谈判。根据渠道成员在谈判中坚持自己目标的程度和合作意愿的大小，可采取如下四种策略：

（1）合作或问题解决型策略。如果渠道成员强烈坚持自己的目标，同时又希望与其他渠道成员合作，此时可以采取合作或问题解决型策略来处理冲突。冲突各方尽管会强烈坚持自己的目标，但由于具有合作的愿望，因此会以妥协的方法寻求解决问题的方案，努力使每一方达成自己的目标。

（2）竞争或进攻型策略。当渠道成员强烈坚持自己的目标，同时合作意愿不高时，使用此策略。这种策略会加剧冲突，助长渠道成员相互间的不信任，从而威胁到渠道的生存。渠道成员中有一方采用这种策略，就意味着渠道的稳定性被打破了，渠道成员之间相互关系就很难继续维持。最终进攻性的策略就是将有关方清理出渠道。这是万不得已时的一种做法。

（3）迁就型策略。渠道的一方不强烈坚持自己的目标，希望与其他渠道成员继续合作时，适用此策略。这种策略体现出了一种合作的、互惠的真诚意愿，是想通过满足另一个渠道成员的要求来强化渠道关系，建立起渠道成员间更长期的信任和承诺。

（4）回避型策略。如果渠道的一方不坚持自己的目标，与其他渠道成员合作的欲望也不强烈时，可采取此策略。这时渠道中的一个成员试图以不对其他成员提太多的要求，尽量减少与渠道其他成员间的信息交换，来避免讨论争端，防止冲突的发生。

#### 3. 通过渠道调整解决冲突

通过渠道调整解决冲突有如下两种方式：

（1）建立渠道联盟或者渠道一体化。渠道联盟就是使渠道成员之间形成一个风险-利益联盟体，这对解决渠道冲突非常有效。

（2）渠道扁平化。渠道扁平化是一种减少冲突可能性的方法。当然，渠道扁平化应当避免渠道成员间矛盾的激化。如果厂商为了缩短渠道，绕开销售商直接向零售终端供货，就会威胁到原来经销商的生存，此时应当采取谨慎的平衡策略。

## 二、渠道窜货及其对策

### （一）渠道窜货

渠道窜货又称冲货或倒货，是指销售商在利益驱动下发生的产品越区销售行为，也就是向其合法经营区域以外的地区销售产品。这是典型的渠道冲突。窜货有如下几种情形：分公司之间窜货、经销商之间窜货、经销商低价倾销过期或即将过期的产品、经销商为获取高额利润而销售假冒伪劣产品。

窜货分为自然窜货和恶性窜货两种。自然窜货是指经销商在正常销售时，无意中向自己辖区以外的市场销售产品。这种窜货往往很难避免，只要有市场分割就会有自然窜货。恶性窜货是指销售渠道中的成员为了获得非正常的利润，蓄意以低于厂商规定的价格向自己辖区以外的市场倾销产品。恶性窜货危害极大，常常会导致经销商不满，对厂家品牌失去信心，也会因为经销商销售假冒伪劣商品而使消费者对品牌失去信任。恶性窜货将严重地破坏整个销售渠道体系。

### （二）渠道窜货的对策

从本质上看，窜货发生的根源在于厂商和供应商，所以厂商和供应商必须采取切实有效的措施，防止窜货的发生。

#### 1. 完善渠道管理的约束机制

厂商和供应商应当建立自己专门的销售渠道管理机构，配备一定数量的具有较强责任心的人员，既明确责任，又授予一定的监督权，保证有专人管理渠道窜货问题。同时，厂家和供应商要完善防止窜货发生的规章制度，使对窜货问题的处理有章可循。

#### 2. 合理划分市场，使每个经销商都有合理的生存空间

对于新加入渠道的经销商，除了经销商本身的条件外，厂家或供应商还应该派人去当地区域进行实际调研，比较准确地确定当地的可能销售量。这样根据可能的销售量来确定经销商的数量，可以保证每个经销商都有一个合理的市场空间，即使不窜货也能获得一定的销售奖励。

#### 3. 应用新技术

厂商可以对销往不同区域的产品的外包装加以区别，例如贴上不同的编码、一维条形码、二维码、三维码等，或者直接在外包装上用文字注明产品的销售地区。

## 三、渠道战略联盟管理

渠道战略联盟是指渠道关系发展到一定阶段，处于同一销售渠道中的双方或多方成员通过协议形成的长期利益共同体。在渠道战略联盟中，渠道成员按照协议规定，共同开发市场，共同承担市场责任和风险，共同管理和规范销售行为，公平地分享经济利益和合作成

果。建立渠道战略联盟的根本目的是希望获得持久竞争优势。

渠道战略联盟的形式主要有如下几种。

**（一）会员制**

会员制指渠道成员通过协议的方式建立一个类似于俱乐部的组织，组织内成员之间具有较高的信任度，大家相互协调、互相帮助，共同遵守游戏规则，谋求共同发展。这是一种初级形式，约束力不是很强。核心企业往往通过收取会员企业一定的保证金或签订具有较强约束力的保证协议书的手段来形成渠道战略联盟。

**（二）销售代理制**

渠道联盟的销售代理制不同于一般意义上的销售代理制，它一方面要求销售代理商签订销售代理合同，另一方面要求厂商签订制造承包合同。这是一种比会员制更紧密的渠道联盟。

**（三）联营公司**

联营公司是指合作双方为充分发挥各自的优势，通过法律程序而建立的联合经营体。一般来说，建立联营公司要求联营各方在利益上有更高的一致性，风险共担、利益共享。所以，只有当渠道成员间的合作发展到较高水平时，才会建立联营公司。联营公司主要包括两种形式：合资经营和相互持股。合资经营由联营双方共同出资、共同经营、共同管理、共担风险、共享利润，一般按照双方的股份分担风险和享受利益。相互持股是联营各方为加强联系和合作而相互持有对方一定数量的股份，双方资产和人员不必合并的一种联营形式。

**【案例 7-3】 格力电器销售渠道权力结构的变革**

珠海格力电器股份有限公司成立于 1991 年，是目前全球最大的集研发、生产、销售、服务于一体的专业化空调企业之一。自 1995 年以来，格力空调产销量、销售额、市场占有率连续 14 年位居中国空调行业第一；2005 年以后，格力空调的产销量更是位居世界第一。

格力电器的巨大成功不仅源于产品的技术创新，更与格力渠道模式息息相关。格力的渠道模式大致经历了以下两个阶段。

**一、20 世纪 90 年代中期以前重点经营专卖店和综合百货商场**

20 世纪 90 年代中期以前，我国家电业处于卖方市场，家电制造商主导家电市场。家电营销渠道模式是传统的家电营销渠道模式。一般认为，传统的家电营销渠道模式主要是大中小各类商场以及小型电器商店。在该模式中，家电制造商是渠道权力的绝对掌控者，经销商从属于家电制造商，消费者的消费行为是被动的、单一的和缺乏个性化的。1991 年成立的格力电器实力弱小，面对强势品牌“春兰”“华宝”等，格力的营销措施是在春兰等强势品牌覆盖小的皖、浙、赣、湘、豫、冀等省树立品牌形象。产品的销售主要是通过综合百货商场的家电部和专卖店销售。这里的专卖店是指电器专卖店。电器专卖店的来源较多，有的是由五交化公司转变而来的电器专卖店，有的是从百货公司家电部分离出来的，还有的是由各种所有制成分经营电器的小店逐步发展起来。在家电制造商主导家电市场的时期，格力对经销商的依赖程度较低。许多经销商靠厂家的扶持发展壮大，厂家也在客观上利用大户经销商的销售渠道、资金、流通设施及人力开拓市场。这一时期格力电器的渠道权力结构向厂家倾斜。

**二、20 世纪 90 年代中期以后运作区域性销售公司**

20 世纪 90 年代中期到末期，我国家电行业经历了产量竞争阶段和质量竞争阶段。1997

年，家电业进入买方市场，家电制造商开始展开对经销商资源的激烈争夺。争夺的手段主要是给予经销大户更多的优惠政策。格力给予经销大户“淡季贴息返利”和“年终返利”的优惠政策。这样格力空调渠道权力结构的倾斜程度不断缩小。也就是说，格力空调对电器专卖店和综合百货商场等营销中介的依赖程度不断加强。家电的供大于求使得商家之间相互杀价，市场一片混乱，格力电器也不例外。在 1997 年年底，为应对湖北省四大经销商的竞相降价与窜货，格力成立了股份制区域性销售公司——湖北格力空调销售公司，这种区域性专业销售公司采取统一市场、统一渠道、统一价格、统一服务的政策。其具体做法是，由格力电器股份联合某地区内（一般是省级）的某几家经销大户，由格力电器参股、以合资的方式组建联合股份制销售公司。以股份的形式把厂商和经销商的利益捆绑在一起，达到了双赢和多赢的效果。

在二元渠道权力结构中，格力的品牌及产品被区域性专业销售公司认为是有价值的资源，而由实力强大的经销大户组成的专业销售公司拥有区域市场，厂商以资本为纽带实际上锁定了双边关系，导致了较高的转换成本。因此格力空调与区域性专业销售公司的渠道权力结构是高度均衡的。这种高度均衡的权力结构极大地提高了格力空调营销渠道的稳定性和运行绩效，这也是它多年来销售额不断攀升的主要原因之一。

2000 年年末，格力巡查全国市场时发现，湖北公司部分人欲将格力的资源转移到个人注册的小公司中去，损害了二、三级经销商的利益，格力和区域性专业销售公司之间的矛盾便凸显出来，渠道权力结构的高度均衡状态被打破。为纠正失衡的渠道权力结构，格力通过吸收其他实力小的经销商参股，削弱原大股东的地位，同时也增加自己所持股份，从而加强了对区域性专业销售公司的控制。

在价格和原料成本的双重压力下，格力和区域专业销售公司双方通过对关系的持续投入，形成了针对对方的专有资产，因此彼此高度依赖的权力结构得以不断维持。2007 年 4 月 28 日，格力宣布将 10%的股权转让给各地核心的经销商。此次调整从制度上再次把经销商的利益与格力的利益牢牢捆绑起来，充分调动了经销商维护和提升格力品牌的积极性，进一步巩固了格力销售网络的优势。同年 6 月，格力集团再做减持格力电器股权，控股比例进一步降至 28.58%。此举进一步引进了战略投资者，有利于格力集团的健康发展。

# 第八章

# 销售过程前期管理

销售过程是指销售人员进行销售活动时通常采用的完整的行为步骤。虽然这其中会有许多因素影响销售人员的销售过程，但在实际工作中还是存在一定的逻辑顺序和行为程序。如果销售人员能按照这样的销售步骤开展工作，将会大大提高销售业绩。从销售人员和其销售对象接触和交往的时间顺序来看，一个完整的销售程序应包括 6 个步骤（见图 8－1）。

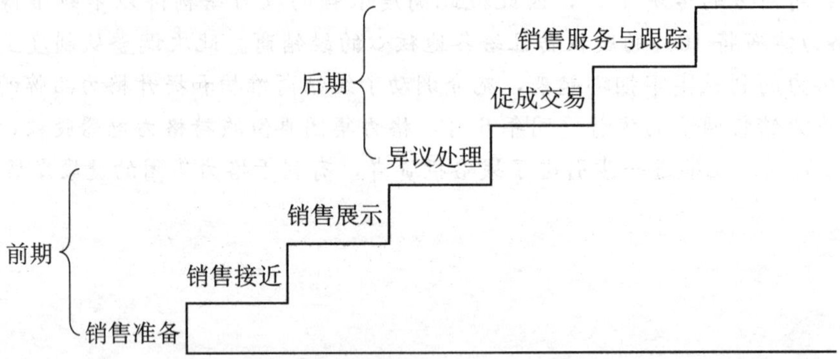


**图 8－1　销售过程的六个步骤**

这一销售过程所涉及的内容比较多，我们可以将其划分成两个阶段：销售过程前期和销售过程后期。本章主要针对销售过程前期的工作进行分析。

## 第一节　销售准备

销售准备是伴随着潜在顾客的发现，在拜访潜在顾客之前所做的各项准备工作。

在销售准备时应做好六个方面的工作，包括：自我礼仪准备、产品研究、寻找潜在顾客、顾客资格审查、潜在顾客资料的准备、制定销售拜访计划、约见顾客等。

## 一、自我礼仪准备

销售是一种信息的传递，只有把信息准确地传递给顾客，才能使顾客对企业，对企业的产品、技术、文化有所了解，这是顾客接受企业产品的最重要前提。但不同的人传递同样的信息，其效果是不同的。销售人员要使顾客愿意接受企业的信息并愿意接受企业的产品，就需要对顾客进行说服和教育。说服和教育的过程实际上是让顾客对销售人员产生信任的过程。信任是好感的基础，是顾客愿意接纳销售人员信息的条件。从心理学的角度分析，信任是人的一种感觉，顾客最初对销售人员的信任感多来自视觉印象，包括销售人员的服饰、举止、表情、开关门的动作、走路方式、目光流动、体姿、坐姿等给他人的整体印象。

对销售人员来说，首次打交道的销售对象大多是素不相识的陌生人，顾客在与销售人员接触的瞬间，就会产生大致的印象与感觉，从而决定喜欢、信任或讨厌、排斥——这些将直接影响后续销售的成败。所以，销售人员若希望上门拜访客户取得成功，就要注重自己的外形、表现，选择与个性相适应的服装，以体现专业特点与良好形象。

销售人员要遵守规范的专业销售礼仪，并在正式拜访顾客之前就这些礼仪做一些准备，同时注意避免容易造成负面印象的动作和视觉行为。

常见的专业社交礼仪或称商务礼仪主要包括：进门礼仪、握手礼仪、自我介绍礼仪、办公室礼仪、接发名片礼仪、电话礼仪等。

容易造成负面印象的动作和视觉行为包括：目光表情、动作表情、手势、体姿等。

上面提到的专业社交礼仪或商务礼仪的具体要求见表 8-1。

**表 8-1 销售人员专业社交礼仪要求**

| 礼仪项目 | 基本常识 |
|---|---|
| 进门礼仪 | 先敲门，即使门是开着的，如果门内人员因噪声而没有听见敲门声，要说一声："您好"；<br>进门时必须充满自信，与人微笑并有眼神接触；<br>如果多人进门，应让上司、女士先进。 |
| 握手礼仪 | 先伸出手来与对方握手，以示友好；<br>握手时要有一定的力度，表示实心实意地与对方交往，但力度要合适；<br>握手时应保持 30 秒的时间，但不可以时间过久。 |
| 自我介绍礼仪 | 注意自我介绍的规则，点头示意，以"您好"开头，接到对方回应后，再做自我介绍。 |
| 办公室礼仪 | 保持心态轻松，遇事不可大声喧哗，应尽量保持冷静；<br>不能长时间接听私人电话；<br>进出办公室不要打扰对方或他人；<br>未经同意不准吸烟。 |
| 接发名片礼仪 | 双手接名片，当场阅读，然后将名片放置于眼前的桌子上；<br>发名片时以顾客能读懂的文字一面朝向顾客（朝上），双手呈上，同时，朗读自己的名字和职业。 |

续表

| 礼仪项目 | 基本常识 |
|---|---|
| 电话礼仪 | 电话铃响三次以内接听；<br>与人谈话时，接听电话前须向谈话对方致歉；<br>听电话对方陈述时，以语气词应答；<br>不清楚之处，要主动询问；<br>养成倾听的习惯，不插话、不打断对方的叙述；<br>将电话内容记在记事本上。 |

容易造成负面印象的动作和视觉行为主要表现在四个方面（见表 8-2），销售人员一定要注意，在访问客户时、在与客户的接触过程中、在商务场合不要出现这样的表情与行为。

**表 8-2　容易造成负面印象的动态视觉行为**

| | |
|---|---|
| 目光表情 | 闪烁、回避、顾盼、游移、窥探、盯视、斜视、忧郁的目光，并将视线停留在对方两眼与胸部之间的一个假定的三角区域做亲密注视。 |
| 动作表情 | 皱鼻子、频繁眨眼睛、板着脸、咬嘴唇、伸舌头、冷笑、干笑、挤眼、撇嘴等。 |
| 手势 | 手指某人、挖鼻孔、挖耳朵、搔头皮、摸耳朵、摸鼻子、揉眼睛、捂嘴、搓手等。 |
| 体姿 | 走路摇摆、倚墙而立、手插裤兜、双腿抖动、脚尖击地、坐姿晃动、跨骑椅子、二郎腿、跺脚、叉腰、袖手、背手、掌心向下握手、双臂环抱在胸前、双手交叉置于脑后、双臂交叉等。 |

当然也应意识到，销售人员西装革履、手持公文包，能体现公司形象和规范，这种表现在任何时候都是不错的选择。但有时候还要看拜访对象，双方着装反差太大，反而会使对方不自在，无形中拉开了双方的距离。如建材销售人员经常要拜访设计师和总工程管理人员。拜访设计师当然要穿衬衫、打领带、外着西装，以展示自己的专业形象；而拜访总工程管理人员则不必太讲究，一般以自然、得体和保证行动不受限制为原则，如夹克衫、休闲裤应该是不错的选择。

也有人提出一个着装的标准，即最好的着装方案是“顾客+1”，也就是说，应该只比顾客穿得好一点点，这样既能体现对顾客的尊重，又不会拉开双方的距离。

**【案例 8-1】 IBM 与微软的合作①**

20 世纪 80 年代初，IBM 公司确定了进军微电脑市场的方案，方案取名为“西洋棋方案”。在 IBM 公司，尽管很多高层管理者因循守旧，但毕竟还有一些标新立异的人，他们愿意玩电脑，公司从愿意玩电脑的最后一群“怪人”之中，确立杰克·山姆为“西洋棋方案”委员会的领导人。

“西洋棋方案”委员会在开始制定方案时研究了“苹果”公司成功的原因：第一，积极和独立地与软件公司合作，使那些软件公司不断对开发应用软件感兴趣；第二，建立相对开放的软件流通环境，从而刺激附属产业的发展。为此，IBM 公司方案委员会积极搜索独立软件公司的材料。

① 何斐．富豪之王．广州：广州出版社，1995．

在方案委员会搜集到的材料中，微软公司的名字不断地、反复地出现，引起关注。在分析过程中，微软公司在软件行业中的地位越来越清晰，看来要在微电脑市场上立足，不能不与微软公司结盟。

山姆主动打电话给盖茨，问他是否愿意洽谈合作事宜，并打算在两天之内前往微软公司拜访。盖茨受宠若惊，求之不得。他估计 IBM 公司可能对 BASIC 语言感兴趣。

1980 年 7 月，山姆和另一位 IBM 公司的代表造访微软公司。盖茨、艾伦和史蒂夫·巴默等人心情特别紧张，一改往日轻松的仪态，郑重其事地穿上笔挺的西装，静静地等候山姆的出现。

当山姆一行人出现的时候，盖茨、艾伦和史蒂夫·巴默等人一下子惊呆了，因为来的一行人穿的是盖茨平时最经常穿的休闲牛仔。双方都是着意按对方的平时特点来表现自己，尽管这一次谈判没有实质性的问题，好像是一次 IBM 公司对微软公司的市场调查，但从双方对装束的重视即可看出他们对合作的诚意。

此后，尽管谈判道路并不平坦，但 IBM 公司与微软公司的最终结盟，确定了 IBM 公司"蓝色巨人"的市场地位，也造就了微软"软件霸主"的威风。

## 二、产品研究

销售人员在销售工作付诸行动之前，必须要对产品有一个熟悉的过程，了解了产品、明白了产品并理解了产品，才能说清楚产品，这是赢得顾客对产品、对销售人员乃至对产品品牌信任的前提条件。

### (一) 分析产品

销售之前销售人员需要认真了解自己公司产品的名称、性能、特点等，以便向顾客详细地介绍所销售产品能满足顾客的哪些需要、满足程度等。

一般来说，销售人员应从以下方面分析产品：产品给顾客带来的好处、产品的生产工艺和方法、用途和使用方法、与市场上同类产品的比较优势、产品的市场状况、企业的交易条件和财务结算制度等。

### (二) 掌握产品相关政策

主要掌握企业的产品销售政策、价格政策和促销政策。在企业新推出产品销售政策、价格政策和促销政策时，销售人员更要了解其详细的内容，尤其是相对于以往政策的变动之处，对于变动之处要认真领会，并清楚变动的原因，以免向顾客介绍新的销售政策时出现错误。

分析产品和掌握相关产品销售政策之间的关系：分析产品是掌握产品相关政策的前提和基础，如果销售人员不了解产品，尤其是对新产品不甚了解，就无法向顾客销售新产品；而不了解新的销售政策，就无法用新的政策去吸引顾客。

### (三) 将产品销售给自己

将产品销售给自己就是自己作为购买者来购买所要销售给顾客的产品，这是在产品研究中必须要做的事情。

首先，要说服自己。一些销售人员常常抱怨自己业绩不好，抱怨顾客的诸多挑剔，却没有试问过自己：如果自己是顾客，是否会被自己的解说打动，从而购买自己推销的产品？例如，一家公司举行了一次换位思考的调查，结果 90%以上的销售人员都认为如果自己是顾客，不会购买自己推销的产品。既然自己都不能说服自己，又怎么能说服顾客购买呢？所以问题的根源还是在自己身上。销售人员可以经常问问自己："如果我是顾客，销售人员怎样解说我才会购买？"然后就可以按设想的答案事先演练，这样当面对真正的顾客时，就能做到胸有成竹。

其次，扮演最刁钻的顾客。在产品销售的过程中，如何打动顾客非常重要。有一些顾客对产品的要求非常高，会对销售人员提出各种问题，有些问题甚至会让销售人员难以招架。为了更好地完成销售解说，销售人员可以事先让自己扮演最刁钻的顾客，设想顾客可能会提出什么问题、有什么要求，自己应该怎么回答，以找出和顾客沟通的最有效途径。

### 三、寻找潜在顾客

销售的基本原则是积极开发新顾客。销售人员必须清楚寻找新的潜在顾客的原因：一是扩大销售额，二是取代因时间过久而失去的顾客。有数据显示，企业若不持续地进行市场开拓，每年将会失去30%～40%的顾客。因此，寻找新顾客是销售工作的起点。在寻找新顾客时，不能像大海捞针一样盲目地寻找，而应该了解情况、确立目标、找到客户此前对供应商不满意之处，择机而动。这项工作除了依靠销售人员自身的努力外，还必须掌握并正确运用各种可能的方法。

#### （一）逐户访问法

逐户访问法也称地毯式访问法，它是指销售人员在不太熟悉或完全不熟悉销售对象的情况下，普遍地、逐一地访问特定地区或特定职业的所有个人或组织，从中寻找自己的顾客。这是一种古老的销售方法，其关键之一在于无遗漏，即不能放过任何一个有望成交的顾客。销售人员在人际交往方面的素质和能力也是成功找到新顾客的关键。

这一方法的优点是：访问的范围宽，涉及的顾客广，可借助访问的机会做市场调查，了解顾客的需求倾向并挖掘潜在顾客；对于销售人员个人而言，也是练习和各种类型的顾客打交道并积累经验的好机会。然而，这种方法也具有很大的盲目性，如果是寻找最终消费者，如家庭消费者，一般家庭出于安全方面的考虑会拒绝访问。另外，这种方法会耗费大量的人力，若赠送样品则成本更高。

这种方法的适用范围包括日常生活用品及服务，如小家电、化妆品、保险、家政服务等，也适用于工矿企业对中间商的销售或某些行业的上门销售。这是一种典型的"推"式方法，就是传统意义上的推销。

#### （二）广告搜寻法

广告搜寻法是指利用各种媒体广告来寻找顾客的销售方法，又称"广告开拓法"。

这种方法具有传播速度快、传播范围广的特点，节约人力、物力，但浪费财力，即广告费用日益昂贵，且难以掌握顾客的反映。广告搜寻法的关键一方面在于选择针对目标顾客的适当媒体，另一方面在于广告的制作效果，即广告能否引起人们的关注并产生认同感。

**【案例8-2】 恒源祥广告对搜寻顾客所带来的负面效应**

相信很多人对2008年春节期间恒源祥品牌的电视广告都印象深刻。广告有两个版本：一个版本是"恒源祥"商标和北京奥运会会徽组成静止的画面，一个女童的声音从"恒源祥，北京奥运会赞助商，鼠鼠鼠"念到"恒源祥，北京奥运会赞助商，猪猪猪"；另一个版本是一个低沉的男声从“恒源祥，北京奥运会赞助商，鼠鼠鼠”念到“恒源祥，北京奥运会赞助商，猪猪猪”。每一个版本均依照这种方式把十二生肖完整地念了一遍，历时一分钟。这则广告确实制造了传播效应，也让消费者印象深刻，但受到了广大观众的口诛笔伐，不少观众表示看完十二生肖完整版的广告后产生了一种砸电视机的冲动。这种通过“恶搞”方式播出“雷人”广告的创意从长远来看是搜寻不到客户的。

此后，就有消费者在购物时看到恒源祥的产品就转身离去，有些消费者明确表示不会购买恒源祥的产品。

### （三）连锁介绍法

连锁介绍法又称“介绍寻找法”或“无限寻找法”。这是指通过老顾客的介绍寻找有可能购买该产品的其他顾客的一种方法。这种方法已成为企业常用的行之有效的销售方法之一。

这一方法的优点是，可以减少销售过程中的盲目性。这种方法一般适用于寻找具有相同消费特点的顾客，或在销售群体性较强的商品时采用。

这种方法的运行实质上发挥的是“相关群体”的效应，是通过直接的“相关群体”而导致市场扩大的一种手段。尽管短时间内这种方法达不到广告大力传播的效应，但它的针对性、可信性和有效性是其他任何方式所无法比拟的。

### （四）名人介绍法

名人介绍法又称“中心开花法”，是指在某一特定的销售区域内选择一些有影响力的人物，使其成为自己的顾客，并获得其帮助与合作，将这一范围内的销售对象转化为目标购买对象的销售方法。这一方法的关键在于中心人物，即名人的选择，利用名人的影响力来扩大本企业及商品的影响力。

如果选择的名人口碑好，能够引起更多消费者的热爱，其效果常常会超越广告。因为名人往往在某方面有所成就，因而为人所尊重甚至崇拜，具有更大的说服力，对广大消费者具有示范效应。

这种方法实质上也是利用“相关群体”的效应，即通过间接的“相关群体”而导致市场扩大的一种手段。但企业完全将成交的希望寄托在某一个人身上风险也比较大，因此选择恰当的人选是非常重要的，如果选择的“名人”出现了负面新闻，会直接破坏企业市场的运行。这种方法的使用范围包括新产品、高档消费品或为企业创造声誉的产品等。

### （五）会议介绍法

会议介绍法有两种表现形式：一是指销售人员利用参加会议的机会，与其他与会者建立联系，寻找顾客的方法；二是企业自接开展会议销售，即企业召集目标顾客参会，会上通过展示产品，让消费者直接体验，来感受产品的内涵并进行现场销售的一种方式。

这种方法常常被用于小家电、保健品、小医疗器械产品的销售。从历史发展的角度看，凡采用这种方法的企业均取得了不凡的销售业绩。但这种方法不太适合长期使用，当新产品不被消费者认知时使用效果最好，因为，通过这种方式可以缩短新产品上市并进入商业化推广的时间。但长期使用，在没有其他销售渠道配合时，这种方法不会形成良好的市场效应，尤其是当有欺骗消费者的现象出现时，会引起消费者的反感。

运用这种方法应注意的问题：一要注意人际沟通的技巧，以获得对方的认可，千万不要引起对方的反感；二要保证产品的货真价实，没有任何商业欺诈行为的发生；三要有主流渠道的配合，如具有规模化的批发与零售渠道。

**【案例 8-3】 第三只眼看 TG 公司**

TG 公司是国内一家知名的保健品公司，2006 年在面临激烈的市场竞争和整个保健品经营环境恶劣的情形下，公司业绩大幅下滑，从而导致该公司总裁离职。TG 公司业绩大幅下滑的原因，不仅是同质化竞争和保健品行业经营环境恶劣所致，还有一度被人们称道的会议营销本身存在缺陷。不管这些公司如何强调自己多么诚信，只要是采用会议营销的模式，就必然会出现行业内虚高的定价和忽悠消费者的现象。同时，TG 公司的特长在于它所谓的创新机制及营销模式，尤其是该公司前总裁更是一位聪明“绝”顶、勤奋好学、颇懂经营、悟透营销之人，可是为什么 TG 公司还是走向了衰退呢？

TG 公司总部位于珠海经济特区。TG 集团是国内为数不多的一家老牌保健品上市企业，成立于二十世纪九十年代初。该公司的前身是珠光集团下属一家濒临破产的集体所有制纺织品企业，当时只有四百多名员工，产品卖不出去，工资连续三个月无法发放。这时，担任该公司总经理的 JC 的确十分发愁。

一个偶然的机会，JC 发现日本一家不知名的公司生产了一种带有保健功能的纺织品，价格高也不难销，觉得非常有意思。在经过多方考察之后，国内还没有哪家企业生产同类产品。于是他决定模仿该产品，开发了一种称做“TG 素”的产品。公司自称“TG 素”是“微元生化纤维”。刚开始，“TG 素”产品只是一些小件产品，如袜子、汗衫、内裤等，公司通过“联谊会”的形式进行产品销售。

“联谊会”就是保健品行业中人们常说的“会议营销”，“联谊”就是联系顾客的感情和友谊。销售代表在一个个小区里为老年人测量血压，收集相关信息，然后打电话请老年人参加这种“联谊会”，邀请之前有时还要进行顾客拜访。在销售会上，几个老年人被请上台，主持人先让他们弯一下腰，然后用尺子测量一下，记下每人弯腰时手与地面的距离。接下来每个老年人又被安排将一幅护腰——也就是 TG 公司生产的含有“TG 素”的产品——围在腰上。短短几分钟后，再让这些老人弯腰。奇怪的是，几乎每个上台的老年人都能比上一次弯腰时手离地面更近。于是，主持人就开始宣传“TG 素”产品的神奇。

TG 公司从保健纺织品进入保健食品，后又进入保健化妆品、保健家用电器等，所有产品都是通过会议营销经营并销售的。TG 产品的相互替代性，使 TG 永远也长不大。

2006 年，国家保健品经营的政策控制和该行业产能严重过剩，导致该行业经营异常困难。珍奥被吊销了直销牌照，中脉科技业绩也一落千丈，TG 公司在这种环境下也未能幸免。

### （六）电话寻找法

电话寻找法是指销售人员以打电话的方式来寻找顾客的方法，这是现在经常被企业采用的方法。采用电话寻找法时一定要注意语言使用的技巧，要以抓住对方的注意力并引发其兴趣为准，否则极易遭到拒绝。同时注意通话的时机和通话的时间长度，通话时机最好选择在休闲时段。通话时间不宜过长，能把事情说清楚就可以。后续可将具体信息通过短信或微信的方式发过去，如果对方需要，可直接联系。

使用电话寻找法，其效果会明显呈现出两极分化的态势，如果是消费者急需的信息，或者此前有过联系，且信息不被消费者反感，其通话效果会很好；如果是消费者不需要的信息，或者此前没有过联系作为铺垫，且信息让消费者很不耐烦，则肯定会被消费者拒绝。因此，通过 E-mail 联系或通过短信、微信联系，让消费者有一个思考的时间，其效果可能比直接通电话要好一些。

### （七）信函寻找法

信函寻找法是指销售人员以邮寄信函的方式寻找目标顾客的方法。这种方法覆盖的范围比较广，涉及的顾客数量较多；人们接到信件后都会拆开阅读，如果是他们需要或感兴趣的信息，该方法就会收到良好的信息传播效果；如果是他们不需要或不感兴趣的信息，就会弃之不理。因此，通过信函寻找法寻找新客户的效果不是特别理想，它相当于大海捞针，但最后的结果会比大海捞针的效果好，总有客户感兴趣，总能找到一些新的客户。

这种方法的不足之处在于费用成本和时间成本都很高，拖延的时间也会较长，而且除非商品有特殊的吸引力，否则一般回复率较低。

在历史上，这种方法曾经发挥过不错的功效，但如今利用率比较高的是网络传输，信件寻找法逐渐不为企业所采用。

### （八）资料查询法

资料查询法是指销售人员通过查询各种有关的情报资料来寻找顾客的方法。目前，我国可供查询的有关资料有工商企业名录、商标公告、产品目录、各类统计年鉴、银行账号、专业团体会员名册、市场介绍、专业书报杂志、电话号码簿、邮政编码等。

采用资料查询法可以较快地了解大致的市场情况，成本较低，但时效性较差，销售人员所能拿到的资料一般都会有较长时间的滞后，准确性也令人质疑。同时资料查询法的使用不能单独进行，它一定要有其他手段的配合，如在资料查询之后，使用电话、信函、E-mail 等多种手段进行联系。

### （九）市场咨询法

市场咨询法是指销售人员利用市场信息服务机构所提供的有偿咨询来寻找顾客的方法。在网络经济时代，市场中充斥着大量的信息。社会上出现了许多专门搜集市场信息的咨询机构，通过这些机构往往能获得许多有价值的信息。

利用市场咨询法寻找顾客方便快捷，可节省销售人员的时间，但要注意咨询机构的资质和可靠性。另外咨询费用也是一个需要考虑的问题。

### （十）个人观察法

个人观察法是指销售人员通过自己对周围环境的分析和判断来寻找顾客的方法。这种方法成本低，但对销售人员的观察能力和判断能力要求较高，并要求判断时尽可能客观。在实际运用中，销售人员会利用一些机会去寻找新客户。销售人员在日常接触中，会发现一些有价值的客户源，经过分析判断，可以确定是否可成为本企业的客户。对于可能成为企业客户的客户源，销售人员可进一步采取措施进行沟通与联系。

### （十一）代理寻找法

代理寻找法是指销售人员利用代理人来寻找顾客、销售商品的方法。具体来说，是由代理人代理主体企业寻找客户和销售商品，并从中提取中介费用。代理寻找法的表现形式可以是个人代理，也可以是机构代理。机构代理的效果一般要好于个人代理，且行为规范，可通过合同的方式对双方的行为给予约束。个人代理当然也可以签订合同，但合同的约束性不强。

**（十二）委托助手法**

委托助手法是指委托与顾客有联系的专门人士协助寻找顾客的方法。具体来说，是在委托人找到目标后，销售人员立即与目标顾客取得联系并进行销售访问或洽谈。

这种方法可节省销售人员的时间，减轻工作量。但助手的人选不易确定，而确定合适的助手又是这一方法得以实施的关键。这一方法适用于寻找耐用品和大宗货物的顾客，如房地产、大批灯具销售等。

**（十三）竞争插足法**

竞争插足法是指渗透到竞争对手的销售市场之中并与之争夺顾客的一种寻找顾客的方法。这种方法在现实中经常被使用，其结果可能会引起竞争者的报复行为，但在客户对供应商不满的情况下可以付诸实施，且效果会不错。

**（十四）行业突击法**

行业突击法是指选择一些容易触发购买行为的行业作为销售访问的对象，通过集中性销售访问来寻找顾客的方法。采用这一方法要求销售人员要关注经济发展的态势，关注国民经济产业结构的现状及其未来的发展趋势，因为环境的变化会集中形成对某类产品的需求。如中央指示家电下乡，广大农村势必对家电形成较大的需求；纳米技术的突破，必然会带来纳米产业的发展，进而会形成对纳米材料的需求等。这一方法如果使用得法，能够挖掘出大批的潜在顾客。

**（十五）停购顾客启动法**

停购顾客启动法是指销售人员在寻找潜在顾客时要搞清楚哪些顾客已经停购，分析停购的原因，把有可能重新购买的顾客列入潜在顾客名单中，通过启动措施，使其成为目标顾客的方法。有些顾客在长期的购买行为中，为了了解更多的市场信息，或为了货比三家，可能会用转换供应商的办法来寻求更低的成本和更高的价值，最终在比较中寻找到满意的供应商。如果本企业是用户最早的供应商，用户转换一圈之后很可能还会愿意与本企业打交道，这时重新启动与原有顾客之间的买卖关系就是一件很容易的事情了。

## 四、顾客资格审查

顾客资格审查是当企业面对众多潜在顾客时，需要辨别出哪些顾客是企业真正的顾客，哪些顾客是企业的“虚假”顾客，通过顾客资格审查，可以筛选出企业真正的顾客，方便企业开展下一步的工作。

顾客资格审查常常会用到销售漏斗理论。

销售漏斗也称销售管线，是科学反映机会状态以及销售效率的一个重要的销售管理模型。通过对销售漏斗要素的定义（如阶段划分、阶段升迁标志、阶段升迁率、平均阶段耗时、阶段任务等），形成销售漏斗管理模型；当日常销售信息进入系统后，系统可自动生成对应的销售管线图，通过对销售管线的分析可以动态反映销售机会的升迁状态，预测销售结果；通过对销售升迁周期、机会阶段转化率、机会升迁耗时等指标的分析评估，可以准确评估销售人员和销售团队的销售能力，发现销售过程的障碍和瓶颈；同时，通过对销售管线的分析，可以及时发现销售机会的异常。销售漏斗是一种科学有效的管理手段和方法，它可以给直销模式的销售管理带来极大的帮助。

销售漏斗理论告诉我们，并不是所有的潜在顾客都能成为企业的顾客，而是只有少数潜在顾客能够成为企业的真正顾客。如果销售人员正确使用销售漏斗理论，他就能知道潜在顾客、准顾客和顾客的数目，还能获知自己销售活动的焦点应当指向哪里（见图 8-2）。

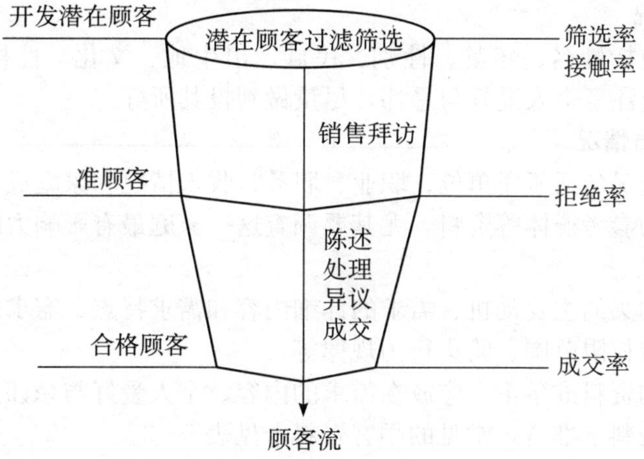


**图 8-2 顾客漏斗示意图**

对图 8-2 的解析是：潜在顾客徘徊在漏斗的顶端，等待销售人员用标准一一过滤，将合格者推到下一层，形成准顾客。销售人员拜访中，通过陈述、处理异议、促成交易等手段，将这些顾客向下移或移出漏斗，下移者成为企业的顾客，移出者从漏斗中分离出去。合格的顾客是由金钱、权力和需要三要素共同构成的人。

只有具备了这三个要素的顾客才是合格的顾客、真实的顾客。所以，一般来说，顾客资格审查要审查以下三个方面的内容：

(1) 顾客购买能力就是顾客购买产品的支付能力。这是判断一个准顾客是否能成为目标顾客的首要条件。审查顾客的购买能力可以分为审查个人或家庭的支付能力和审查企业的支付能力两种。前者主要是调查消费者个人或家庭的经济收入状况；后者主要调查企业的经营状况、财务状况。购买能力调查难度很大，许多销售人员往往自行做出判断，因此准确率不太高。当然，销售人员可以设法自行调查或让第三方提供信用担保。

(2) 顾客购买需要审查是指销售人员通过对有关资料的分析，确定某一顾客是否真正需要所销售的产品。审查的内容主要围绕是否需要、何时需要、需要多少等问题来进行。如家庭日常生活用品的消费常常具有小周期性，如一个月、半个月等；大件产品的消费常常具有大周期性，如 5 年、8 年、10 年等；汽车保险消费的周期是按年计算，等等。

(3) 顾客购买决策权的审查是指销售人员在向顾客销售产品时，一定要清楚谁是购买决策者。如果事先不对潜在顾客的购买决策者进行鉴定，就有可能事倍功半。

对于个人消费者是否具有决策权，销售人员可以审查谁在家庭购买行为中起关键作用，谁是购买产品的倡导者，谁是使用者，谁是决策者。

对于企业集团消费，销售人员必须了解团体顾客内部的组织结构、人际关系、决策系统与决策方式，掌握其内部管理者的相对权限，向有决策权的管理者销售产品。

## 五、潜在顾客资料的准备

潜在顾客包括个人准顾客、组织市场准顾客、老顾客等。

### （一）个人准顾客的资料准备

这里最重要的是对个人背景资料要有一定的掌握，以作为约见个人购买者的依据。具体来说，应包括以下几个方面。

**1. 个人基本情况**

个人基本情况包括姓名、年龄、性别、民族、出生地、文化、性格、居住地、邮政编码、电话号码等。应注意个人爱好与忌讳，尽量做到投其所好。

**2. 家庭及其成员情况**

家庭及其成员情况包括所属单位、职业、职务、收入情况和家庭成员的价值观念、特殊偏好、购买与消费的参考群体等资料，尤其要调查这一家庭最有影响力的人物的偏好情况。

**3. 需求内容**

需求内容包括购买的主要动机、需求的详细内容和需求特点、需求的排列顺序、可能的购买能力、购买决定权限范围、购买行为规律等。

对个体准顾客的资料准备重点应放在需求的内容、个人爱好与忌讳上。一般来说，销售人员可以通过顾客资料卡准备。常见的顾客资料卡见表8－3。

**表8－3 顾客资料卡**

| | | | | | | |
|---|---|---|---|---|---|---|
| 姓名 | | | 性别 | | 年龄 | |
| 住址 | | | 邮编 | | 电话 | |
| 工作单位 | | | 职务 | | 民族 | |
| 家 属 | 姓名 | 关系 | 年龄 | 职业 | 备注 | |
| | | | | | | |
| 特长爱好 | | | | | | |
| 性 格 | | | | | | |
| 销售方法 | | | | | | |
| 访问记录 | | | | | | |
| 备注 | | | | | | |

### （二）组织市场准顾客的资料准备

现在组织市场的购买行为越来越复杂，但也越来越有价值。组织市场准顾客主体同时兼有法人代表与个人代表两种社会角色，进行购买决策时这类准顾客会同时考虑组织与个人两方面的利益。因此，销售人员准备的资料应比个人准顾客的资料更充分。

**1. 了解组织的基本情况**

组织的基本情况包括法人购买者的机构名称、品牌商标、营业地点、规模等。此外，销售人员还应了解这类准顾客的所有制性质、注册资本、职工人数、交通条件、成立时间以及姓名、电话号码、传真号码等。

**2. 了解组织购买者的生产经营情况**

组织市场准顾客的生产经营情况对其购买行为有着较为直接的影响。因此，在接近组织市场准顾客之前，销售人员应尽可能全面地了解其生产经营情况，包括生产经营范围、生产能力、资信与财务状况、设备技术水平和技术改造方向、企业的市场营销组合、市场竞争状况以及企业发展方向等方面的内容。

**3. 了解组织市场准顾客的采购习惯**

一般来说，不同的组织市场准顾客有着不同的采购习惯，包括采购对象的选择、购买途径、购买周期、购买批量、结算方式等。在准备过程中，销售人员要对组织市场准顾客的采购习惯进行认真、全面、细致的分析，再结合销售产品的特征与性能，确定能否向其提供新的利益以及组织市场准顾客对所销售产品实施采购的可能性。

**4. 了解组织市场准顾客的组织结构和人事状况**

销售人员不仅要了解组织市场准顾客的近期目标、远期目标、规章制度和办事程序，还要了解它的组织结构和人事状况、人际关系以及关键人士的职责范围与工作作风等方面的内容。在接近组织市场准顾客之前，要了解和掌握组织市场准顾客的组织结构和人事状况，以有针对性地开展销售接近工作，促进销售活动的顺利推进。

### （三）老顾客的资料准备

老顾客是销售人员熟悉的、比较固定的买主。保持与老顾客的密切联系，是销售人员保证顾客队伍稳定、取得良好销售业绩的重要条件。对老顾客的接近准备工作，不同于寻找新目标顾客的准备工作，因为，销售人员对老顾客已经有了一定程度的了解，资料准备过程主要是对原有资料的补充和调整，是对原有资料中错漏、不清楚、不确定等方面资料的及时修订和补充，是对原有顾客关系管理工作的延续。老顾客的资料准备工作主要包括以下三点：

（1）重温老顾客的基本情况。销售人员在与老顾客见面之前要对老顾客的原有情况进行温习与准备。通过温习，再见面时可以从这些内容入手选择对方感兴趣的话题，以产生亲切感。

（2）密切关注老顾客的变动情况。对原有档案中的资料进行审查，看是否有变化。

（3）掌握老顾客的反馈信息。对于老顾客，销售人员在再次拜访之前，应先了解一下老顾客上一次成交后的情况反馈。顾客反馈的内容是多方面的，包括供货时间、产品价格、产品质量、使用效果和售后服务。

## 六、制定销售拜访计划

如前所述，制定销售计划有助于销售人员合理安排和利用时间，也有助于销售人员建立信心，帮助销售人员在买卖方之间营造友好的气氛，还可以节省时间并提升销售额。销售人员制定销售拜访计划时要注意以下四点。

### （一）制定销售拜访目标

销售拜访目标分为销售目标和行政目标。销售目标包括要求老顾客增加订货量和品种、向老顾客推荐现有产品中尚未正式销售的产品、介绍新产品、要求新顾客下订单等。行政目标包括回收账款、处理投诉、传达政策、建立与顾客的关系等。

### （二）拜访时间和拜访路线的安排

拖延不会给销售人员带来任何好处，所以销售人员每天都应拿出一定的时间用于寻找潜在顾客，如可以每天拿出一小时时间，并把它列入每天的工作计划。在与现有顾客接触之余，销售人员也可以挤出时间与潜在顾客保持联系。因此，要制定对潜在顾客的拜访计划，以保持一定的销售额增长率。

此外，销售人员还应对拜访路线进行安排，以实现在最短时间内拜访到尽可能多的顾客。如果拜访时间能够预约安排，将有助于工作效率的提升和时间的节省。

### （三）拟定现场作业计划

拟定现场作业计划即销售人员针对一些具体细节、问题和要求来设计一些行动提要。在对产品有了深入了解的情况下，销售人员不妨将产品的功效、特点、交易条款以及售后服务等内容综合归纳为少而精的要点，作为销售时把握的中心；对于对方可能提出的问题，销售人员事先要有预测和准备，并设计好答案，以备回答问题时之用。经验不丰富的销售人员，一定要多花一些时间在现场作业计划方面，以做到有备无患。

**（四）制定销售工具清单**

“工欲善其事，必先利其器”，一位优秀的销售人员除具备锲而不舍的精神外，还应将通向目标可能使用的所有工具都准备妥当。为此销售人员要列一份完整的销售工具清单，这是销售中所使用的武器。调查表明，销售人员在拜访顾客时，利用销售工具可以降低50%的劳动成本，提高10%的成功率，提高100%的销售质量，增强150%的销售信心。

在销售介绍时，除了要带上自己精心准备的产品说明书、企业宣传资料和其他各种资料（如样品、宣传品、纪念品、照片、鉴定书、有关剪报、影像资料、价格表等）外，还要带上介绍自己的材料（如名片、介绍信、工作证、法人委托书、项目委托证明等）。另外，带上证明企业合法性的证件和其他复印件也是非常必要的。最后，还应带上一些达成交易所需要的材料，如订单、合同文本、预收定金凭证、计算器、笔记本、签字笔等。

## 七、约见顾客

约见顾客是指销售人员事先征得顾客同意接近顾客的活动。活动的主要目的是：第一，为接近顾客铺平道路，避免贸然闯入遭拒绝的情况发生；第二，提高访问效率，避免时间的浪费。

**（一）约见的内容**

**1. 确定销售拜访对象**

确定销售拜访对象即确定与对方哪个或哪几个人接触。销售人员应尽量设法直接约见产品的购买决策人，或者约见对购买决策具有重要影响的人物，避免在无决策权和无关人员的身上浪费时间。为了能顺利地约见主要人物，销售人员应尊重有关接待人员，在言行中把他们当成同等重要的人物，从而取得他们的支持与合作。

**2. 确定拜访事由**

顾客通常根据拜访事由来决定是否接见。销售拜访的目的最终都是销售产品，但每次拜访的目的却各有不同，如投石问路、留下印象、市场调查、签订合同、提供服务、收取款项、联络感情，或者是为了进一步交往而寻找借口。除非销售人员确实知道顾客正需要这种产品，否则销售人员不会把销售产品作为约见顾客的理由，选择其他事由更容易让顾客接受。销售人员应该根据自己的实际情况、企业及顾客情况，选择最充分的约见理由。其中，能够通过帮助顾客解决现实问题是最好的拜访理由，也是促成交易的最有效方案。

**【案例8-4】 销售之前先帮助顾客解决问题**[①]

有一位汽车销售员在刚开始卖车时，老板给了他一个月的试用期。29天过去了，他一辆车也没有卖出去。最后一天，他起了个大早，到各处去销售，到了下班时间，还是没有人肯订他的车。老板准备收回他的车钥匙，告诉他明天不用来公司了。然而这位销售员却不肯

---

① 范爱明．销售高手的心理诡计．北京：中国经济出版社，2010.

放弃并坚持说，还没有到晚上十二点，自己还有机会。于是，这位销售员坐在车里继续等。

午夜时分，传来了敲门声，是一个卖锅者，身上挂满了锅，冻得浑身发抖。卖锅者看见车里有灯，想问问车主要不要买一口锅。销售员看到这个家伙比自己还落魄，就请他坐到自己的车里来取暖，并递上热咖啡。两人开始聊天，这位销售员问："如果我买了你的锅，接下来你会怎么做?"卖锅者说："继续赶路，卖掉下一个。"销售员又问："全部卖完以后呢?"卖锅者说："回家再背几十口锅出来接着卖。"销售员继续问："如果你想使自己的锅越卖越多，越卖越远，你该怎么办?"卖锅者说："那就得考虑买辆车，不过现在买不起……"

两人越聊越起劲，天亮时，这位卖锅者订了一辆车，提货时间是五个月以后，定金是一口锅的钱，这个价钱在当时是很符合卖锅者的实际的。也因为有了这张订单，销售员被老板留了下来。他一边卖车，一边帮助卖锅者寻找市场，卖锅者生意越做越大，三个月以后，卖锅者提前提走了一辆送货用的车。这位销售员在后来的15年间卖了一万多辆汽车。

**3. 确定拜访时间**

销售人员应尽力替顾客着想，最好由顾客确定或由顾客主动安排时间。因为拜访时间的恰当与否，将直接影响到销售工作的进行。一般情况下，销售人员应从以下几个方面来考虑问题：

（1）销售人员应根据拜访对象的特点确定约见时间，包括客户的作息时间、客户的心情等。避免在顾客最忙碌的时候约见顾客，避免在顾客心境不佳时拜访顾客。

（2）根据拜访的目的来确定拜访时间。拜访时间的确定一定要有利于拜访目的的实现。若拜访的目的是达成交易，就应该选择有利于交易的时间；若拜访的目的是为客户提供服务，就应依客户的需要确定时间，并及时为客户提供帮助；若拜访的目的是签订合同，就应把握成交信号，及时约见顾客，切不可拖延时间，以免被竞争对手占得了先机；若拜访的目的是收回货款，就应尽可能地掌握客户的资金周转情况，在顾客手头比较宽裕时约见。

（3）根据拜访地点来确定拜访时间。其基本原则是拜访时间应与拜访地点保持一致，如约定在客户家中会面，应选择在工作以外的时间，但又不能太晚；如约定在办公室见面，应选择办公时间，同时又是客户不太忙的时间；如约定在餐厅见面，应约定在午饭或晚饭的时间；如约定在球场见面，应约定在休息日的上午或下午。无论选择什么时间和地点，销售人员都要方便客户，以创造良好的交流氛围。

（4）守时守约。拜访时间一经确定，销售人员就要严格遵守，准时赴约。赴约的时间应比约定的时间略早一些，可以早5～10分钟。过早，等待时间过长，会造成时间的浪费；过晚，造成客户的等待，是对客户的不尊重，同时，迟到也反映出销售人员工作的拖沓，给人一种不重视与客户见面机会的感觉，从而造成客户的流失。如果确有意外情况，应及时与客户取得联系，说明情况，求得客户的谅解，同时请求客户稍等或另行约见。如发生客户等待的现象，见面时一定要先道歉，并做出适当的自罚承诺，如请客户吃饭或打球等。

（5）合理利用拜访时间，提高拜访效率。在实际工作中，无论双方约定的时间多么精确，都难免有等待的情况发生。为此，销售人员一方面要采取措施，尽量避免浪费时间；另一方面又要充分利用等待的时间，如在等待的时间里规划下一步的行动方案，看一看相关客户的资料等。这样，将工作中所用到的相关资料随身携带，不但有利于做好准备，还可以排遣急躁的情绪，使与客户见面时，能保持一个良好的心态和情绪，有利于销售意向的达成。

**4. 确定拜访地点**

在什么地方见面也是约见前要确定的内容之一。确定约见地点的基本原则是：方便客户和尽量避免干扰。一般来说，有以下几个可供选择的地点：

（1）工作地点。对于集团客户或工业品的消费客户来说，最好的拜访地点就是其工作地点。在初次约见客户时，一定要确定详细地址，以确保准时赴约。

（2）如果销售的是生活用品，上门拜访是比较合适的选择，但如果选择上门约见，一定是客户提出的建议或要求，同时，一定是在约见双方比较熟悉的情况下做出的选择，以避免对客户生活造成干扰。

（3）社交场合。餐厅、球场、咖啡厅、茶馆等社交场合也可以作为会见客户的地点。在这样的场合与客户会见，容易找到更好的、且双方都感兴趣的话题，进而拉近与客户的距离，促进双方的进一步交往。

（4）公共场所。销售人员约见客户还可以选择一些公共场所，如展览厅、订货会、货栈、洽谈室等，也可以把公共娱乐场所作为约见的地点，如音乐茶座、歌舞厅等。但太嘈杂或来往人员太多之地一般只能作为礼节性拜访、初次认识、联络感情的场所，不能作为实质性谈判的地方。

### （二）约见顾客的方法

销售人员约见客户，对客户来说是一种时间的被占用，可能会影响客户工作或休息，因而客户一般不太情愿。为此，销售人员在约见时，要遵守"笃诚以敬、心怀感激"的原则，处处以客户的利益为重，赢得客户的信任。但要使约见顺利完成，除了应有的态度外，销售人员还要掌握以下几种主要的方法。

#### 1. 书信约见

书信约见包括书信、会议通知、社交请柬、广告函件等。其中个人通信的形式效果最好。

书信约见时要注意以下几点：

（1）文辞恳切，以增进对方同意会面的可能性。

（2）简单明了，只要将约见时间、地点、理由说清楚即可。

（3）投其所好，以顾客为中心，供其所需。

#### 2. 电子邮件约见

电子邮件约见的前提是要知道对方的邮件地址。以名片索取的方式可获得对方的邮件地址。通过这种方式联系成本低、方便、快捷，不受时间限制，还可以附有产品或服务简介。

注意，使用电子邮件时，一定要突出最能吸引对方的特点，不要像广告一样。如果能和电话相配合，则会收到更好的效果。

#### 3. 电话约见

电话约见能突破时间与空间的限制，迅捷方便，与书信相比可节省大量的时间与费用，因此，这是一种最常用的方法。但由于顾客对销售人员缺乏了解，电话约见也最容易引起顾客的猜忌，因此，必须熟悉以下电话约见的原则：

（1）注意陈述，要清楚表明事实，用尽可能少的词语表达约见的请求。

（2）用一个对目标顾客的问话结束，如"您还有其他要求吗？""我是否需要带上样品？"等等，这样可以使谈话继续，避免遭到顾客的盘问。

（3）把需要提出的问题排序，避免忘记或重复。

（4）准备好可能会被问到的问题，仔细考虑如何回答。如果即兴回答，失败的可能性会比有准备的回答高很多。

**4. 当面约见**

当面约见简便易行。销售人员可利用各种可能与顾客见面的机会进行约见，如在火车上、在被第三者介绍熟悉的时候、起身告辞的时候等，均可以成为销售人员与对方约见的机会。

首先，当面约见可以拉近与客户之间的距离，消除隔阂，容易成功。其次，当面约见使销售人员可以近距离地观察、了解客户，更能准确地做出销售预测，从而进一步做好接近客户的准备。此外，当面约见还可以把以其他方式约见不宜说清楚的问题讲清楚，避免造成误会。

但当面约见也受到一定的制约：一是受地理区域和可能没有见面机会的限制；二是见面需要寒暄、攀谈和说明，效率比较低；三是可能会顾此失彼，或造成漏约、误约或失约等。

## 第二节　销售接近

销售接近是指销售人员为了实现销售目标而走进顾客视野中的过程，这是销售过程的重点与难点。因为，销售人员是带着销售目的去接近一个陌生人的，对每一个销售对象都是从陌生起步的。销售人员如果成功地完成了接近工作，就为下一步销售工作的顺利完成奠定了良好的基础。

### 一、对销售接近的理解

销售接近是在实质性洽谈之前，销售人员运用技巧和智慧与顾客做最直接的面谈，以拉近销售人员与顾客的距离。这里包括两层含义：一是指销售人员和顾客之间在空间距离上的接近；二是指销售人员和顾客之间消除情感上的隔阂，能够真正对对方产生认同的过程。

作为整个销售过程的一个重要阶段，接近顾客这一环节的任务主要包括：验证销售准备过程中所收集到的信息；引起并培养顾客的兴趣；顺利转入实质性洽谈等后续性工作。一般来说，销售接近的过程是一个由远而近的过程（见图 8－3）。

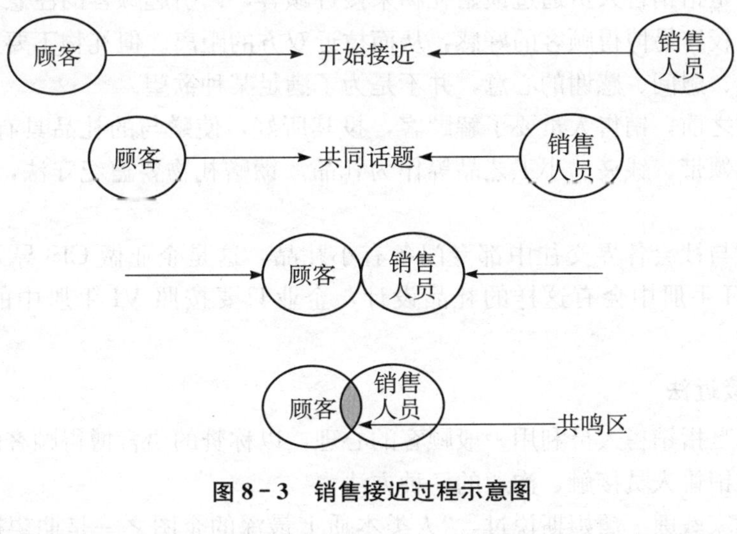


**图 8－3　销售接近过程示意图**

## 二、接近顾客的方法

接近顾客的方法有很多种，其具体表现形式有以下几种。

### （一）产品接近法

这是销售人员利用产品的某些特征来引发顾客的兴趣，从而接近顾客的方法。这种方法对产品的要求比较高，产品应具有某些突出的特点以吸引顾客的注意，并最好能便于携带，以使销售人员能将产品实体展示给顾客。

### （二）介绍接近法

这是通过销售人员的自我介绍或由他人介绍来接近顾客的方法。介绍的内容包括姓名、工作单位、拜访的目的等。为获取顾客的信任，一般应递上名片或相关的证明材料。

在自我介绍时应注意语言简洁、语调适中。切入正题后，可通过回答顾客提问的方式来介绍产品，更多的时间和机会让顾客多说、多问。

由他人介绍的方式往往更有利于接近顾客，取得顾客的信任。

### （三）社交接近法

社交接近法是通过与顾客开展社会交往来接近顾客的方法。采取这种方法一般不开门见山地说明用意，而是尽量先与顾客形成和谐的人际关系。当销售人员有机会通过社会交往的方式与顾客相识时，应先以环境、天气、个人爱好等主题作为谈话的引子，使双方彼此有好感并达成共识之后，再一步一步地将自己的情况介绍出来，最后引入所销售的产品、品牌和企业等内容。

通过社会交往的方式接近顾客不能指望一次见面就能解决全部问题，有时这个过程常常需要几次的接触，或者先帮助顾客解决顾客的问题，在水到渠成之时再将真实的想法和盘托出。因此，通过社会交往的方式接近顾客，一定要有长期交往的思想准备，因为所有的前期交往都能为以后的销售奠定基础。

### （四）馈赠接近法

馈赠接近法是指销售人员通过馈赠礼物来接近顾客，以引起顾客的注意和兴趣的一种方法。馈赠礼物比较容易博得顾客的好感，从而拉近双方的距离。但礼物不要过于贵重，主要是为了表示祝贺、慰问、感谢的心意，并不是为了满足某种欲望。

在选择礼物之前，销售人员要了解顾客，投其所好，使赠与的礼品具有某种实用价值，通常选用皮带、领带、钱夹、小工艺品等作为礼品。馈赠礼物要遵纪守法，价值不能过高，不能变相贿赂。

很多企业在与社会各界交往中都专门备有小礼品，这是企业做 CIS 导入之后的一项要求。在企业的 VI 手册中会有这样的礼品设计，企业只要按照 VI 手册中的要求制作就可以了。

### （五）赞美接近法

赞美接近法是指销售人员利用一般顾客的心理，以称赞的语言博得顾客的好感，进而使顾客产生愿意与销售人员接触、沟通的一种方法。

美国心理学家威廉·詹姆斯说过，“人类本质上最深的企图之一是期望被赞美、钦佩和尊重”。渴望被赞美是每一个人内心的一种愿望。

赞美准顾客必须要找出别人可能忽略的特点，并且要让准顾客知道你的话是真诚的，赞美如果不真诚就会有拍马屁的嫌疑，进而会引起对方的反感。

### (六) 反复接近法

反复接近法是指销售人员在一两次接近不能达成交易的情况下，采用多次销售拜访来接近顾客的方法。这种方法一般在交易额较大的重点生意中经常采用。采用这一方法，一方面要求销售人员要有恒心、信心，另一方面要特别注意与顾客建立起良好的人际关系，即通过重复接近将交易关系变成朋友关系，以促进交易的达成。

### (七) 服务接近法

服务接近法是指销售人员通过为顾客提供有效并符合需要的某项服务来博得顾客的好感、赢得顾客的信任，进而接近顾客的方法。具体的服务内容如维修服务、信息服务、免费使用服务、咨询服务等。采用这种方法的关键在于服务应是顾客所需要的，并与销售的商品相关。

### (八) 利益接近法

利益接近法是指销售人员利用商品或服务能为顾客带来的实际利益以引起顾客的兴趣并接近顾客的方法。采用这种方法时，销售人员应把商品能够给顾客带来的利益放在第一位，以引起顾客的兴趣，增强顾客的购买信心。

这种方法从顾客关心的重点入手引发顾客对所销售产品的兴趣，以迎合大多数顾客的求利心态，销售人员要抓住这一利益诉求予以点明，以突出销售重点和产品优势，从而很快达到接近顾客的目的。

**【案例 8-5】 一个 4 岁小男孩能搬动的洗衣机①**

20 世纪 90 年代中期，当海尔小小神童洗衣机刚刚在美国上市时，就招致了美国竞争对手的强烈抨击，说海尔小小神通洗衣机是一个不像洗衣机、而像玩具的东西，竞争对手说“这是一个 4 岁小男孩都能搬动的洗衣机，怎么能洗衣服呢?”正是这样一句话，导致了海尔“小小神童”产品卖点在美国的形成。当告知经销商和消费者这样一个产品特点的时候，市场接受了这样一个概念。从此，“海尔小小神通洗衣机——一个 4 岁小男孩能搬动的洗衣机”作为产品特征就成为海尔公司销售人员与美国经销商进行信息沟通的一个产品优势，也成为海尔小小神童洗衣机占领美国市场的产品优势。

### (九) 好奇接近法

好奇接近法是指销售人员通过引发顾客好奇心来接近顾客的方法。现代心理学告诉人们，好奇是人类行动的基本动机之一。那些顾客不熟悉、不了解、不知道或与众不同的事物，往往更容易引起他们的注意。如果一位销售人员在介绍产品时说：“我有办法让你们每年花在办公用品上的费用减少 30%”，这时顾客会产生好奇，因为，也许顾客已经经过了精打细算来控制成本，但仍然没能把办公用品费用控制下来。因此，顾客对这样的承诺颇感兴趣，一定要探个究竟。

---

① 作者根据对海尔 CEO 张瑞敏专访的资料整理而成。

采用这种方法时，应注意新奇但不荒诞，并选择恰当的时机将谈话引入正题。要使用好这一方法，不妨将自己放在顾客的位置上思考这样一个问题："究竟是什么因素能使我们认真听取销售人员的介绍?"

**（十）求教接近法**

美国著名心理学家、哲学家詹姆斯曾说："人类天性的至深本质就是渴求为人所重视。"求教接近法是指销售人员通过请顾客帮忙来解答疑难问题，从而接近顾客的方法。任何人身上或多或少都有善为人师的天性，销售人员通过自己向顾客求教，会使顾客得到了为人师的感觉，从而使顾客发自内心地得到了一种满足，因此，顾客特别愿意为销售人员解答问题。例如，销售人员问："李工程师，您是机电产品方面的专家，您看看与同类老产品相比，我厂研制的产品有哪些优势?"这一问题可获得两个特别好的结果：一是将顾客看成了专家，形成了对顾客的尊重；二是将自己产品的优势通过顾客得到了挖掘和验证，其结果对顾客和对企业都有百利而无一害。

使用求教接近法要注意一定要问对方（顾客）擅长的问题，并在求教后及时将话题导入有利于促成交易的谈话之中。

**（十一）问题接近法**

问题接近法是指销售人员通过直接向顾客提问的方式来接近顾客的方法。采用这种方法时，要注意所提出的问题必须是对方所关心的。销售人员可以循序渐进地提问一系列问题，也可以在一个问题之后迅速转入销售主题。在提问时，切忌含混不清、模棱两可，语气要恳切、明确、具体。通过提出问题，请对方回答，可以拉近双方的距离。

**（十二）调查接近法**

调查接近法是指利用市场调查的机会接近顾客的方法。这种方法既可以帮助企业了解顾客的需求，又可以借调查之机扩大企业产品的知名度并进行宣传和销售。调查本身就具有吸纳信息和传播信息的双向功能。采用这种方法对销售人员相关的专业知识水平要求较高，如走访调查时可能会涉及多方面的知识，对调查中所谈论的话题一定要懂，才能引出和引申话题。同时，调查不同于销售，如果销售人员直接以销售产品的形式拜访顾客，招致拒绝的可能性很大。如果销售人员通过调查的形式拜访顾客，被拒绝的可能性就会很小，这样可以打消顾客的戒备心理，从而达到深入调查的目的。

**（十三）表演接近法**

表演接近法也称戏剧化接近法，是指销售人员利用各种表演活动引起顾客注意从而接近顾客的方法。在利用这一方法时，为了更好地达成交易，销售人员还要分析顾客的兴趣爱好、业务活动，扮演各种角色，想方设法接近顾客。

采用这种方法时应谨慎操作，选择有利时机，表演自然，不能出现大失误和大纰漏，尤其是不能出现产品质量、性能方面的差错，否则将适得其反。对于产品在使用过程中可能会出现的一些问题，销售人员事先应想好应对措施，以防失误。

**【案例 8-6】 产品的使用表演**

20 世纪 90 年代中期，山东一家企业生产一种浴室暖风机（也称浴室暖空调），产品通过电视购物节目销售。其节目在制作的过程中为了测试产品的耐湿性能，销售人员扮演顾客，配合电视节目主持人将大碗的水浇在了正在带电运转的产品上面，浇上水之后的暖风机照常运转，这一效果在电视购物中展示之后，产品销售量大增。

## 第三节　销售展示

销售是顾客和销售人员共同参与的活动，当销售人员销售一个实物产品时，要表现得像一个游戏节目的主持人。顾客愿意投入时间来观看销售人员的展示，表示其确实有潜在需求，这时候，销售人员要把握住机会。销售展示不是做产品的特殊说明，而是要激起顾客决定购买的欲望。

### 一、销售展示的含义

销售展示是指销售人员利用语言陈述，并辅助一些其他手段和方式，让顾客充分了解产品的外观、操作方法、具有的功能以及能给顾客带来的利益，并说明购买途径。简单来说，销售展示就是用完整的一段话向顾客介绍自己及产品。

销售展示主要有两类：一类是销售陈述（即劝导性沟通）；另一类是销售演示（真实性使用）。

### 二、销售陈述技巧

好的销售陈述所产生的效果要大于企业和产品的知名度对顾客的影响。因此，销售人员不必因为产品的知名度低而产生畏惧心理，实际上，销售人员完全可以凭借自己专业的销售陈述来打动顾客。

在销售陈述的过程中，销售人员应该注意一种销售陈述的技巧——销售提示法的运用。销售提示法是指销售人员通过语言和行动，提示顾客产生购买动机，促使其做出购买决策，并最终实施购买行为的销售展示法。

销售展示法通常有以下类型。

#### （一）直接提示法

直接提示法是指销售人员开门见山，直接劝说顾客购买其所销售的产品。这是一种被广泛运用的销售展示方法，其特征是销售人员接近顾客后立即向顾客介绍产品，陈述产品的优点与特征，然后建议顾客购买。这种方法能节省时间，加快洽谈的速度，符合现代人的生活节奏。

在运用这种方法时应注意，提示要抓住重点，提示的内容要易于被顾客理解，并符合顾客的个性心理。

#### （二）间接提示法

间接提示法是指销售人员运用简洁的方法劝说顾客购买产品，而不是向顾客直截了当地销售产品的一种销售展示方法。例如，可以虚构一位顾客，虚构的这位顾客可以一般化地泛指，向顾客提示产品时，可以从价格入手，如房地产商的销售人员可以告诉顾客，“公司可能要出台涨价的政策”，或者说“某某楼盘已经涨价”，等等。使用间接提示法的好处在于可以避免一些不太好直接提出的动机与原因，因而可以使顾客感到轻松、合理，从而容易接受销售人员的购买建议。

运用这一方法的基本步骤是：第一，虚构或泛指一个购买者；第二，使用委婉、温和的语气与语言间接地讲述购买动机与购买需求，尤其是对于一些比较成熟的、自认为聪明的顾客；第三，主要是在洽谈的后期采取直接提示法，以更好地把握机会。例如，针对一个脸上长青春痘的青年，销售人员说：“那些油性皮肤的人，都在使用这种洗面奶”，而不说顾客的油性皮肤导致了青春痘。

在运用间接提示法时，销售人员应根据不同类型的顾客和不同的购买动机，有针对性、有区别地灵活运用。

**（三）动意提示法**

动意提示法是销售人员建议顾客立即采取购买行动的洽谈方法。当一种观念、一种想法与动机在顾客头脑中产生并存在时，顾客往往会产生一种付诸行动的冲动。这时，销售人员如果能及时地提示顾客实施购买行动，效果往往不错。例如，当一个顾客觉得某个产品比较称心时，销售人员能够觉察到并及时提示顾客：“这种款式很好卖，这是剩下的最后一件了。”由于提示的及时、恰到好处，常常会得到顾客的响应。

在运用这一方法时，动意提示的内容应是直接叙述顾客的主要购买动机，指向清晰，目标明确。为了使顾客产生紧迫感也即增强顾客的购买动机，这时使用的语言必须简洁明确；当然也要区别不同的顾客，对于那些具有内向心理、自尊心强、个性明显、好琢磨等特征的顾客最好不要使用动意提示法，因为动意提示会被这样的人理解为“你认为他比较迟钝，遇事不明了”，从而导致他对销售人员的不满。这样的后果不但做不成生意，还会形成顾客对你的不良印象，乃至形成不利的后果。因此，动意提示法适于针对性格开朗、善于与人沟通类型的顾客。

**（四）明星提示法**

明星提示法是销售人员借助于一些有名望的人来说服、动员顾客购买产品的洽谈方法。明星提示法迎合人们求名的情感动机，充分利用一些名人的声望消除顾客的疑虑，在顾客的心中产生明星效应，有力地影响顾客的态度，因此，明星提示法的销售效果往往比较理想。

在应用明星提示法时应注意以下几点：

（1）提示所指的明星必须有较高的知名度，为顾客所了解；对于生产资料市场的销售所提示的企业，亦应是这一行业真正的市场领导者。

（2）所提示的明星必须是顾客公认的，是顾客所崇拜和尊敬的。

（3）所提示的明星与其所使用及消费的产品应是真实的。

（4）所提示的明星与所销售的产品间应有必然的、内在的联系，以给销售洽谈的气氛增加感染力和说服力。

**（五）逻辑提示法**

逻辑提示法是指销售人员利用逻辑推理劝说顾客购买的洽谈方法。这种方法通过逻辑的力量，促使顾客进行理智思考，从而明确购买的利益与好处，并最终做出理智的购买抉择。

这一方法符合购买者的理智购买动机。

逻辑推理一般要围绕着三部分内容而设计并展示。这三部分内容是大前提、小前提和结论。例如：大前提：所有的生产商都想降低成本，提高效率；小前提：我的设备能降低你的成本，提高你的效率；结论：因此，你应该购买我的设备。

这是一种直来直去的方式，使用这种方法有时会让顾客感到很突然，让顾客产生一种压力或形成一种紧张的情绪。为避免给顾客造成压力，在实际工作中，销售人员可以构想一个陈述的框架或要点，用于确定潜在顾客是否对降低成本、提高效率感兴趣。如果感兴趣，向对方介绍一下价值分析过程，证明自己的产品所提供的利益优于其他产品；如果不感兴趣，可改用其他方法。

在运用逻辑提示法时应注意，这一方法适用于顾客有较强的理智购买动机；要针对顾客的生活与购买原则进行销售演示；做到以理服人；强词夺理是不能说服顾客的，对顾客既要晓之以理，又要动之以情。

### （六）积极提示法

积极提示法是销售人员用积极的语言或其他积极方式劝说顾客购买所销售产品的洽谈方法。这是肯定的、正面的提示，使用热情的、赞美的语言。

运用这一方法时应注意以下几点：

（1）可以用提示的方式引起顾客的注意，先与顾客一起讨论，再给予正面的、肯定的答复，从而克服正面语言过于平淡的缺陷。

（2）绝对不用反面、消极的语言，只用肯定的判断语句。

（3）所用的语言和词汇都应是实事求是并可以证明的。

### （七）消极提示法

消极提示法是指销售人员使用消极的、不愉快的，甚至是反面的语言及方式劝说顾客购买产品的洽谈方法。例如，保险推销员使用诸如“听没听说过，过了60岁，保险公司就不受理健康长寿医疗保险了，到那时要看病怎么办？”这样的提问。

消极提示法包括遗憾提示法、反面提示法、负向提示法等，它运用了心理学的“褒将不如贬将，请将不如激将”的道理，因为顾客往往对“不是”“不对”“没必要”等词语更为敏感。因此，运用从消极到不愉快，乃至反面、负面语言的提示方法，可以有效地刺激顾客，从而更好地促使顾客立即采取购买行动。

运用这一方法时应注意以下几点：

（1）这一方法只适用于自尊心强、自高自大、有缺陷但不愿意让人揭短，反应敏感、爱唱反调的顾客；对于反应迟钝的顾客不起作用，对于敏感的顾客又会引起争执与对方的反感。

（2）语言的运用要特别小心，做到揭短而不冒犯顾客，刺激而不得罪顾客，打破顾客心理平衡但又不令顾客恼怒。

（3）销售人员应在反面提示后，立即提供一个令顾客满意的解决方案，将洽谈引向交易。

### （八）联想提示法

联想提示法是指销售人员通过向顾客提示或描述与销售有关的情景，使顾客产生某种联想，进而刺激顾客生成购买欲望的一种洽谈方法。

联想提示法要求销售人员善于运用语言艺术去表达、描述，避免刻板、教条的语言，也不能采用过于夸张、华丽的辞藻。语言的描述要能够打动、感染顾客，让顾客觉得贴切、可信。

## 三、销售演示方法

心理学家通过对人们的心理研究表明，在人们所接收的外部信息中，有87%是通过它们的眼睛接收的，只有13%的信息是通过其他四种感官接收的。这就是说，销售人员应该使产品介绍最大限度地可视化。演示法正是很好地抓住了人们“百闻不如一见”的心理。

演示法根据演示对象即销售工具的类别分为：产品演示法，行动演示法，文字、图片演示法，证明演示法，顾客参与演示法等。

### （一）产品演示法

产品演示法是指销售人员通过直接向顾客展示产品本身，用以说服顾客购买的洽谈方法。销售人员通过对产品的现场展示、操作表演等方式，把产品的性能、特点展示出来，使顾客对产品有直观的了解和近距离的感知。产品演示法可以形象地介绍产品，使顾客直接感受，因此，可以直接地促进销售。

对于过大、过重、过长、过厚的产品以及服务性产品等，则不适合采用产品演示法。

### （二）行动演示法

行动演示法是指销售人员运用非语言化的形式向顾客展示产品的优点，以提示顾客采取购买行为的一种洽谈方法。这一方法的运用，不仅能吸引顾客的注意和兴趣，而且能通过现场展示与使用，给顾客一种真实可信的感觉，很直观地暗示与激励顾客采取购买行为。

这一方法只适合于简单、便于携带、便于演示的产品。

### （三）文字、图片演示法

文字、图片演示法是指销售人员通过介绍产品的图片或文字等劝说顾客进行购买的方式。在不能或不便直接展示产品的情况下，销售人员通过向顾客展示产品的文字、图片、图表、影像等资料，能更加生动、形象、真实、可靠地向顾客介绍产品。

使用这一方法应注意：平时要收集有关产品与销售方面的文字资料，要做好资料整理与展示的准备工作。如果能将这些资料做成PPT，则更便于携带与演示。

### （四）证明演示法

证明演示法是指利用证明材料来进行展示的方法，产品的生产许可证、质量鉴定书、获奖证书等都是证明演示法的好材料。顾客的表扬信、产品消费前后的对比资料和追踪调查统计资料等也都是最好的佐证。例如，为了证明一种除陶瓷垢的刷子和溶液对陶瓷垢具有良好的清除功能，可用刷子和溶液直接刷洗有陶瓷垢的马桶、浴盆等，以证明产品的实际效果。

### （五）顾客参与演示法

顾客参与演示法是指让顾客参与产品使用过程的演示法。通过让潜在顾客积极参与，抓住顾客的注意力，减少顾客购买的不确定性和抵触情绪。通常以下四种方法能诱使顾客参与演示：

（1）提问。通过提问从顾客那里获得对演示的正面反馈。

（2）使用产品。让潜在顾客使用，会给顾客很高的可信度，如汽车试驾、食品品尝、服装试穿、电器试用等。

（3）用图片、音像等辅助工具吸引。

（4）参加示范表演，让顾客担任其中一定的角色。

销售人员要成功地完成销售演示，还应注意以下几点：

（1）实体展示，随身携带容易携带的产品。

（2）演示的产品应完美无缺，保证演示过程不出现意外事故。

（3）强调产品特色，展示产品的特殊功效，并可与同类产品进行对比。

（4）展示由浅入深，按事先安排好的程序进行，用生动语言配合展示，但不能夸大。

**【案例 8-7】 销售演示带来的效果**①

战国时期伟大的爱国诗人屈原在《天问》中写道：“师望在肆，昌何识？鼓刀扬声，后何喜？”讲的是：姜子牙在铺子里卖肉时，有意把刀剁得叮当叮当响，并高声吆喝着招揽顾客，“鼓刀扬声”说明演示销售这种方法在古代就已经开始萌芽了。

某品牌保暖内衣为演示其“保暖、抗风”等特点，在京城部分商场组织了一场抗风寒的模特秀：四五个模特在寒风凛冽的露天舞台上仅穿着保暖内衣，连续一个多小时，不流鼻涕、不哆嗦，效果非同凡响，尤其是厂家邀请现场部分顾客参与表演后，现场一下子就“引爆”了，当场销售内衣达 200 多套。

某品牌净化器为演示其高效的活性炭、HEPA 过滤性能，专门设计了一个密封的透明箱体，将点燃的香烟塞入孔内，不大一会儿，箱体内烟雾腾腾，警示红灯亮起，表示室内“空气混浊”。现场演示人员启动“过滤”按钮，十分钟后，烟雾消失得无影无踪，绿灯亮了，室内空气又正常了。据该品牌的销售人员说，自从有了这个演示工具后，他们这款四千多元的净化器一个月要卖出近 10 台。

朗德公司的推销员在推销剃刀时拿桃子试刀，将毛茸茸的桃子表面的细毛剃干净又不伤及它软软的表皮，这一带有戏剧性的演示十分吸引人。

---

① http://www.51fashion.com.cn/BusinessNews/2008-11-21/253111.html.

# 第九章

# 销售过程后期管理

销售过程后期管理是指在行将成交的过程中，销售人员对前后各项工作的管理。这一过程包括为成交扫清障碍、成交过程以及成交后各项工作的处理，主要包括三个阶段的工作，即销售过程中各类异议的处理、促成交易、销售以后的跟踪。

## 第一节　异议处理

在销售过程中，顾客的任何一个举动或顾客对销售人员在展示过程中的说法提出任何不赞同、反对、质疑等，都可统称为顾客异议。它表明这些潜在顾客对销售人员演示的产品很感兴趣。正所谓“褒贬是买主、无声是闲人”。

从接近顾客、调查、产品介绍、示范操作、提出建议到签约的每一个销售步骤，顾客都有可能提出异议；销售人员越是懂得异议处理的技巧，就越能冷静、坦然地化解顾客的异议。每化解一个异议，就排除掉了一个与顾客之间的障碍，就相应的与顾客接近了一步。

### 一、顾客异议的类型

顾客异议的类型很多，有多少种顾客类型，就有可能有多少种顾客异议。但我们可以对顾客异议进行分类。

#### （一）按照顾客异议的性质分类

按照顾客异议的性质顾客异议的类型有真实异议和虚假异议。

**1. 真实异议**

真实异议是指顾客不愿意购买的真正原因。当顾客提出真实异议时，也就意味着销售人员推荐的商品对顾客的吸引力还不够充分大，或者顾客根本不感兴趣。这主要表现在：顾客表示目前没有需要，没有购买计划，或对商品不满意，或对商品抱有偏见。

面对真实的异议，销售人员要思考顾客这种真实异议的指向是否存在，如果存在，这是一个真实的市场信息；如果不存在，就要从另一个角度考虑。销售人员要积极洞悉顾客的心理，观察买或不买的意愿，看其是否能解答顾客的问题，是否能将顾客的异议引导过来。

**2. 虚假异议**

虚假异议是指顾客对销售人员介绍的商品感兴趣，但因为价格、信息等原因而不愿意购买。虚假异议包括以下四个方面：

(1) 价格理由。如顾客嫌贵，这时，销售人员可采取“化整为零”的做法，即将付款总额拆成较小的份额。

(2) 拖延理由，即推迟购买。如果顾客用拖延的理由来拒绝购买，这时不要步步紧逼，而要像朋友一样与顾客保持联系。

(3) 隐藏理由。顾客给出的理由不是真正的理由，而只是一个借口。对于这种异议，销售人员可用开放式的问题来发问。

(4) 信心理由。这是大多数顾客不愿意购买的理由，即顾客对销售人员的承诺或商品没有信心，不愿意购买。这时，销售人员应首先向顾客表述自己的信誉一向很好，顾客购买所有的商品在品质、服务上均有保障；其次，销售人员在介绍商品时态度要诚恳、实事求是，以取得顾客的信赖。

**（二）按照顾客异议产生的原因分类**

按照顾客产生异议的原因，顾客异议可分为以下十类。

**1. 需求异议**

这是指顾客认为产品不符合自己的需要，如顾客说“我不需要”“我已经有了”或“我已经购买过了”这类的话，表明顾客在需求方面产生了异议。顾客的需求异议存在两种可能：一是顾客确实不需要或已经有了同类产品，这时销售人员应转换销售对象，不要一味地盯住某一个具体的顾客；二是这只是顾客想摆脱销售人员的一种托词，这时，只要销售人员的某种语言内涵能够迎合顾客的心理，顾客就可能会转变态度。

**2. 商品质量异议**

商品质量异议是指顾客针对商品的质量、性能、规格、品种、花色、包装等方面提出的反对意见，也称产品异议。这种情况比较常见，其产生的原因很复杂，如在产品质量得到保证的前提下，顾客对产品质量的认识与顾客本身的文化素养、知识水平、消费习惯、生活水准、个人爱好等有着密切的联系。如甲、乙、丙三人面对着 A、B、C 三种品牌的牛奶，每个人对每个品牌的评价可能都不一样，进而每个人所选择的品牌也可能都不一样，这是一个不可改变的个性原因。因此，这种异议是销售人员面临的一个重大障碍，且一旦形成就不易改变。

**3. 价格异议**

价格异议是指顾客认为商品的价格过高或价格与价值不符而提出的反对意见。在销售过程中，销售人员最常碰到的就是价格方面的异议。价格是最明显、也是最敏感的要素。

在买卖过程中，无论销售人员怎样报价，顾客都会讨价还价，这是顾客的一种心理需求。顾客提出价格异议，表示顾客对产品感兴趣，对产品的性能、质量、款式等都比较满意。在这种情况下，顾客一旦把价格压下来就一定会购买；有时，即使价格压不下来，顾客也可能会购买，其实这里有个定价和谈判的技巧问题。如果通过销售人员与顾客沟通，价格就要有一个小的让步空间，企业要事先将这个让步空间规定出来，从而为谈判奠定基础；谈判时，销售人员利用顾客的心理，以小步让价满足顾客获得利益的心理需求。这时，销售人员应把握机会，把握分寸，适度让价。当然，如果确已无让步空间，就要从产品的材料、工艺、售后服务等方面来证明其价格的合理性，说服顾客接受现有的价格。

**4. 服务异议**

服务异议是指顾客针对购买前后一系列服务的具体方式、内容等方面提出的反对意见。这类异议主要源于顾客自身的消费知识和消费习惯，处理这类异议的关键在于提高服务水平。顾客对企业的服务提出异议时，销售人员应站在顾客的角度认真思考以下问题：是否服务真的没有达到水准？是否确实给顾客带来了不便？服务是否尚有提升的空间？等等。对于出现的这些问题，销售人员首先要道歉，然后想尽办法解决，从而使顾客满意。

**5. 购买时间异议**

这是指顾客认为现在不是最佳的购买时间或对销售人员提出的交货时间表示的反对意见。当顾客说“我下次再买吧”，表明顾客在这方面提出了异议。这种异议的真正理由往往不是购买时间，而是价格、质量、购买能力等方面存在问题。当顾客对某些产品认识不够的时候，顾客拿不定主意的时候，顾客怕有不良后果发生的时候，常常以时间不宜为借口。在这种情况下，销售人员应抓住机会，认真分析真正的原因。

一个制度健全、管理规范、运行平稳的企业，对于顾客提出的购买时间的异议，总能让顾客在任何时候购买都不会后悔。长此以往，顾客认同了品牌，认同了产品，当销售人员面对顾客时，购买时间就不会成为一个有异议的问题了。

如果购买后，顾客对于交货时间提出异议，销售人员应诚恳地向顾客解释缘由，并力图得到顾客的理解。在这一过程中，销售人员应凭借经验给顾客做出承诺，而不应该超能力承诺。如果超能力承诺了，事实上又很难兑现，则销售人员及其所在的企业会给顾客留下不讲信誉的印象，这样就很难维持顾客对品牌的忠诚度。

**6. 进货渠道异议**

这是指顾客对产品的来源提出的反对意见。当销售展示中顾客对产品本身不满意，就可能是对进货渠道提出异议。对此，一方面要靠销售人员技巧性地劝说，另一方面企业要加大宣传力度，把企业推向市场，提高企业的知名度与美誉度，树立良好的企业信誉和品牌形象。

**【案例 9-1】 可口可乐无论在哪里卖都没有异议**

可口可乐的销售渠道是秉承着可口可乐的营销理念而建设的。可口可乐的营销理念是“世界上任何一个人，只要他口渴，就一定要在 20 米之内买到可口可乐”。

在这样的营销理念的支撑下，每一个消费者都会感到“购买可口可乐的便捷”，无论你是在高档宾馆、酒店，还是在小超市、小餐馆，抑或是在马路边上的售货亭、冷饮摊，只要你想买可口可乐，在哪儿都能买到。

当然，消费者无法感觉到可口可乐内部关于渠道建设和客户分类的复杂情况，也不知道客户类别的划分，当然更不知道可口可乐不断推出的各种带有编号的销售项目计划，但顾客无论在哪里买可口可乐都不会有任何异议出现，即不会出现对产品品质的异议，不会出现对价格的异议，不会出现对购买时间的异议，也不会出现对购买渠道的异议等。无论人们在哪里买可口可乐，都确信没有问题。这就是品牌价值和品牌信誉。

**7. 销售人员异议**

这是指顾客对销售人员的行为提出的反对意见。这种异议往往都是销售人员自身造成的，如销售人员的态度不好，或自吹自擂，过分夸大产品的好处，或礼貌用语欠佳等。有些企业为了防止销售人员的言行过于自我，专门对销售人员的言行制定规范守则，进行培训，使销售人员在与顾客沟通的过程中能充分表现企业文化和品牌形象。

在实际工作中，作为销售人员自己也应该明白，自己的行为不是个人行为，而是企业行为。销售人员是企业的成员之一，在企业外部代表着企业整体，销售人员的言行就是企业的一张名片。因此，销售人员一定要有良好的仪容仪表，举止要得体，从而给顾客留下良好的印象。

**8. 支付能力异议**

支付能力异议也称财力异议，是指顾客由于无钱购买而提出的反对意见。当出现这种情况时，顾客往往并不直接表现出来，而是间接地表现为对产品质量或进货渠道等方面的异议。

一般来说，对于顾客的支付能力，销售人员在寻找顾客的阶段就已进行过严格审查，因而在销售中能够准确辨认真伪。真实的财力异议处置较为复杂，销售人员可根据具体情况，或协助对方解决支付能力问题，如答应赊销、延期付款等，或通过说服使顾客觉得购买机会难得而负债购买。对于作为借口的异议，销售人员应善于识别，一旦察觉，应停止销售，但态度要和蔼。

**9. 权力异议**

权力异议是指顾客以缺乏购买决策权为理由而提出的一种反对意见。这种异议常常在顾客与销售人员进行谈判的过程中使用。例如，顾客说：“做不了主”“领导不在”等。与需求异议和财力异议一样，权力异议也有真实和虚假之分。销售人员在寻找目标顾客时，就已经对顾客的购买人格和决策权力状况进行过认真的分析，也已经找准了决策人。

向没有购买权力的顾客极力推销商品是销售工作的严重失误，属于无效销售。在决策人以无权为借口拒绝销售人员及其产品时，放弃销售更是销售工作的失误。销售人员必须根据自己掌握的有关情况对权力异议进行认真分析和妥善处理。

**10. 货源异议**

货源异议是指顾客认为自己不应该购买某销售人员所销售的或所代表的企业的产品而提出的异议。例如：“我用的是某某公司的产品”“我们有固定的进货渠道”“买国有企业的商品才放心”，等等。

顾客提出货源异议，表明顾客愿意购买产品，只是不愿向眼下这位销售人员及其所代表的企业购买。当然，有些顾客是利用货源异议来与销售人员讨价还价，甚至利用货源异议来拒绝销售人员的接近。因此，销售人员应认真分析货源异议的真正原因，利用恰当的方法来处理货源异议。

对销售人员而言，可怕的不是异议而是没有异议，不提任何意见的顾客通常是最令人头疼的。因为顾客的异议具有两面性，它既是成交障碍，也是成交信号。

有异议表明顾客对产品感兴趣，有异议意味着有成交的希望。销售人员通过对顾客异议的分析可以了解对方的心理，知道他为何不买，从而对症下药，而对顾客异议给予令人满意的答复则有助于交易的达成。日本一位推销专家说得好："从事销售活动的人可以说是与拒绝打交道的人，战胜拒绝的人，才是销售成功的人。"

## 二、顾客异议产生的原因

销售人员只有找到顾客异议产生的真实原因，解决异议，销售工作才能得以顺利进行。

顾客异议产生的原因多种多样，总体上可以从三个方面进行思考：顾客的原因、企业方面的原因、销售人员的原因。

### （一）顾客的原因

#### 1. 顾客的需求

顾客对产品存在需求，但顾客的需求是多样化的，其中既有生理需求，又有心理需求；既有物质需求，又有精神需求。同时随着时间的变化，顾客的需求也在发生改变；随着生活水平的提高，顾客的需求也在不断向更高的层次发展。顾客因需求方面的变化而拒绝购买企业现有的产品，是因为企业的产品与顾客的需求出现了错位。顾客在选择余地很大的情况下，对稍不如意的商品都可能会拒绝或提出异议。

#### 2. 顾客的支付能力

即使顾客对产品存在需求，也认定产品可以满足自己的需求，但顾客的预算不足，或真实的货币支付能力不足，顾客仍然会对产品的价格提出异议，进而拒绝购买。如果顾客确定没有支付能力，销售人员要避免无效的销售行为，但要为以后的联系奠定基础。

#### 3. 顾客的购买习惯

顾客固守着原来的消费模式，不肯改变，包括不肯转变品牌、不肯转变功效、不肯转变式样等，这是顾客的一种怀旧情结和消费的惯性使然。当企业的销售活动与顾客的购买习惯不一致时，顾客就会提出异议，增加销售难度。

#### 4. 顾客的消费经验

顾客在购买活动中，通过购买、使用、评价等一系列活动，已经对所关注的商品形成了自己的主观印象，日积月累形成了顾客的消费经验。这些经验又会影响到顾客以后的购买行为，而且顾客对自己的消费经验极其自信，从而加大了销售人员的工作压力和销售难度。

#### 5. 顾客的消费知识

顾客在购买大多数商品时都不是专家。由于顾客对某些商品所掌握的资料极其有限，以前的消费经验只能说明顾客对过去的商品知识略知一二，因此顾客并不具有关于商品某方面的、专门的、最新的知识。这时，如果销售人员陈述得不详细，就会使顾客"用老眼光看待新问题"，提出各种异议。

#### 6. 顾客的购买权力

无论是家庭购买者还是企业购买者，都存在谁来决策、谁来购买的问题，这就是购买权力。如果顾客无权决定都买什么产品、购买多少，他就会借故对购买条件、购买时间及相应的事情提出异议。尽管有时顾客是佯装无权，形成一种谈判的对峙，但销售人员仍然要判定顾客的资格，尽量避免销售努力的浪费。

#### 7. 顾客的情绪与偏见

当顾客的情绪处于低潮时容易产生异议，这时顾客可能会对任何事物都持有怀疑态度；当顾客的意愿没有被激发出来时，眼前的一切都不能引起他的注意和兴趣，这可能是顾客没有获得相关的信息所致；当顾客存有一种偏见时，顾客会片面地看待事物，缺乏整体观念。这一切都可能使顾客提出各种异议。

**8. 其他异议**

其他异议包括顾客原有的经历不支持本次购买；因不感兴趣或时间紧张，顾客会找借口推托，不想花时间和销售人员进行交流；当顾客不想把真实的异议表现出来时，会提出其他各种各样的异议。

### （二）企业方面的原因

企业方面的原因主要表现在产品方面、价格方面、服务方面等。

**1. 产品方面的原因**

产品方面的原因主要包括产品的价值、功效、利益、质量、造型、款式、颜色、包装等。在所有的这些方面，只要有一方面未能满足顾客的需求，顾客就会有充分的理由提出异议。顾客的需求千差万别，对产品一点儿异议都没有的顾客少之又少。在市场竞争中，产品形式方面的竞争越来越白热化，很多企业引入了工业设计的概念，目的就是创造更前卫的产品形式，迎合顾客的需要。

**【案例 9-2】 关于产品性能、功效异议的应对①**

在一次冰箱展销会上，一位打算购买冰箱的顾客指着不远处一台冰箱对身旁的推销员说："那种 AE 牌的冰箱和你们的这种冰箱同一类型、同一规格、同一星级，可是它的制冷速度要比你们的快，噪声也要小一些，而且冷冻室比你们的大 12 升，看来你们的冰箱不如 AE 牌的呀！"推销员回答："是的，你说得不错。我们冰箱噪音是大点，但仍然在国家标准允许的范围以内，不会影响生活与健康。我们的冰箱制冷速度慢，可耗电量却比 AE 牌冰箱少得多。我们冰箱的冷冻室小但冷藏室很大，能储藏更多的食物。一家三口人，每天能有多少东西需要冰冻呢？再说吧，我们的冰箱在价格上要比 AE 牌冰箱便宜 300 元，保修期也要长 6 年，我们还可以上门维修。"顾客听后，脸上露出了欣然之色。

**2. 价格方面的原因**

产品价格是企业战略定位的最核心体现，有什么样的定位，就会制定出什么样的产品价格。在如今人们的购买力差异较大的条件下，企业的战略定位就是在选择目标顾客。当企业确定了目标顾客之后，目标顾客的购买能力就会得到估算，进而考虑如何定价的问题。对于高收入人群，价格以外的追求更能显示身价，因此，价格低了，他们会不屑一顾；对于普通大众来说，价格就显得格外重要，价格高了，他们会望尘莫及。

面对市场需求，价格的高低都是相对的。无论针对哪一种类型的顾客群，价格异议总会出现，而讨价还价在所难免。因此，销售人员需要学一些心理学方面的知识，掌握一些讨价还价的技巧，以应对提出价格异议的顾客。

**【案例 9-3】 关于价格异议的应答②**

咨询公司的顾问到一家公司准备签协议，总经理这样说，"我不知道为什么你们公司派了三个顾问师替我们改善库存及采购系统，两个月的时间共需要 100 万元的费用，相当于每

① 倪政兴．如何成为推销高手．重庆：西南财经大学出版社，2003.

② http：//club. china. alibaba. com/forum/thread/view/6 _ 27522307 _ . html.

人一个月差不多 20 万元了，我都可以……我可以花这些钱请好几个厂长。”

他认为价格很高，产生了反对意见，顾问是怎么讲的呢？“报告总经理，根据贵企业提供的每个月的库存资料，其金额为 6 000 万，由于生产数量逐年增长，库存的金额也在逐渐地上升。我们顾问只花两个星期对贵厂的采购作业流程、生产流程、现场生产作业的所有状况做了详细了解，并制定了改善方案，贵公司在半年以后库存的金额会下降到 3 000 万，贵公司的利息费用每年可以下降 300 万，你节省的费用足以支付我们的费用。”

总经理说：“话虽不错，你怎么能够保证将库存降到 3 000 万呢？”

销售人员说：“要做到库存的降低，采购作业方式要改善，交货期间、交货品质、安排生产作业方式也要调整更改。库存金额的降低，只是最后显现的一种结果，因此，您要同意签下这份合同，您每个星期都会收到一份报告，报告上会告诉您我们本星期会完成哪些事项，以及我们上星期完成的状况，这时您可以监视我们的绩效，我们会让您清楚地看出您投入的每一分钱都能够得到回报，若您认为不值得，您完全可以中止付款。您支付给本企业的顾问费都是从您省下来的费用中拨出来的，事实上您根本就不需要多支付任何额外的费用，却能够达到提升工厂管理品质的目的。总经理，我诚恳地建议您，这的确是值得一试的事情。”

**3. 服务方面的原因**

每个企业的技术服务和售后服务均有自己的特色，同时各个企业的服务水准也不一样。有时常常出现这样的情况：顾客面对着产品品牌的选择、价格高低的比较和服务水准的衡量，对产品满意、价格满意的顾客，但对服务不满意；而对服务满意的顾客，还可能对价格存有异议。对三者都满意的顾客并不多见。产品、价格和服务（技术服务和售后服务）都是企业既定的，销售人员没有权力更改产品和增加服务，但销售人员可在一定的区间内调整价格。因此，如果顾客提出更高的服务要求，如延长质保、扩大服务项目等，销售人员是无能为力的。销售人员所能做到的就是提高自己对顾客的服务水准。

**（三）销售人员的原因**

**1. 销售人员的行为举止**

销售工作是直接与顾客打交道的工作，销售人员的言行举止是否得体、自然，均会对销售效果产生直接的影响。有些销售人员举止、态度让顾客反感，无法赢得顾客的好感；有些销售人员行为得当、举止言谈让顾客喜欢，就能赢得顾客的好感。销售人员在上岗之前一定要通过统一的培训，培养自己的良好行为，掌握与顾客打交道的要领，让顾客愿意与自己接触。

**2. 销售人员的陈述方式与陈述内涵**

在实际销售工作中，更多的销售人员愿意夸大其词，表现为产品有什么人在使用、有多么大的功效、有多大的数量等。这让顾客听了感觉云里雾里、神秘莫测，不知是真是假。如果销售人员做了不实的陈述，结果可能会招致顾客更多的异议。这种异议的产生可能会立即爆发，进而影响到即时性的销售工作；也可能延时爆发，进而形成不好的口碑，影响到企业未来的销售。

**3. 销售人员陈述术语的使用**

销售人员在做陈述时若专业术语过多，会使顾客难以理解，甚至感觉无法胜任使用。这在保险销售工作中经常出现，有些保险销售人员将自己拟推的险种用诸多的专业术语进行描述，并将保险单拿给顾客看。当顾客听到和看到自己所不熟悉的这些术语时，常常是一头雾水，头脑清晰的顾客会随之提出更多的异议，使销售工作难以进行下去。实际的状况是，顾客越不明白的东西，产生异议的可能性越大。

**4. 销售人员抢占语言主动**

所谓抢占语言主动，是指销售人员与顾客的对话中由销售人员找话题、由销售人员将话题引向深入，销售人员滔滔不绝，顾客没有插话的时间和余地。而对于顾客的询问和质疑，销售人员不太理会，结果是销售人员说得太多而听得太少。说得太多不免会有夸张的成分或露出说话中的破绽；听得太少则不了解顾客的内心感受，造成了对顾客的不尊重。这两种情况都会导致销售人员无法把握住顾客的需求点，因而产生了许多异议。

## 三、顾客异议的处理

遇有顾客异议一定要认真处理，以保证销售工作的顺畅进行。销售人员在处理顾客异议时应选择合适的程序和方法。

### （一）顾客异议的处理程序

一般情况下，在处理顾客异议时应遵循这样的程序：倾听、回答、跟踪（见图 9－1）。

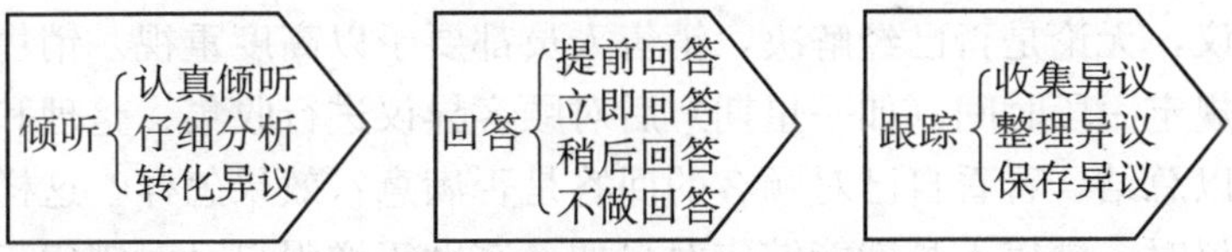


**图 9－1　顾客异议的处理程序**

**1. 倾听**

这是处理顾客异议的第一步，主要是倾听顾客提出的异议，以掌握异议的内容。为此，销售人员要端正倾听的态度。

（1）认真倾听。在顾客提出异议时，销售人员要认真、专注并耐心地倾听顾客的不满，表示出对顾客的重视与尊重，使顾客获得自我的满足，为创造和谐的气氛和为下一步与顾客合作奠定基础。同时，通过认真倾听，销售人员还可以从顾客的话语中察觉出顾客真实的心理状态和意图，以及时采取相应的措施排除销售障碍。

（2）仔细分析。在回答顾客异议之前，销售人员要仔细分析顾客提出异议背后真正的原因。顾客提出异议的原因多种多样，有时顾客嘴里说的和心里想的并不完全一致，有时还可能是几种原因共同构成了顾客的异议，这些都增加了分析顾客异议的难度。有经验的销售人员在摸不清顾客确切意图时，往往会引导顾客讲话，并从话语中摸清顾客的真实想法，然后对症下药，消除顾客的异议。

（3）转化异议。当顾客提出异议时，销售人员一方面要表示接受顾客的异议，另一方面又要运用销售技巧将顾客异议加以转化。在这一过程中，如果面对顾客正确的异议，销售人员要虚心接受，不要强词夺理；同时指出与之相对应的优点，让顾客权衡得失。如果面对顾客不正确的异议，销售人员也要讲究语言艺术，避免出言不逊、与顾客针锋相对。在回答顾客的异议时，要尽量简明扼要，用最通俗易懂的语言将问题解释清楚。

**2. 回答**

当销售人员听清楚了顾客的异议，并理解了其异议的内涵以后，就要回答顾客的异议。

在回答顾客异议时，时机的掌握非常重要。销售人员应根据销售环境的情况、顾客的性格、顾客提出异议的性质等因素来决定提前回答、立即回答、稍后回答，或不做回答。

（1）提前回答，即顾客提出异议之前回答。一个经验丰富的销售人员往往能预测到顾客会提出哪些问题，并在销售过程中及时察觉，在顾客提出异议之前就把顾客的担心消除掉，以让顾客满意。

（2）立即回答，即在顾客提出异议时立刻予以答复。对比较重要且容易解决的问题，销售人员应立即回答。一方面，这可以显示销售人员对顾客的重视，并立即消除顾客的忧虑；另一方面，这也可以避免事态向不利于销售方面蔓延。

（3）稍后回答，即不马上回答顾客的异议，而是稍后做出回答。其原因在于：一是销售人员认为顾客提出的异议比较复杂，不是一两句话就能说清楚的；二是无法马上做出回应，需要查阅一些资料；三是随着销售业务的深入，顾客的异议可不答自明；四是担心影响目前正常的销售工作，待稍缓解一下时间再作答；五是认为顾客的问题无关紧要。

（4）不做回答，即不回答顾客的异议，如顾客心情不好时提出的异议、顾客发泄脾气时提出的异议、顾客的异议不会影响其购买时等，销售人员可以不做回答，但最好能报以微笑，以表示友好和亲切。

**3. 跟踪**

对于顾客异议，无论是否已经解决，销售人员都要予以高度重视。销售人员可在销售工作告一段落后或规定一段时间（如一星期）后对顾客异议进行收集、整理和保存。对已经解决的顾客异议加以总结，看看自己对顾客的回答是否满意？效果怎样？这样，在以后面对顾客提出的各类异议时，销售人员就能够应对自如，有助于增强自己对销售工作的信心。

### （二）顾客异议的处理方法

顾客异议多种多样，处理顾客异议的方法也千差万别，必须因时、因地、因人、因事而采取不同的方法。在销售过程中，处理顾客异议的常见方法有以下几种。

**1. 转折处理法**

销售人员根据有关事实和理由来间接否定顾客的异议。其要点是：承认顾客的看法有一定的道理，以做出一定的让步，然后讲出自己的看法。这时销售人员尽量少使用或不使用“但是”，而应多使用“是的……如果……”，这样效果会更好，可以保持良好的洽谈气氛，也为自己的谈话留有余地。

**2. 转化处理法**

转化处理法又称利用处理法或自食其果法、太极法等。这是利用顾客的异议自身来处理顾客的异议，即把顾客拒绝购买的理由转化为说服顾客购买的理由。任何顾客的异议都具有双重性，顾客异议既是交易的障碍，又是交易的机会。销售人员要利用其中的积极因素去抵消其中的消极因素。其基本做法是：当顾客提出不购买的异议时，销售人员应立即将其转化为顾客购买的理由。如当顾客说“对不起，我很忙，没有时间谈这些”时，销售人员不妨说：“我们的产品可以帮您节约时间，为您创造闲暇的机会。”这样一来，顾客就会对产品留意并产生兴趣。

这种方法适合于顾客并不十分坚持的异议，特别是一些借口。转化处理法的目的就是销售人员能借处理异议之机迅速地陈述能带给顾客的利益，以引起顾客的注意。

**3. 以优补劣法**

以优补劣法又称补偿处理法，是指销售人员利用商品的某些长处来对异议所涉及的短处加以弥补的一种处理方法。当顾客的异议正好切中了产品或服务的要害时，销售人员不要回避，而应肯定关键点，对其淡化处理，然后用产品的优点来补偿或抵消产品的不足。常常能进行抵消的内容有：质量和价格、质量和服务、有用功效与无用功效等。

世界上没有十全十美的东西，采取这种方法，先承认顾客异议的正确性，然后指出产品的优点以弥补产品的缺点，使顾客在心理上达到一种平衡。

**4. 委婉处理法**

销售人员在没有考虑好如何答复顾客的反对意见时，不妨先用委婉的语气把对方的反对意见重复一遍，或用自己的话复述一遍，这样可以削弱对方的气势。有时转换一种说法会使问题容易回答得多，但销售人员只能减弱而不能改变对方的看法，否则顾客会认为你歪曲了他的意见而产生不满情绪。销售人员可以复述之后加提问："你认为这种说法确切吗？"然后再说下文，以求得顾客的认可。比如顾客抱怨："怎么又涨价了！"销售人员可以说："是啊，价格比去年是高了一些。"然后再等顾客的下文。

**5. 合并意见法**

将顾客的各种意见合并成一个意见，或者把顾客的反对意见集中在一个时间讨论，以削弱反对意见对顾客产生的影响。

这里要注意，不要在一个反对意见上纠缠不清，因为人们的思维具有连续性，往往会由一个意见派生出许多意见，在派生的过程中还会使情绪加重。因此，要在回答了顾客的反对意见后马上把话题转移开，引导顾客的思路向着有利于顾客购买的方向转移。

**6. 反驳处理法**

这是与转折处理法相对应的方法，也称直接否定法，是指销售人员根据有关事实和理由来直接否定顾客异议而进行针锋相对、直接驳斥的一种处理方法。

从理论上讲，这种方法应尽量予以避免，直接反驳常常会使气氛僵化，使顾客产生敌意，不利于顾客接纳销售人员的意见和建议。但由于顾客的反对意见是来源于其对产品的误解，或者当销售人员手头上的资料有助于说明问题时，不妨直言不讳。

使用这种方法时一定要摆事实、讲道理，并有充分的把握，最好能引经据典；注意说话的语气要委婉、态度要友好，避免对顾客造成伤害；销售人员要有充分的自信。

**7. 冷处理法**

对于顾客的一些不影响成交的反对意见，销售人员最好不要反驳，采用不理睬的方法较为合适。销售人员如果对每一次的顾客异议都加以反驳，则给顾客的印象是：你总在挑他的毛病，你总和他过不去。如果顾客抱怨你的公司如何如何（如环境、交通），你的同事如何如何（如服务不够热情），对这类与成交无关的问题，可以不予理睬，转而谈你要说的话。

如果选择冷处理，一定要让顾客感觉到你在听他的异议，并面向他微笑，但不作答。

**8. 强调利益法**

强调利益法是指销售人员通过反复强调产品能给顾客带来利益的方法来化解顾客的异议的一种方法。这种方法一般适用于具有某种特点又能为顾客带来某种特殊利益的产品，如冰箱产品的节电、洗衣机模拟手洗功能并省水等。这种方法既可以使产品的特点在顾客心中得到强化，又能超越顾客的不满而引领着顾客的思路。

**9. 比较优势法**

比较优势法是指销售人员将自己的产品与竞争对手的产品进行比较，从而突出自己产品的优势来处理顾客异议的一种方法。如当顾客提出某种异议时，销售人员可以这样回答："您说得很有道理，这是这类产品的通病，目前还没有哪家企业能够彻底解决这个问题。但是与其他同类产品相比，我们的产品在这方面是做得最好的。"这样就可以让顾客清楚，无论是什么品牌的同类产品，在技术上都存在这样的问题，没有必要再挑三拣四。

**10. 价格比较法**

价格比较法是指当顾客提出有关价格的异议时，销售人员应进行横向和纵向的对比来化解顾客异议的一种方法。如在顾客抱怨产品的价格太贵时，销售人员可依据不同情况分别应对，一是要阐明在同类产品不同品牌的价格中，本企业产品价格有优势；二是要阐明旺销与淡销季节的价格不同，并指出现在是淡季，价格不贵，这样可以传达两个信息，一个是价格公道，另一个是时机难得。

**11. 价格分解法**

价格分解法是指当顾客提出有关价格的异议时，销售人员可以化解计量单位，以此来改变顾客的错误看法，以化解顾客的异议的一种方法。如对消费用品可以将公斤分解成市斤，将大包装分解成小包装；对产业用品可以将吨分解成千克，将大箱分解成小包等。分解成小的单位，顾客的印象会非常深刻，也容易记忆。如石油产品，当国家发改委调整价格时，都是按吨来计量，消费者不知道这是什么概念，只有将其分解成每升汽油涨价或落价多少时，消费者才会明白其中的内涵。

**12. 反问处理法**

反问处理法又称询问处理法或质问处理法，是用对顾客提出异议进行反问或质问的方法来答复顾客异议的一种方法。这种方法常用于销售人员不了解顾客异议的真实内涵，即不知道是寻找借口还是真有异议时，主动了解顾客心理的一种策略。如一位吸尘器的购买者说："你的机器太重了。"销售人员可反问："你为什么说它太重了？"这就迫使对方给出一些理由并使销售人员获得一次展示机器的机会。

反问处理法在处理异议时必须得到回答，若以陈述句的方式摆出一些事实，往往会引起进一步的异议；若以反问的形式回答异议，不但不会引起新的异议，还会使顾客回答自己提出的问题。

这种方法的优点是：既能迫使销售人员仔细听顾客说话，了解顾客的真实需要，又能摆脱困境，迫使顾客不得不放弃借口。

这种方法的缺点是：若使用不当，会引起顾客的反感和抵触，因此使用时应用商量和征求意见的口吻回答。

**【案例 9-4】 以优补劣并强调利润方法的运用**①

一位财政金融计算器的销售人员向一家公司的经理推销自己的产品。

顾客："你们的商品价格太高了。"

销售人员："太高了？"

顾客："你们产品的价格几乎比你们竞争对手的价格高出 25 美元。"

销售人员："这正是您应该买我们产品的原因啊。我们的产品有许多好的品质，每个人都认为其物有所值。没有一种其他的产品能有我们产品独特的时间特征。您只要按一下这个

① 钟立群．现代推销技术．北京：电子工业出版社，2009.

按钮，就会看到时间和日期。”

顾客：“这很好，但我感兴趣的是我的秘书能用于计算薪水总额、税收以及其他商业申请表的计算器。”

销售人员：“您所说的仅仅是这种计算器最基本的一些功能。”

顾客：“是这样的，你们有没有比这一价格更便宜的计算器?”

销售人员：“我明白您的意思了。但我认为质量也是一个重要的考虑因素，我们的计算器保证可以使用 5 年而不需要维修，这比竞争对手产品的有效使用期要多出 2 年，这就相当于每月的花费仅 2 美元。”

顾客：“也许你是正确的，但我还需要考虑一下。”

销售人员：“经理，您付给您的秘书多少工资?”

顾客：“每小时 10 美元。”

销售人员：“哦，先前我计算过，用我们的计算器可使你每天节省 2 小时的工作时间，相当于每天节省 20 美元，一周就是 100 美元。这些都代表您腰包中的金钱。如果您还下不了决心，这可是一个损失。”

顾客：“这么说的话，那我就买吧。”

## 第二节　促成交易

促成交易也称建议成交，是指在解除了顾客的犹豫和顾虑的基础上，顾客接受了销售人员的建议及销售演示，并且决定购买产品的行为过程。

只有成功地促成了交易才是真正意义上的销售。成交是整个销售过程的核心，其他各项工作都是围绕着这一核心工作进行的。

### 一、成交步骤

成功促成交易的步骤包括：销售人员先向顾客介绍产品的优点，然后设法征得顾客对产品优点的认同，再提出成交的要求。这时，销售人员要保持一段时间的沉默，至少 30 秒。这 30 秒极其关键，也极其难熬，这需要销售人员的勇气，毕竟双方沉默的时候，销售人员会不舒服，因为购买决策权掌握在顾客手中，销售人员不知道结果会是怎样的。如果成交失败，销售人员就应该返回第一步，就产品新的优点和特点进行介绍，然后再次征得顾客的认同和提出成交的要求，直到最终成交为止。成交的基本步骤见图 9-2。

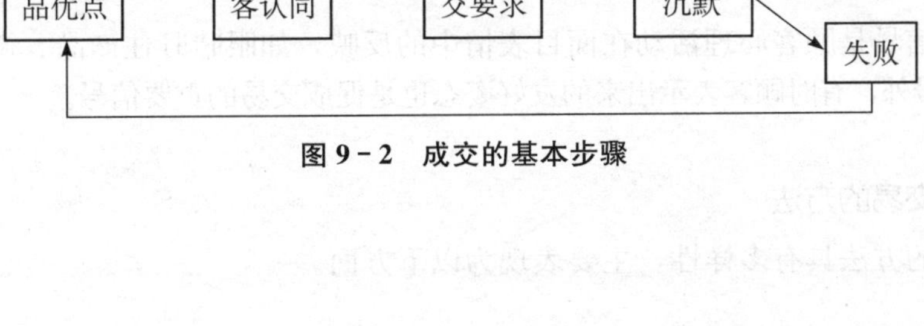


**图 9-2　成交的基本步骤**

## 二、成交的时机与信号

在促成交易阶段，销售人员不仅要充分注意顾客的言行，捕捉成交信号，而且应灵活运用成交策略与技巧，促成交易的最终达成，实现销售目标。

### （一）促成交易的时机

促成交易中最重要的是善于掌握成交时机，太快了，对方也许会跟不上，甚至会引起戒心，太慢了，也许对方的购买意愿顷刻之间就消失殆尽，造成顾客的流失。最好的成交时机是在准顾客的态度有了变化的时候。

（1）顾客心情非常快乐时。销售人员应趁机提出成交要求，成交的概率会很高。如顾客开始请销售人员喝咖啡或吃蛋糕时，这是一个非常好的时机，销售人员如果这时提出签订合同或达成交易，一般情况下顾客会很乐意接受。

（2）进行完商品的说明后，销售人员应询问顾客所需要产品的型号、数量或颜色等。提出这样的问题就限制住了顾客回答问题的范围，确定了顾客购买的意向，进而推动了最后成交的进程。

（3）解决完顾客异议后，如果顾客对销售人员异议的解决非常满意时，提出的成交要求很容易被顾客所接纳。这时销售人员应征求顾客的意见，询问顾客是否完全了解产品的说明，是否需要补充，紧接着可以探寻顾客选择何种产品的类型及后续的各项工作。

要找出很好的成交时机，就要靠销售人员敏锐的洞察力。在销售过程中，销售人员应始终专注顾客购买的全过程，了解顾客的一举一动，尤其要识别顾客的成交信号。

### （二）识别成交信号

成交信号是指顾客在语言、表情、行为等方面所透露出来的打算购买的一切暗示或提示。在实际销售过程中，顾客出于所处地位的特殊心态，为了保证自己所提出的交易条件能够得到满足，往往不愿意很快成交。但顾客的购买意向总会有意无意地通过各种方式表现出来，有时这种信号是下意识发出的。因此，销售人员必须善于观察顾客的言行，及时捕捉稍纵即逝的成交信号，抓住时机，及时促成交易。

销售人员可以通过观察顾客的动作、神态，识别顾客是否有成交的倾向。这是因为，一旦顾客拿定主意要购买产品时，就会出现与销售人员介绍产品时不同的动作和神态。购买信号的表现形式是复杂多样的，一般可分为语言信号、行为信号和表情信号。

（1）语言信号是顾客在语言中所流露出来的购买意向。语言信号种类很多，有直接表示购买类、有通过询问使用方法和使用中应注意的问题而表现出的对购买产品后一些事项的关心、有和销售人员探讨产品中的技术问题，等等。

（2）行为信号是指顾客在举止行为中表露出来的购买意向，如细看说明书、要求销售人员展示样品，不断用手触摸商品表面并点头，拍拍销售人员的手臂或肩膀，做出身体自然放松的姿势等。

（3）表情信号是顾客心理活动在面目表情中的反映，如眼睛盯住产品、微笑、点头等。

除上述信号外，有时顾客表示出来的友好姿态也是促成交易的重要信号。

## 三、促成交易的方法

促成交易的方法具有多样性，主要表现为以下方面。

### （一）请求成交法

请求成交法又称直接成交法，是指在接到顾客购买信号后，销售人员用明确的语言向顾客直接提出购买建议，以求适时成交的一种方法。运用这种方法能够有效地促成交易，避免顾客在成交的关键时刻故意拖延时间而贻误成交时机。

这是一种能够节约时间、提高效率的方法，但使用时也有一定的局限性，具体表现为：

（1）如果销售人员急于成交，就会使顾客怀疑产品及相应方面有问题，疑惑之中难以做出购买决定，正所谓“心急吃不了热豆腐”，销售人员会由此失去成交的主动权。

（2）如果销售人员急于成交，可能使顾客对先前达成的条件产生怀疑，包括价格、交货时间、后续服务等，从而增加了成交的困难，降低了成交的效率。

（3）如果应用的时机不当，可能会给顾客造成压力，破坏成交的气氛，使顾客产生抵触成交的情绪。

### （二）假定成交法

假定成交法是指销售人员在假定顾客已经接受销售建议、同意购买的基础上，通过提出一些具体的成交问题，直接要求顾客认购产品的一种方法。这是对顾客可能购买，而后续给顾客带来各种价值的虚拟分析。如销售人员说：“如果贵公司购买了这种设备，不仅能够节约能源，更能提高贵公司的生产能力。”

这种方法可以为销售人员节省时间，并提高销售效率。在整个销售介绍过程中，顾客随时可能流露出成交意向，销售人员应及时察觉，正确使用假定成交法。

但要注意适时使用，如果盲目假定，很容易给顾客造成过高的心理压力，导致交易失败。

假定成交法一般只在发现成交信号，确定顾客有购买意向时才能使用，目的在于让顾客对购买决策的正确性做进一步确认。同时，还应有针对性地使用假定成交法，即针对那些在最关键时刻决定购买，但又有所担心的顾客，销售人员应将顾客的担忧化解掉，如销售汽车可为顾客提供一条龙服务、购买保险等，从而为顾客解除后顾之忧。

使用这种方法时，销售人员要善于分析顾客。一般对于依赖性强、性格比较随和的顾客以及老顾客，可以采取这种方法；对那些自我意识强、过于自信的顾客，不宜采取这种方法。

### （三）选择成交法

选择成交法是指销售人员为顾客设计出一个有效成交的选择范围，使顾客只在有效成交范围内选择成交方案的一种成交技术。比如“我们是星期二见还是星期三见？”限定的条件是：我们一定要见面，只是什么时间见面的问题，而不是见面和不见面的问题。在这样的表述中，又把这个有限的权力交给了顾客，以示对顾客的尊重。

当销售人员直接将具体方案摆在顾客面前时，顾客会感到难以拒绝。从表面上看，选择成交法似乎把成交的主动权交给了顾客，而事实上是让顾客在一定的范围内进行选择，有利于销售人员掌握主动权，可以有效地促成交易，从而避免顾客对购买感到难以下定决心，顾客有选择权，会使顾客很容易做出决定。

但不可否认，有时采取选择成交法会让顾客无所适从，从而丧失购买信心，增加新的成交心理障碍和对购买的抵触情绪。

因此，销售人员应注意，所提供的选择事项应能让顾客从中做出一种肯定的回答，而不要给顾客一种拒绝的机会。销售人员应避免向顾客提供太多的方案，最好是两项，最多不超过三项，否则就不能达到尽快成交的目的。

**（四）小点成交法**

小点成交法又称次要问题成交法、局部成交法或避重就轻成交法，是指销售人员利用成交小点来间接促成交易的方法。如“这件衣服你穿多合适，我给你包装好，带走吧”，而不去提质量、价格问题，即提小处不提大处。

这种方法就是在顾客犹豫不决时不直接提成交，避免给顾客造成心理压力，而是通过一系列试探性提问逐步消除顾客心中的疑虑，循序渐进，积少成多，逐步接近目标。此外，这种方法也有利于销售人员合理利用各种成交信号，有效地促成交易。

但这种方法若使用不当，将提示的小点集中在顾客比较敏感或比较不满的地方，就很容易使顾客只看到了其缺点或扩大了缺点，往往不利于成交。若销售人员急于减轻顾客的压力，盲目转移顾客的注意力，还容易引起顾客的误会，不利于双方的交流。

运用这种方法时一般需要多个回合才能解决问题，销售时间稍长，会降低成交效率，所以以小点为突破口时，一定要选择顾客不反感或无戒备的小点之处。

**（五）优惠成交法**

优惠成交法又称让步成交法，是指销售人员通过提供优惠条件使顾客立即做出购买决定的方法。

正确使用优惠成交法，利用顾客的求利心理，可以吸引并招揽顾客，有利于创造良好的成交氛围。利用批量成交优惠条件还可以促成大批量销售，提高成交效率。

优惠成交法还可与限时（限期）成交结合使用，即限时（限期）优惠，过了这个时间段优惠就没有了，这样可以促使顾客立即购买，使成交效率更高。

但优惠成交法是通过给顾客让利来促成交易的，必将导致销售成本的上升。若没有把握好让利的尺度，还会减少销售收益。此外，采取这种方法有时会让顾客误以为优惠产品是次品而产生不信任的心理，从而丧失购买信心，不利于促成交易。

**（六）保证成交法**

保证成交法是指销售人员直接向顾客提供成交保证，以促使顾客立即购买的一种方法。通过提供保证，可以消除顾客的成交心理障碍，解除顾客的后顾之忧，增强顾客的成交信心，从而可以使顾客放心地购买产品。这种方法在处理顾客异议方面也有不同寻常的效果。此外，若销售人员出示有关销售证据，则更有利于增强说服力和感染力，促使顾客做出购买决策。

如果销售人员不能针对顾客的疑虑提出保证，不但不能达到保证的目的，还容易使顾客产生反感。如果销售人员做出了保证但言而无信，无法实现承诺，也将丧失销售信用，不利于与顾客发展长期的合作关系。

保证成交法主要适用于以下情况：

（1）产品的单价过高，缴纳的金额比较大，风险大，顾客对这种产品并不了解，从而产生心理障碍而对成交犹豫不决。

（2）顾客对产品的销路尚无把握，而产品的规格、结构、性能又比较复杂，无法准确判断未来市场的走势。

(3) 顾客对交易后可能遇到的一些问题还有后顾之忧，如运输问题、安全保障问题等。

使用保证成交法时，一定要针对顾客的顾虑提出保证，还要做到言而有信，兑现承诺。

**(七) 从众成交法**

从众成交法也称排队成交法，是指销售人员利用顾客的从众心理促成顾客购买商品的一种方法。从众行为是一种普遍的社会现象。顾客在购买一件产品前，往往会询问销售人员买这种产品的人多不多。销售人员也往往利用人们的这种从众心理来敦促顾客下决心购买。

这种方法可以减轻顾客所担心的风险，增加顾客的信心，尤其是新顾客，更是希望通过更多人的消费经验来减少或降低自己消费的风险。这时，由于销售的产品已经取得了一些顾客的认可，使得销售人员的说辞更具有说服力。

然而，如果销售人员错误地运用从众成交法，则可能会引起顾客的逆反心理，从而拒绝购买。如果销售人员所列举的“众”不适合于顾客所追求的“众”，不但说服不了顾客购买，反而会制造新的销售障碍。

销售人员利用从众成交法时应注意以下几点：

(1) 必须针对顾客的从众心理动机，选择和使用具有一定影响力的基本顾客或中心顾客。

(2) 销售人员必须讲究职业道德，不能利用虚假的成交气氛来欺骗顾客。

(3) 要将从众成交法与有关广告宣传相结合，以提高企业、品牌及产品的知名度，扩大社会影响，以吸引大批从众顾客。

**(八) 最后机会成交法**

最后机会成交法又称无选择成交法、唯一成交法、现在成交法，是指销售人员通过告诉顾客现在是最有利的购买时机来促使顾客立即购买商品的一种方法，它利用了顾客担心失去获得某种利益机会的心理，将购买时的压力变为成交的动力，如告诉顾客“这种商品只剩下三件了，最后的优惠时间也只有两天了”。

使用这种方法的关键在于把握有利的时机，若使用得当，这种方法往往具有很强的说服性，会产生立竿见影的效果，并能节省销售时间，提高销售效率。

但采用这种方法最忌讳的就是欺骗顾客，以虚假的信息和不实之词引诱顾客立即购买。

在以下情况下适合使用最后机会成交法：

(1) 当顾客已被销售人员说服，尚未决定购买时。

(2) 当所销售的产品数量确实不多时。

运用最后机会成交法时应注意以下问题：

(1) 通过各种宣传造成一定的气氛，强调成交机会难得，失去机会就等于损失更多的利益。

(2) 销售人员应直接向顾客提示成交的机会，诱发顾客的购买动机，刺激顾客对销售品急切地占有欲，以促使顾客立即采取购买行动。

(3) 所选择和利用的机会一定要属实，不能欺骗顾客，应该让顾客认识到所提示的最后机会是在向其提供重要的信息，目的是帮助顾客做出理智的选择。

**(九) 克服异议成交法**

克服异议成交法也称处理异议成交法、大点成交法，是指销售人员利用处理顾客异议的机会，直接向顾客提出成交要求，促使顾客成交的一种方法。

对于顾客提出的异议，尤其是顾客认为重要的异议，大多是顾客购买的主要障碍，如运输问题、保修问题、储存问题、使用指导问题等。销售人员首先将顾客最担心的问题全都想到，并制定出解决问题的办法。有些普遍存在的问题，企业用制度来约束，并通过销售人员传达给顾客。销售人员将解决顾客的问题看成自己的职责，已经有制度约定的，按制度办理，没有制度约定的，积极努力帮助顾客解决。解决了顾客最关心的问题，成交就是水到渠成之事了。因此，销售人员可以把异议作为一种成交信号，将其转变为成交行为，这样有利于销售人员抓住一切成交机会。

**（十）总结利益成交法**

总结利益成交法是指销售人员将顾客关注的产品的主要特色、优点和利益，在成交中以一种积极的方式加以概括、总结，以得到顾客的认同，最终获取订单的成交方法。这一方法有三个步骤：

（1）在销售展示中确定顾客感兴趣的产品的核心利益。

（2）总结这些利益。

（3）向顾客提出购买建议。

总结利益法能够使顾客全面了解商品的优点，以便于激发顾客的购买兴趣，最大限度地吸引顾客的注意力，使顾客在明确自己既得利益的基础上迅速做出决策。

采取这一方法时，销售人员必须把握住顾客真实的内在需求，有针对性地汇总并阐述产品的优点，不要“眉毛胡子一把抓”，更不能把顾客提出异议的地方作为优点加以阐述，以免遭到顾客的再次反对，使总结利益的劝说达不到效果。

**（十一）试用促成法**

试用促成法是销售人员请求顾客试用少量包装的产品，如请求顾客购买远比正常包装要小得多的数量的产品，如洗发水、洗衣粉、化妆品等，先行试用，以降低风险，如果试用后顾客对产品满意，以后就会更多地购买。除了这些小包装的日常生活用品外，还有一些其他可试用的商品，如小食品可以试尝、大件商品可以试用等。“试”是现代体验经济的一种形态，也是企业促进销售的一种手段。“试”过了，顾客才有感觉，感觉满意了才能购买。

统计数据显示，如果准顾客能够在实际承诺购买之前先行拥有这一产品，交易的成功率将会大大提高。试用的产品最好是免费赠送的，当然，为了防止顾客不珍惜不花钱就能得到的商品，也可以小包装低价，以保证顾客乐意使用。

使用试用促成法时应注意以下问题：

（1）销售人员应相信顾客，允许顾客在试用不满意时退换产品，而不必承担任何责任。

（2）在顾客试用期间，应帮助顾客总结试用心得，指导顾客科学、合理地使用产品。

（3）顾客若有疑虑，请他先看、先用，不必先买。

**（十二）限期成交法**

限期成交法是指销售人员通过限制购买期限从而敦促顾客购买的方法。如许多流通企业贴出“存货有限，欲购从速”“20 周年店庆，降价 3 天，真情回报”等广告；各个超市经常标注有特价品标签，这些特价品的特价时间都是有期限的。经常逛超市和商场的顾客对此非常清楚，有一些顾客专门寻找并购买特价品。

限期成交法在工业用品的大宗销售中也被经常使用。有些产品由于原材料的波动而有成本的浮动，这必然会影响到产品的价格，但价格的调整是有一定滞后期的。有些企业就将产品价格调整的时间提前告知买家，以便买家调整自己的购买计划，提前购买。

采取期限成交法往往能够制造出有利于成交的环境氛围，吸引顾客的注意力。由于这种方法确实能够给顾客带来实际的好处，因此比较受顾客的欢迎，也能起到较好的销售效果。

但期限成交法有可能使未在优惠期购买的顾客感到气愤；有些商家不断贴出“最后一天”或“最后三天”的广告，使顾客有上当受骗之感，使商家丧失销售的信誉；如果限期的时间过短，也会使顾客丧失购买信心而放弃购买。

**（十三）激将成交法**

激将成交法是指销售人员用激将的语言刺激顾客购买，从而促成交易的方法。这种方法利用了顾客自尊心强、要面子的心理，刺激顾客的购买欲望。

采用激将成交法时一定要注意给顾客留面子，不逼迫、不胁迫。有时顾客就是在激将中即时性地做出了购买决策。这种方法对于性格急躁、好面子的顾客比较有效，而对于不愠不火性格的人则没有太大用处。

激将成交法最大的缺陷是，如果把握不好，有可能激发的不是顾客的自尊心，而是顾客的怒气和火气。如果出现这种局面，不但破坏了成交气氛，还可能使顾客拂袖而去，从而失去成交的机会，也可能失去了这个顾客。

这种方法要使用得当，有可能会使本来不想买的顾客最终做出了购买决定，从而促成了顾客即兴购买和计划外购买的情况发生。这种结果对销售人员是一种销售时间的节省，提高了销售效率；对于顾客来说，如果对购买的产品满意，也是一种意外的惊喜和购买成本的节约（时间、体力、精力和花费）。

**（十四）让步成交法**

让步成交法是指销售人员在成交的关键时刻退让一步来促成交易的一种方法。这种情况在商务谈判中会经常见到。即双方在僵持不下时，销售人员或卖方退让一步，从而使谈判向前推进一大步或者达成了双方满意的协议。在与顾客商谈中或讨价还价中，销售人员应采取的策略是“前紧后松”，即先提出较高的条件，再小步退让。其理论依据是：刚开始时，销售人员把握不住顾客是真心想购买还是随便问问，如果是真心想购买，一定会讨价还价；如果是随便问问，则不会讨价还价。另外，“前紧后松”的做法也会让顾客购买后产生一种满足感，形成对价格的满足和对自己谈判能力的满足。

在使用让步成交法时要注意以下几点：

（1）刚开始的报价高一些，但不能太离谱，太离谱会吓走顾客。

（2）让步的幅度要小，让顾客感到每一次让步都是难得的。

（3）不要纠缠，退到底价时，就要一口咬定，不要犹豫不决。

采取让步成交法不会给销售带来损失，因为让步空间是此前已经设计好的，而不同顾客的心理价位也各不相同，小幅度让步其实也是对顾客心理价位的试探过程，定出底价就是把握销售利益的最好方法。

以上我们研究了十四种促成交易的方法。此外，可用的方法还有赞扬法、特殊让步法、请求签名法等。

需要指出的是，在销售过程中，销售人员在坚持一定的成交原则的同时，还要根据顾客的不同类型和顾客的不同心态来灵活而巧妙地调整成交方法，各种方法也可以搭配使用，以保证销售任务的完成并获得良好的销售效果。

## 四、交易中的注意事项

交易可能成功，也可能失败，无论成功还是失败，都有一些需要注意的事项。

### （一）促成交易时的注意事项

在促成交易的过程中，销售人员需要注意以下一些细节。

**1. 适合拿出空白订货单**

切忌将空白订货单突然在顾客面前拿出来，这样可能会增加销售的阻力。因为这时顾客可能会提醒自己“小心应对”。销售过程中需要拿出订货单时，是顾客提出签署订单时，或销售人员提议而顾客同意签署订单时，要自然地、毫不在意地拿出，使顾客不至于有突如其来之感。

**2. 顾客接纳交易建议后的话术**

在已经知道顾客接纳了销售人员的交易建议后，不直接说“买吧”，而可以说“需要多少?”“什么时候要货?”“需要什么规格?”等问题。这样把问题固定在具体事项上，既可以锁定顾客的购买决策，也可以确定必要而有用的信息。

**3. 控制情绪**

由于完成一笔交易或者由于与一位特别难对付的顾客谈妥一笔交易，必然会引起销售人员心情上的兴奋，但要加以掩饰。当顾客正准备购买时，如果销售人员显示出兴奋的表情，忘乎所以，可能会使顾客怀疑销售人员所达成交易的概率很低，再继续推论下去就是销售人员所销售的产品一定有什么缺点，或销售人员在这一次交易中获利一定很多。如果出现这样的情况，可能下次交易就不存在了，甚至有可能牵连到本次交易。

**4. 留住人情**

交易顺利达成，销售人员千万不要让顾客感觉出自己态度开始冷淡，这会让顾客产生不满情绪。因此，一定要让顾客感到这次购买是一次明智的选择。为了做到这一点，必须稳定顾客的情绪，在商品出售后，找一些大家共同关心的问题聊一聊（最好不要提商品），这样可以使顾客的心理平静下来。在成交之后也不要急于道谢，在临别时不妨感谢顾客几句，但不要太过分，使人感觉亲切就可以了。正规的商务环境下可以与顾客握手以表达谢意。一些充满情意的举动会使顾客对销售人员及其公司留下美好的印象。

**5. 寻求引见**

与你成交的顾客往往会和与他有类似需求的其他潜在顾客有某种联系。聪明的销售人员在交易成功后，往往不会忘记请顾客给自己介绍其他与之有联系并可能具有同类需求的顾客，并请顾客代为引见或约见。这样，销售人员可以扩大自己的销售范围，确定下一步销售的对象。

**6. 抓紧时间**

在整个销售过程中，销售人员都需要抓紧时间，雷厉风行，将该处理的事项处理妥当，以提高工作效率。不要让顾客感觉拖沓，也不要让顾客感觉到耽搁了许多时间，而应让顾客感觉到销售人员分秒必争，对时间的把握非常严格，做事情有板有眼。

### （二）交易失败的注意事项

虽然销售人员在销售过程中会付出种种努力，但并不是每次交易都会成功。实际上销售成功的概率往往很低，大多数销售努力都是以失败而告终。因此，销售人员还要清楚交易失败后需要注意的一些事项。

**1. 避免失态**

交易成功了，销售人员容易做到与顾客再沟通、再交流，而一旦交易不成功，许多销售人员往往草草收场。销售人员一定要做到“买卖不成仁义在”，对拒绝自己的顾客依然要彬彬有礼，感谢他们给自己的机会，并向他们致歉，说耽搁了他们的宝贵时间。

一般的销售工作往往要上门几次方能成功，因此销售人员的耐心是必要的，同时与顾客保持良好的人际沟通尤为重要，千万不要将不能成交的顾客撇开，只顾自己一时痛快。

一般来说，销售人员在成交失败的情况下，难免会有失望或沮丧的情绪，但注意不要让这种消极情绪流露出来，更不要对顾客表示出怨恨。要保持良好的风度，适当表示出来一点儿遗憾，使对方能够产生一些悔意。如有可能要留下一些材料和礼品，为再次销售成功做一些铺垫。

**2. 请求指点**

在销售人员费了很大的力气仍未取得成功的情况下，销售人员应主动向顾客请教，了解顾客认为自己在销售工作方面或产品方面要做出哪些改进。

对产品，顾客一般会直言不讳地指出他不满意并希望得到改进的方面，但对于销售人员的工作，顾客则未必想要指手画脚。在这种情况下，销售人员应态度诚恳，表明只是想请顾客以客观的态度来评价自己的工作，从而使自己的工作不断得到改进。

**3. 分析原因，吸取教训**

销售人员经历销售失败，尤其是经过一番努力仍以失败告终，确实是一件令人非常沮丧的事情。但事后应该仔细回想销售工作的每一个环节以及顾客当时的反应，如表情、语言、行动等，认真寻找未能成交的原因。这样做，一方面可以积累经验，改进自己以后的工作，另一方面，可以在再次拜访该顾客时有针对性地解决上次销售中遗留的或潜在的问题，争取达成交易。

在分析原因、总结经验后，最重要的就是从失败的经历中吸取教训，并在以后的工作中避免重蹈覆辙。

## 第三节 销售服务与跟踪

**【案例 9－5】 吉拉德的销售纪录**[①]

乔·吉拉德是德国汽车和美国汽车的经销商，也是世界上最著名的销售人员，他连续12年荣登世界吉尼斯世界纪录大全“世界销售第一”的宝座。他所保持的世界汽车销售纪录——连续12年平均每天销售6辆车，这一纪录至今无人能破。他因售出了13 000多辆汽

① 李津．乔·吉拉德．北京：中央编译出版社，2005.

车创造了产品销售最高纪录而被载入史册。他曾经连续15年成为世界上售出新车最多的人，其中6年每年平均售出汽车1 300辆。

乔·吉拉德创造了数项吉尼斯世界汽车零售纪录：

(1) 最多一天销售18辆车。

(2) 一个月最多销售174辆车。

(3) 一年最多销售1 425辆车。

(4) 在15年的销售生涯中总共销售了13 001辆车。

“我相信，销售始于售后。”这是乔·吉拉德的著名信条，也是今天我们开展销售工作应遵守的原则。

## 一、售后服务

人们通常认为，产品销售出去就是销售活动的结束，所以对于售后，很多人都漠不关心。这样的观念忽视了售后服务的重要性。在当今激烈的市场竞争中，没有出色的售后服务工作，就没有未来的市场。

### （一）对售后服务的理解

售后服务是指企业及其销售人员在产品到达顾客手中后继续提供的各项服务工作。售后服务是销售工作的重要组成部分，通过开展售后服务，可以满足顾客的另外一些需求；同时，售后服务工作还可以起到联络感情、收集市场信息的作用。售后服务的目的是为顾客提供方便，提高企业信誉，促进企业长期销售工作的开展。

对于销售人员而言，良好的售后服务，不仅可以巩固已争取到的顾客，促使他们继续购买，还可以通过这些顾客的宣传，争取到更多的新顾客，开拓新市场。因此，每个销售人员都必须认真研究售后服务的技巧。

### （二）售后服务的内容

#### 1. 送货服务

对购买大件产品，或一次购买数量较多、自行携带不便或有特殊困难的顾客，企业均有必要提供送货上门服务。起初这种服务主要是提供给生产者用户或中间商的，如今已被广泛地应用到零售顾客的服务之中，如家居产品的送货上门、家电产品的送货上门等。快递服务就属于企业的售后服务，它大大方便了消费者购买，促进了顾客购买行为的实现。

#### 2. 安装服务

有些产品在使用前需要在使用地点进行安装。由企业专门的安装人员上门提供免费安装，既可当场测试，又可保证产品质量。同时，上门安装还是一种传递企业信息的最好途径。例如：海尔的无搬动服务，安装人员上门时严格执行企业行为约束制度，不给顾客带来麻烦；安装完毕将现场收拾整洁；给顾客仔细讲解使用规则和方法；耐心解答顾客的各种问题。这种服务使顾客感受到了温馨，因此深受顾客欢迎。

#### 3. 包装服务

产品包装是在产品售出后，企业根据顾客的要求，提供普通包装、礼品包装、组合包装、整件包装等服务。这种服务既为顾客提供了方便，又是一种重要的广告宣传方法。如在包装外面印上企业名称、地址及产品介绍，能起到较好的宣传作用。

**4. “三包”服务**

“三包”是指售出的产品包修、包换、包退的服务。1986 年 4 月，国务院发布了《工业产品质量责任条例》，其中明确规定：产品的生产者、销售者对产品质量负责。产品质量不符合国家的有关法规、质量标准以及合同规定的对产品适用、安全和其他特性的要求的，产品的生产者、销售者“应当负责修理、更换、退货；赔偿实际经济损失。”1995 年 2 月，在全国人大七届常委会第三十次会议上通过的《产品质量法》中，进一步明确了产品的生产者、经销者的质量责任和义务，售出的产品不符合规定要求时，应当负责“修理、更换、退货；给购买产品的消费者造成损失的应当赔偿损失。”这就是“三包”。企业应根据不同产品的特点和条件，制定具体的“三包”内容和方法，真正为顾客提供方便。

包修是指对顾客购买的本企业产品，在保修期内提供免费维修，有些大件商品还应提供上门维修服务，用户只需一个电话，维修人员就会上门服务。有无保修及保修时间多长是非常重要的，顾客在购买有保修制度的产品时，能减少许多顾虑，放心购买。

包换是指顾客购买了不合适的产品后可以调换。

包退是指顾客对所购买的产品不满意时，可提供退货服务。

从表面上看，退货是对已实现销售的否定，对企业是不利的，但从长远来看，这样做既可以使顾客的利益不受损失，使顾客满意而买，不满意而退，又可以使顾客对企业产生信任感，赢得顾客对企业、对品牌的信任，进而有利于企业形象的塑造，有利于企业未来销售工作的开展。

**5. 帮助顾客解决遇到的问题**

销售人员必须像对待自己的问题那样对待顾客的问题。从长远来看，只有顾客获得成功，销售人员才能再次与顾客交易，扩大自己的销售额。同时，销售人员处理顾客所遇到问题的速度，也体现出了对顾客的重视程度。

## 二、销售跟踪

对销售人员而言，销售是一个持续不断的过程。当销售人员将一位潜在顾客转变为真正的顾客时，就可以建立长期的客户关系。要建立这样的关系，其关键就在于售出产品后对每一位顾客进行跟踪服务。

跟踪服务是指在成交阶段后（无论是否成交），销售人员对顾客所持有的一种态度和进一步提供的服务，希望销售人员及公司能给顾客留下美好而深刻的印象，为今后销售成功创造机会。在销售陈述中，销售人员常常面临着两种结果：要么与潜在顾客达成交易，要么成交失败。对销售人员而言，达成交易固然可喜，但交易失败也不要气馁。成交后还有很多工作需要销售人员去做。交易失败，也并不表明从此永无成交的可能，只要处理得当，仍能创造出成交机会。所以销售人员无论是否与顾客达成交易，都要进行销售跟踪。

销售人员进行销售跟踪，可以从建立顾客资料卡、制定服务跟踪计划、与顾客联络感情和提供最新产品资料等方面来进行。

### （一）建立顾客资料卡

进行销售跟踪，首先必须建立顾客档案资料，进行“建档管理”。建档管理是将顾客的各项资料加以科学化记录、保存，并分析、整理、应用，借以巩固双方的关系，从而提升销售业绩的管理方法。

通常情况下，顾客资料卡中应包括“顾客管理的内容”中的基础资料、顾客特征、业务状况、交易现状四个方面的情况。

销售人员第一次拜访顾客后即应该开始整理并填写顾客资料卡。随着时间的推移，销售人员应注意对其进行完善和修订。填完的顾客资料卡应妥善保存，并在开展业务的过程中加以运用。充分利用顾客资料卡的功能可有效提升销售业绩。

在互联网时代，许多企业都将顾客资料卡置于网络管理之中，这样，无论销售人员怎样更迭，顾客的历史资料都在保存并不断补充之中，从而形成完备的顾客信息资料库。

**（二）制定服务跟踪计划**

随着市场竞争激烈程度的加剧，售后服务质量的好坏已经成为企业争夺顾客的重要手段之一。因为它决定着购买行为之后有无“后顾之忧”。服务是企业和顾客之间的情感纽带，扎扎实实地做好服务，以真诚和温情打动顾客的心是企业扩大市场份额的必由之路。要保证后续服务水准的提升，制定服务跟踪计划是非常必要的。

服务跟踪计划应包括：客户的基本情况，购买后状况，购买后多长时间联络顾客，联络的内容（如使用情况、有无问题、使用时应注意什么），等等。跟踪的方式可以是电话、E-mail、短信、微信等。

跟踪计划的实施会使顾客明白消费、心里踏实、传递有利于企业的信息。这些接触也会给销售人员带来再次交易的机会，这也是促使顾客帮助销售人员介绍新顾客的好方法。

**（三）与顾客联络感情**

与顾客联络感情的方法通常有以下几种。

**1. 拜访**

经常去拜访顾客非常重要，拜访并不一定是为了销售，其主要目的是让顾客感觉到销售人员和企业对自己的关心，同时也向顾客表明企业对销售的产品是负责的。

销售人员拜访顾客时不一定有明确的目的，也许只是为了问候，总之，要做得尽可能使拜访行为自然一些。

**2. 书信、电话联系**

书信和电话是日常生活、工作中经常使用的联系方式。当有新资料要送给顾客时，可以附上便笺，用邮寄、快递的方式寄给顾客；当顾客个人、家庭或工作上有喜忧婚丧等变故时，可以致函示意。

打电话与顾客联络也是一种很好的方式，偶尔几句简短的问候会使顾客感到高兴，但对于这些友谊性的电话，要注意语言得体、适当，不能显得太陌生，也不能太过熟悉。

**3. 赠送纪念品**

这是一种常见的方式。成功的销售机构和销售人员会为其顾客提供包括赠送纪念品在内的各种服务。这种方式至少可以起到三方面的作用：一是满足人们对纪念品的喜爱心理；二是可以借此作为再次访问及探知情报的手段和窗口；三是可以在纪念品上印刷企业的信息，使其成为传递企业信息的途径。这是成功销售的一种技巧。

IBM曾做过一个调查，研究老顾客为什么选择了离开。调查结果显示：顾客的需求得不到关注、抱怨得不到及时处理以及长期对产品有抱怨情绪占顾客离开原因的78%。不难看出，要保证老顾客继续留在企业的顾客队伍中，非常重要的一点就是要求销售人员做好销售后的顾客跟踪工作。

**4. 监控顾客满意度**

顾客完成购买后的感受会各不相同，如果满意，在将来有新的需求时，他们会成为销售人员的回头客；否则，在下次购买时顾客会另找其他的企业或销售人员。因此，对于使用过产品的顾客，销售人员及时收集、反馈顾客的购后感受是非常重要的。对于消费型产品，有必要调查顾客的使用情况。一般来说，销售人员可以通过“顾客意见反馈表”获得顾客对产品售后服务满意度的评价。

### （四）提供最新产品资料

企业开发新产品是产品创新的一个重点。企业向顾客提供最新产品资料，可以使顾客了解产品的最新情况，这是销售人员的一项重要的工作。在说服顾客购买之前，销售人员通常将产品的简介、使用说明书及相关文件资料递交给顾客参考，而在顾客购买后，却常疏于提供最新资料，这是一种很不妥当的做法。

销售人员向顾客提供的最新资料一般包括以下两种。

**1. 产品商情报道资料**

有许多产品的销售资料常以报道性的文件记载，销售人员可以以此作为赠品赠送给顾客，使这些销售资料成为联络感情的工具。如钢琴的销售人员每月给顾客邮寄一份音乐及乐器简讯，这样，一方面可以给顾客提供参考资料，另一方面也可以借此报道商业情况，使顾客对本企业产品有持续性的好感。

通过不断为顾客提供资料，也能起到宣传企业形象和品牌的效果，从而吸引更多的顾客。

**2. 产品本身的资料**

产品售出后，顾客基于某种理由，常常希望了解产品本身的动态资料。以药品销售为例，销售人员应及时将产品在成分、规格、等级等方面的变动资料提供给药店。

**【案例 9－6】 长城客车跟踪服务**[①]

在中国客车行业，长城客车首家推出“1＋1”跟踪服务。为了让顾客真正感觉到“服务时时刻刻在身边”，长城客车首保以前服务人员跟车服务，随时掌握车辆使用情况，一旦出现故障，现场即可排除；定期回访顾客，为顾客检测车辆使用状况，讲解维护、保养、使用知识；为顾客建立信息档案，时常电话回访顾客。让每一位长城客车的顾客切身体会到有一位服务人员时刻在关注着自己。

随着客车产品档次和性能的不断提高，对顾客的使用和维护保养技术要求也相应提高。目前在产品的故障中，因顾客操作失误或维护不当引发的故障快速增加。长城客车的“1＋1”跟踪服务，有效地完成了顾客使用和维护方面的培训。这种突破传统，互动式、参与式的培训方法，克服了误操作或保养不当造成的人为故障，及时消除了顾客许多因对产品缺乏了解而产生的疑问。

---

① http：//www.sina.com.cn.

# 第十章

# 客户关系管理

客户关系管理是销售人员的重要职责，通过对客户进行科学而有效的分析与管理，销售人员可以从中了解客户的需求状况及发展趋势，从而对市场需求做出正确的判断，同时采取相应的对策满足客户的需求，真正做到以客户为中心。

## 第一节 对客户关系管理的理解

客户是帮助企业销售产品的外部群体的总称，是企业销售体系中的重要组成部分，也是企业的重要资源。客户包括企业销售渠道中的所有成员和所有的最终使用者，包括经销商、代理商、批发商、零售商、顾客等。与客户建立长期而稳定的往来关系，是保证企业市场运作和谋求发展最稳定的基石。

### 一、客户关系管理的含义

客户关系管理（Customer Relationship Management，CRM），是指企业为分析客户、选择客户、获得客户、维系客户、提高客户忠诚度和终生价值，提升企业赢利能力和竞争优势而制定实施的一系列营销策略。

客户关系管理的内涵主要体现在以下几个方面：

（1）客户关系管理的目的是促使企业从以一定的成本取得新顾客转变为想方设法留住现有的顾客，从取得市场份额转变为取得顾客份额，从发展一种短期的交易转变为开发顾客的终生价值，从而提升企业的赢利能力和竞争优势。

（2）客户关系管理的前提是满足客户需求。要提升企业的赢利能力和竞争优势，就必须保证企业的销售，而企业的销售取决于顾客的购买，企业稳定的销售来自稳定的客户群。而企业拥有稳定客户的前提是满足客户需求，提高客户的满意度。研究表明，客户满意度如果有了5%的提高，企业的利润将增加1倍；一个非常满意客户的购买意愿将6倍于满意的客户；2/3的客户离开供应商是因为供应商对客户关怀不够。

(3) 客户关系管理的条件是运用一定的资源、政策、结构和流程。客户关系管理的核心思想是将企业的客户（包括最终客户、分销商和合作伙伴）作为最重要的资源，通过完善的客户服务和深入的客户分析来满足客户的需要，保证实现客户的终生价值。为此，需要企业构建以客户为中心的客户关系管理组织（见图10-1）。

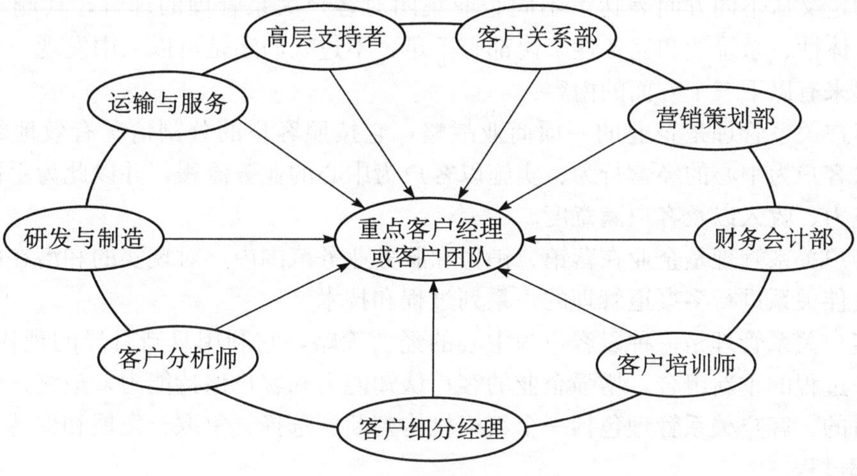


**图10-1　客户关系管理组织图**

(4) 客户关系管理的方法是密切与客户沟通，深入了解客户需求，提供优质产品，完善客户服务，建立长期而友好的关系，提升客户价值。

(5) 客户关系管理的内容是分析客户、选择客户、获得客户、维系客户关系、保证客户利益，提高客户忠诚度。

客户关系管理是一种旨在改善企业与客户之间关系的管理机制。客户关系管理实施于企业的营销、销售、服务与技术支持等与客户相关的领域，强化跟踪服务与信息服务的能力，建立和维护企业与客户及生意伙伴之间一对一的关系，使企业能够提供更快捷和更周到的服务，提高客户满意度，以吸引和保持更多的客户，增加销售额。

## 二、企业对CRM的理解

高德纳咨询公司（Gartner Group）认为，客户关系管理是为增进利益、保证收入和提高客户满意度而设计的，旨在稳定和扩大企业经营范围的商业战略。客户关系管理也是一种以客户为中心的经营战略，它以信息技术为手段，对业务功能进行设计，并对业务流程进行重组。

卡尔松营销集团（Carlson Marketing Group）把客户关系管理定义为：通过培养公司的每一位员工、经销商或客户对该公司更积极的偏爱或偏好，留住这些客户并以此提高公司业绩的一种营销策略。

IBM所理解的客户关系管理是：客户关系管理一是企业的商务目标，即通过一系列技术手段了解客户目前的需求和潜在客户的需求；二是企业需要整合的信息流程，使企业对所有客户信息的了解达到全面、一致的效果。IBM将客户关系管理分为三类：关系管理（不仅要一次性成功营销，还要开展持续性的关系营销）、流程管理和接入管理。

惠普公司对客户关系管理的理解：客户关系管理对企业来讲，首先是一个商业战略，是帮助企业实现管理理念变化的工具。通过这种工具，企业可以透过多种渠道为客户提供全方位的服务，这些渠道包括电话的方式、电子邮件的方式、无线通信的方式或者是面对面的方式。这些活动既涉及市场部门、销售部门，同时还涉及技术支持和服务部门等。实施客户关系管理的最终目的是帮助企业增加收入、提高利润和客户满意度。

以上的定义从不同方面表达了不同企业集团对客户关系管理的理解，其侧重点各有不同，但就整体性、系统性和完备性来说都有不足，不过我们还是可以从中发现一些共性的东西，归纳起来有以下三个方面的内容：

（1）客户关系管理是企业的一项商业战略，它按照客户的分割情况有效地组织企业资源，培养以客户为中心的经营行为、实施以客户为中心的业务流程，并以此为手段来提高企业的获利能力、收入以及客户满意度。

（2）客户关系管理是企业在营销、销售和服务业务范围内，对现实的和潜在的客户关系以及业务伙伴关系进行多渠道管理的一系列过程和技术。

（3）客户关系管理是一种以客户为中心的经营策略，它利用日新月异的现代通信技术，通过对业务过程的重新组合，增强企业的客户认知能力和客户保持能力，最终达到客户收益最大化的目的。客户关系管理包括一个组织机构判断、选择、争取、发展和保持其客户所要实施的全部过程。

通过以上分析，我们可以将客户关系管理的定义概括为以下内容：

客户关系管理是企业为提高核心竞争力，达到竞争制胜、快速成长的目的而开展的包括判断、选择、争取、发展和保持客户活动所需实施的全部过程；是企业以客户关系为重点，树立以客户为中心的发展战略，通过开展系统化的客户研究、优化企业组织体系和业务流程、提高客户满意度和忠诚度、稳定和发展企业效率和利润水平的商业战略；也是企业在不断改进与客户关系相关的全部业务流程，最终实现电子化、自动化运营目标的过程中，所创造并使用的先进的信息技术、软硬件和优化的管理方法、解决方案的一系列过程和技术。

综合以上关于客户关系管理的定义，我们可以将其理解为理念、技术、实施三个层面。其中，理念是客户关系管理成功的关键，实施是客户关系管理应用的基础和土壤；信息系统、IT技术是客户关系管理成功实施的手段和方法；实施是决定客户关系管理成功与否、效果如何的直接因素。三者构成客户关系管理稳固的“铁三角”（见图10－2）。

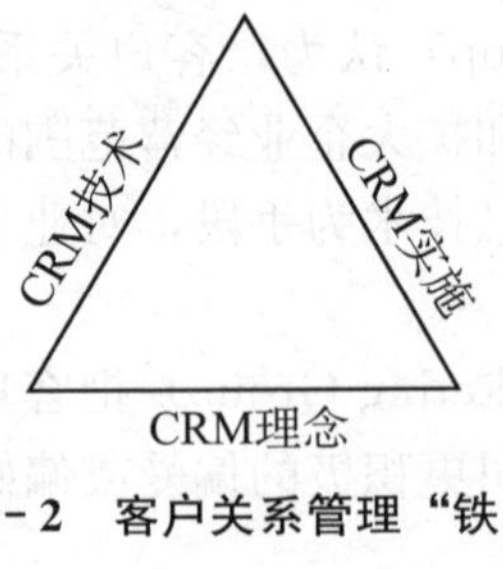


**图10－2 客户关系管理“铁三角”**

## 三、客户关系管理的提出

在早期的市场营销学教科书中，并没有客户关系管理的内容。客户关系管理是由

Gartner Group公司首先提出的。20 世纪 90 年代前后，为了应对日益增大的竞争压力，一些欧美大企业，如美国电报电话公司（AT&T）、花旗银行以及戴尔电脑等，纷纷重新设计业务流程，并开发出销售自动化系统（SFA），随后又发展出了客户服务系统（CSS）。

1996 年后，一些企业开始把销售能力自动化（Sales Force Automation，SFA）和客户服务系统（Customer Services System，CSS）合并起来，再加上营销策划（Marketing Planning）和现场服务（Field Service），在此基础上再集成计算机电话集成技术（Computer Telephone Integration，CTI）应用，从而出现了集销售和服务功能于一体的呼叫中心，这就是今天客户关系管理的雏形。后来，Gartner Group 正式提出客户关系管理的概念，促进了客户关系管理的进一步发展。

作为一种软件，客户关系管理经历了从早期的帮助办公桌工具（Help Desk Tool）和错误跟踪系统（Bug Tracking System）、接触管理系统（Contact Management System）、客户服务管理系统（Customer Service Management System）和现场管理系统（Field Services System），到销售自动化（Sales Force Automation）、市场自动化（Market Automation）和呼叫中心（Call Center）等应用系统，再到今天的客户关系管理（CRM），在美国经历了近三十年的演变。

客户关系管理进入中国市场的时间不长，我们可以把 1999 年和 2000 年看做概念导入期，2001 年是产品摸索开发期，2002 年和 2003 年是产品应用期，2004 年和 2005 年是中国客户关系管理产业进入真正发展的时期。此后，随着中国 IT 市场整体黄金时代的到来，客户关系管理有了更大的市场空间，得到了长足的发展。

据了解，即使是在美国这个客户关系管理非常成熟的市场，客户关系管理渗透的比例也只有 15%～20%。最近几年，美国的客户关系管理市场一直保持着 20%的较高增长率。有数据表明，美国客户关系管理市场的销售份额占全球销售份额的 50%以上。与此相比，中国的客户关系管理应用市场的渗透比例非常低（0.1%～0.2%）。

## 四、客户关系管理的内容

客户关系管理的对象是客户，这里的客户包含各类中间商和最终用户。其具体的工作内容包括以下几个方面。

### （一）采集客户信息

（1）采集客户的有关信息，将更多的客户信息输入客户数据库中。

（2）验证并更新客户信息，删除过时信息。

这里的核心思想是收集客户的基本信息和交易信息，并进行有效处理。

### （二）对客户进行差异化分析

（1）哪些客户导致了企业成本的发生？

（2）企业本年度最想和哪些客户建立商业关系？选择出几个这样的客户。

（3）上年度有哪些大客户对本企业的产品和服务多次提出抱怨？列出这些客户的名单。

（4）上一年度最大的客户是否在本年度也订购了本企业产品？

（5）是否有些客户从本企业订购了一种类型以上的产品（包括近期购买次数、购买频率、购买金额和与本公司有业务交往的年限等），把客户分为 A、B、C 三类。

### （三）与客户保持良性接触

（1）给自己的客户打电话，提出一些较容易回答的问题，如近期是否有购买的打算、何时购买、有何要求，等等。

（2）给竞争对手的客户打电话，询问服务水平的不同，看看竞争对手的客户是否有抱怨，自己是否有机会。

（3）把客户打来的电话看成一次销售的机会，耐心解释和积极解决客户的各种问题。

（4）测试客户服务中心自动语音系统的质量，看是否通畅，是否可能出现或已经出现过客户不耐烦的事例。

（5）对企业记录的客户信息进行跟踪。

（6）哪些客户给企业带来了更高的价值，与他们更主动地对话。

（7）通过信息技术的应用，使客户与企业的交易更加方便。

### （四）调整产品或服务以满足每个客户的需求

（1）改进客户服务过程中各环节的工作，节省客户时间，节约公司资金。

（2）以更加个性化的形式给客户发邮件、微信、QQ 等。

（3）替客户填写各种表格。

（4）询问客户，了解客户希望以什么样的方式、什么样的频率获得企业的信息。

（5）找出客户真正需要的东西。

（6）征求前十位客户的意见，看企业究竟可以向这些客户提供哪些特殊的产品和服务。

（7）争取企业高层对客户关系管理工作的参与。

## 五、客户关系管理系统

客户关系管理将客户数据库、客户服务、销售自动化及其他信息技术紧密地结合在一起，建立起企业与客户沟通的平台。客户关系管理系统是一个基于电子商务的面向客户的服务系统，为企业的销售和服务提供自动化的解决方案。

客户关系管理系统最基本的功能就是满足市场、销售和服务三部门的需求，对应于这三个部门，客户关系管理有相应的系统，这些系统有相应的功能。

### （一）客户市场管理子系统

客户市场管理子系统能够提供一个完整的客户活动、事件、潜在客户和数据库管理的平台，从而使寻找潜在客户的工作效率更高、更加合理化。

客户市场管理子系统的内容包括：

（1）电话营销与电话销售。其主要功能包括：电话簿；把电话号码分配给销售人员；记录电话细节，并安排回电；电话营销内容草稿；电话录音，同时给出书写器，用户可做记录；电话统计和报告；自动拨号。

（2）营销管理。其主要功能包括：在开展营销活动（广告、邮件、研讨会、网站、展览会等）时，能获得预先定制的信息支持；使营销活动与业务、客户、联系人建立关联；提供类似公告板的功能，可张贴、查找、更新营销资料，从而实现营销文件、分析报告等资料的共享；跟踪特定事件；安排新事件，如研讨会、会议等，并加入合同、客户和销售代表等信息；信函书写、批量邮件，并与合同、客户、联系人、业务等建立关联；邮件合并；生成标签和信封。

（3）潜在客户管理。其主要功能包括：业务线索的记录、升级和分配；销售机会的升级和分配；潜在客户的跟踪。

**（二）客户销售管理子系统**

客户销售管理子系统可以快速获取和管理日常销售信息，能够为提高销售人员工作绩效提供流畅、直观的工作流程，同时保证每个客户和每个销售人员之间能进行完全的沟通。另外，销售经理也能有效地协调和监督整个销售过程，包括机会、预测和渠道等，从而保证销售取得更大的成功。

客户销售管理系统的主要功能如下：

（1）客户管理，包括：客户基本信息；与此客户相关的基本活动和活动历史；联系人的选择；订单的输入与跟踪；建议书和销售合同的生成等。

（2）联系人管理，包括：联系人的记录、存储和检索；跟踪同客户的联系，如时间、类型、简单的描述、任务等，并可以把相关文件作为附件；客户内部机构的设置概况。如果运行过程中联系人更迭，可根据记录进行工作的衔接。

（3）销售管理，包括：组织和浏览销售信息，如客户、业务描述、联系人、时间、销售阶段、业务额、可能结束的时间等；产生各销售业务的阶段报告，并给出业务所处阶段、需要的时间、成功的可能性、历史销售状况评价等信息；对销售业务给出战术、策略上的支持；根据地域（省市、邮编、地区、行业、相关客户、联系人等）进行维护；把销售人员归入某一地区并授权；地域的重新设置。根据利润、领域、优先级、时间、状态等标准，销售人员可定制关于将要进行的活动、业务、客户、联系人、约会等内容的报告；提供类似BBS（电子公告牌）的功能，销售人员可把销售秘诀放在系统上，还可以进行某一方面销售技能的查询、销售费用管理、销售佣金管理等。

**（三）客户服务支持与服务管理子系统**

客户服务支持与服务管理子系统能够将客户支持人员与现场销售和市场紧密地集成在一起，可以综合所有客户关键信息，并管理日常的客户服务活动和任务，从而使营销人员在解决客户问题时，可以快速、高效地存取关键客户的管理信息。

客户服务支持与服务管理子系统的功能包括以下几个：

（1）客户服务信息系统。其主要功能包括：收集与客户相关的资料、现场服务派遣、客户数据管理、客户产品生命周期管理、支持人员档案和地域管理等。此外，通过与ERP（企业资源规划）系统的集成，为后勤、部件管理、采购、质量管理、成本管理、发票和会计管理等提供必要的数据。

（2）合同管理。其主要功能包括：帮助用户创建和管理客户服务合同，以确保客户能够获得与之花费相当的服务水平和质量；跟踪保修单和合同的续订日期，通过事件功能表安排维修行动；服务档案管理模块，使用户（使用该系统的服务商）能够对客户的问题及解决方案进行日志式的记录，包括联系人管理、动态客户档案、任务管理及基于规则解决关键问题的方案，从而使客户在检索问题答案或解决方案方面提高服务的响应速度和质量。

（3）服务统计分析与决策系统。其主要功能包括：对客户服务资料进行分析和处理，使企业既能根据客户的特点提供服务，又能对客户的赢利情况进行评估，从而使客户的满意度和企业赢利都能得到提高。

另外，客户服务支持与服务管理子系统还可以与计算机电话集成（CTI）软件相结合，为客户提供更快速、更便捷的支持与服务。

市场、销售和服务是三个独立的部门，对客户关系管理系统有着不同的需求，但有一点是共同的，就是以客户为中心的运作机制。这就需要将市场、销售和服务三个部门紧密地结合在一起，从而使客户关系管理发挥更大的作用。

客户关系管理进一步强调了各部门之间的协调，主要解决企业在前端业务运行过程中的一些问题。通过及时传递信息和渠道优化，达到在恰当的时机拥有恰当的客户，并向客户提供恰当的产品和服务的目的。

通过以上分析不难看出，一套客户关系管理系统的功能构成不应当是独立存在的，它必然与企业后端的供应链管理（Supply Chain Management，SCM）紧密结合，从而保证客户关系管理系统中的每一张订单都能够在保证利润的前提下，及时有效地得到确认并确保执行。每一笔销售交易的达成都有赖于企业管理的支撑平台，即企业资源计划系统（Enterprice Resource Planning System，ERPS），其中包括分销与运输管理、生产与服务计划、信用与风险控制、成本与利润分析等功能。

## 第二节　客户分析与筛选

客户关系管理中有一条重要的原则，就是二八原理，也称 80/20 原则，即企业 80%的销售和利润来自 20%的客户；企业 80%的麻烦来自 20%的客户；企业付出的 80%的努力只带来 20%的优质客户。企业需要对客户进行分析，分析客户及其给企业带来的影响，以便找出和归类不同类型的客户。

当确知某些客户比其他客户能给企业带来的影响更大时，企业就应该做出正确决定，使用有限的资源对这部分影响更大的客户提供更加有效的服务。

### 一、建立客户档案

#### （一）建立客户档案的作用

企业为了加强客户服务、掌握客户的动态以利于促进销售，应对客户进行建档管理。建立客户档案的作用如下：

（1）可以开展有针对性的促销，激发客户重复购买的愿望，以提高客户的购买次数。

（2）可以测定客户对企业的态度，如对产品的意见、对品牌的偏好，借以调整销售政策和改善服务水平。

（3）可以创造交叉销售，引发顾客全面关注企业所有产品的兴趣，提高客户的购买量。

（4）可以消除买卖双方的鸿沟，促使双方关系更为密切。

#### （二）客户分类管理的方法

企业的客户众多，每个客户的性质不同，建立客户档案可以根据企业的需要，对客户进行分类管理。其基本方法有以下四种：

(1) 对有成交记录的客户，将其基本信息整理到一张卡片中，形成客户资料卡。

(2) 按客户成交金额高低，将客户分为A、B、C三类，实施分级管理，并以不同的色卡进行“颜色管理”。A级为“重要客户”，指经常有交易产生的客户；B级为“一般客户”，有不连续的成交记录；C级为“小客户”，偶尔有一些成交记录，额度很小。对这三类客户分别以不同的颜色区分。

(3) 按时间顺序，将客户分为“现有（已成交）客户”“可能客户”“潜在客户”三类。这样销售工作的重点是稳住“现有客户”；加强对“可能客户”的销售，使其尽快成为“现有客户”；对“潜在客户”进行拜访和促销，使其转化为“可能客户”，再经过努力转变为“现有客户”。

(4) 按销售人员的销售习惯，可将客户分为“固定卡客户”“攻击卡客户”“开发卡客户”三类，分别储存和管理不同卡类型的资料。固定卡客户是已经购买本企业产品的客户；攻击卡客户是已购买竞争品牌产品的客户，通过竞争性销售，可望抢夺为本公司的客户；开发卡客户是尚未购买本企业产品或其他品牌产品的客户，具有开发价值和争取的必要。

客户资料卡的内容根据企业需要、产品类别分别设计。客户资料卡的内容，除包括客户的姓名、住址、职业、所购商品名称与购买日期以外，其家庭成员的生日、爱好等也是客户资料卡的重要内容。此外，竞争品牌的购买量、购买产品记录、地区记录、修理记录、激发促销资料记录等均应计入客户资料卡中。

## 二、客户分析管理

进行客户分析管理，不仅要对客户资料进行采集，而且还要对客户资料进行多方位的分析，包括客户构成分析、客户与本企业的交易记录分析、不同产品的销售构成分析、不同产品毛利率分析、产品周转率分析、交义比率分析、贡献比率分析等。

### (一) 客户构成分析

(1) 将自己负责的客户按不同的方式进行划分，可以分为批发店、零售店、代理店、特约店、连锁店、专营店。

(2) 小计各分类客户的销售额。

(3) 合计各分类客户的总销售额。

(4) 计算各分类客户销售额在分类销售额中所占的比重及在总销售额中的比重。

(5) 运用ABC分析法将客户分为三类：A类客户是企业的重点客户，占企业总销售额的80%；B类客户是企业的潜力客户，占企业总销售额的15%左右；C类客户是企业的小客户，占企业总销售额的5%左右。

按ABC分析法可制作出客户构成分析表（见表10-1）。

**表10-1　客户构成分析表**

| 客户类型 | | 销售额 | 客户销售额占分类销售额的比重 | 小计 | 合计 | 分类客户销售额占总销售额的比重 |
|---|---|---|---|---|---|---|
| 批发店 | 1 | | | | | |
| | 2 | | | | | |
| | 3 | | | | | |

续表

| 客户类型 | | 销售额 | 客户销售额占分类销售额的比重 | 小计 | 合计 | 分类客户销售额占总销售额的比重 |
|---|---|---|---|---|---|---|
| 零售店 | 1 | | | | | |
| | 2 | | | | | |
| | 3 | | | | | |
| | 4 | | | | | |
| 连锁店 | 1 | | | | | |
| | 2 | | | | | |
| | 3 | | | | | |
| 专卖店 | 1 | | | | | |
| | 2 | | | | | |
| | 3 | | | | | |
| 代理店 | 1 | | | | | |
| | 2 | | | | | |
| | 3 | | | | | |

### （二）客户与本企业的交易记录分析

客户与本企业的交易记录主要体现在客户对本企业产品的购买量、购买频率和购买额度上，具体包含以下内容：

（1）掌握各客户的月交易额或年交易额（总体）。

（2）统计各客户与本企业的月交易额或年交易额（部分）。

（3）计算出各客户的交易额占本企业总销售额的比重（对本企业的重要程度）。

（4）检查该比重是否达到了本企业所期望的水平（实际交易额与目标交易额的比较）。

客户与本企业的交易记录分析见表 10－2。

**表 10－2　客户与本企业的交易记录分析表**

| 客户名称 | 年（月）累计交易额 | 企业的客户销售目标 | 客户交易额占总销售额的比重 | 企业总销售额 |
|---|---|---|---|---|
| | | | | |
| | | | | |
| | | | | |
| | | | | |
| | | | | |
| | | | | |
| | | | | |

通过分析，可以使企业发现最具价值及最具增长潜力的客户。

### （三）不同产品的销售构成分析

（1）将自己对客户销售的各种产品按销售额由高到低排序。

（2）合计所有产品的累计销售额。

（3）计算各种产品销售额占累计销售额的比重。

（4）检查是否完成企业所期望的产品销售任务。

(5) 分析不同客户产品销售的倾向及存在的问题，检查销售重点是否正确，将畅销产品努力卖给潜在客户，并确定以后的销售重点。

产品销售构成分析按表 10-3 进行。

**表 10-3 产品销售构成分析表**

| 客户 | 产品销售额 | | | | | 合计 | 销售比例 | 销售排序 | 销售目标 |
|---|---|---|---|---|---|---|---|---|---|
| | a | b | c | d | e | | | | |
| 1 | | | | | | | | | |
| 2 | | | | | | | | | |
| 3 | | | | | | | | | |
| 4 | | | | | | | | | |
| 5 | | | | | | | | | |
| 6 | | | | | | | | | |
| 合计 | | | | | | | | | |
| 销售比率 | | | | | | | | | |
| 销售排序 | | | | | | | | | |
| 销售目标 | | | | | | | | | |

**(四) 不同产品销售毛利率分析**

(1) 将自己所负责的产品按毛利额大小排序。

(2) 计算各种产品的销售毛利率。

**(五) 产品周转率分析**

(1) 通过对客户的调查，将月初客户所拥有的本企业产品库存量和月末拥有本企业产品库存量的总和进行平均，求出平均库存量。

(2) 将销售额除以平均库存量，得出产品周转率。

**(六) 交叉比率分析**

这一方法的计算公式为：

交叉比率＝毛利率×产品周转率

毛利率和产品周转率越高的产品，就越有必要积极促销。

**(七) 贡献比率分析**

(1) 求出不同产品的贡献比率。计算公式为：

贡献比率＝交叉比率×销售额构成

(2) 对不同客户的产品销售情况进行比较分析，看是否完成了公司期望的产品销售任务，分析某客户产品畅销或滞销的原因是什么、应重点销售的产品（贡献比率高的产品）是什么，等等。

不同客户之间的差异主要表现在两点：一是不同客户对公司的商业价值不同；二是不同客户对产品的需求不同。

因此，对客户进行有效的差异分析，可以帮助企业更好地配置资源，使得产品和服务的改进更有成效，牢牢抓住最有价值的客户，取得最大程度的收益。

## 三、筛选客户管理

对客户的管理具有动态性，因为企业所面临的客户是不断变化的，一个有价值的客户可以在很短的时间内变得没有价值，而一个没有价值的客户也可能转变为企业利润的主要来源。客户自身的变化会引起其对需求的变化，而其需求的变化则会引起其对本企业贡献的变化。

筛选是保留重点客户（大客户），淘汰那些无利润贡献、无发展潜力的客户。

在筛选时，销售人员一般可依据以下五个方面的标准来筛选和衡量客户。

（1）购买额，是指客户全年的购买额。

（2）收益额，即客户毛利贡献额的大小。

（3）安全性，即销售货款是否能够定期、足额回收。

（4）未来性，分析和确定客户的发展前途。

（5）合作性，考察客户的合作态度。

针对以上标准对客户进行打分，满分为100分。赋予每个标准不同的权重，如购买额占40分，收益额占10分，安全性占30分，未来性占10分，合作性占10分。对客户进行如此筛选之后，就会发现一些客户犹如仓库里的滞销品或残次品，对企业没有价值，甚至可能会形成负价值，因此要给予特别处理，甚至丢弃；与此同时，另一些客户将成为企业利润的主要来源。客户筛选表见表10-4。

**表10-4 客户筛选表**

| 赋分标准及权重 | | 客户赋分 | | | | |
|---|---|---|---|---|---|---|
| | | a | b | c | d | e |
| 购买额 | 40分 | | | | | |
| 收益性 | 10分 | | | | | |
| 安全性 | 30分 | | | | | |
| 未来性 | 10分 | | | | | |
| 合作性 | 10分 | | | | | |
| 合计 | 100分 | | | | | |

## 四、保持客户管理

保持客户就是使老客户和本企业建立永久的客户关系，实际上是培养客户的忠诚度。其具体方法主要包括以下几个方面。

### （一）建立并充分利用客户数据库

企业必须重视客户数据库的建立和对客户数据库的管理，注意利用数据库来分析现有客户的基本情况，找出人口数据及人口特征与购买模式之间的关系，为客户提供符合客户特定需要的定制产品和相关服务，并通过各种现代通信工具与客户保持密切联系，进而建立持久的合作关系。

### （二）通过客户关怀提高客户满意度

客户需要关怀，客户关怀活动应包括从购买前、购买中到购买后的全部过程。购买前的客户关怀活动主要是在提供相关信息的过程中与客户进行的沟通与交流；购买中的客户关怀活动主要是对客户要热情接待、提出善意的建议、提高服务效率等；购买后的客户关怀活动集中于高效的服务跟进和圆满完成产品的维护与修理等相关工作。

客户关怀的目的是提高客户的满意度和忠诚度，使客户重复购买企业的产品和服务，并向其周围的人多做对产品或服务的有利宣传，形成良好的口碑。

**（三）利用客户抱怨，分析客户流失的原因**

企业失去客户的原因很多，如客户搬迁、自然流失、因他人建议而改变主意等，但最重要的原因往往是企业置客户的要求于不顾。为了提高客户保持率，就必须及时了解和分析客户的投诉与抱怨。

客户抱怨一方面会导致客户流失，另一方面可能会形成客户投诉。如果形成客户投诉，是客户给了企业改进的机会；如果直接流失，则是客户连改进的机会都没有给企业留下。因此，企业应欢迎客户投诉。

**（四）处理好客户投诉**

客户投诉的原因很多，可能表现为对产品质量的投诉、对购销合同的投诉、对货物运输的投诉、对服务的投诉等。企业在处理客户投诉时应坚持有章可循、及时处理、分清责任、留档分析等原则，并按照以下程序进行处理：

（1）记录投诉内容，包括投诉人、投诉时间、投诉对象、投诉要求等。

（2）判定投诉是否成立，主要判定投诉理由是否充分、投诉要求是否合理。如果投诉不成立，客户又不满意，应立即采取婉转的方式答复客户，消除误会，取得客户的谅解。

（3）确立投诉处理责任部门。根据客户投诉的内容，确定相关的具体受理单位和受理负责人，如运输问题交由运输保管部门处理，质量问题交由质量管理部门处理，服务问题交由服务部门处理等。

（4）责任部门分析投诉原因。有关责任部门要查明客户投诉的原因及造成客户投诉的责任人、责任点等。

（5）提出处理方案。根据实际情况，参照客户的投诉要求，有关部门要提出解决问题的具体方案，如退货、换货、维修、折价、赔偿、道歉等。

（6）提交主管领导批示。对于客户投诉，领导应予以高度重视，主管领导应对投诉的具体方案一一过目，及时做出批示，根据实际情况，采取一切可能的措施，挽回已经出现的损失。

（7）实时处理方案，处理直接责任人。企业对已经做出决定的处理方案要贯彻落实，并通知客户，收集客户的反馈意见。对造成客户投诉的直接责任人和部门主管要按照有关规定进行处理。例如依照投诉所造成的损失大小，扣发责任人一定比例的绩效工资或奖金。如果存在对客户敷衍或不认真对待等问题，还要对责任人追究行政责任。

（8）总结评价。对客户投诉处理过程进行评价，吸取教训，提出改进对策，写出客户投诉分析报告，以不断完善企业经营管理和业务操作水平，提高客户服务质量和服务水平，降低投诉率。

企业要想保持住客户，就应鼓励客户投诉，建立完善的客户投诉制度，提出解决客户投诉的办法，公平解决索赔问题，提出销售建议，由此建立良好的商业信誉。

**【案例 10－1】 宝洁设立客户投诉热线的功效**[①]

宝洁公司对100名曾经对产品服务不满意的客户进行调查，发现：

(1) 只有40人有过投诉；60人选择放弃。

(2) 其中36人最终感到满意；64人不满意。

(3) 最终感到满意的36人平均每人将自己的经历告诉了另外的3人；不满意的64人平均每人将自己的经历告诉了另外的11人。

结果：108个人听到了正面的消息，704人听到了负面的消息。

可以想象这种结果对宝洁产品的影响，是正面信息影响大，还是负面信息影响大？于是，宝洁公司推出了一个热线服务电话，鼓励客户投诉。这不仅使得投诉和解决问题的数量增加了，同时也改善了公司与客户的关系以及公司的口碑。

第二次对100名一开始不满意的客户进行调查显示：

(1) 90人有过投诉；10人选择放弃。

(2) 81人感到满意；19人感到不满意。

(3) 感到满意的81人平均每人将自己的经历告诉了另外的3.5人；感到不满意的19人平均每人将自己的经历告诉了另外的11人。

结果：270人听到了正面的消息；209人听到了负面的消息。

企业为方便客户投诉而设立客户投诉热线，鼓励客户投诉，打开了客户与企业沟通的通道，其结果对企业是非常有利的。

## 第三节 客户数据库与客户挖掘

数据库就是利用企业经营过程中收集、形成的各种客户资料，经分析整理后作为制订营销策略的依据，并作为保持现有客户资源的重要手段。

### 一、数据库的作用

通过数据库中提供的资料，企业可以从以下几个方面获取数据库所带来的有用价值。

(1) 更加充分地了解客户的需要。通过历史资料的信息和对客户实施的实时监控，可以描述出客户需求的基本脉络和规律。

(2) 为客户提供更好的服务。客户数据库中的资料是个性化营销和客户关系管理的重要基础。

(3) 对客户的价值进行评估。通过区分高价值客户和一般客户，对各类客户采取相应的营销策略和销售方法。

(4) 了解客户的价值。利用数据库的资料，可以计算客户生命周期的价值以及客户的价值周期。

(5) 分析客户需求行为。根据客户的历史资料不仅可以预测需求趋势，还可以评估需求

① 汪秀英，徐岩．企业运营与发展．北京：中央广播电视大学出版社，2007.

倾向的改变。

（6）市场调查和预测。数据库为市场调查提供了丰富的资料，根据客户的资料可以分析潜在的目标市场。

## 二、客户数据库的建立

客户数据库的建立分为前期准备和数据库开发设计两个阶段。

### （一）前期准备

前期准备工作的内容包括：成立项目小组、配备相关人员与设备、贯彻数据库营销理念三个部分。

#### 1. 成立项目小组

项目管理思想是现代企业的重要管理理念之一，建立客户数据库是企业引入数据库营销和数据库销售的一项重要工作，要按照项目管理的规则进行。

成立项目小组可以从组织上保证数据库开发与管理的顺利进行。通过授权，确立项目小组的主要任务，包括全面规划、组织、领导和管理数据库开发与管理工作。项目小组还可以根据工作量以及职能范围的需要设置若干职能小组。

#### 2. 配置相关人员与设备

所要配置的相关人员主要包括两类：一类是营销专业人员，这些人员在实际工作中主要从需求的层面参与数据库的开发工作；另一类是专业的数据库开发技术人员，主要是企业管理信息系统的专业人士，负责数据库开发以及把营销人员的需求转化为现实的数据库系统资料。此外，还要为项目小组配备好相应的设备，这是工作正常进行的保障。

#### 3. 贯彻数据库营销理念

这主要是让企业所有工作人员明确数据库开发的目标与相关理念。数据库开发目标规定了本企业营销数据库的功能和使用范围，为数据库运行提供了方向。数据库开发理念是指公司员工对待数据库的态度与认识。对于营销人员，企业应当让他们树立对数据库营销的正确认识。数据库营销是企业一切营销活动的支柱，它是一个有严格纪律和规则的系统，应该全面、准确、详尽，并具有较高的质量。数据库营销是掌握运行与变化中的客户信息的唯一途径。

### （二）数据库开发设计

数据库开发设计的步骤包括数据库结构创建和数据库特性设计两个部分。

#### 1. 数据库结构创建

在设计数据库结构时，选取恰当的字段变量是关键环节。客户的类型不同，所选取的字段也应是不同的。针对个人客户的字段一般有以下内容：（1）基本数据，如姓名、性别、年龄、婚姻状况、职业、受教育程度、地址、电话、传真、电子邮箱等；（2）行为特征数据，如收入、家庭结构、生活方式、特殊兴趣、历史购买记录、平均购买情况、购买频率等；（3）互动行为特征，如投诉、支付方式、送货方式等。

针对单位客户的字段一般有以下内容：（1）基本数据，即人员统计及单位基本信息，如联系人姓名、职务、单位名称、地址、电话、传真、网址、公司规模、员工数量、主营业务等；（2）行为与交易特征，如信用等级、生产情况、预算情况、企业规划、最后一次交易的时间、以往的购买经历、企业产品的年销售量、销售代表、历史销售情况、企业的经营目标、客户企业的市场地位、该企业的信息来源、联系频率、最近一次的邮件联系情况等；(3) 互动性特征，如客户投诉、客户推荐、送货方式要求、以往服务的历史、以往支付的历史、信用历史、对产品的特殊要求等。

**2. 数据库特性设计**

数据库特性设计是数据库系统开发与设计的另一个重要方面。这些特性包括数据处理能力、数据安全性、故障应付能力、适当的软硬件配置等多个方面。在数据处理能力方面，一般要求能够快速分类、筛选数据，能够根据需要的变化增加新字段和新表格，出具新格式的汇总报告等。在数据安全性方面，主要是要做到对数据进行定时备份，并防止数据被竞争对手得到。为保证数据的安全，可以采取技术性手段，通过设置一些安全防范措施来保证数据的安全。

## 三、客户数据的分类与整理

企业最初收集到的客户原始资料是一批问卷、回函卡或工作人员自己填写的记录表等。这些原始资料的格式不统一，所包含的信息也不相同，因此我们在将这些客户数据输入数据库系统前，首先要对这些客户数据进行初步的分类与整理。

### （一）根据细分市场的原则对客户数据进行分类

首先将各类数据资料统一成大致相同的格式，并且根据不同的标准进行区分。每个企业所使用的分类方法各不相同，一般依据性别、年龄、职业、收入情况、所在地区等分类是最普遍、最常用的方法。

对于大多数企业的产品，依照上述几个条件进行分类一般可以基本满足区分特定消费者群体的目的。市场细分是营销活动中非常重要的策略，而在数据库中根据市场细分原则将数据进行分类是进行市场细分的重要途径。只有进行了有效的细分，企业才能根据不同客户的消费特性、购买习惯和方式，与客户进行适宜的沟通和交流。

### （二）对新采集到的数据进行整理

通过各种渠道新采集到的数据不一定是新的，老客户有可能已经在企业的各类信息库中提供了相关的资料，企业必须将这类客户的资料整理出来，并与原来数据库中的资料进行对比，对已发生变更的内容进行修改，否则，一个忠诚的客户很可能就因为企业一个小小的失误永远地远离企业。

数据库价值的大小取决于数据库的内容。与客户有关的背景资料、性格特征、消费形态、消费习惯等相关的资料越多，数据库所能提供的价值也就越高，所以最好能了解客户的所有重要情况。除了上述涉及的内容之外，数据库中还应包括婚姻状况、受教育程度、居住地点及周边环境等信息。同时，企业还应根据产品特性及市场状况，掌握一些相关的事宜，包括品牌的影响力、认同度、忠诚度以及对其他同类产品的看法等。

## 四、用 RFM 分析法挖掘客户价值

RFM 分析法（Recency Frequency and Monetary Analysis）是指销售人员运用最新购买情况、购买频率和消费金额分析来预测客户行为的方法。它是由美国数据库营销研究所的亚瑟·休斯（Arthur Hughes）教授提出的。RFM 分析法对于数据库营销人员来说是现有功

能中最强大的方法之一。它是任何客户行为模式分析的基础，但又与传统建模方法有所区别。RFM 分析法不需要添加任何新数据，如果企业有了客户数据库，记录下来了客户的购买历史，就可以使用 RFM 分析法。企业不需要花费任何额外代价，也不需要聘请统计员。

企业将最好的客户定义为最有可能购买的客户，这一般是那些最近才购买过、购买频繁且消费金额达到一定数量的客户。当企业需要为某项营销活动寻找目标受众时，可以先运用 RFM 分析法对数据库内有记录的客户进行排序，以此来识别该项活动的目标客户或准目标客户。具体的操作方法是：首先，统计客户数据库中客户的这三方面的记录，即最新的购买情况、购买频率和消费金额；其次，给每个指标一定的分值，然后计算总的得分，按照总分值的大小进行排序，分值大的在前，分值小的在后。这种分类法为实现利润最大化提供了依据，企业可以用数据库中存储的信息遴选出那些最有可能给公司带来最大收益的客户。

RFM 分析法虽然是一种使用方便，且颇具实际意义的分析工具，但这并不意味着在任何时候都可以使用这种分析方法。企业还应该制定一项客户联系策略。每年一次或两次向那些响应率极低的客户寄送一些小礼品，如生日贺卡或者节日卡片，但不要向那些不可能有任何反应的客户不断地寄送小礼品。

营销数据库是一种对买卖双方都有利的方式。RFM 分析法是用来为企业节省资金，为客户节省时间，同时建立与客户间良好关系的分析工具。如果通过以上方式联系客户而客户没有响应，说明企业向客户传递的信息是客户所不需要的。

在了解 RFM 分析法的一些知识后，我们已经知道了通过这种方法可以为企业带来可观的收益。当企业管理层找到某个营销人员，要求他向客户介绍某一种新产品时，这位营销人员通过数据库中的 RFM 分析法，就可以很快得到最有可能对该产品做出响应的客户名单。

在制定企业的营销预算时，RFM 分析法也可以发挥重要的作用。每年数据营销人员都会向上级主管提交来年合理的营销计划。一般来讲，最好的方法就是用客户终身价值法进行分析。另一种有效的方法就是通过 RFM 分析法计算向响应率高的客户群进行深层营销所需的营销成本，这样也可以得出相对准确的预算范围。

RFM 分析法除了可以更准确地评估出具有价值的客户来为企业创造价值外，还可能在其他方面为企业创造利润。通过 RFM 分析，我们可以分辨出那些对企业来说几乎没有价值的客户，这样企业就不必再给这些客户发邮件或打电话了，从而可以为企业节省人力资源等成本。

但 RFM 分析法不是万能的，它也存在一些缺点。RFM 分析法是建立在对现有客户数据进行分析的基础上的，所以这一分析方法对现有客户数据库的依赖性较强，RFM 分析法的成功直接取决于客户数据库资料的真实有效性。同时，RFM 分析法只能对以往的客户进行分析与统计，对于潜在客户就无法进行分析了。

## 第四节 客户忠诚管理

客户管理的最终目标是通过客户关怀，提供令客户满意的产品和服务，满足客户个性化的需要，在与客户的良好互动关系中培养客户忠诚度。

## 一、客户忠诚度的表现

一般来说，客户对企业和品牌的忠诚可以表现为三个层次，即：认知忠诚、情感忠诚和行为忠诚。

### （一）认知忠诚

客户对企业的认知忠诚是基于企业的产品与服务的，如果企业的产品和服务正好满足了客户的个性化需求，客户对企业就产生了信任。但是，这种信任只是停留在基础的层面，可能会因为兴趣、环境等因素的变化而发生转移。

### （二）情感忠诚

这是客户在使用产品和服务之后获得的一种对企业的持久满意，客户可能形成对产品和服务的偏好，因此可能会几次或多次地购买。这种忠诚是客户对企业的一种依赖，具有一定的延伸性和持久性。

### （三）行为忠诚

行为忠诚是客户把企业提供的产品和服务当作一种不可或缺的需要和享受，表现为与企业长期关系的维持和对企业产品与服务的重复购买，对企业和产品的重点关注，并且在这种关注中巩固积极的信息或者求证消极的信息以防受到欺骗。

老客户是对企业、产品或服务有信任感而多次重复购买企业产品或接受服务的群体。企业为了提高市场占有率和应对不断增长的销售压力，都或多或少地把寻找新客户作为销售管理的重点，而忽视了老客户的作用。实际上，这是一个误区。

Daniel Charmich 教授用“漏桶”来形象地比喻企业的这种行为。在桶的底部有许多洞，这些洞分别指劣质的服务、未经过训练的员工、质量低劣、选择性差等。他把桶中流出的水比作客户，并指出，企业为了保住原有的营业额，必须从桶顶不断注入新顾客来补充流失的顾客，这是一个没有尽头的过程。因此，越来越多的企业开始通过提高服务质量来维系老客户，因为堵住漏桶带来的不是“客户数量”，而是“客户质量”的提高。

## 二、客户忠诚的价值分析

客户忠诚是揭示企业在满足客户需求，为客户创造价值方面的作为，企业获得和保持客户忠诚是成功企业立于不败之地的真正法宝。企业要想在经营效益上取得持续性的提高，唯一的途径就是仔细研究目标客户并提供令客户满意的产品与服务，保证所提供的产品或服务与客户的期望相吻合，并把它看做一个长期持续的过程。只有这些客户对企业完全满意，这些客户才会一如既往地保持对企业的忠诚。客户忠诚对企业的价值主要体现在三个方面，即市场效应、经济效应和发展效应。

### （一）客户忠诚的市场效应

客户忠诚的市场效应表现为客户数量增加及客户份额的增长。忠诚的客户会向熟人、朋友反复诉说自己接受满意服务的经历，向他们推荐所信任的企业，介绍更多的人成为这一企业的客户，并会努力说服那些不愿去接受服务的人，以及转变那些不接受公司产品的人的看法。根据别人推荐接受该企业服务的客户，在客户质量上往往更胜一筹，与那些冲着诱人广告、高声叫卖或价格折扣而来的客户相比，这些客户对企业更为有利，与企业关系的维持时间也更长久。

企业保留的忠诚客户越来越多，形成再次销售和多次销售，加上客户之间的口碑相传，会使企业收入不断增加，市场份额持续扩大。

**【案例 10-2】 两家公司的对比**

假设有两家公司，一家公司的客户保持率是 95%，另一家公司的客户保持率为 90%。再假设两家公司每年的新客户增长率为 10%，那么第一家公司的客户份额将比第二家公司每年净增加 5%。

计算：

第一家公司：95%+10%=105%，即第二年的客户数量是第一年的 105%，净增长比率为 5%。

第二家公司：90%+10%=100%，即第二年的客户增长比率为 0，也就是流失的 10%用新增的 10%给予了弥补。

这样一来，14 年之后，第一家公司的市场规模将翻一番，而第二家公司将没有实质性的增长。在其他条件相同的情况下，如果客户保持率每年增加 5%，则企业的客户存量每 14 年翻一番；倘若每年维持 10%的增长优势，那么每 7 年即可实现成倍增长。

### （二）客户忠诚的经济效应

客户忠诚的经济效应表现为客户人均利润率的提高，这直接反映了忠诚客户对企业的贡献。在大多数行业里，客户的购买量会随着时间的延续而增加，企业从每一位客户那里赚取的利润与客户保留的时间成正比。例如，在零售业中，时间一长，客户便对店中的全部商品越来越熟悉，人们会注意经常买衬衫的人后来到这里还买皮鞋等商品。贝恩公司的研究表明，如果客户流失率降低 5%，企业利润就会增长 25%～85%。

企业争取新客户与获得老客户的忠诚在经济效益上是截然不同的。为了把新客户请进门，几乎每个企业都得先行投入资金，如针对新客户开展广告宣传、向新客户支付一定的前期资金（如曾有一些大型超市收取供应商的进场费）、销售人员的管理费用等。有研究显示，吸引新顾客的成本是保留老客户成本的 5 倍甚至更多，在汽车保险、人寿保险、信用卡等行业，获得一个新客户所花费的成本通常需要一至两年的时间才能得到补偿。

企业在服务客户时可获得基本利润，即价格高于成本的部分。显而易见，企业保留客户的时间越长，企业为获得该客户的投资回报就越多。同时，在大多数行业里，老客户既熟悉企业的服务程序，也了解企业的所有产品，因此这些客户不像新客户那么在乎某一商品的价格高低，即这些客户的价格敏感度不高。加之有时试销的折扣价只对新客户有效，所以老客户支付的价格实际上要比新客户高，企业由此可获得较高的利润。

另外，企业为忠诚客户提供的服务成本较低。忠诚客户对企业服务了解、信任、参与程度较高，这就大大降低了企业的服务成本。忠诚客户往往对企业提供的服务满意，而客户的满意又是企业员工勤奋敬业的动力之一。满意的员工留在企业的时间会更长，对客户的需求了解得更多，并能为客户提供更好的服务，让客户感觉更为满意，从而使企业获得更高的客户忠诚。客户忠诚也可增强员工的自豪感和满意感，提高员工的保持率，这又减少了雇用和培训员工的成本。如此形成一个良性循环，最终实现企业总成本降低，生产效率提高。

### （三）客户忠诚的发展效应

客户忠诚对企业如此重要，企业必然要通过加强产品和服务的营销，为客户提供更具价值的产品和服务来满足客户的需求，以提高客户的忠诚度。比如，企业加强员工培训、提升员工服务能力，以此来保证向客户提供个性化产品，向客户提供及时准确的服务等。企业为提高客户忠诚度所做的一切，是企业业绩得以提升的保障，也是企业自身得以发展的必要条件。

## 三、客户忠诚度的标准分析

加强客户管理，提高客户忠诚度，就必须清楚衡量客户忠诚度的标准，做好各项保证客户忠诚度得以提升的关键性工作。

### （一）客户的重复购买率

客户对企业某种产品重复购买的次数越多，说明其对这一产品的忠诚度越高，反之则越低。对于经营多种产品（多角化经营）的企业来说，重复购买本企业品牌的不同产品，也是对企业忠诚度提升的一种表现。有些客户只选择购买自己信任的品牌，并重复购买。因此企业培养了客户，如果运行顺畅，可能会导致客户一生的追随。

### （二）客户对本企业产品、品牌的关注程度

一般情况下，客户对企业的产品和品牌给予关注的次数越多，表明忠诚度越高。应注意，关心程度和购买频率并不完全相同。例如，某一品牌的专卖店客户会经常光临，但是并不一定每一次都购买商品。但关注次数与购买一定是会呈同一方向变化的，即关注次数多，购买次数也一定会多。如果客户对某品牌的产品或服务非常满意，他一定会对该品牌给予关注，然后再实施购买。客户对某品牌信任并重复购买，也是降低购买风险的一个很好的途径。

### （三）客户需求满足率

客户需求满足率是指在一定时期内客户购买某种产品的数量占其对该类产品或服务全部需求的比例。比例越高，说明客户的忠诚度越高。这种比例形成的是客户购买产品的有机构成，即在客户一定时期内的所有支出中，购买某一个品牌产品和服务所占的比例。如果客户需求满足率高，客户购买某一品牌产品和服务的比率即客户支出的有机构成比例就一定高。

### （四）客户对产品价格的敏感程度

客户对某品牌产品价格的敏感程度越低，客户对这一品牌的忠诚度就越高。客户对产品价格的敏感程度可以通过侧面来了解。例如，客户在购买产品时是否以价格为决定性因素，如果价格决定了客户的购买，则客户对价格的敏感度就高；再如，公司价格调整后，通过分析客户购买量的变化、其购买行为的反应等可以了解客户对价格的敏感程度。但需要注意的是，忠诚客户对产品价格不敏感，并不是说企业可以利用简单的调价行为来谋取额外的利益。

### （五）客户对竞争产品的态度

人们对某一品牌态度的变化，大多数是通过与竞争品牌产品的比较而产生的。客户对竞争者表现出越来越多的偏好，表明其对本企业的忠诚度在下降。这时如果竞争品牌的产品性

价比超过了本企业产品，客户“跳槽”去投奔他更中意的品牌很可能就是一种必然。有些企业眼看着客户流失而束手无策，这可能是对竞争对手了解很少，而对本企业要求太松、不求变、不创新所致。

**（六）客户对商品的认同度**

如果客户经常向身边的亲属、同事、朋友等推荐企业的产品和服务，或者间接表示认同，则说明认同度高。认同度不等于忠诚度，但它是忠诚度的条件。一般情况下，客户需要先通过各种信息途径来了解某个品牌的产品及服务，认同之后再进行购买；使用之后，通过体验如果认同，则可能会重复购买，这种行为是忠诚度的表现。因此，认同度是一个长期的、不间断的态度，而忠诚度是在认同度态度形成之后的行为，二者有时从顺序上是可以转化的，又常常是交织在一起的。

**（七）客户购买时间的长短**

客户在挑选产品的时候，所用的时间越短，说明忠诚度越高，反之，忠诚度越低。对于客户忠诚的品牌，客户基本不用挑选，没有异议，也不犹豫。这种行为说明客户充分信任这个品牌，忠诚于这个品牌。这也是企业要创自己的知名品牌、高信誉品牌、高定位品牌的原因所在。

**（八）客户对产品质量事故的承受能力**

高忠诚度的客户对于企业出现的产品或服务的质量事故能给予一定的宽容和理解。通常情况下，高忠诚度的客户与企业都有着良好的关系，当这样的品牌产品出现一些质量问题时，客户可以谅解，但问题一定是无关紧要的。如果问题的出现使产品的安全性受到威胁，对客户的利益产生不良影响，则客户是不会容忍的，这时客户的流失是一种必然。

**（九）客户增加幅度与获取率**

客户增加幅度是指新增加的客户数量与现有客户数量之比，可用公式“新增客户数/现有客户数”来表示。

客户获取率是指最后实际成为客户的人数占企业努力争取的客户总人数之比，可用公式“升级成为企业客户的数量/所有争取的客户总人数”来表示。这两项指标主要是衡量实施客户忠诚计划后所带来的间接后果。

**（十）客户流失率**

客户流失率的历史记录显示出谁是最有希望的客户群，对那些企图威胁着要离开的客户进行挽留是一种资源的浪费。在销售业务上，对实际应该舍弃的客户进行改善服务质量的投资也可能是一种资源的浪费。此外，如果一段时间内客户流失率比较高，一定要查找原因。可能的原因是自己的产品质量下降了，或是价格提高了，也可能是竞争对手的产品质量提高了，抑或竞争对手的产品价格降低了。查出原因后，才能想办法解决问题。

## 四、影响客户忠诚度的因素

影响客户忠诚度的因素有主客观两个方面，具体分解为六个因素，包括客户满意、客户价值、客户信任、客户关怀、购买成本和转移成本。

**（一）客户满意**

根据调查，90%～98%的不满意客户从不抱怨，而仅仅是转移到另一家。不满意肯定就会转向其他企业，但满意却不一定保证忠诚。那么忠诚客户与满意度有多大关联性呢？研究表明，客户忠诚度的获得必须有一个最低的客户满意水平。在这个满意水平线下，忠诚度将明显下降，在该满意水平线上相对大一些的一定范围内，忠诚度不受影响，如果满意度达到一定高度，则忠诚度会大幅度增加。客户满意度与客户忠诚度之间的关系示意图见图10－3。客户满意是导致重复购买的最重要因素。

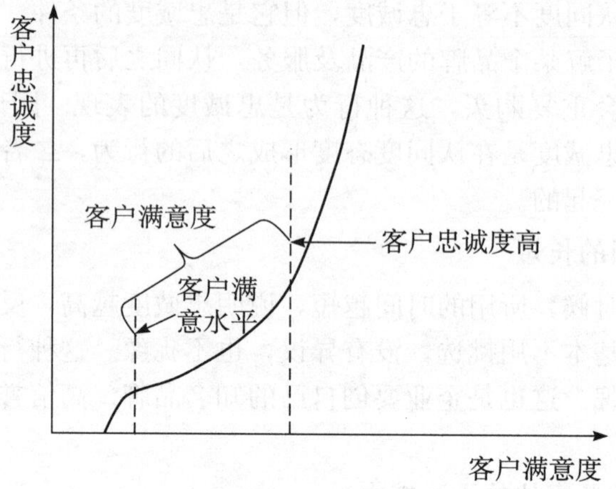


图10－3　客户满意度与客户忠诚度之间的关系

### （二）客户价值

客户在购买产品和服务时，总希望以较小的成本获取更多的实际利益，以使自己获得最大限度的满足。客户从选择的产品或服务中，能够获得优异的质量、优惠的价格、优质的服务，尤其是获得客户期望之外的东西时，会给客户留下深刻的印象，产生积极的效果。客户忠诚的根本动力是客户价值，即客户获取的超值感受，表现为货币的节省、时间的节省、体力精力的节省，或几种节省的综合。

### （三）客户信任

信任是忠诚的直接基础，要成功地建立高水平的长期客户忠诚，就必须把焦点放在客户信任而不是客户满意上。电信行业普遍采取预交话费的办法，一旦客户通话费超过了预交话费的额度，账务系统就自动中断对客户的服务。这种办法有效地减少了欠费，但同时也产生了一些问题，最突出的问题就是一些老客户、大客户从来就没想到要有意欠费，现在突然被停机，十分恼火，觉得这是对客户的不尊重、不信任。这些客户在一定的外因促使下会离开现有的电信服务商，而去寻找另外的电信服务商。

### （四）客户关怀

客户想到的都能给予，但客户没想到的也需要企业能够提供，这才能使客户时刻感到企业的关怀，产生一种亲近感。比如客户在外出差，突然发现手机电池没电了，但又没有带充电器，一般情况下，客户只能怪自己丢三落四，不会对酒店或宾馆表示不满。但这时如果酒店或宾馆能提供租用电池或充电器的服务，客户一定会感到酒店的服务确实做到了细致入微，能时刻为客户着想，从而产生了关怀感、亲近感。亲和友善的客户关系在企业提供产品的同时，能够满足客户感情上的需要，通过心理作用，提升产品价值和企业形象，加强客户的忠诚。

### （五）购买成本

客户的购买成本一般包括货币、时间、体力和精力等。客户在购买产品时，往往从价值和成本两个方面进行比较分析，从中选择价值最高、成本最低的产品作为优先选购的对象。当所有备选的物品非常类似，价格也没有多少差别或根本没有差别时，客户常常很难有兴趣花费时间进行选择。很多日常用品的销售就是这样，客户按惯性保持着忠诚度。

### （六）转移成本

老客户通常会发现，如果更换品牌或供应商，会受到转移成本和延迟利益的限制。比如跑更远的路，冒尝试新产品或服务质量好坏不确定的风险，失去眼前到手的奖励等。在软件行业中，许多企业免费提供软件，帮助客户学习正确使用软件的方法，因为企业相信，客户学习所花的时间将会成为一种转移成本，使客户在别的选择不能体现明显的优越性时，会自愿重复使用熟悉的软件。

航空公司对办理会员的客户有相当大的累计优惠，对于频繁旅行的客户来讲，一旦选择了这家公司，并有一定积累的话，如果放弃这家公司，就会失去应有的奖励，不可避免地要付出一定的代价。这样，频繁旅行的客户就加强了对这家航空公司的忠诚。

一般来说，企业建构转移壁垒，使客户在更换品牌或供应商时感到转移成本的存在，原来获得的利益会因转移而流失，这样可以保留客户，提高客户的忠诚度。

## 五、提高客户忠诚度的途径

提高客户忠诚度的途径可以从企业自身和对客户的了解程度两个角度入手，而从企业自身做起则是问题的关键。这里最主要的表现就是产品、价格、服务三个关键问题，后续的效应均是这三个方面问题的延伸。

### （一）控制产品质量和价格

产品质量是企业开展优质服务、提高客户忠诚度的基础。世界众多品牌产品的发展历史告诉我们，客户对品牌的忠诚在一定意义上也是对其产品质量的忠诚。只有过硬的高质量产品，才能真正在人们的心目中树立起“金字招牌”，从而受到人们的爱戴。当然，仅有产品的高质量是不够的，合理地制定产品的价格也是提高客户忠诚度的重要手段。

企业要以获得正常利润为定价目标，坚决摒弃追求暴利的短期行为；要尽可能地做到按客户的“预期价格”定价。“预期价格”是指大多数客户对某一产品的“心理价格”。如果企业的定价超出“预期价格”，客户会认为价格过高，名不副实，从而削弱购买欲望；如果企业定价达不到“预期价格”，客户又会对产品的性能产生怀疑，进而对购买产生犹豫心理。

### （二）了解企业的产品

企业必须要让销售与服务人员充分地了解企业的产品，传授关于产品的知识，提供相关的服务，从而让企业赢得客户的信赖。同时，服务人员应该主动地了解企业的产品、服务和所有折扣信息，尽量预测到客户可能会提出的问题，对客户提出的问题要能对答如流，不犹豫，不掩饰。

### （三）了解企业的客户

应尽可能地了解相关客户的情况，这样就可以提供最符合客户需要和消费习惯的产品与服务。和客户交谈，倾听客户的声音，这样就不难找到使客户不满的根源所在。当客户与服务提供者相互了解后，如企业了解客户的服务预期和接受服务的方式等，服务过程就会变得更加顺利，服务时间就会缩短，服务失误率也会下降。而为每个客户提供服务成本的减少，就是企业利润的增加。企业常常局限在自己的环境中，察觉不到客户的感受。花些时间站在另一个角度或充当一次竞争对手的客户，对企业会有很大的帮助。

### （四）提高服务质量

企业的每位员工都应该致力于为客户创造愉快的购买经历，并时刻努力为客户做得更好，超越客户的期望值。要知道，经常接受企业服务而且感到满意的客户会对企业做正面的传播，并且会将企业的服务推荐给朋友、邻居、生意上的合作伙伴或其他人，使之成为企业的义务宣传员。许多中小企业就是靠客户的不断传播而发展起来的。在这种情况下，新客户的获得不再需要企业付出额外的成本，这显然会增加企业的利润。

### （五）提高客户满意度

客户满意度在一定程度上是企业经营“质量”的衡量方式。通过客户满意度调查、面谈等，真正了解客户目前最需要什么，什么对客户最有价值，再想想客户能从企业提供的服务中得到这些的最好办法是什么。但除了销售活动、售后服务和企业文化等因素外，客户满意度的高低还会受法律等其他一些强制性约束条件的影响。对于那些由于心理特性和社会行为方面的原因而背离企业的客户，放弃无疑是最佳的选择。从这个意义上讲，企业应该尽可能地提高客户满意度，而非不惜一切代价致力于全面的甚至极端的客户满意。

### （六）超越客户期待

企业不要拘泥于基本和可预见的服务水平，而要提供客户渴望的甚至是意外惊喜的服务。在行业中确定“常规”，然后寻找常规以外的机会，给予超出“正常需要”的更多选择，客户是会注意到这样的高端、高品质的服务的。也许这些做法可能被企业的竞争对手仿效，但企业只要持续改进就一定能够获得竞争优势。

### （七）满足客户个性化需求

通常企业会按照自己的想象预测目标客户的行动。事实上，所有关于客户人口统计和心理方面的信息都具有局限性，而且预测模型软件也具有局限性。因此，企业必须改变“大众营销”的思路，注意满足客户个性化的需求。要做到这一点，就必须尽力占有客户信息，利用各种可以利用的机会来获得更全面的客户情况，包括分析客户的语言和行为等。如果企业不是持续地了解客户，或者未能把获得的客户信息融入执行方案之中，就不可能利用所获得的客户信息形成引人注目的个性化产品和服务。

### （八）正确处理客户问题

要与客户建立长期的相互信任的伙伴关系，就要善于处理客户的抱怨或异议。研究显示，一个最好的客户往往是受过最大挫折的客户。得到满意解决的投诉者与从没有不满意的客户相比，往往更容易成为企业的忠诚客户。一般来说，在重大问题投诉者中，有4%的人在问题解决后会再次购买该企业的产品，而小问题投诉者的重复购买率则可达到53%，若企业迅速解决投诉问题，重复购买率将为53%～95%。

### （九）让购买程序变得简单

在企业设计的销售程序中，客户购买的程序越简单越好。简化一切不必要的书写、填表和重复的排队、等待等步骤，帮助客户找到所需要的产品，并且做到任何能够简化交易手续的事情都要简化，以标准、简化的服务流程安排购买过程，如有复杂的事情，由企业服务人员来做。

**（十）服务内部客户**

内部客户既是企业的雇员，又是企业的管理对象。如果内部客户没有高质量的服务水平，就不能以最大的效率进行工作，那么外部客户所接受的服务便会受到不良影响，这必然会引起外部客户的不满，甚至丧失外部客户的忠诚。因此，员工忠诚是客户忠诚的必要前提，如果企业对这一问题不给予足够的重视，势必会导致较低的客户忠诚度和较高的客户流失率。

**【案例 10－3】 如何赢得客户忠诚度①**

乐购采用的是与航空公司类似的“常旅客计划”，奖励经常到超市购物且达到一定量的消费者。在有选择的情况下，消费者倾向于选择自己持有“会员卡”的超市，以便获得各种奖励。这种积分计划在一定程度上可达到转换成本的效果，因为一旦消费者转换到另一家超市，以前的积分可能就被放弃或者被推迟兑现了，从而产生了转换成本。乐购超市正是通过此类忠诚计划建立了企业的核心竞争力。

乐购赢得客户忠诚度的主要原因在于：

（1）俱乐部卡积分简单，提供实在的优惠。

（2）建立数据库对客户进行分类，掌握客户的购买习惯。

（3）有效降低营销成本。

（4）关注客户特别需求，如推出“瘦身购物车”。

乐购赢得客户忠诚度的“杀手锏”就是利用细分的消费者数据来设立乐购的“利基俱乐部”。其基本内涵是：乐购将超市中客户经常购买的商品分为50个类别，每个类别与消费者的一种生活习惯和家庭特征相对应，如奶粉、尿片等类别代表年轻父母，水果、蔬菜类别代表健康的生活习惯。然后，通过收银员扫描每个客户购买的商品得到大量的统计数据。系统运行了六个月后，乐购的数据库成功地细分出了13个利基俱乐部。

乐购赢得客户忠诚度的另一个重要原因是关注客户的特别需求，不断推出新的优惠和服务。例如，乐购特别为女性购物者和对健康很在意的消费者推出了“瘦身购物车”。这种推车装有设定阻力的装置，使用者可自主决定推车时的吃力程度，阻力越大，消耗的热量就越多。推车购物过程中，客户的手臂、腿部和腹部肌肉都会得到锻炼，相当于进行一定时间的慢跑或游泳而得到的锻炼。手推车上还装有仪器，可测量使用者的脉搏、推车速度与时间，并显示出推车者消耗的热量。乐购发言人称，这种“瘦身购物车”的造价是普通推车的7倍，但受到了目标群体的热烈欢迎。

---

① 肖建中．会员制营销．北京：北京大学出版社，2006.

# 第十一章

# 销售人员的薪酬、激励和福利

薪酬和激励是销售经理管理销售人员的有效手段之一。好的薪酬与激励制度一方面能稳定销售队伍，另一方面能提高管理效率。对销售人员的薪酬管理就是在力求充分调动销售人员积极性的前提下，降低销售成本。对销售人员的激励与指导就是要使销售人员的潜力得到充分发挥。本章将对销售人员的激励与薪酬放在一起讨论，试图实现销售人员的薪酬与激励的有机结合。

## 第一节　销售人员的薪酬

一个企业如果能建立起一套有效的薪酬管理制度，那么就能有效地促进企业的销售管理工作，在实现员工个人利益的同时，实现企业的营销目标与销售目标。

### 一、建立销售人员的薪酬制度

完整而合适的销售人员薪酬制度是企业开展好销售工作的基础，是企业销售工作顺畅进行并实现销售目标的保障。任何企业都应从环境和企业两个方面来考虑建立销售人员薪酬制度的问题。从环境的角度考虑，企业销售人员的工资收入只有不低于同行业平均水平才能保证销售队伍的稳定；从企业的角度考虑，销售人员的工资与企业的状况要相适应，使企业有能力支付，并能调动销售人员的积极性。

#### （一）销售薪酬的含义

销售薪酬是指销售人员通过从事销售工作而取得的利益回报。企业销售人员的薪酬通常包括以下几个部分：

（1）基础工资。这是相对稳定的薪酬部分，通常由职务、岗位和工作年限决定，它是销售薪酬的基础，也是确定退休金的主要依据。

（2）津贴。津贴是工资的政策性补充部分，如对高级销售职称的人员给予职称津贴、岗位津贴、工龄津贴、地区补贴、国家规定的价格补贴等。

（3）佣金。佣金是根据销售人员的销售业绩给予的薪酬，这部分薪酬有时又称为销售提成。对销售人员来讲，佣金一般是销售薪酬的主体。

（4）福利。福利通常是指销售人员所能享受到的与其贡献关系不太大的利益，如企业的文化体育设施、托儿所、食堂、医疗保险、优惠住房等。福利一般是根据国家优惠政策来给予的。

（5）保险。保险是指企业在销售人员受到意外损失或失去劳动能力及失业时为其提供的补助，包括工伤保险、医疗保险、失业保险等。

（6）奖金。奖金是根据销售人员的业绩贡献或根据企业的经济效益状况给予的奖励，有超额奖、节约奖、合理化建议奖、销售竞赛奖、年终综合奖、荣誉奖等。

由以上分析可见，销售人员的薪酬不仅限于薪金，而且还包括其他方面的回报。一个企业销售薪酬政策的设计实施对其销售竞争能力的提升有着长远的影响。

### （二）建立销售人员薪酬制度的原则

一个企业建立了一套比较好的薪酬制度，经过一段时间之后又会发生新的变化。也就是说，目前情况下令人满意的薪酬制度，一年或两年之后可能就变成了无效薪酬，即很难调动人员积极性的薪酬。但如果经常对薪酬加以调整，不但实施起来比较困难，费用较高，而且也会令销售人员感到无所适从。因此，销售人员薪酬制度的建立必须遵循一定的原则。一个理想的销售人员薪酬制度应体现以下原则。

#### 1. 公平性原则

销售人员薪酬制度应建立在比较客观现实的基础上，使销售人员感到他们所获得的薪酬公平合理，同时企业的销售成本也不至于过大。好的销售人员薪酬制度既不让销售人员感到企业吝啬，又不给企业造成浪费，使销售费用保持在既现实又节省的程度上。销售人员薪酬制度要使销售人员的薪酬与本人的能力相称，并且能够维持一种合理的生活水平。同时，销售人员的薪酬必须与企业内其他人员的薪酬相称，不应存在歧视。

#### 2. 激励性原则

销售人员薪酬制度必须能给销售人员一种强烈的激励作用，以便促使其取得最佳的销售业绩，同时又能引导销售人员尽可能地努力工作，对公司各项工作的开展起到积极作用。当销售状况良好时，销售人员可以获得特别的薪酬。企业除了赋予销售人员稳定的岗位收入以外，还要善于依据贡献的大小在总体薪酬上进行区分，并给予数额不同的额外薪酬，这是销售人员薪酬制度真正实现激励作用的关键。

当然，额外薪酬的多少要依据综合因素进行评定，而不能采取简单化的做法，认为奖金越高，激励作用就越大。激励性原则还表现在销售人员的薪酬制度必须富有竞争性，给予的薪酬标准要高于竞争对手的水平，这样才能吸引最佳的销售人员加入本企业的销售队伍。

#### 3. 灵活性原则

销售人员薪酬制度的建立应既能满足各种销售工作的需要，又能比较灵活地加以运用。即理想的销售人员薪酬制度应该具有变通性，能够结合不同的情况进行适度调整。

实际上，不同的企业在组织文化、经营状况、期望水平、市场风险等方面均存在着很大的差异，这种差异导致了不同行业或企业之间薪酬要求的不同。因此，企业在具体薪酬方式的选择上，应对各种相关因素进行综合分析，并进行科学决策。

**4. 稳定性原则**

优秀销售人员的薪酬制度能够保证销售人员有稳定的收入，以保证满足其正常的工作与生活需要。因为销售量经常受到一些外界因素的影响，销售人员通常期望自己的收入不会因这些因素的变动而下降至低于维持生计的水平，企业要尽可能解决销售人员的后顾之忧。除了正常的福利外，企业还要为销售人员提供一笔稳定的收入，这笔收入主要与销售人员的岗位有关，与其销售业绩不发生直接联系。

**5. 控制性原则**

销售人员的薪酬制度应体现倾向性，并能对销售人员的工作指引方向，使销售人员发挥潜能，提高工作效率。同时，薪酬制度的设计应能实现企业对销售人员的有效控制。企业所确立的销售人员薪酬制度，不能以牺牲必要的控制能力为代价，这是企业保持销售队伍稳定性并最终占有市场的关键。为了实现这一目标，企业必须承担必要的风险投入，而不能把绝大部分风险转嫁给销售人员。

## 二、销售人员薪酬制度的类型

企业的销售薪酬制度涉及三个方面的问题：一是从销售人员的角度看，希望获得稳定而较高的收入；二是从管理人员的角度看，力求使成本降低；三是从消费者的角度看，希望从销售人员手中以较低价格获得自己所需要的商品。可见，这三者所追求的目标之间存在着固有的矛盾，这使得建立一套合理的薪酬制度成为一件比较复杂的事情。

根据企业的实际经验，销售人员薪酬制度的类型大体有以下几种。

### （一）纯粹薪金制度

纯粹薪金制度是指无论销售人员的销售额是多少，其在一定的工作时间之内都要获得固定数额的薪酬。

这种薪酬制度适用于销售人员从事例行销售工作，如驾驶车辆分送酒类、饮料、牛奶、面包和其他类似产品的情况。当企业生产的是大众化产品而且容易推广时，企业也会偏向于采用没有佣金的固定薪金制度。当企业销售人员不需要为顾客提供技术或咨询，或不需要负担很多销售推广工作时，企业常常采用纯粹薪金制度。

纯粹薪金制度有以下优点：

（1）计算简单，易于操作。

（2）销售人员的收入有保障，使其具有安全感。

（3）当有些销售区域对销售人员进行薪金调整时，可以减少敌意。

（4）适用于需要集体努力进行销售的工作。

纯粹薪金制度也存在以下缺点：

（1）缺乏激励作用，不能持续扩大销售业绩。

（2）就薪金多少而言，有薄待绩优者而厚待绩差者之嫌，显失公平。若不公平的情形长期存在，则销售人员的流动率就将增大，而工作能力最强、工作效率最高的人员会首先选择离去。

### （二）纯粹佣金制度

纯粹佣金制度是与一定时期内的销售工作成果或数量直接关联的一种薪酬形式，即按销售成果的一定比率给予佣金。这样做的目的是给销售人员以鼓励，即鼓励多劳多得，其实质是奖金制度的一种。

如果公司的销售重点是获得订单，而销售以外的任务不太重要时，纯粹佣金制度常被广泛地采用，如服装业、纺织业、制鞋业以及医药品、五金建材的批发业等。有些没有实质性产品的行业，如咨询、广告、保险和证券投资业等，也采用纯粹佣金制度。

纯粹佣金制度的最大优点是对业务人员提供了直接的金钱鼓励，可以促使他们努力提高销售量。采用纯粹佣金制度，销售能力高者可获得比纯粹薪金制更多的薪酬，同时能力低者也可获得与其能力对等的薪酬。虽然在采用纯粹佣金制初期，销售人员的流动性会很大，但离开的大都是能力较差的销售人员。这种制度适应性强，可为多种类型的企业采用。

在使用这种办法时，销售经理可根据销售额、销售量、毛利额或利润净额等指标来计算佣金。计算时可以基于总销量，也可以基于超过配额的销货量或配额的若干百分比。佣金也可以根据销售人员的销售量对公司的贡献来定。支付佣金的比率可以是固定的，即第 1 个单位的佣金比率与第 100 个单位的佣金比率都一样；也可以是累进的，即销售量（或利润贡献等）越高，其佣金比率越高。佣金比率还应考虑到产品性质、顾客特征、地区特性、订单大小、毛利额、业务状况的变动等。

纯粹佣金制度的优点如下：

（1）富有激励作用。

（2）销售人员能获得较高的薪酬，能力越高的人得到的薪酬越高。

（3）销售人员容易了解自己薪酬的计算方法并计算自己的所得。

（4）较容易控制销售成本，可减少公司的营销费用。

纯粹佣金制度的缺点如下：

（1）销售人员的收入欠稳定，在销售波动的情况下其收益不易保证，如季节性波动、循环波动等。

（2）销售人员容易兼差，即同时在几个企业任职，以分散风险。

（3）销售人员推广自身重于推广销售公司的产品，因为若推广自身可获得良好的效果，即留下一个良好的销售关系，下次可以向客户销售其他公司的产品。在实际工作中，这类销售人员往往身上带有多种名片，代表几家公司销售不同种类的产品，好像你要什么，他就可以卖给你什么。

（4）公司营运状况不佳时，销售人员会纷纷离去。

（5）增加了管理上的困难。

企业采取纯粹佣金制度的支付方式，主要有以下三种类型：

（1）保证提存或预支账户。让销售人员预支一定金额，将来由其所得佣金偿还。如果所得佣金小于预支金额，销售人员也不必归还其差额；如果所得佣金大于预支金额，对超出部分要予以弥补。

（2）非保证提存或预支账户。销售人员必须偿还全部预支金额，如果本期佣金不足以偿还，可以递延至下期清算，所以预支金额实际上相当于一种借款形式。

（3）暂记账户。每个月给予各销售人员一定的金额，计入该销售人员暂记账户的借方。

每位销售人员每月应得的佣金，计入暂记账户的贷方。年底结算，如果贷方有余额，应补发给该销售人员；如果借方有余额，可以注销，如同保证预支账款，也可递延至下年度结算，如同非保证预支账款。

**（三）薪金加佣金制度**

纯粹薪金制度缺乏弹性，对销售人员的激励作用不够明显。纯粹佣金制度令销售人员的收入波动较大，销售人员缺乏安全感。薪金加佣金制度弥补了前两种制度的不足，是一种混合薪酬制度。

薪金加佣金制度是以单位销售或总销售金额的一定百分比作为佣金，每月连同薪金一起支付，或年终时累计支付。

薪金加佣金制度的优点是：与奖金制度相类似，销售人员既有稳定的收入，又可获得随销售额的增加而增加的佣金。

薪金加佣金制度的缺点是：佣金如果太少，激励效果不会很大。

**（四）薪金加奖金制度**

薪金加奖金制度是指销售人员除了可以按时收到一定的薪金外，如果销售业绩好还可以获得奖金。奖金是按销售人员对企业做出的贡献发放的。

薪金加奖金制度的优点是：可以鼓励销售人员兼做若干涉及非销售和销售管理方面的工作。

薪金加奖金制度的缺点是：销售人员不重视销售额的多少。

**（五）薪金加佣金再加奖金制度**

薪金加佣金再加奖金制度兼具了薪金、佣金、奖金各自的优点，是一种比较理想的薪酬制度。薪金用来稳定销售人员，而利用佣金和奖金则可以加大对销售人员的激励程度，以促进工作总体成效的提高。这种方法被许多企业所采用。

薪金加佣金再加奖金制度的优点是：

（1）给销售人员提供了赚取更多收入的机会。

（2）可以留住有能力的销售人员。

（3）销售人员在取得佣金、奖金的同时领取固定薪金，生活较有保障。

（4）奖励的范围加大，使工作目标容易依照计划达成。

薪金加佣金再加奖金制度的缺点是：

（1）三项内容均需要用各自的方法计算，计算方法过于复杂。

（2）除非对渐增的销售量采用递减的佣金，否则会造成销售人员投入与收入不成比例。

（3）销售情况不好的时候，底薪太低，往往留不住有才能的人。

（4）实施这一制度需要较多的相关记录，因此提高了管理费用。

**（六）特别奖励制度**

特别奖励制度规定的是薪酬以外的奖励，即额外给予的奖励。这种特别奖励在国外是以红利的形式出现的，它可以和前面任意一种基本薪酬制度结合使用。

企业给予的额外奖励分为经济奖励和非经济奖励两种。经济奖励包括直接增加薪金、佣金，还包括间接的福利，如假期加薪、保险制度、退休金制等。非经济奖励的方式很多，如通过销售竞争给予销售人员一定的荣誉，像记功、颁发奖章及纪念品等。有时企业也可将经济奖励和非经济奖励结合使用。额外奖励可根据销售人员超出销售配额的程度、控制销售费用的效果或所获得新客户的数量等来决定，它一般有以下三种形式。

**1. 全面特别奖金**

全面特别奖金是指企业在特殊的时间里，如圣诞节、春节或年底，不计成本发给所有销售人员的奖金。企业可以付给每个销售人员同样数额的奖金，也可以根据现在的工资和在本企业工作时间的长短来支付奖金。

**2. 业绩特别奖励**

这是与业绩相关的奖励，有很多种形式，按照奖励给个人还是集体，可以分为个人业绩特别奖励和集体业绩特别奖励两大类。奖金的发放不仅可以按照销售额或销售数量，还可以按照毛利率、销售业绩、开发的新客户数、公司或地区销售单位的收入或某种产品的销售额来计算。

集体业绩特别奖的发放是为了培养团队精神，一般按照销售地区来发放。发给一个地区的奖金数额，是把它的业绩同组织内其他销售地区的业绩相比较而确定的。然后，地区销售经理会按照业绩再分发给每个销售人员，这时销售经理可以按每个人的业绩发放，也可平均发放。

**3. 销售竞赛奖**

第三种影响销售人员业绩的特别薪酬形式是销售竞赛。这是一种特别的销售计划，通过给销售人员提供奖励，促使他们实现短期销售目标。这些奖励包括证书、现金、物品或旅游等。有时竞赛时间会长达一年，这种奖励是在正常薪酬之外给予的。美国一些企业每年花在销售竞赛上的奖金数额巨大，在一个行业中，通常会把奖金的35%用于销售奖励，其中的78%用在实物奖励上，22%用在旅游奖励上。

销售竞赛是一种有效的激励方式，它能够促使销售人员坚持不懈地去努力工作。管理部门可以指导销售人员去销售某些特殊商品（如滞销品）或从事某些有利于销售的非销售性活动，这都是在平时没有销售竞赛刺激的情况下他们所不愿意做的事情。竞赛还可以促使销售人员为达到竞赛目标，赢得额外奖励，在工作中更加勤奋，工作时间更长。销售竞赛对销售人员还产生了许多间接的影响。许多销售经理认为，特别奖励和这些竞赛都能增进他们所在销售集体的团队精神及销售人员对工作的兴趣、工作的满足感，并降低缺勤率和人员的流动性。

特别奖励制度的优点：鼓励作用更为广泛有效，常常可以促进滞销产品的销售。

特别奖励制度的缺点：奖励标准或奖励基础不易确定，有时会引起销售人员的不满，并带来管理方面的困扰。

以上几种薪酬制度可供销售经理参考选用，具体选用哪一种要视企业的现实状况而定。

## 三、销售人员薪酬制度的目标

有效的薪酬制度应该使销售业绩和营销战略相一致。销售薪酬制度是否合理，直接影响到销售订单的数量和种类、企业现金流的状况、销售经理面临的招聘和培训的需求、销售和组织内部其他职能部门的相互关系。一项合理的薪酬制度，其目标如何制定，取决于企业和销售人员的一些特殊要求。合理的销售薪酬制度的目标应包括图 11－1 所示的几个方面。

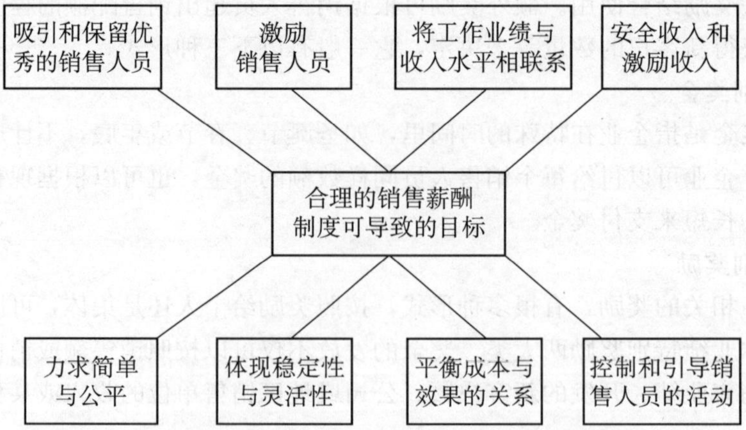


**图 11-1　合理的销售薪酬制度的目标**

### （一）吸引和保留优秀的销售人员

一个企业如果没有一批优秀的销售人员，其销售工作就不能顺畅地运行并达到理想的销售目标。企业要想吸引一批优秀的销售人员，建立一支优秀的销售人员队伍，薪酬的作用是极其重要的因素之一。企业在设计薪酬制度时，一开始就要考虑"这样的薪酬制度是否能够向优秀的销售人员发出信号，使其决定前来应聘？"如果应聘者对企业的薪酬制度很满意，就会积极应聘。一旦应聘者被录用，薪酬制度就要按照管理层所设定的目标予以实施。

销售工作非常艰辛，有时还会受到客户冷落。销售人员之所以愿意从事销售工作，很重要的一个原因就是销售工作收入水平较其他工种要高。企业应该鼓励有能力的人从事销售工作，包括对内吸引和对外招聘。

销售工作是一项具有挑战性的工作，不是什么人都能做的，也不是什么人都愿意做的。能做、愿意做的人一定是以收入水平作为自我能力评价的基础与条件的。企业应该为这样的人创造条件，使销售人员的薪酬制度具有强大的吸引力。

### （二）激励销售人员

销售人员的积极性一般来自两个方面，一方面是企业文化的吸引，另一方面是企业薪酬制度的吸引。企业文化的吸引，能真正使销售人员从内心深处认同企业形成稳定的工作态度；薪酬制度的吸引，能真正使销售人员从行为上留下来，为争取理想的收入而奋斗。一个好的薪酬制度一定会有良好的企业文化与之配合，因为制度本身就寓于企业文化之中。这样，销售人员无论是在内心深处还是在行为表现上都愿意与企业合作，为企业的销售工作积极努力。薪酬制度的主要功效之一就是要让销售人员感受到企业的关怀，感受到企业文化的魅力。

### （三）将工作业绩与收入水平相联系

在销售人员的薪酬体系中，有佣金、奖金、特别奖励等，这些内容主要是针对销售业绩而设计的。通过收入水平与销售业绩挂钩，可以真正遵循"多劳多得，高能多得"的原则，消除销售薪酬走平均主义的弊端。大多数公司在设计销售人员薪酬体系时均考虑将销售人员的努力及成果与薪酬联系起来，但有时也可能会出现一些问题。例如，销售人员工作的努力程度是否与薪酬完全正相关？这是一个不太好回答的问题。有时可能是，有时可能不是。如一位销售人员工作非常努力，可销售业绩并不突出；另一位销售人员工作并不是那么费劲，可销售业绩却非常突出。从销售薪酬体系制度制定的目标来看，这种情况只能使后者的个人收入更高。所以，这一目标作为销售薪酬制度制定的目标之一应该不可或缺，但不能作为唯一的目标。

**（四）安全收入和激励收入**

安全收入是指销售人员为保证自己及其家庭正常的生活而获得的收入。这部分收入表现为销售人员的固定收入或保底收入。无论销售人员工作的状态怎样，也无论在何种环境中，发生何种问题，如淡旺季导致的销售差异，因为生病导致的销售业绩下滑，经济环境不景气导致的需求不旺，等等，都不影响他们所应得到的这部分收入。

激励收入是指销售人员通过积极努力获得更高销售业绩而得到的收入。这部分收入表现为销售人员的提成收入或奖励收入。这部分收入对销售人员的吸引力要远远超过对固定收入的期望，因此，更多销售人员所期望的是获得这部分薪酬收入。

企业在设计薪酬比例时，要想设计出最大安全性收入和最大激励性收入兼备的薪酬体系是不可能的，在实际工作中，通过经验的积累和更多销售人员的期望出台一个比较折中的办法，在保证最低安全收入的基础上，争取使其激励收入获得更大一些的激励效果。

**（五）控制和引导销售人员的活动**

在对销售人员的管理中，以制度来约束人比以人来管理人效果要好得多。以制度约束人是一种企业销售运行的良性机制，这其中最有效的就是薪酬制度。一项优良的薪酬制度就像一个看不见的销售队伍的监督者，它时时刻刻提醒着销售人员应该做什么、应该什么时间做、应该怎样做、应该做到什么程度、应该达到什么样的效果。

企业的经济活动是以顾客为中心的活动，所有工作最终集中体现在顾客是否满意、是否购买的焦点上。销售工作是具有一套完整程序的工作，任何一个环节出了问题都可能会影响到销售效益的实现。企业应该全力控制销售工作的运行，保证销售工作规范、合理、有始有终。这就要求销售人员成为销售过程的自我约束与激励者，保证销售人员按照既定的要求做好每一件事情，如专职的销售工作，对外传播工作，客户拜访工作，售前、售中、售后各项工作的延伸和连续等。

**（六）平衡成本与效果的关系**

企业薪酬标准对外要具有吸引力，对内要能够留住现有的优秀销售人员，这就要求企业的薪酬标准也要像产品和品牌一样具有市场竞争力。这一竞争力的内涵是，企业的薪酬标准至少要等于或略高于竞争企业的薪酬标准。这是保证薪酬制度具有吸引力和留住优秀销售人员的基本条件。

但薪酬属于企业成本中的一个重要部分，高标准的薪酬水平无疑会提高企业的薪酬竞争力，但同时也提高了企业的成本，这无疑加大了企业控制销售成本的压力，对产品和服务价格的制定也会产生负面的影响。只有当企业销售人员的平均劳动生产率（人均销售产品的数量）高于同行业平均水平时，提高销售人员的薪酬标准才确有依据。为此，企业所应考虑的是，高薪酬标准可以吸引到高能力、高水平的销售人员，高能力、高水平的销售人员可以创造出更好的销售业绩，更好的销售业绩一定会支撑更有竞争力的薪酬标准。由此，薪酬制度必须提供灵活的激励手段，使其能在对外的竞争性方面和对内的激励性方面形成一套完整的逻辑。

### （七）体现稳定性与灵活性

薪酬标准一经确定，就要有相当长时期的稳定性，具体表现在以下两个方面：一是无论市场环境怎样变化，销售人员的业绩怎样波动，企业都应该给予销售人员基本的生活收入，以保证稳定性与安全性相一致；二是薪酬制度一旦确立，在一定时期内应当保持相对稳定，否则，经常变化的薪酬制度会使销售人员感到困惑，无法判断自己付出的努力将得到怎样的回报，使销售人员时常感到惴惴不安，没有努力工作的积极性。

销售人员的薪酬制度也要有一定的灵活性，这种灵活性可以从以下几个方面进行考虑：一是从地区结构上考虑，不同地区市场的文化背景、生活习惯、需求状况等均不一样，因而不同地区的市场在销售方面的难易程度会有一定的差别；二是从产品结构上考虑，有些产品畅销、好卖，有些产品滞销、不好卖，从而在销售时其难易程度也会有一定的差别；三是针对不同级别、不同工作年限、不同贡献的销售人员，其薪酬标准是有差别的；四是不同季节的市场状况不同，销售的状况也会有差别，等等。以上几个方面的差别，要求企业对销售人员的工资要有一定的可调整幅度，保持一定的灵活性。至于佣金、奖金、销售提成、特别奖励等均属于灵活调整的范围，企业可根据实际情况做增减处理。

### （八）力求简单与公平

日本企业的薪酬与级别紧密挂钩，同时由于等级森严，每一个员工最初都要从最基层做起，且在提级提薪的过程中不能跨级。所以，一个员工可能干了一辈子，才能熬到中级，干好了能熬到中上级。这种制度不利于对人才的选聘。

在销售管理中，薪级不宜过于复杂。原因在于：第一，销售人员会感觉到不好理解；第二，销售人员的能力差异也不可能过大、过细；第三，复杂的薪级制度会使销售管理工作难度加大。

简单的薪级制度使人容易理解，销售人员能够弄清楚自己是属于哪一级别的，计算起来直截了当，使销售人员对自己的收入一目了然。一般的企业，制定销售人员的薪酬级别以三级到四级为宜，起始级别为四级，针对刚刚入行、在见习阶段的销售人员；见习期满转入三级；三级阶段最短要达到三年的时间，且在本阶段规定的销售定额完成或超额完成的条件下可晋升为二级；二级阶段最短的时间为五年，且在本阶段规定的销售定额完成或超额完成的条件下可晋升为一级。对二级阶段有特别突出贡献的销售人员可提前晋升，但二级阶段的时间不能短于三年。一级销售人员是销售工作的最高级别，在销售人员中薪酬水平最高。再往前发展可晋升至业务经理、销售主管、销售经理等级别。

对薪酬制度除了要求简单外，还要求公平。一项好的薪酬制度必须体现公平的原则。不公平的薪酬制度会打击销售人员的积极性，而公平的薪酬制度可以激励销售人员奋发向上，努力工作。保证公平薪酬制度的出台可以从两个方面给予考虑：一是根据销售队伍可控制的因素来制定薪酬制度；二是将量化的指标具体到绝对具体的范围，如工作年限以年为计算单位，不足一年不予计算；销售业绩以万元或单件到吨、公斤、包、箱等为计算单位，不足的部分就下限不就上限。

## 四、销售薪酬制度的实施与考察

制定销售人员的薪酬制度后，就要开始实施，并检查实施的效果，判断是否需要修改和调整。

## （一）销售薪酬制度的实施

通常情况下，企业销售薪酬制度一经确定，便应向所有销售人员详细说明，以避免误解。凡销售薪酬制度中有固定薪金的，必须先行规定每个销售人员的薪金高低，其高低标准应尽量依据企业所制定的一般薪金制度，不可有歧视或不公平的地方。

在实施销售人员薪酬制度的过程中，销售经理应做好以下几方面的工作。

### 1. 工作价值评估

这是销售经理在对各项工作岗位职责进行仔细确认的基础上帮助企业确定不同工作的价值，这种价值是确定销售人员薪金的基础或依据。在某种情况下，销售经理会被邀请作为企业工作评价委员会的成员。

### 2. 协商起始薪金

在许多企业里，聘用新的销售人员时是要协商起始薪金的。销售经理要注意新进人员的起薪问题，并根据同行业的情况加以调整。销售经理一定要将公平问题和同工同酬的原则牢记于心。

### 3. 建议加薪和提升

销售经理通常会对加薪和提升提出建议，为此，提供精确的绩效评估非常重要。带偏见的或不准确的评估会导致不公平的薪金决策，其结果将是具有破坏性的，可能导致员工不满、工作绩效降低、引发跳槽、引起有关歧视的法律争端等。

### 4. 把工作变动情况通知人力资源管理部门

销售经理在调整他所主管的销售人员的工作内容或责任时要通知人力资源管理部门，因为这些工作将被重新评价，而且可能改变相应的薪酬等级。

### 5. 帮助销售人员获得合理津贴

销售经理应该对企业所提供的津贴非常熟悉，并将这方面的信息清楚地传达给应聘者和员工。销售经理要帮助销售人员获得合理的津贴，即使是对将要离职的销售人员也要一视同仁。例如某销售人员要跳槽时，销售经理应说服企业给予其规定的离职补助，以免使离职后的人员在外面传播对企业不利的信息，做对企业不利的事情，同时还应保持与该离职者的友好关系，以形成良好的人脉氛围。

## （二）销售薪酬制度的考察

考察销售人员薪酬制度的目的是检验试行的制度或原有的制度是否有效。任何新修订或修正的销售人员薪酬制度，经过一年或一定时期的试用后，都必须对其实施效果详加分析和考察，以确定是否可以正式实施和有无修正或修改的必要。

考察的标准包括以下几个方面的内容。

### 1. 对销售人员绩效的影响

对销售人员实施不同的薪酬制度，销售绩效自然也会有显著的差异。应考察一项薪酬制度实施后，销售人员的销售绩效是提高了还是降低了。

### 2. 预算销售费用比率及毛利情况

将拟定薪酬制度的预算数字与实际发生值加以比较。如果实际发生值比预算的要大，说明薪酬制度有问题，要分析原因，提出改进意见。

**3. 对顾客的影响**

如果企业的薪酬制度不是很合理，就会出现销售人员怠慢顾客的现象。一项新的薪酬制度实施后，如果客户投诉增加，说明新制度可能存在问题，要分析导致客户投诉增加的原因，并提出改进意见。

## 第二节 销售人员的激励

要使销售人员能够保持高昂的斗志和良好的精神状态，使他们的潜力得到更充分的发挥，把销售工作做得更好，就需要对销售人员进行适当的激励。对于处在不同阶段的销售人员（新销售人员、上升时期的销售人员、老销售人员、老化型的销售人员、业绩突出的销售人员、业绩一般的销售人员、业绩很低的销售人员等），企业要根据他们自身的特点和需要，采取相应的激励手法，其中尤其要注意问题成员和老化成员的激励问题。在激励销售人员时，销售主管发挥着重要的作用。

### 一、销售人员的激励方式

激励在管理学中被理解为一种精神力量或状态，对组织成员起加强、激发和推动的作用，并引导行为指向目标。一般来说，组织中的任何成员都需要激励，销售人员更是如此。

销售人员需要更多的激励是由其工作性质决定的。销售人员的工作时间长短不定，并经常遇到挫折，相对于客户或顾客而言，他们有时会感觉处于低人一等的地位，所以如果没有特别的激励，如物质上的奖励、精神上的安慰和社会上的承认等，他们很难全力以赴努力工作。

激励销售人员可以从不同的角度进行，采取不同的激励方式，如通过环境激励、目标激励、物质激励和精神激励等方式来提高销售人员的工作积极性。

#### （一）环境激励

环境激励是指企业创造一种良好的工作氛围，使销售人员心情愉快地开展工作。企业对销售人员的重视程度有很大差异，有些企业认为销售人员不怎么重要，有些企业则认识到销售人员给企业带来的是价值，因此，销售人员对企业非常重要。事实证明，如果一个企业对销售人员不重视，其工作绩效就差，离职率就高。企业可以召开定期的销售人员与公司领导座谈会，给予他们在更大群体范围内结交朋友、交流感情的机会。

#### （二）目标激励

目标激励是指为销售人员确定一系列销售目标，以目标来激励销售人员上进。企业应建立的主要目标有销售额、毛利额、访问户数、新客户数、访问费用和货款回收等。其中，制定销售定额是企业的普遍做法，规定销售人员一年内应销售产品的数量，并按产品分类来确定每类产品的定额比例，以使销售人员心中有数，知道朝哪个方向努力。

销售定额方法的实施经验表明，销售人员对销售定额的反应并不一致，一些人员受到激励，能发挥出最大的潜能；也有一些人员感到气馁，导致工作情绪低落。一般来说，优秀的销售人员对企业精心制定的销售定额会做出良好的反应，特别是当薪酬水平按工作业绩做适当调整时更是如此。

**（三）物质激励**

物质激励是指企业对做出优异成绩的销售人员给予晋级、奖金、奖品和额外薪酬等实际利益的激励，以此来调动销售人员的积极性。物质刺激常常与目标激励联系起来使用。研究人员在评估各种可行激励的作用大小时发现，物质激励对销售人员的激励作用最为强烈、最为有效，因为所有的获取都是看得见、摸得着的。

**（四）精神激励**

精神激励是指对做出优异成绩的销售人员给予表扬、颁发奖状、授予称号等，以此来激励销售人员上进。对于多数销售人员来说，精神激励也是不可或缺的，这是一种高层次的激励，通常对那些接受过高等教育的年轻销售人员更为有效。销售经理应深入了解销售人员的实际需要，更多的销售人员不仅有物质生活上的需要，还有理想、成就、荣誉、尊敬等方面的精神需要，尤其是当物质方面的需要得到满足后，销售人员对精神方面的需要就会更加强烈。如有的企业每年都要评出“销售冠军”“销售状元”等，效果很好。

在实施中，物质激励和精神激励常常是对等的，即在既定目标超额实现以后，企业所给予的物质激励和精神激励并用，并形成一个关联性的对等关系，如晋升到什么级别并获取什么奖励。

## 二、不同类型销售人员的激励方式

任何一个销售群体都是由各种类型的销售人员组成的，他们中的一部分人会有各种各样的问题。销售主管应密切注意下属人员的动向，及时了解销售人员的问题，这样可以在心理上有所准备，并在实际行动中有正确的应对措施。

**（一）对问题销售人员的激励**

一个销售队伍中总会出现一些问题销售人员，这些销售人员会有较为明显的缺点，或遇到较大的困难时常常需要主管予以协助与监督才能克服缺点、战胜困难。

问题销售人员常见的特征主要有恐惧退缩、缺乏干劲、虎头蛇尾、浪费时间、强迫销售、惹是生非、怨愤不平、狂妄自大等。

**1. 对恐惧退缩型销售人员的激励**

恐惧退缩型销售人员多是因为自信心受到打击而缺乏自信。销售主管对这部分销售人员要做到：培养其信心，消除其恐惧心理；肯定其长处，也指出问题所在，并提供解决问题的办法；陪同销售和训练，使其从容行事，由易到难，再渐入佳境；培训其产品知识与销售技巧，使其在销售之前做到心中有数。

**2. 对缺乏干劲型销售人员的激励**

缺乏干劲型销售人员多是因为企业对其缺乏有效的激励、得不到领导的认可所致。解决的办法就是强化对他的激励，对他的工作任务提出挑战。如更换业务销售区域、提高业务配额、提供加薪晋级的机会及短期休假的奖励等。

**3. 对虎头蛇尾型销售人员的激励**

虎头蛇尾型销售人员主要是缺乏工作计划，或计划执行过程中缺乏有效的监督与控制，工作的系统性思路不清。解决的办法是：要求其参加销售计划的制定或销售资料的收集整理，对其进行阶段性考核并规定各阶段明确的销售目标。

**4. 对浪费时间型销售人员的激励**

这类销售人员在销售活动中浪费时间，这主要是销售人员的客户拜访计划不周密或销售技能运用不当造成的。激励的方法是：帮助他们制定拜访客户的时间表及路线图，分析拜访客户的次数及对客户解说的最低时间；对其严格要求，制定工作时间表及时间分配计划表。

**5. 对强迫销售型销售人员的引导**

强迫销售型销售人员急功近利，容易导致客户不满，需对这类销售人员加以引导。采取的具体方法是：向销售人员说明强迫销售的危害及渐进式销售的好处，加强服务观念的教育，讲授更多的销售技巧，让其参加多层次的销售竞赛。

**6. 对惹是生非型销售人员的管理**

惹是生非型销售人员，无论是无心还是有意，都会成为销售团队中不稳定的因素，影响团队的合作。对这类销售人员要善于管理与引导，采取的具体方法是：指出谣言对个人及团队的危害，追查谣言的起源并孤立造谣者，对造谣者予以教育，无效则辞退。

**7. 对怨愤不平型销售人员的引导**

怨愤不平型销售人员大多心里感到不平衡，或对某人某事有意见。引导的方法是：给予劝导及安慰，使他们换个角度看问题；引导他们多参加团队活动并充分发表意见；用事实说话，在销售绩效上比高低，使其心悦诚服；检查公司制度有无不合理之处，有则改之，无则加勉。若完全是销售人员无理取闹，则必须予以制止，尽量化冲突为理解，维系双方的关系。

**8. 对狂妄自大型销售人员的引导**

狂妄自大型销售人员往往是团队中销售业绩优秀者，需对其加以引导，否则会对组织的发展造成不利的影响。采取的具体方法是：讲道理，任何人都不可目中无人，强中更有强中手，不可学井底之蛙，夜郎自大；以具体的事例说明骄兵必败；提高销售配额，健全管理制度；肯定成绩，多劳多得，但不应搞特殊化。

### （二）对明星销售人员的激励

难以驾驭的销售高手是销售主管所普遍遇到的问题，但只要用心去做，还是有规律可循的。明星销售人员一般都有特长，或善于处理与客户的关系，或精通销售技巧，使其能取得优异的成绩。对明星销售人员激励的措施有以下几种。

**1. 树立形象**

明星销售人员通常都追求地位，希望给予肯定与表扬，并将其业绩予以传播，很注重自己的形象，并希望得到他人的认可，热衷于影响他人。

**2. 给予尊重**

明星销售人员需要别人的尊重，特别是上级主管的尊重，希望别人把他们当作事事都做得好又做得对的专家，同时他们也乐于指导别人。

**3. 赋予成就感**

明星销售人员物质上的满足一旦实现，就更需要精神上的满足。这时，对他们赋予成就感能起到积极的作用。

**4. 提出新挑战**

明星销售人员一般有充沛的精力，他们会不断地迎接新的挑战，并创造新的销售纪录。

因此，不断提出新的目标，会激发他们的斗志。

**5. 健全制度**

明星销售人员大都希望有章可循，不喜欢被别人干预或中途放弃。制度要保证明星销售人员能够充分发挥自己的潜力。

**6. 完善产品**

再能干的销售人员也要以优质的产品做后盾。明星销售人员一般对自己的产品具有更高的信心，如果对公司的产品品质失去信心，他们就可能跳槽。因此，企业应不断完善和发展好的产品。

**（三）对老化销售人员的激励**

有些销售人员工作了一段时间后，突然业绩停顿甚至不断下滑。在竞争激烈、企业环境动荡的时候这种情况更为常见，这种情况严重影响着企业的发展。不断提升销售业绩，防止销售人员心态老化是销售主管必须面对的问题。要防止销售人员老化，就必须及早发现老化的迹象。

**1. 销售人员老化最常见的迹象**

（1）常常忽略、延误提交业务报表和报告，而补交后内容又不完整或没有深度。老化的销售人员认为，报告、报表这些东西不值得花时间去写。

（2）业绩平平或大幅下滑。导致销售人员业绩平平或大幅下滑的因素很多，要深刻分析。有些老化销售人员经常会找出许多借口作为理由。

（3）拜访客户次数减少，甚至拜访新客户的数目也在减少，如有的销售主管发现同一客户的名字每周都出现在某位销售人员的拜访表上。

（4）没有创新意识，经常处理一些与销售无关的事，把更多的时间花在办公室而不是出门找客户上，有时甚至连企业的新产品都忘了介绍给老客户了。

（5）热情不足，懒散有余。开始缺勤、迟到、早退，对什么事情都缺乏兴趣。

（6）客户抱怨增加。如过去服务态度好、服务水平高的销售人员，突然遭到客户的不断抱怨，说明这一销售人员有老化的迹象。

（7）不修边幅，抱怨增加。由原来的注重外表和形象到不修边幅，经常抱怨企业、产品、后勤、其他同事，甚至对客户也有抱怨。

以上是最常见的销售人员老化的迹象，销售主管要随时观察，发现问题及早处理。

任何一支销售队伍在任何时候都有可能由于某种原因出现老化迹象，关键在于注意预防和及时治疗。

**2. 对老化销售人员的激励办法**

（1）要经常运用奖金、奖杯、内部刊物报道等物质与精神上的奖励。

（2）对已经努力但不成功的销售人员多予以指导和鼓励。

（3）对表现好的成功销售人员用肯定的方式予以赞扬。

（4）在制定长期计划与目标时多与销售人员沟通，多征求他们的意见与看法，这样能激发他们的团队参与意识。

（5）提升成熟且有成就的销售人员作为领导者或给予高级别的待遇。

（6）提倡团队精神，为接近老化或正在老化的资深销售人员成立资深销售人员俱乐部，或开展其他类似性质的激励活动。

（7）指导销售人员制定未来事业的发展计划，帮助他们根据企业目标来制定个人的发展目标。

（8）尽量给予一定的底薪，但底薪、佣金的高低必须完全与销售业绩及工作表现一致。

（9）对销售人员定期培训，提高他们的销售技巧，增强他们对企业及本人的信心，不断给予刺激，以提高士气。

（10）不断给予销售人员以新的工作任务，使其工作具有挑战性与刺激性，创造竞争的工作氛围。

（11）与销售人员同甘共苦，打成一片，不断和他们一起追求更好的业绩，追求更高的目标。

（12）培训应尽量针对个人需要，并要求每个销售人员在某方面的知识与技巧均达到相当的水准。不要重复使用大家已有的教材，要准备新教材。

（13）多举办产品知识培训，并配上一些富有趣味性的产品使用方面的课程。

（14）每年至少举行三次分区的销售会议，以表彰先进、推广经验，并为老化的销售人员举办一次销售研习会，以引起他们的注意。

（15）可在企业设立正式的事业前途计划部门，成立测定与评估中心，对所有销售人员的表现加以测定，作为奖赏升迁的参考。

（16）允许销售人员在企业内部调换工作。比如有的资深销售人员可调到培训或研究发展部。他们在开发新产品的工作中可能会贡献更大。调换工作会使老化的销售人员焕发出新的活力。

## 三、销售竞赛激励

销售竞赛是企业利用奖金和其他激励方式来激励销售人员实现管理层制定的目标的一种短期激励计划。销售竞赛激励是企业常用的激励销售人员的工具，它可采取多种形式，充分发挥销售人员的潜力，促进销售任务的完成。

### （一）销售竞赛目标的设定

竞赛费用是企业常用的经费开支。西方企业调查表明，销售竞赛的费用占销售额的2.67%～3.25%。销售经理在制定销售财务计划时，可以按销售额的3%左右来提取竞赛奖励费用。

企业划拨了竞赛奖励费用，就应设定相应的竞赛目标。根据大多数企业销售竞赛的实际经验，一些可行的竞赛目标及奖励方式有以下几种：

（1）提高销售业绩奖。达到目标或超过上期销售业绩、销售业绩名列前五位或团体销售名列前茅者都可以根据一定的积分或积点获得奖励。

（2）特殊产品销售奖。对特殊产品，如新产品、库存滞销品的销售业绩较好者给予积分或增加点数的奖励。

（3）开发新客户奖。对开发新客户的数量及业绩量给予积分奖励。

（4）新人奖。对新进销售人员中业绩较高者予以奖励。

（5）训练奖。训练新人绩效最高者可获得此项奖励。

（6）账目完好奖。对坏账率最低者、即期结账比率最高者或总额最高者给予奖励。

（7）淡季特别奖。在淡季、节假日可以举行定期定时竞赛，对优胜者给予奖励。

（8）市场情报奖。对协助企业收集市场情报最多、最准、最快，给企业带来效益者给予奖励。

（9）降低退货奖。对退货量最低者或退货占销售总额比例最低者给予奖励。

（10）最佳服务奖。根据客户反映和企业考察记录，对服务态度最好、服务质量最高者给予奖励。

以上列举了几种常用的销售竞赛目标及奖励方式。事实上，竞赛目标多种多样，销售经理应根据实际情况，运筹帷幄，巧妙运用，以达到预期的目的。

### （二）销售竞赛的实施

销售竞赛的实施涉及竞赛主题、规则的确定及注意事项，参赛对象及入围标准，时段、时机的选择，奖励方式及奖品的选择等内容。

（1）竞赛主题。任何竞赛都必须设置一个主题，如新星奖、突破奖，或南北对抗赛、季末大突击等。

（2）参赛对象。规定参赛资格，是只限外勤销售人员参加、内外勤均可参加，还是经销商也可参加等。

（3）入围标准。确定是按个人销售业绩累计、按个人业绩增长率，还是按团体业绩总额，是否考虑特殊情况或问题。

（4）奖励标准。确定获奖的标准是只取前几名，还是凡达到标准者均获奖。

（5）竞赛办法。制定详尽的竞赛规则，并附加解释及说明。

（6）评审过程。对竞赛的全过程进行追踪记录，评审工作要及时、合理、公平，防止执行漏洞和虚假现象的出现。

（7）奖品选择。奖品必须能有效地吸引参赛人员，可以是奖金、奖杯、奖章，还可以是抽奖券、购物券、汽车、电视机、摄像机、手表、皮包、化妆品等。

### （三）销售竞赛活动的管理

（1）专项管理。竞赛活动是企业的一项重要活动，在销售经理的指导下，自始至终要有专人负责管理，一旦出了问题能够及时发现和解决。

（2）预算管理。竞赛一般花费不菲，因此绝不能把奖品宣布、办法公开后就算了事。对竞赛活动首先要进行成本效益分析，以保证竞赛活动有利于调动销售人员的积极性，并保证竞赛的目标得以实现。

**【案例 11-1】 销售竞赛的预算思考**

假定竞赛的目的是希望在竞赛期间能比平时增加 15%的销售额，若平常每月是 200 万元的业绩，则竞赛目标就要达到约 230 万元的销售业绩。若企业销售利润率为 20%，则竞赛所能达到的利润应为 46 万元。假设盈利的 20%用来举办竞赛，则需花费 9.2 万元的竞赛费用。设定获奖最低标准后，估计会有多少人入围得奖，假设有 20 人入围，则平均每人可得奖金 4 600 元。组织竞赛的活动经费估计为 1 万元，则每位获奖者平均可获奖金的实际金额为 4 100 元。当然以上只是拟定竞赛费用方法的一种，销售经理还可采用其他合适的方法。

（3）时间管理。竞赛要注意时机的掌握及时间长短的安排。在时机或时间上，最好要和年度销售计划及特殊季节、节假日等时机相配合。一般小型竞赛以 2～6 周为宜，大型竞赛为1～3个月。时间太长会使大家不愿太早冲刺或中途失去兴趣；时间太短又使销售人员的能量无法充分发挥。

（4）组织管理。竞赛期间，为了引起大家的注意，应不断宣传，创造竞赛气氛。销售主管应亲自到各销售单位宣布竞赛办法及奖励细节，以鼓舞士气。在竞赛中应随时记录并公布竞赛的进展，如每日快讯、每日报道、倒计时、冲刺日报等。所有环节，如存货的准备、后勤作业、送货及其他相关作业的配合都要谨慎安排，以免出现漏洞，影响竞赛效果。

（5）活动评估。许多销售经理在竞赛后仅公布结果，成绩优良则风风光光颁奖表彰，成绩不佳则草草收场。实际上，竞赛结束应及时进行全面的评估与分析，检查目标是否达到，总结竞赛活动的经验教训。发现有作弊行为，如开具假订单、报假账、联合报账等，要严肃处理，树立诚信之风，提倡公平竞争。

**（四）竞赛激励应注意的问题**

销售竞赛能激发销售人员的斗志，提高士气。销售竞赛的目的是鼓励销售人员做出比平时更多的努力，创造出比平时更好的业绩。

竞赛要能激发销售人员的热情，鼓励销售人员发扬不服输的拼劲，制造出积极争胜的活动气氛。

为顺利达成竞赛目标，在销售竞赛的实际操作中应注意以下问题：

（1）奖励设置面要宽，奖励面太窄会使业绩中下水平的销售人员失去信心。

（2）销售竞赛要和年度销售计划相匹配，有利于企业整体销售目标顺利完成。

（3）要建立具体的奖励标准，严格按实际成果奖励，杜绝奖励不公现象的发生。

（4）竞赛的内容、规则、实施办法力求通俗易懂、简单明了。

（5）竞赛的目标不宜过高，应是大多数人通过努力都能达到的。

（6）专人负责竞赛活动的安排，并将竞赛情况适时公布。

（7）安排竞赛会议并以快讯、海报等形式进行追踪报道，渲染竞赛的气氛。

（8）精心选择奖品，奖品最好是大家所希望得到，但自己又舍不得花钱买的东西。

（9）奖励的内容有时应把家属考虑进去，如奖励全家旅行。

（10）竞赛完毕马上组织评奖，召开总结表彰会，及时公布结果，并颁发奖品。

## 第三节 销售人员的福利

现代企业中的福利制度是针对企业内部员工的一系列有关安全健康、生活保障、社会保险及退休养老等方面的措施与规定，是企业员工（所有工作人员）的平均所得。销售人员和企业其他工作人员一样也应享受企业提供的各项福利。

### 一、员工福利的基本内容

现代企业的福利可以按性质划分为两类：一类是政府立法规定应由企业实施的福利项目；另一类是企业根据自身情况有选择性地提供给职工的福利项目。从福利的内容来看，它可以分为健康与安全福利、非工作时间报酬及为员工提供的服务等三类。

### (一) 健康与安全福利

健康与安全福利主要包括：各类保险，如人寿保险、意外死亡与肢体伤残保险、住院、外科和孕妇保险、其他医疗保险、失业保险、附加失业保险等；退休养老金计划、解雇费、保健组织、社会安全、劳动保护，等等。

**1. 各类保险**

保险几乎是整个福利系统构成的最基本的组成部分，因为它能够避免员工因事故或疾病等引起的收入损失。各类保险性的福利措施，是指各组织根据互助原则，按风险分担方式，由多数人分别缴纳少量经费（可由组织补贴一部分），解决少数人所发生的重大困难，以保障员工生活的措施。

一般来说，保险制度最主要的是规定保险项目、保险费及保险给付。保险项目也称保险事故，通常包括保险人本人的生育、疾病、伤害、残废、养老、死亡以及参加保险人眷属的丧葬等。

在各类保险中，许多是政府法定必须为职工投保的。如医疗保险、失业保险及养老保险等，其他某些保险项目，如人寿保险等，则可由企业根据自己的支付能力及激励策略自主决定是否投保以及投保额的高低。

**2. 退休及养老金计划**

退休制度及养老金计划属于养老性的福利措施。它指各级组织对年事已高和身体病残，难以胜任工作的员工，准予退休并依其任职年龄给予退休金，以维持其晚年生活，且对其身心健康妥善照顾的措施。退休金及养老金的来源，通常由企业根据国家相关法令统筹规划，由职工个人、企业或政府共同负担。

除了各类保险及养老金计划外，企业还可有选择性地为员工提供其他的福利，包括解雇费、保健组织等。解雇费并不是法律上的要求，有些企业给那些主动辞职而不是事先给予解雇通知的员工提供一定的解雇费，高级经理人员的平均解雇费大约与其三个月的工资相等。保健组织是指一种有组织的保健系统，它为那些按照预付款计划自愿注册的员工提供家庭服务保障，其侧重点是医疗保健，即通过预防使员工保持健康，其目的是以保证人们的身体健康来控制医疗成本。

### (二) 非工作时间报酬

非工作时间报酬所包括的福利有带薪长假、代替带薪长假的奖金、病假补偿、探亲假和丧假补偿及其他假期补偿等。

**1. 带薪长假**

人们普遍认为休假对于员工的健康是必要的。各行业、各地区及组织对带薪休假均有不同的规定，有的员工也许要工作 7 年、15 年或 20 年才有资格相应获得 3 周、4 周或 6 周的带薪长假。

**2. 代替带薪长假的奖金**

通常员工期望每年获得 10 天以上的带薪假期，这类福利受到法定或传统节假日的影响，在美国及其他一些西方国家，如新年、纪念日、独立日、劳动节、感恩节及圣诞节等，在中国，如元旦、国庆节、中秋节及春节等。各国情况不尽相同，各企业情况也不同。许多企业也允许员工按自己的需要每年申请 2～3 天的休假。如果由于工作需要员工无法休息，企业要给付员工一定的补偿。

**3. 病假补偿**

员工因病或因伤而不能工作时，可以通过几种途径获得补偿。许多企业允许员工每年有一定数量的病假，有时未被使用的病假可以累计并得到延期。若为长期伤残，员工可通过集体人寿保险得到补偿；若为工伤，员工可从工伤补偿保险中获得补偿。在员工因其他某些原因需要离开工作时，如探望父母等，企业也可给予一定的福利补偿。

### （三）为员工提供的服务

越来越多的企业从人本管理的角度出发，努力为员工创造家庭般的温馨友好的工作环境，在员工工作之余，提供各项生活服务，以协调员工工作与家庭的需要，使员工切实感到企业如家。

企业可制定相应的服务计划，甚至为员工开通 24 小时服务热线，帮助员工解决个人问题，或至少避免问题转变成危机从而影响到工作。这类服务计划主要包括各类咨询服务、教育帮助计划、关怀老幼及其他一些服务等。

**1. 咨询服务**

成功的企业组织经常期望经理们在指导下属工作的同时提供某些必要的咨询，某些员工可能需要专业的咨询服务。如销售人员在工作中碰到的一些问题，包括产品问题、价格问题、渠道建设问题、运输问题，等等，需要销售经理或相关的营销人士给予帮助；再如，员工生活中存在一些困难以及家庭经济困难时，企业可提供必要的诊断、咨询以及对策建议等。

**2. 教育帮助计划**

随着知识更新的加快，企业要生存和发展，除了引进创新人才外，还必须注重现有人力资源的继续教育或技能培训。因此，有关文献经常提到员工的教育扶助计划。其根本目的是帮助员工在组织中获得知识技能训练，让员工掌握其工作所属领域的最新进展。通常情况下，企业可代为支付全部或部分学费、书费及其他相关费用，如食宿费、交通费等。

**3. 关怀老幼**

一些女性员工可能会有照料儿童的问题。有些企业提供了这方面的福利，包括资金补助、弹性工时、家事请假或就地办儿童照料中心等。

除了照料儿童以外，有的员工还需要照料长者，有的企业会帮助有老人的员工解决一些实际的问题。如企业可为员工提供特别弹性工时以及请假安排等。

**4. 其他福利和服务**

企业还可有选择地为职工提供其他服务，如配发工作服、免费或以低于成本价供应食品、本公司产品购买折扣（或购货补助）、旧设备购买折扣、公司体育锻炼设施、健康服务、金融服务、信用联合会、股票购买计划、储蓄和短期储蓄计划、班车、交通和停车补助、搬家和工作调转补助、礼物赠送、节日奖金，等等。

## 二、福利对销售人员的重要性

企业福利和薪酬一样，也是吸引销售人员踏实工作，并积极创造更好销售业绩的一个基本条件。从薪酬和福利的对比来看，尽管福利不是每个销售人员必须追求的一个目标，但在较好福利的氛围中，销售人员会有一种温馨和美好的感觉。如企业每月给员工增加 100 元的工资，员工不会有太多的感触，但如果将这100元的货币转化为100元钱的物品，人们的感觉会远比拿100元钱要好得多。物的有用性比钱的价值更高，即物品的使用价值比货币的价值本身更具有诱惑力。

**（一）吸引优秀的销售人员**

高薪固然是吸引销售人员响应企业招聘的一个因素，企业福利也是吸引销售人员的重要因素。企业在制定了薪酬标准后，一方面要按照政府的规定将由企业承担的福利项目落实到位，另一方面企业自身也应不断提高企业对销售人员的福利待遇，以吸引到更多的优秀销售人员为企业创造更好的销售业绩。

**（二）提高销售人员的士气**

良好的企业福利可以使销售人员产生一种幸福感，就犹如人们获得了家人或朋友的礼品一样，福利是对销售人员的一种奖赏，能够产生一种永久的积极效应；良好的福利还会使销售人员产生一种归属感，它表现的是企业对销售人员的关心、呵护，每每想起都有一种家的感觉。在幸福感和归属感的氛围中，销售人员的士气自然会高涨，愿意为企业的发展做出自己的贡献。

**（三）稳定销售队伍**

在企业运行过程中，销售人员的不稳定性常常使企业蒙受巨大的损失，流失的销售人员可能会带走他们的客户，损害企业的品牌形象，带来社会公众对企业的不信任。如果销售人员在稳定的薪酬收益的基础上，能够再享受到理想的福利待遇，一定会降低销售人员的跳槽比例，减少销售人员的流失率，稳定销售队伍。企业拥有稳定的销售队伍，是企业拥有稳定市场和稳定企业前景的必要保证。

**（四）打造销售团队**

企业拥有了稳定的销售队伍，才能够打造优秀的销售团队。这时，企业对销售人员培养的投入、提高销售人员素质的投入才具有可行性。打造企业的销售团队需要在几个方面给予人力物力财力的投入，包括销售人员的进修，支持销售人员的学历、学位教育，参加研讨会、研究会，对销售人员的内训等。如果企业没有良好的福利，所有这些投入都可能为竞争企业作嫁衣，使企业培养的优秀销售人员另外选择福利、待遇更好的企业去任职，这样造成的损失不仅仅是培养费用，而且还有市场和企业的经济效益。

通过以上分析，我们认为，薪酬和福利具有同等重要的地位，企业在制定销售人员的薪酬时，也一定要将企业福利规定好，以使企业更具有凝聚人才的力量。

**【案例11-2】 史密斯公司销售人员的薪金制度**

史密斯制冷股份有限公司是美国一家生产并销售大型制冷设备的企业。它按地区设置销售机构，由总部任命的地区销售经理负责各地区销售人员的聘用、培训及管理。为激励职工努力开拓市场，促进销售，从中获得更多的薪金收入，并保证职工队伍稳定，降低招聘和培训新职工的成本，该公司对职工薪金制度进行了精细合理的改革。改革后的薪金制度很有启迪和借鉴意义。

史密斯公司实行签约、销售、安装、维修一体化的销售服务方式，特定客户的所有销售业务均由一名销售人员负责。这主要是因为公司的产品都是在签约后依据客户的特定要求生产并销售的，每笔订货都有其不同的特点，并且销售完成以后还存在安装、维修等问题。因此，销售人员必须具备一定的专业知识和技能，同时销售人员必须掌握特定客户的详细情况并长期与之保持联系。

公司原先实行的销售人员薪金制度十分简单，即底薪 0.5 万美元/年，同时按实际完成销售额的 1.5%提取佣金。用 $R$ 表示销售人员年收入，$S$ 表示其实际年销售额，以上做法可用公式表示为：

$$R_1=0.5+1.5\%\times S$$

这种薪金制度只保持了很低的底薪，而将销售人员的收入与其实际销售业绩紧密联系起来，意在鼓励销售人员增加销售额。

但这种薪金制度在实施过程中，公司发现了以下问题：由于收入与实际销售额联系紧密，销售人员因其业绩不同而收入差距很大。这使得业绩良好的销售人员因收入已能满足其需要而不愿付出加倍的努力进一步拓展市场；业绩较差的销售人员因收入太低而很快离开公司，于是公司不得不花费大量的人力和财力招聘、培训新的销售人员。因此，公司财务部对原来销售人员薪金制度的合理性产生了怀疑，并结合公司正在推行的全面预算制度设计了新的薪金制度。

在新的薪金制度中，公司总部根据各地区历年的销售记录和与该地区销售经理共同确定的市场预测，下达销售预算；各地区销售经理将预算的销售额分解，设定本地区销售人员的销售定额；销售人员按销售定额的 1.5%领取底薪，按实际完成销售额的 0.5%领取佣金；如果超定额完成销售，则可领取超额部分的 0.5%作为超额奖金。用 $S_0$ 表示年销售定额，则这种薪金制度可用以下的分段函数表示：

$$R_2=1.5\%\times S_o+0.5\%\times S \quad (S\leqslant S_o)$$

$$R_2=1.5\%\times S_o+0.5\%\times S+0.5\%\times (S-S_o) \quad (S>S_o)$$

若某地区设定的销售定额为 100 万美元/年，在新旧两种薪金制度下销售人员实际完成的销售额与其收入之间的关系如下：

$$R_1=0.5+1.5\%\times S=0.5+1.5\%\times 100=2\text{（万美元）}$$

$$R_2=1.5\%\times S_o+0.5\%\times S=1.5\%\times 100+0.5\%\times 100=1.5+0.5=2\text{（万美元）}$$

如果这时销售人员超额完成了销售定额，超额 10 万美元，计算的结果是：

$$R_1=0.5+1.5\%\times S=0.5+1.5\%\times 110=2.15\text{（万美元）}$$

$$\begin{aligned}R_2&=1.5\%\times S_0+0.5\%\times S+0.5\%\times (S-S_0)\\&=1.5\%\times 100+0.5\%\times 110+0.5\%\times 10\\&=1.5+1.65+0.05=2.70\text{（万美元）}\end{aligned}$$

为防止销售人员在新的薪金制度下依赖于较高的底薪而不努力工作，公司同时开展了销售竞赛，在各地区建立销售排行榜，对榜上最后两名未完成定额的销售人员实行惩罚性薪金制度，即按实际完成销售额占销售定额的比例发放底薪，同时仍按实际完成销售额的 0.5%发放佣金。用公式可表示为：

$$R_3=(1.5\%\times S_0)\times S/S_0+0.5\%\times S \quad (S<S_0)$$

若销售定额仍为 100 万美元/年，A、B 两名销售人员是某地区销售排行榜的最后两名，其当年销售额分别是 40 万美元和 60 万美元；C、D 也是最后两名，但其销售额分别是 90 万美元和 96 万美元；则他们在旧的、新的及惩罚性薪金制度下的收入如表 11－1 所示。

**表 11-1 未完成销售定额的销售人员年收入表**

| 销售人员 | 实际完成（万美元） | 薪酬计算（$R_3$） | 年薪酬（万美元） |
|---|---|---|---|
| A | 40 | （1.5%×40）×40÷100+0.5%×40=0.46 | 0.46 |
| B | 60 | （1.5%×60）×60÷100+0.5%×60=0.84 | 0.84 |
| C | 90 | （1.5%×90）×90÷100+0.5%×90=1.665 | 1.665 |
| D | 96 | （1.5%×96）×96÷100+0.5%×96=1.862 4 | 1.862 4 |

由此可见，如果销售人员不努力工作，其销售额与销售定额相距太远，则不仅无法得到足额的底薪，甚至还达不到旧薪金制度下的收入水平；如果其销售额与销售定额相距不远，则惩罚性薪金制度对其收入的影响并不是很大。因此，这种惩罚性薪金制度能够有力地推动销售人员努力完成其销售定额。

史密斯公司实施了新的薪金制度后，有效地缩短了销售人员之间的收入差距，促成了销售人员间的良性竞争，对其销售预算的完成和销售业务的拓展起到了良好的激励作用。首先，业绩良好的销售人员的收入比以前减少了，为了维持其原先的收入水平，他们不得不挖掘潜力，努力工作。当然，为了不挫伤他们的积极性，公司在设定销售定额时基本上保证了20%的销售人员仍能获得超额奖金。其次，对大多数销售人员来说，他们的收入提高了，完成或基本完成销售定额成了他们努力的目标。公司销售人员的流动性大为降低，从而大大地降低了招聘与培训新销售人员的成本。最后，销售竞赛加强了销售人员的危机感和竞争意识，惩罚性薪金制度是新的薪金制度能够有效运行的有力保障。于是，虽然公司销售人员的薪金开支增加了，但由此带来的销售额的增长和销售工作效率的提高却更为可观。

# 第十二章

# 销售分析与绩效考评

销售分析与控制，主要是检查企业销售工作的实际绩效与计划目标之间是否有偏差，然后分析其原因，据此采取合适的改进措施，以确保销售计划目标的实现与完成。在现代市场竞争中，企业更加强调留住顾客，做好关系销售工作，以发展企业与顾客之间的长期合作关系。因此，对销售分析与控制及对销售预算的控制就越来越重要。这一系列工作是企业获取良好绩效的重要保证。

销售分析一般包括企业销售额分析、销售成本分析与控制及销售预算控制等。

## 第一节　销售额分析

销售额分析是企业销售分析的重要方面。假设一个企业制定了一个很好的销售计划，但由于企业没有有效地进行销售分析与评估，就不能判断计划是否有效、计划在多大程度上是成功的、计划成功或者失败的原因是什么等相关的问题。实际上，缺少对销售计划的分析与评估，就削弱了计划的价值。

### 一、销售额分析概述

销售额分析与评价是销售分析的重要内容，销售计划执行的结果不仅取决于计划制定的是否正确，更有赖于计划执行与控制的效率如何。销售额分析，就是通过对企业全部销售数据的研究和分析，比较和评估实际销售额与计划销售额之间的差距，为未来的销售工作提供指导。

尽管销售额分析的方法在企业的各个分公司之间有所不同，但是所有的企业都会从客户的销售发票或现金收据中收集销售数据，这些发票或收据是进行会计核算的主要凭据。销售管理部门把自己对销售额信息的要求传达给销售分析人员，并从企业内部和外部广泛收集销售数据，进行适当的记录。销售管理人员可以通过销售额分析，对当前的销售业绩进行评价，找出实际销售额与计划销售额的差距，分析原因，并以此为基础制定企业未来的销售计划。

在实际工作中，对销售的分析有以下两种方法。

**（一）企业销售差异分析**

企业销售差异分析，就是分析并确定不同因素对销售绩效的不同作用。

**例：**假定某企业年度计划要求第一季度销售 4 000 件产品，每件售价 1 元，即销售额 4 000 元。在第一季度结束时，只销售了 3 000 件，每件 0.8 元，即实际销售额 2 400 元。那么，销售绩效差 1 600 元，或者说只完成了计划的 60%（见表 12－1）。

**表 12－1　某企业销售差额分析表**

| 指标 | 一季度销售计划 | 计划售价 | 计划销售额 | 实际销售 | 实际售价 | 实际销售额 | 销售差额 |
|---|---|---|---|---|---|---|---|
| 数据 | 4 000 件 | 1.0 元 | 4 000 元 | 3 000 件 | 0.8 元 | 2 400 元 | －1 600 元 |

显然，导致销售额出现差异的原因，有价格下降的原因，也有销售量下降的原因。问题是销售绩效的降低有多少归因于价格下降，有多少归因于销售量的下降。我们可进行如下分析：

因价格下降导致销售额的差异为：

（1.0－0.8）×3 000＝600（元）

价格下降对销售额的影响为：

600÷1 600 × 100%＝37.5%

因销售量下降导致销售额的差异为：

1.0 ×（4 000－3 000）＝1 000（元）

销售量下降对销售额的影响为：

1 000÷1 600×100%＝62.5%

由此可见，没有完成计划销售量是造成销售额差异的主要原因，企业应进一步分析销售量下降的原因。

**（二）特定产品或地区销售差异分析**

特定产品或地区销售差异分析，就是具体分析和确定未能达到计划销售额的特定产品或地区等，寻找其主要原因。

**例：**如表 12－2 所示，某企业在三个地区销售其产品，计划年销售额分别为 1 500 万元、500 万元和 2 000 万元，计划销售总额 4 000 万元；实际销售额分别为：1 400 万元、525 万元和1 075 万元。就计划销售额而言，第一地区有 6.7%的未完成额，第二地区有 5%的超出额，第三地区有 46%的未完成额。

**表 12－2　某企业三个销售区域销售额完成情况表**

| 销售区域 | 计划销售定额（万元） | 实际完成额（万元） | 差额（万元） | 完成比率（%） |
|---|---|---|---|---|
| 第一地区 | 1 500 | 1 400 | －100 | 93.3 |
| 第二地区 | 500 | 525 | ＋25 | 105 |
| 第三地区 | 2 000 | 1 075 | －925 | 54 |
| 总　额 | 4 000 | 3 000 | －1 000 | 75 |

通过比较发现主要问题出现在第三地区，这一地区销售额计划配额与实际完成情况差距最大，差额达到了925万元，完成销售配额的比率为54%。找到了销售区域，下一步还要查明第三地区未完成计划销售配额的原因，并加强对该地区销售工作的管理。

在企业的销售管理过程中，要经常进行销售额分析，以发现销售过程中存在的问题，奖优罚劣，保证企业销售目标的实现。

## 二、销售额分析的内容

销售额分析主要是分析与销售额相关各项指标变化的原因和可能导致的结果。这些指标包括：市场占有率、总销售额、地区销售额、产品销售额等。

### （一）市场占有率分析

市场占有率指标前面已经提到，并用在了企业产品的类别分析中。这里我们主要看市场占有率的高低变化对企业产品在市场中的状态的影响。市场占有率高，说明企业产品在市场上处于优势地位，适应市场的能力强；市场占有率低，说明企业产品在市场上处于劣势，适应市场的能力弱。然而，直接从这一指标上看，并不能反映本企业产品与竞争对手产品的比较情况，因此，可运用相对市场占有率表明企业的市场竞争地位和竞争力的强弱。

当所处行业有多家竞争对手时，企业的相对市场占有率在100%（即1）以上，则具有较强的市场竞争能力；相对市场占有率在65%～100%（即在0.65～1）时，则企业具有一定的优势；如果企业的相对市场占有率在65%（0.65）以下，则要谨防被竞争对手击败。

当企业所处行业只有少量竞争对手时，企业的相对市场占有率在150%（>1.5）以上才具有较强的竞争能力；在100%～150%（1～1.5）时，则企业具有一定的优势；如果在100%（<1）以下，则有被挤出市场的危险。

在研究市场占有率问题时，企业有必要根据引起市场占有率变化的具体原因进行全面分析，然后对企业市场营销过程实施不同的控制策略。对于一个企业来说，企业产品的市场占有率情况可以概括为市场占有率上升、市场占有率下降和市场占有率不变三种类型。

**1. 市场占有率上升**

市场占有率上升主要归结为销售人员工作努力，深入分析其原因，却不尽相同。具体来说，市场占有率上升大致可分为以下四种情况：

（1）企业产品的市场占有率上升是由于本企业产品的销售量或销售额大幅度增加，而该市场上同类产品的总销售额或总销售量的增加幅度相对较小所致。也就是说，企业产品的市场成长率高于本行业产品的市场成长率，企业自身比竞争对手和同行业平均水平发展得更好。这种情况通常说明整体市场呈现出强劲的发展势头，总需求量在迅速增长，而企业产品正处于市场竞争的优势地位，产品的市场前景比较乐观。

（2）企业产品的市场占有率上升是由于本企业产品的销售量或销售额增加，而该市场上同类产品的总销售量或总销售额保持原有水平所致。与第一种情况不同，这种情况下的市场占有率上升是因为企业抢夺了竞争对手的市场。这说明本企业产品处于一个相对有利的市场竞争地位，但总体市场有趋向饱和的势头，市场开发潜力有限，本企业产品也难以保持持久的销售旺势。所以，这时企业要有所警惕，随时准备应对市场萎缩给企业带来的影响。

（3）企业产品的市场占有率上升是由于本企业产品的销售量或销售额保持原有水平不变，而该市场上同类产品总销售量或总销售额呈现下降趋势所致。这种情况只能说明企业产品在市场环境不太好的情况下比竞争对手做得更好些。同时也说明产品处于成熟期后期或已经开始进入衰退期，行业前景不容乐观，企业应考虑退出或转向的问题。

（4）企业产品的市场占有率上升是由于本企业产品的销售量或总销售额下降，而市场上同类产品的总销售量或总销售额以更大幅度下降所致。这说明产品已处在衰退期或衰退期后期，大批消费者已转向购买新产品或替代产品；市场的总需求量在急剧下降，整体市场已出现严重的滑坡和危机；市场环境已明显危及整个行业和本企业的生存，产品已难以继续在市场上存在。企业这时应已经找到了新的发展领域和发展方向。

**2. 市场占有率下降**

市场占有率下降和市场占有率上升正好是一种逆运行状态，其原因和市场占有率上升的反向表现一样，市场占有率下降大致也可以分为以下四种情况：

（1）企业产品的市场占有率下降是由于本企业产品的销售量或销售额大幅滑坡，而该市场上同类产品的总销售量或销售额保持原有水平所致，这主要是竞争对手掠夺了本企业产品的市场。这种情况说明整体市场状态呈现疲软趋势，有潜在危机，而市场潜在危机的先期征兆对本企业所产生的影响比较强烈，因为在整个行业中，本企业的实力相对较弱，缺乏市场竞争力。

（2）企业产品的市场占有率下降是由于本企业产品的销售量或销售额大幅下降，而该市场上同类产品总销售量或总销售额的下降幅度相对较小所致，也就是说，企业自身比行业平均水平低。这种情况说明整体市场状态已经出现了明显的滑坡，市场的总需求量在急剧下降，市场已毫无开发价值，整个行业处于衰退状态。

（3）企业产品的市场占有率下降是由于本企业产品的销售量或销售额保持原有水平不变，而该市场上同类产品总销售量或总销售额增加所致，也就是说，企业没有把握住行业增长的机会，没有与同行业共享行业成长的利益。这种情况说明整体市场状态具有较好的开发潜力，市场的总需求量在增加，行业前景看好，而本企业产品的竞争能力相对较弱。

（4）企业产品的市场占有率下降是由于本企业产品的销售量或销售额增加，而该市场上同类产品总销售量或总销售额以更大的幅度增加所致。这种情况说明整体市场状态具有极大的开发潜力，市场的总需求量在急剧增加；产品处于成长期，市场环境非常有利于行业的发展，这为本企业发展提供了一个良好的时机；企业产品在市场上具有一定的竞争实力，但由于市场竞争非常激烈，本企业产品的竞争能力亟待提高。

**3. 市场占有率不变**

市场占有率稳定不变的原因也非常复杂，大致可分为以下三种情况：

（1）企业产品的市场占有率不变是由于本企业产品的销售量或销售额与该市场上同类产品的总销售量或总销售额以相同的比例增加所致。这种情况说明整体市场状态具有良好的发展前途，产品处于成长期或成熟期，市场的总需求量在增加，市场态势有利于整个行业和本企业的发展，本企业产品在市场上具有相当的竞争实力。

（2）企业产品的市场占有率不变是由于本企业产品的销售量或销售额与该市场上同类产品的总销售量或总销售额以相同的比例下降所致。这种情况说明整体市场状态已经出现滑坡，产品处在衰退期，市场开发价值不大，整个行业和本企业都处在一个不利的市场环境之中。

（3）企业产品的市场占有率不变是由于本企业产品的销售量或销售额与该市场上同类产

品的总销售量或总销售额均维持在原有水平上所致。这种情况说明整体市场状态已经达到饱和，产品处于稳定成熟期，生产同类产品的企业实力基本相当，本企业需要密切关注市场的进一步变化。

### （二）总销售额分析

总销售额是企业所有客户、所有地区、所有产品销售额的总和。这一数据可以展现一个企业的整体运营状况。然而对于管理者来说，销售趋势比某一年的具体销售额更重要，这其中包含两个方面的趋势，一是企业近几年的销售趋势，二是企业在整个行业的市场占有率的变动趋势。

总销售额的分析应该是最容易的一种分析方法，只需要近几年公司的年度销售额及企业覆盖地区的行业年度销售额两项指标，就可以得到企业的市场占有率（见表 12－3）。

**表 12－3 某企业销售额分析** 单位：万元

| 年度 | 企业销售额 | 行业销售额 | 企业市场占有率（%） |
|---|---|---|---|
| 2014 | 21 | 300 | 7 |
| 2015 | 22 | 320 | 6.9 |
| 2016 | 23 | 360 | 6.4 |
| 2017 | 25 | 390 | 6.4 |
| 2018 | 27 | 410 | 6.6 |

从表中可知，2014 年至 2018 年间，企业的销售额呈现逐年上升的趋势，5 年间上升了 28.6%。但一个不容忽视的事实是，在这一期间，整个行业的销售额也持续增长，而且增长速度快于本企业。因此，本企业的市场占有率在下降。

管理层发现这一情况后，下一步就是要找到企业市场地位下降的原因。可能是产品自身的问题，也可能是价格问题，还可能是促销问题。总之，必须检查企业销售管理的各方面，并有针对性地采取措施。

### （三）地区销售额分析

企业只对总销售额进行分析是不够的，总销售额几乎不能为企业管理层提供销售进程中的详尽资料，对管理层的价值有限，所以还需要按地区对销售额做进一步分析（见表 12－4）。

**表 12－4 某企业五个地区销售额分析**

| 地区 | 市场指数（%） | 销售目标（万元） | 实际销售（万元） | 实际市场指数（%） | 业绩完成率（%） | 销售额偏差（万元） |
|---|---|---|---|---|---|---|
| A | 27 | 3 645 | 2 700 | 20 | 74 | －945 |
| B | 22 | 2 970 | 3 690 | 27.3 | 124 | ＋720 |
| C | 15 | 2 025 | 2 484 | 18.4 | 123 | ＋459 |
| D | 20 | 2 700 | 2 556 | 19 | 95 | －144 |
| E | 16 | 2 160 | 2 100 | 15.3 | 97 | －60 |
| 合计 | 100 | 13 500 | 13 530 | 100 | 100.2 | ＋30 |

首先，选择一个能准确合理地反映每一地区销售业绩的市场指数，用以确定每一地区销售额应达到企业总销售额的百分比。比如以零售额为指数，如果企业 10%的零售额来自某一地区，那么企业 10%的销售额也应来自该地区。

其次，确定企业在计划期间的实际销售总额，通过报表可以获得这一指标。

再次，以区域指数乘以总销售额，得到区域销售目标；有些企业区域指数和区域销售目标是年初制定销售计划时就已经确定了的。

最后，比较实际地区销售额与计划销售额（目标），计算出销售额偏差。通过销售额偏差分析区域市场销售额的完成状态，并进一步分析存在的问题。

上表中，五个地区实际完成的总销售额是 13 530 万元，计划销售目标是13 500万元，则企业计划销售目标如期完成。但是五个地区的实际完成情况却与计划目标出现了很大的偏差。其中 A 地区计划销售目标为 3 645 万元，而实际完成2 700万元，完成率仅为 74%，销售偏差为－945 万元，市场指数计划为 27%，实际只有 20%，实际业绩未达标。对此，管理层一定要查找该地区未达标的原因，分析是销售人员努力不够、是竞争对手挤占了本企业的市场，还是企业销售定额存在一定的问题。

总之，B、C 两个地区的销售业绩优于计划，E、D 两个地区的销售业绩略低于销售计划，A 地区的销售业绩明显低于计划目标。

业绩未达标被称作软肋，企业应该通过改进组织中最薄弱的环节，获得可能的最大回报。该地区的销售经理应将主要精力放在 A 区，因为 A 区最需要改进。同时重点了解 B、C 两个地区成功的原因，分析其成功的经验是否适用于改善 A 区的状况。

### （四）产品销售额分析

与按地区对销售额进行分析一样，按产品系列分析企业销售额对企业管理层的决策也很有帮助，具体方法如下：

首先，将企业过去与现在的总销售额分解到单个产品或产品系列上。

其次，如果可以获得每个产品系列的行业数据，就可以为企业提供一个标尺来衡量各种产品的销售业绩。如果产品 A 的销售业绩下降了，而同期行业同类产品的销售也下降了相同的比例，销售经理就不必过分忧虑了。

最后，进一步考察每一地区的每一个产品系列的销售状况，销售经理据此确定各种产品在不同地区市场的强弱势。产品 A 的销售可能下降了 10%，但其所在地区的销售却下降了 14%，销售经理要进一步找出出现偏差的原因，并与地区分析相对应，做出相应的改进。

我们取 A、B 两个地区的产品销售状况进行分析（见表 12－5）。

**表 12－5 A、B 两个地区的产品销售状况**

单位：万元

| 产品 | A 地区 | | | B 地区 | | |
|---|---|---|---|---|---|---|
| | 目标 | 实际 | 偏差 | 目标 | 实际 | 偏差 |
| 滑雪板 | 1 629 | 1 710 | ＋81 | 1 263 | 1 620 | ＋357 |
| 滑雪裤 | 900 | 360 | －540 | 765 | 1 080 | ＋315 |
| 风雪衣 | 846 | 396 | －450 | 720 | 630 | －90 |
| 附件 | 270 | 234 | －36 | 222 | 360 | ＋138 |
| 合计 | 3 645 | 2 700 | －945 | 2 970 | 3 690 | ＋720 |

表 12－4 中，A 地区的销售额偏差为－945 万元，也就是比计划销售目标低 945 万元，但四种产品不达标的程度并不一样，滑雪裤和风雪衣是影响销售的主要产品，在这两种产品上，企业就少销售 990 万元，而滑雪板的销售实际上超出计划销售目标 81 万元。

B 地区的销售额偏差为＋720 万元，也就是比计划销售目标高出了 720 万元，主要是因为滑雪板、滑雪裤和附件的销售增长了，三项超出计划销售目标 810 万元，只是风雪衣的销售额下降了90万元。

从表12-5可知，按销售目标判定，A区的滑雪裤和风雪衣、B区的风雪衣是企业的软肋，需要改进销售工作。企业是否需要做出放弃这些产品经营的决策，需要结合其他方面进行更多的分析。同时还应看到，A、B两个地区的计划完成情况差别很大，要分析原因，必要时需要重新调整销售计划。

## 第二节 销售成本分析

一定销售量的获得总是以一定的成本付出为代价的，如果一个企业不进行销售成本分析，就很难知道投入与产出之间的关系，也就很难有效地分配销售资源、确定销售地区和目标市场。投入产出分析正是销售成本分析的目的所在。

### 一、销售成本概述

在销售管理活动中，成本分析是销售额分析的补充。销售额分析是着重对已获得的销售成果进行分析，而销售成本分析就是对影响销售额的销售成本数据进行收集、分类、比较和研究。

这里的销售成本，是指在销售过程中发生的、为实现销售收入而支付的各项费用，包括销售人员报酬、广告费用、公关费用、业务费用、售后服务费用和销售物流费用等。

销售人员报酬是销售费用中的重要组成部分，报酬的高低及报酬形式或构成的不同直接影响着销售活动的最终效果。广告费用是企业用于广告活动的各项费用，包括广告策划费、媒体费、制作费、管理费和杂费等。公关费用是企业用于公关活动的各项费用，分为公关企业费用、公关人员费用、赞助费用、会议费用、庆典活动费用等。

业务费用是销售人员从事具体业务工作所需的费用，一般包括培训费、差旅费、会议费、业务招待费、销售折扣与折让、坏账损失、印刷费等。

售后服务费用一般包括消耗材料与燃料动力费、工资及附加费、顾客损失赔偿费和部分管理费等。如果企业没有将物流外包，则销售物流费用一般包括库存费用、包装费用和运输费用。

当今市场竞争日益激烈，企业对市场的依赖程度越来越高，企业销售活动的中心地位逐步形成。销售环节投入越来越大，企业的广告费用、人员推广费用与日俱增。从产品本身来看，产品整体概念中的延伸产品及附加服务和附加利益增多了。产品服务含量的增加，如送货上门、安装、培训等，势必会增加销售成本。

从消费者角度来看，近些年来人们的生活水平不断提高，消费观念、消费心理和消费方式等都发生了很大的改变，消费者愿意花钱享受购物环境和精美包装，愿意通过广告以更少的时间购买到称心如意的商品。这些变化也导致了销售成本的增加。

此外，整体收入水平的提高和企业追求销售业绩的增长也在一定程度上提升了销售人员的薪酬水平，从而导致销售成本的增加。但是，有些销售成本的增加是由一些不合理的现象造成的，如不公平的竞争环境、企业销售人员的不规范行为等，这也是销售成本控制的主要内容。因此，有必要进行销售成本分析，以提高企业的利润率。

## 二、销售成本分析的内容

通过对企业销售成本进行分析，可以知道销售成本的构成，从而加强成本控制，减少不能为企业带来利润的成本，增加企业的赢利能力。

销售成本分析主要包括对各项费用的分析，具体指标如下：

(1) 销售费用率，即销售费用占销售总额的比率。

$$销售费用率=\frac{销售费用}{销售总额}\times 100\%$$

分析销售费用占销售总额的比率，以确定销售费用分配是否得当、结构是否平衡、费率是否合理，并分析销售费率组合，了解哪些该节俭，哪些该增加，以求得到改进。各行业销售费用率的标准不一致，通常为10%～20%。

(2) 管理费用率，即管理费用与销售总额的比率。

管理费用率＝管理费用/销售总额×100%

分析管理费用占销售总额的比率，主要是测定管理费用是否过高，有无浪费。各行业的管理费用通常也为10%～20%。

(3) 销售管理费用比率，即销售管理费用占销售总额的比率。它是指在管理费用中仅用于销售管理的费用比率，不包含其他费用，如行政费用、促销费用、广告费用、返利与回扣等。

销售管理费用比率＝销售管理费用/销售总额×100%

分析销售管理费用比率，可以测定销售管理费用的效率是否合理，有无浪费。通常这一费用的比率也为10%～20%。

(4) 运输与销售费用比率，指用于运输的费用在销售总额中所占的比率。

运输与销售费用比率＝运输的费用/销售总额×100%

分析这一费用比率，可以确定运输的费用是否必要、是否合理，结构是否平衡。这项费用根据运输路途的远近，载重耗油与耗时、耗力的比率而有所不同。这项费用各行业没有一定的标准，企业所追求的是比率越低越好。

(5) 折旧费用率，即折旧费与销售总额的比率。

折旧费用率＝折旧费/销售总额×100%

分析这一费率，可以测定每一单位销售额需要多少折旧费。对这项费用各行业也没有一定的标准，会计核算上按折旧额度大小与投资额的比率来确定折旧类型。企业所追求的也是该比率越低越好、分摊的年限越长越好。这样可以提高设备的使用年限，降低成本，使企业在市场上形成一定的竞争力。

(6) 人工费率，即人工费与销售总额的比率。

人工费率＝人工费/销售总额×100%

分析这一费率，可以测定单位销售额需花多少人工费。人工费的伸缩性很强，如果管理水平高、制度严格，人工费就可以节省，反之，人工费就可能浪费。各个企业的人工费也没有固定的标准，如果机械化水平高，人工费的比率会降低，但会增加折旧费率，这是一个此消彼长的关系。这一费率比率越少，则销售成本中人工费所占的比率就越小。

(7) 利息率，即利息支出与销售总额的比率。

利息率＝利息支出/销售总额×100%

利息率用来测量单位销售额需支出多少利息，这和企业的贷款比例有关，同时企业一般要确定一个贷款比例的警戒线，超过警戒线，企业的利息率会上升，这对企业降低成本、提高利润水平极为不利，因此，该比率越低越好。

（8）交际费率，即交际费用占销售总额的比率。

交际费率＝交际费用/销售总额×100％

测量单位销售额须支出多少交际费，各个企业有不同的标准，甚至每个销售人员支出的费用比率也有不同。企业可以制定一个标准，并与收入挂钩。要求也是该比率越低越好。

（9）广告费率，即广告费用支出占销售总额的比率。

广告费率＝广告费用/销售总额×100％

分析这一指标，主要是测量每单位销售额需花多少广告费，广告效果是否明显。一般情况下，大力度投入广告，企业的压力会很大，同时将广告费用转嫁到消费者头上，也会使产品价格居高不下，从而削弱产品的竞争力；如果投入太低，没有传播效果，也不会形成市场影响力。一般企业可将广告费率控制在2％左右。

## 三、销售人员费用控制的方法

销售人员的差旅费和业务费用是销售费用的重要组成部分。销售费用的多少直接关系着销售人员对企业利润贡献的大小，所以，销售经理在进行成本分析与控制时，必须制定出销售人员的销售费用控制计划。一般来说，销售经理要决定是由企业支付销售人员在外销售的费用，还是由销售人员自己来支付。使用这两种不同的方法有不同的运作内涵。

### （一）销售人员自己支付费用

如果销售人员是以佣金的形式取得报酬，企业一般选择由销售人员自己支付费用，企业愿意付出销售收入的一定百分比作为销售人员实际销售工作的代价，将总的佣金付给销售人员，销售人员在支付了一定的开销之后剩余的全归自己。

有几个原因使销售人员愿意自己支付他们的费用：（1）这样做，销售人员会有更多的运作自由，不必向销售主管解释费用的开销情况；（2）销售人员认为自己支付费用会带来所得税上的好处，他们有机会扣除更多的费用；（3）从管理层的角度讲，让销售人员自己支付费用，不但计划简单，而且没有操作成本，管理起来比较容易。但是，采用这种方法，企业在很大程度上就失去了对销售人员活动的控制，销售人员可能不会去拜访和招待暂时没有购买意向的新客户。

### （二）无限额支付费用

被企业广泛采用的控制销售人员费用的办法是，报销销售人员所有与企业销售业务有关的合理的业务和差旅费用，没有总费用和单项费用的限额，但前提是销售人员必须呈交开支的详细清单和具有法律效力的发票。

无限额费用控制的优点是，费用计划保持一定的弹性，不会因销售区域、销售产品的不同而产生费用之间的差异。假如销售人员诚实、准确地报告发生的费用，那么这种计划对销售人员和管理部门来讲都是公平的，而且这种计划能使销售主管对销售人员的活动实施相当程度的控制。如果销售主管想开发一个新的销售区域或者拜访外地的新客户，这种费用计划不会成为阻碍。

但是这种方法可能使管理部门无法正确预测直接成本，导致一些人挥霍无度或通过不正当的事项虚报费用，而且销售人员没有动力去精打细算，销售主管必须仔细分析销售人员的费用报告，判断哪些费用是合理的和实际支出的。

**（三）限额支付费用**

实施限额支付费用一般有两种方法：（1）企业制定一个针对各个具体费用项目（如住宿费、餐饮费、招待费等）报销的最高限额，例如，企业可以规定住宿费每天 120 元，餐饮费每天 30 元。（2）企业限制一定时间内的费用总金额，如规定销售人员外出每天的各项开支总计不超过 180 元。考虑到不同地区的消费差异，销售主管可以规定不同的限额。

限额支付控制费用的方法特别适用于那些销售人员的活动有规律，并且出差路线固定的情况。这种方法的好处是，管理者可以准确地预测费用，从而减少管理部门和销售人员在费用开支上的争议，特别是当限额被认为是公平的时候。

限额支付的最主要问题是，销售主管在为每个费用或时间段确定限额时，要研究过去的费用报告，计划每天的行程，查阅宾馆的名录，调查不同地区的消费差异等，以确保制定的限额对每个销售人员、每一次行程都是公平的。这种方法也会遇到一些其他的问题，如能力强的销售人员可能会反对，因为，他们会认为这是企业对他们的不信任。另外，当销售人员需要支付一些非常规的开销时，如为保住客户而无法避免的超标招待费用，销售人员可能无法报销，常常要自掏腰包。

**（四）无限额支付与限额支付相结合**

限额支付和无限额支付的优点有时可以通过两者的结合使用来实现。比如销售经理可以在食宿这样的项目上实行限额控制，但在交通费用上可不加限制。管理部门还可以制定一个总费用限额，而最高限额与业绩的某些项目相联系。如计划月销售额是 4 000 元，允许销售人员每月报销不超过净销售额 5%的费用，所以一个月的费用定额是 200 元。如果销售人员的费用保持在定额以下，就为其发放奖金。

通过这种方法，销售经理就能够将销售队伍费用和净销售额联系起来，从而对直接费用有所控制。这种方法也可以是销售人员在总费用预算之下有一定的灵活性，在这种制度下，具备费用意识的销售人员是不会出现浪费现象的。

## 第三节 销售人员的绩效考评

绩效考评是销售控制的有效途径，也是销售经理对销售人员进行管理的基本内容之一。

绩效考评是通过系统的方法和原理来评定与测量销售人员的工作行为及工作效果。绩效考评的结果直接影响到销售人员薪酬的调整、奖金的发放及职务的升降等，直接涉及员工的切身利益。

### 一、销售人员绩效考评的原则

对销售人员进行绩效考评，其方法固然重要，但考评过程中的原则立场也非常重要，这是考评公正与否的重要依据。因此，必须坚持以下原则：

（1）实事求是。这是绩效考评的标准，数据的记录要建立在客观实际的基础之上，对销售人员客观考核，用事实说话，切忌主观臆断或根据原来的印象进行评价。考评时如果缺乏事实依据，宁可不做评论或注上“无从考察”“待深入调查”等意见。按客观的标准进行考核，引导成员不断改进工作。避免人与人之间的摩擦、矛盾，破坏组织的团结，为以后的工作埋下隐患。

（2）重点突出。为了提高考评效率，降低考评成本，并且让员工清楚工作的重点，考评内容应该选择岗位工作的主要方面进行评价，突出重点。同时，考评内容不可能涵盖岗位工作的所有内容，考评的主要内容应以影响销售利润和效率的因素为主，其他方面为辅。

（3）公平公开。绩效考评应该最大限度地减少考评者和被考评者双方对考评工作的神秘感，绩效标准的制定应通过协商来进行，要让所有的参评者都清楚其内涵，并要有一定时期的稳定性，使销售人员在自我评价中有章可循。考核结果要公开，如有出入，立即复核。同时，企业的考评工作要制度化、规范化。

（4）重视反馈。在绩效考评之后，企业要组织有关人员进行面谈，把结果反馈给被考评者。同时考评者应注意听取被考评者的意见及自我评价。对存在问题应及时解决，建立起考评者与被考评者之间的互相信赖关系。

（5）工作相关。绩效考评是对销售人员的评价，不要对工作没有任何影响的其他事情进行考评。如员工的生活习惯、行为举止、个人癖好等内容都不宜作为考评内容出现，更不可涉及销售人员的个人隐私。这里考评工作应就事论事，分清哪些属于考评的内容，哪些不属于考评的内容，在考评中不要带有其他任何色彩。

（6）重视时效。绩效考核是对考核期内的所有考核结果形成的综合评价，而不是将本期考核之前的行为强加于当期的考评结果之中，也不能取近期的业绩或比较突出的业绩拿来代替整个考核期的绩效进行评估。时间的规定一定要非常准确，如从 2018 年 1 月 1 日—2018 年 12 月 31 日，在此时间之外发生的数据都不在计算的范围内。因此，要求绩效数据与考核时段相吻合。

## 二、销售人员绩效考评的程序

销售人员的绩效考评工作应严格按照程序进行，具体程序见图 12－1。

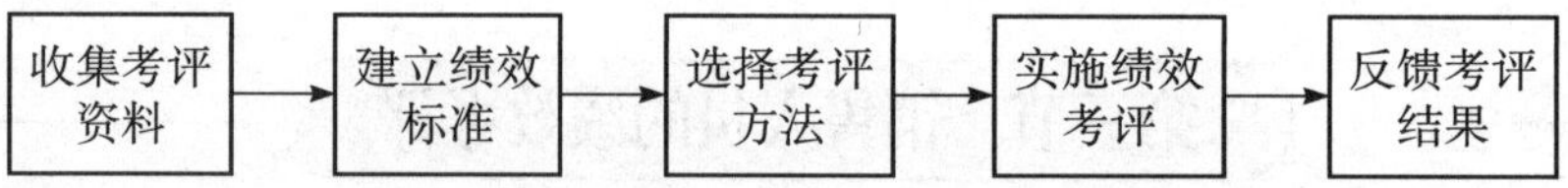


**图 12－1　销售人员绩效考评程序**

按照这样的考评程序实施对销售人员的考评，对其业绩做出合理、全面、科学的评定。

### （一）收集考评资料

对销售人员考评资料的收集必须全面、充分，以保证考核的公正、合理。资料的来源主要有销售人员的销售报告、企业的销售记录、渠道信息反馈、顾客意见及企业内部员工的意见等。其中，最重要的信息来源就是销售报告。

### （二）建立绩效标准

要评估销售人员的绩效，一定要有科学而合理的标准，并明确如何对具体的标准进行衡量。销售人员的工作结果和实际的工作行为都应该作为绩效标准的组成部分。绩效标准可分为客观性绩效标准和主观性绩效标准。

**1. 客观性绩效标准**

客观性绩效标准是按职务标准进行的量化考评，也称职务考评。职务考评能够最有效地对销售人员的业绩进行评价，具体考评内容包括以下几个方面：

（1）销售量。这是考评所依据的一个重要标准，但销售量不能完全说明企业销售人员对企业利润和客户关系贡献的多少。为了使销售量评估更有价值，在实际考评时，一般将销售人员的总销售量按产品、客户或订单规模进行分类研究，并与产品、客户的分类定额指标进行对比。

（2）毛利。毛利是销售人员工作效率的重要标准，是销售经理和企业高管最为关心的一个指标。在某种程度上，毛利显示了销售人员销售高利润产品的能力和个人对利润的直接贡献。因为企业各产品大类尽管定价的依据和方法相同，但由于市场竞争程度不同，产品所处生命周期不同，因此，不同产品大类会有不同的利润水平。企业在制定销售奖励标准时，会将利润水平高的产品大类规定出更高的提成比率，以使销售人员积极销售利润水平高的产品大类。而考评的依据也是如此，这也是考评销售人员对企业的贡献。

（3）订单的数量和订单平均规模。有的销售人员可能得到了太多的小客户、一些规模不大的订单，总销售量可能会令人满意，但营利性很差；也有的销售人员不愿意去跑那些小客户，眼睛只盯着大客户，订单的规模比较大，但总的销售量也很难令人满意。正确的做法是，抓住大客户，兼顾小客户，不能丢了西瓜捡芝麻，也不能丢了芝麻捡西瓜。

**【案例 12 - 1】　一单的销售规模①**

一个乡下来的小伙子去应聘城里“世界最大”“应有尽有”的百货公司的销售员。

老板问他：“你以前做过销售员吗?”

他回答说：“我以前是村里挨家挨户推销的小贩子。”老板喜欢他的机灵：“你明天可以来上班了。等下班的时候，我会来看一下。”

一天的光阴对这个乡下来的穷小子来说太长了，而且还有些难熬。但是年轻人还是熬到了 5 点，差不多该下班了。老板真的来了，问他说：“你今天做了几单买卖?”

“一单。”年轻人回答说。

“只有一单?”老板很吃惊地说：“我们这儿的售货员一天基本上可以完成 20 到 30 单生意呢。你卖了多少钱?”

“300 000 美元。”年轻人回答道。

“你怎么卖到那么多钱的?”目瞪口呆，半晌才回过神来的老板问道。

“是这样的，”乡下来的年轻人说，“一个男士进来买东西，我先卖给他一个小号的鱼钩，然后是中号的鱼钩，最后是大号的鱼钩。接着，我卖给他小号的渔线，然后是中号的渔线，最后是大号的渔线。我问他上哪儿钓鱼，他说海边。我建议他买条船，所以我带他到卖船的专柜，卖给他长 20 英尺（1 英尺＝0.304 8 米）有两个发动机的机帆船。然后他说他的大众牌汽车可能拖不动这么大的船。于是我带他去汽车销售区，卖给他一辆丰田新款豪华型巡洋舰。”

老板后退两步，几乎难以置信地问道：“一个顾客仅仅来买个渔钩，你就能卖给他这么

---

①　钟立群．现代推销技术．2 版．北京：电子工业出版社，2009.

多东西?”

“不是的,”乡下来的年轻售货员回答道,“他是来给他妻子买发卡的。我就告诉他‘你的周末算是毁了，干吗不去钓鱼呢?’”

(4) 平均每天访问客户的次数（日访问率）和访问效率。销售人员如果不访问客户，销售工作就无法进行。通常访问次数越多，产品就卖得越多。这里应确定一个平均访问水平，按照平均访问水平可以确定一个访问客户的平均效率。所以这里包含着两个指标，一个是日访问率，另一个是访问客户效率。超过平均访问水平，一定会带来销售业绩的提升。

(5) 平均访问成功率就是访问效率。访问成功率是收到的订单数与访问次数的比率。作为绩效标准，访问的平均成功率表示销售人员选择和访问潜在客户的能力与成交能力。将平均成功率和日访问率进行结合分析更有意义。如果访问率高于平均水平，但订单数量低于平均水平，那么可以断定销售人员可能没有在每个客户身上花足够的时间和投入足够的精力。如果这两项指标都高于平均水平，而平均订单很小，说明销售人员的销售技能有待提高，应学会如何有效地访问客户。

(6) 直接销售成本。这是销售人员所发生的费用之和。绩效考核的成本标准一般采用销售费用率或访问费用率。如果销售人员的销售费用率或访问费用率高于平均水平，可能表示该销售人员的工作表现差，或者所负责的销售地区缺乏市场潜力，或者面对的是新的销售地区。平均成功率低的销售人员，通常单位访问成本也高；低访问率的销售人员，单位访问成本也会较高。

(7) 路线效率，即访问客户的平均里程，是出差里程与访问次数的比率。路线效率可以显示销售人员所在地区的客户密度或者用来衡量出差的效率。如果销售人员服务的市场规模和客户密度都大致相同，那么单位访问里程就是显示路线效率的重要标准，如果销售人员单位访问里程相差较大，销售经理就应该考虑控制那些出差人员的拜访路线了。

**2. 主观性绩效标准**

主观性绩效标准是销售经理使用定性因素对销售人员的销售能力进行评价的指标，也称职能指标。在建立客观性绩效标准的同时，也要建立主观性绩效标准，因为这类标准代表了销售人员的主要活动，并且也是对定量考评结果的解释。职务标准对应于“工作”，职能标准对应于“能力”。对一个组织来说，不仅要追求现实的效率，还要追求未来的可能效率，把有能力的人提到更重要的岗位，以使现有岗位上的人都能发挥其能量。

主观性绩效标准具体包括以下内容：

(1) 销售技能标准，包括发现卖点、产品知识、倾听技巧、获得客户参与、克服客户异议、达成交易等。

(2) 区域管理标准，包括销售计划、销售记录、客户服务、客户信息的收集与跟踪等。

(3) 个人特点，包括工作态度、人际关系、团队精神、自我提高等。

需要注意的是，在主观性绩效考评中，考评者的主观因素得到了最大的发挥，考评者成了关键性角色，因此，在考评中使用行为等级表是非常必要的，通过对个体行为的详尽描述，可以指导考评者做出尽可能客观的等级评价。

在实际评价中，可使用 5 分制或 10 分制来进行评价。如使用 5 分制，可将主观性绩效指标的分值按照语意进行分配；如使用 10 分制，可在 5 分制的表中每一分配分值乘 2。主观绩效标准评价具体见表 12-6。

**表 12-6　主观绩效标准评价表**

| 指标 | | 分值 | | | | | 小计 |
|---|---|---|---|---|---|---|---|
| | | 出色（5分） | 很好（4分） | 一般（3分） | 较差（2分） | 很差（1分） | |
| 销售技能标准 | 发现卖点 | | | | | | |
| | 产品知识 | | | | | | |
| | 倾听技巧 | | | | | | |
| | 获得客户参与 | | | | | | |
| | 克服客户异议 | | | | | | |
| | 达成交易 | | | | | | |
| 区域管理标准 | 销售计划 | | | | | | |
| | 销售记录 | | | | | | |
| | 客户服务 | | | | | | |
| | 客户信息的收集与跟踪 | | | | | | |
| 个人特点 | 工作态度 | | | | | | |
| | 人际关系 | | | | | | |
| | 团队精神 | | | | | | |
| | 自我提高 | | | | | | |
| 总计 | | | | | | | |

表 12-6 中的出色、很好、一般、较差、很差的评价应怎么确定，企业可另外制定出一套行为等级评价标准，见表 12-7。

**表 12-7　销售人员行为等级考核表**

| 行为等级 | 等级分值 | 行为描述 |
|---|---|---|
| 出色 | 5 | 积极努力，在团队中起核心作用，能够帮助团队更好地实现销售目标，并能够在实现销售目标中占有更大的比例 |
| 较好 | 4 | 与团队成员很好地合作，努力工作，并为团队目标的实现做出了一定的贡献 |
| 一般 | 3 | 愿意与团队成员合作，参与团队的销售工作，但在团队中没有起带头作用，只有跟随和服从 |
| 较差 | 2 | 只能在一定程度上参与团队的销售工作，对团队活动没有主动性，在团队中没有起带头作用，有时表现出不耐烦的情绪 |
| 很差 | 1 | 不愿参与团队活动，与团队成员不和谐，常常表现出另类，言语和行为有时不利于销售工作的开展 |

### （三）选择考评方法

根据考评内容的不同，考评方法也可以采取多种形式，以减少考评误差，提高考评的准确度。常用的考评方法有以下几种。

**1. 横向比较法**

这是把销售人员的销售业绩进行比较和排队的方法。这里不仅要对销售人员的销售额进行对比，而且还应考虑销售人员的销售成本、销售利润、顾客对其服务的满意度等。

假定某企业以销售额、订单平均批量和每周平均访问次数三个因素来分别对销售人员 A、B、C 三人进行业绩考评，将三位销售人员的这三项指标分别列出，然后进行综合评价，最后观察其结果。具体见表 12-8。

表 12-8 销售人员绩效考评表Ⅰ

| 考评因素 | | 销售人员 | | |
|---|---|---|---|---|
| | | A | B | C |
| 销售额 | （1）权数 | 5 | 5 | 5 |
| | （2）目标（万元） | 50 | 40 | 60 |
| | （3）完成（万元） | 45 | 32 | 57 |
| | （4）达成率（%） | 90 | 80 | 95 |
| | （5）绩效水平（权数×达成率） | 4.5 | 4.0 | 4.75 |
| 订单平均批量 | （1）权数 | 3 | 3 | 3 |
| | （2）目标（万元） | 800 | 700 | 600 |
| | （3）完成（万元） | 640 | 630 | 540 |
| | （4）达成率（%） | 80 | 90 | 90 |
| | （5）绩效水平（权数×达成率） | 2.4 | 2.7 | 2.7 |
| 每周平均访问次数 | （1）权数 | 2 | 2 | 2 |
| | （2）目标（万元） | 25 | 20 | 30 |
| | （3）完成（万元） | 20 | 17 | 24 |
| | （4）达成率（%） | 80 | 85 | 80 |
| | （5）绩效水平（权数×达成率） | 1.6 | 1.7 | 1.6 |
| 绩效合计 | | 8.5 | 8.4 | 9.05 |
| 综合效率（绩效合计/总权数） | | 85% | 84% | 90.5% |

由于销售额是最主要的因素，所以赋予较大比重，其权数定为 5；订单平均批量权数为 3；每周平均访问次数权数为 2。用这三个因素分别建立目标，由于存在地区差异，所以每个因素对不同地区的销售人员所建立的目标也不相同。如对销售人员 C 核定的销售额为 60 万元，高于 A 的 50 万元和 B 的 40 万元。确定这一目标额度主要考虑 C 所在的地区潜在客户情况，市场需求情况，竞争对手情况等因素。由于销售人员 A 所在的地区拥有大批量客户，所以订单平均批量也相对较高。每个销售人员每项目标的达成率等于他所完成的工作量与目标的比率，将达成率与权数相乘，就可以得出每位销售人员的综合效率。由此可以看出，销售人员 A、B、C 的综合效率分别为 85%、84%和 90.5%，这说明销售人员 C 的综合效率最好。

**2. 纵向分析法**

这是将同一销售人员现在和过去的工作业绩进行比较，包括对销售额、毛利、销售费用、新增客户数、流失客户数、每个客户平均销售额、每个客户平均毛利等数量指标进行分析的方法。对销售人员小 D 的绩效考评见表 12-9。

表 12-9 销售人员绩效考评表Ⅱ

（考核对象：小 D）

| 年份考评因素 | 2015 年 | 2016 年 | 2017 年 | 2018 年 |
|---|---|---|---|---|
| （1）产品 A 的销售额（元） | 376 000 | 378 000 | 410 000 | 395 000 |
| （2）产品 B 的销售额（元） | 635 000 | 660 000 | 802 000 | 825 000 |
| （3）销售总额（元）＝（1）＋（2） | 1 011 000 | 1 038 000 | 1 212 000 | 1 220 000 |
| （4）产品 A 的定额达成率（%） | 96.0 | 92.6 | 88.7 | 85.2 |
| （5）产品 B 的定额达成率（%） | 118.3 | 121.4 | 123.8 | 130.1 |

续表

| 年份考评因素 | 2015 年 | 2016 年 | 2017 年 | 2018 年 |
|---|---|---|---|---|
| (6) 产品 A 的毛利 (元) | 75 200 | 75 600 | 82 000 | 79 000 |
| (7) 产品 B 的毛利 (元) | 63 500 | 66 000 | 80 200 | 82 500 |
| (8) 毛利总额 (元) = (6) + (7) | 138 700 | 141 600 | 162 200 | 161 500 |
| (9) 销售费用 (元) | 16 378 | 18 476 | 18 665 | 21 716 |
| (10) 销售费用率 (%) = (9) / (3) | 1.62 | 1.78 | 1.54 | 1.78 |
| (11) 销售访问次数 | 1 650 | 1 720 | 1 690 | 1 630 |
| (12) 每次访问成本 | 9.93 | 10.74 | 11.4 | 13.32 |
| (13) 平均客户数 | 161 | 165 | 169 | 176 |
| (14) 新客户数 | 16 | 18 | 22 | 27 |
| (15) 失去客户数 | 12 | 14 | 15 | 17 |
| (16) 每个客户平均购买额=(3)/(13) | 6 280 | 6 291 | 7 172 | 6 932 |
| (17) 每个客户平均毛利(元)= (8)/(13) | 861 | 858 | 960 | 918 |

销售经理可以从表 12－9 中了解到销售人员小 D 的各方面情况。小 D 的销售量每年都在增长，但并不能说明小 D 的工作有多么出色。通过对不同产品的分析表明，小 D 对产品 B 的销售量大于对产品 A 的销售量，对照 A 和 B 两种产品的定额达成率，小 D 在对产品 B 的销售量上所取得的成绩很可能是以减少产品 A 的销售量为代价的。根据毛利率可以看出，销售产品 A 的平均利润要高于销售产品 B，小 D 可能以牺牲毛利率较高的产品 A 为代价，销售了销售量较大、毛利率较低的产品 B。销售员小 D 虽然在 2018 年比 2017 年增加了 8 000 元（1 220 000－1 212 000＝8 000 元）的总销售额，但其销售毛利总额实际减少了 700 元（161 500－162 200＝－700）。

从表中还可以看出，销售费用率基本得到了控制，但销售费用是不断增长的。销售费用上升的趋势似乎无法用访问次数的增加予以说明，因为总访问次数有下降的趋势。这可能和取得新客户的成果有关，即在寻找新客户时可能忽略了现有客户，这可从每年失去客户数的上升趋势得到说明。最后，每个客户平均购买额和每个客户平均毛利与整个企业的数据进行对比时更有意义。如果小 D 的这些数值低于企业的平均数据，也许他的客户存在着地域的差异性，也许他对每个客户访问的时间不够。也可用他的年访问次数与企业销售人员的平均访问次数进行比较，如果他的平均访问次数比较少，而他所在销售地域的差距与其他销售人员平均的差距并不大，则说明他没有在整个工作日内认真工作，或者是他的访问路线设计不周。

**3. 360°考核法**

360°考核也称多视角考核或多个考评者考核，考评者可以是被考评者的上级、下属、同级和外部考评者，如供应商和客户等。这是考评主体非常全面的考核方法，通过考核，形成定性和定量化的考核结果，积极地反馈至相关部门和被考评者，来达到改变行为，改善绩效的目的。实行 360°考核要注意以下事项：

（1）保证考评者的多角化，保证考评主体和考评过程的公平。对于相同职位的被考评者，考评者一定是统一确定的，同一岗位的不同员工不能让不同角色的考评者来进行考核。

（2）实行匿名考核。为了保证考核结果的真实可靠，在整个考核过程中，必须实行匿名考核，以保证考评者对被考评者持有公平的心态。

（3）考核一定是基于胜任特征。胜任特征是指能将工作中表现优秀者与表现平平者区分开来的个体潜在的深层次特征。我们不可能把销售人员所有的行为，包括定性和定量指标都一一进行概述和考核，考核中只需要将对销售绩效起主要影响的关键行为进行描述和考核即可。所以，使用360°考核，一定要建立企业内部职位的胜任特征考核模型。

360°考核的优点如下：

（1）减少了考核误差，考核结果相对有效。因为考核的主体是多元化的，所以在考核结果上就显得相对比较公平，同时销售人员会愿意接受这样的考评结果。如果说一个考评者说话可能有偏颇，那么多个考评者就会很公正地评价每一位被考评者。

（2）可以让销售人员感觉企业很重视销售绩效管理。让多个主体参与考核，就可使更多部门的人员更具有责任感，愿意平时多观察、多积累信息，形成整体绩效管理推动力，使销售人员认识到创造更好销售业绩和参加考核的重要性。

（3）可以激励销售人员全面提高自身素质和能力。由于考核的要素是多元化的，因此对被考评者的综合素质要求比较高。要取得好的考核成绩，被考评者在各方面都要严格要求自己。因此，这种方式有利于促进销售人员全面快速成长，有利于企业人力资源整体水平的提高。

实行360°考核法也存在自身的缺点：

（1）成本较高。因为整个考核牵涉到的人力资源和其他资源较多，而且周期也较长，时间成本和工作损失也必然存在，所以显性和隐性的成本总和是比较高的。很多企业为了考核方便省事，都不愿意采用这种考核模式。

（2）360°考核法侧重综合考核，既注重定量成分，也注重定性成分。定量成分是显而易见的，但定性成分就有一定的主观性，其中难免有个人偏见。所以在考核指标中应注意定量化的指标比定性化的指标要多一些，才能真正反映绩效水平。

（3）由于各个销售地区和各个销售部门存在岗位数量和市场状况的不同，会产生一定的不公平性。部门小、市场潜力不大的区域的考核结果肯定与大部门、市场潜力很大的区域的考核结果会相差很大。

为克服以上存在的问题，企业对销售人员进行考核时，一定要将定性指标与定量指标相结合，核定不同区域的市场状况和销售人员的努力程度，考评者一定是对销售情况和市场状况了解的人，如销售经理、市场监督员、市场供应保障人员、市场售后服务人员，等等。

**4. 关键绩效指标法**

关键绩效指标法（Key Performance Indicators，KPI）是通过对销售人员工作绩效特征进行分析，提炼出最能代表绩效的若干个关键性指标，并以此为基础进行绩效考核。运用关键绩效指标法的重点是确定关键性绩效指标，其中确定的考核指标是对业绩产生关键影响力的那部分指标，而不是一般性的指标。绩效指标中哪些属于关键性的绩效指标，哪些属于一般性的绩效指标，要根据公司战略目标进行层层分解才能得到。

（1）确定关键性绩效指标的原则。

确定关键绩效指标必须符合SMART原则，即具体性（Specific）、衡量性（Measurable）、可达性（Attainable）、现实性（Realistic）和时限性（Time-based）。

具体性要求关键性指标的选择一定是具体的，而不是含混不清的，如销售额、销售量、客户访问率等均是具体的指标，行为表现积极、工作质量高等指标就属于不具体的指标。不具体的指标是不能作为考核指标进行考核的。

衡量性要求关键性指标一定是可衡量的。一般情况下，定量指标是可衡量的，而定性指标有一部分也是可衡量的，如服务质量可用评分标准进行衡量，分为很好的服务、较好的服务、一般的服务、较差的服务和最差的服务等。如果使用“还可以”这样模糊的标准，这类指标就是不可衡量的。

可达性是指关键性绩效指标通过努力是可以做到的，如规定的销售额或销售量指标、利润指标等，销售人员通过努力是可以实现的。企业所确定的行为指标的标准，销售人员通过认真执行也是可以实现的。

现实性是指关键性绩效指标具有现实的意义，符合企业和销售人员的基本能力和现实条件，与企业所面临的市场状况相吻合。任何超越能力和条件的绩效指标都不具有现实性，任何不符合市场状况的指标也都不具有现实性。

时限性是指绩效指标是阶段性的，不同的历史阶段，企业所具有的条件、销售人员自身的能力、市场的环境等都可能会发生一定程度的变化。绩效指标要因人、因时、因环境而有所不同。企业对某一个群体或某一个人所规定的指标都不可无限地延伸。

(2) 关键绩效指标应具备的特征。

关键绩效指标应具有系统性、价值性和战略性的特征。

系统性即将销售人员的工作与企业的愿景、战略相连接，层层分解，层层支持，使每个销售人员的个人业绩与部门、公司的整体效益直接挂钩。

价值性即保证销售人员的绩效指标与内、外部客户的价值相连接，使每个销售人员都能与企业共同为实现客户的价值提供服务。

战略性即销售人员绩效考核指标的设计是基于企业的发展战略与流程，而非依据岗位的职能，因此，指标的实现就是战略目标的实现。

(3) 关键绩效指标的内容。

就企业的销售工作来讲，通常确定以下指标为考核销售人员的关键性绩效指标：客户满意度指标；平均销售订单数额或销售订单额增长率指标；货款回收额或货款回收目标完成率指标；销售费用率或销售费用降低率指标。

这些指标综合起来形成了关键绩效指标体系，这样销售人员就可以按照绩效的测量标准和奖励标准去工作，真正发挥绩效考核指标的指引和导向作用。

(4) 运用关键绩效指标法的优缺点。

运用这种方法的优点是：第一，目标明确，有利于公司战略目标的实现。关键绩效指标法是将企业战略目标层层分解，通过关键绩效指标的整合和控制，能够使销售人员的绩效行为与企业目标要求的行为相吻合，不至于出现偏差，有力地保证了公司战略目标的实现。第二，提出了客户价值理念。关键绩效指标法提倡的是为企业内外部客户实现价值的思想，对于企业形成以市场为导向的经营思想有一定的促进作用。第三，有利于组织利益与个人利益达成一致。策略性的指标分解，使公司战略目标成为个人绩效目标，销售人员个人在实现个人绩效目标的同时，也是在实现公司总体的战略目标，最终达到公司与员工共赢的结果。

运用这种方法的缺点是：第一，关键绩效指标比较难界定。关键绩效指标更多是倾向于定量化的指标，这些定量化的指标是否真正能反映个人对企业绩效产生关键性的影响，如果没有专业化的工具和手段就难以界定。第二，关键绩效考核法会使考评者误入机械的考核方式，过分地依赖考核指标，而没有考虑人为因素和弹性因素，会产生一些考核上的争端和异议。第三，关键绩效考核法并不是对所有岗位都适用。对于直接的销售工作岗位，适合于运用关键绩效指标考核方法，而对于一些销售服务或销售辅助性岗位，如运输、售后服务等岗位，用关键绩效指标法可能会缺少一些可评估的内容，因此，还要结合其他考核的方法。

### （四）实施绩效考评

绩效考评包括对销售人员日常活动情况考评、月度业绩考评、服务能力考评、工作能力考评、工作纪律考评等。

（1）日常活动情况考评。这主要是按照销售人员日报表进行考核。销售人员日报表可以提供有关客户、市场和竞争者等诸多信息。销售主管可以从中了解销售人员的工作情况及目标的完成情况。

（2）月度业绩考评。这主要考核销售人员月度和年度销售业绩，包括财务指标，如销售额、利润率、回款率等。

（3）服务能力考评。销售人员服务能力考评取决于销售人员当月或全年的投诉率，所有销售人员的投诉率不应高于5%。

（4）工作能力考评。这包括沟通能力、创新能力、信息能力等方面的考评。

### （五）反馈考评结果

销售人员的绩效考评结束后，销售主管应该将考评结果反馈给销售人员，并根据每个考评因素向他们解释绩效考评的结果，指出与标准的差距，然后销售主管与销售人员一起分析绩效优于或低于标准的原因，为下一期销售目标的设定和规划提供指导。

对于批评意见的反馈，应注意以下几点：

（1）试探性反馈。销售主管可以提出建设性意见，但最好不要是指令性的。

（2）乐于倾听。最好让销售人员自己发表意见，销售主管来倾听。

（3）尊重销售人员。销售主管要尽量对销售人员的意见表现出理解和接受，不要轻易地否定他们的人格和价值。

（4）全面反馈。销售主管应指出销售人员的优缺点，不能只强调一面，尤其是不要过多地强调缺点。

（5）提出建设性意见。

## 三、销售人员绩效考评应注意的问题

### （一）考评要客观公正

（1）考评要以共同的利益、共同的理想与道德标准为基础，强调管理的科学性与人性化的结合、科学管理与全员管理的结合。

（2）业绩考评与素质考评相结合，既考察销售人员现有的工作业绩，又着眼于销售人员的发展；强调企业产出与造就人才的结合、销售业绩与企业文化的结合。

（3）在考评环节实行长短结合，强调过程控制与目标控制的结合，不能只注重目标不注重过程。

（4）在考评过程中实行上下结合、纵横结合，即上级评议、下级评议、同事评议、内部评议、客户评议等多种评议方法相结合。

（5）在考评方法上，定性考评与定量考评相结合，最大限度地量化各项考核指标，使之易于把握与衡量，使考评结果准确。

（6）考核结果与工资、奖金的分配及人员的任用挂钩，强调奖罚兑现，否则考评就不会引起人们的重视。

**（二）科学设计绩效考核指标**

（1）绩效标准必须具有战略导向性，抓住关键绩效指标。每个销售人员都会承担很多工作，考核时必须抓住其中的关键指标。

（2）绩效考核标准的水平要适度。考核标准应该是大多数人经过努力可以达到的，以形成一定的压力和动力。

（3）绩效标准要具有一定的稳定性，以保证标准的权威性。但随着时代的变迁、技术的进步、知识的更新，对销售人员的考核标准会有新的要求，因此，必要时可对考核标准进行修订。

**（三）考评操作过程要规范化**

（1）考评者应对业绩评价工作中可能出现的问题有清楚的了解，以避免问题的出现。

（2）选择正确的绩效考核工具。每一种考核工具，如横向比较法、纵向比较法、360°考核法、关键绩效指标法等，都各自有其优缺点，因此，选择最合适的工具至关重要。

（3）对考评者进行避免考核误差问题的培训。可为考评者设计一套关于销售人员实际工作情况的案例，要求他们对这些销售人员的业绩进行评价，并将不同考评者的考评结果进行分析，指出绩效考评中容易出现的问题。

（4）减少外部因素对工作绩效考评所带来的限制。在实际绩效考评过程中，外部因素也会对考评结果产生影响，如绩效考评结果在多大程度上与工资连在一起、工作压力的大小、员工流动性的高低、时间约束的强弱及对绩效评价的公正性要求的高低等。因此，应减少外部因素对工作绩效考评所带来的限制，使考评工作公平、务实。

**（四）建立绩效考评档案**

为了减少在进行绩效考评时出现的矛盾与摩擦，企业需要建立绩效档案，以记录员工在绩效管理过程中的表现，为绩效考评提供参考依据。销售主管要为每一位员工建立一份有效的绩效档案，记录销售人员的绩效目标、绩效能力、绩效表现、绩效考评结果及需要改进的缺陷。在批评、处罚、解雇或提升某一名销售人员时，如果没有相应的考评记录，就无法让其他人信服。另外，一旦所采取的措施产生争议、纠纷的时候，这些记录和档案就能成为有力的证据。

**【案例 12-2】 外企常用的绩效考评方法①**

（一）等级评估法

这种方法把被考评岗位的工作内容划分为相互独立的几个模块，在每个模块中用明确的语言描述完成该模块工作需要达到的标准，按“优、良、合格、不合格”对被考评人的实际工作表现进行评估。

① http：//www.ezeem.com/forum/read.asp? id=1259&no=1613640.

（二）目标考评法

这是根据被考评人完成工作目标的情况来进行考核的方法。在工作启动之前，考评人与被考评人应对需要完成的工作内容、时间期限、考评标准达成一致意见；期限结束时，考评人根据被考评人工作状况及原先议定的考评标准进行考评。此法适用于推行目标管理的项目。

（三）序列比较法

这是对相同职务人员进行考核的一种方法。将相同职务所有员工的工作绩效在同一考评模块中进行比较，根据他们的工作状况排列顺序，较好的排名在前，较差的排名在后。

（四）相对比较法

这也是对相同职务者进行考核的一种方法。所不同的是，它是对员工进行两两比较，任何两位员工都要进行一次比较，较好的员工记“1”，较差员工记“0”，所有员工相互比较完毕后，将每人得分相加，总分越高，绩效考评的成绩越好。

（五）小组评价法

这种方法由两名以上熟悉员工工作的主管组成评价小组进行绩效考评。其优点是操作简单省力；缺点是主观性强，易使评价标准模糊。拟在“小组评价”前向员工公布考评内容、依据与标准，结束后要向员工讲明评价结果。使用小组评价法时，最好和员工个人评价结合进行。

（六）重要事件法

重要事件是指被考评人的突出优秀表现和不良表现，平时有书面记录，综合整理分析书面记录，最终形成考评结果。

（七）评语法

这种方法由考评人撰写一段评语来对被考评人进行评价，评语内容包括工作业绩、实际表现、优缺点、努力方向等。

（八）强制比例法

这种方法运用了正态分布原理，认为优秀员工和不合格员工比例应基本相同，大部分员工应属于工作表现一般的员工。在考评、分布中可强制规定优秀人员人数和不合格员工人数。比如，优秀者与不合格者比例均占20%，普通员工占60%。

（九）情景模拟法

这是一种模拟工作考评方法，它要求员工在评价小组成员面前完成类似于实际工作中可能遇到的活动，评价小组根据完成情况对被考评人的工作能力进行考评。

（十）综合法

将各类绩效考评方法进行综合运用，以提高考评结果的客观性和可信度。

# 第十三章 网络销售管理

网络销售现已成为各个企业销售工作的重要组成部分，也是企业挖掘市场潜力的重要途径和方法。网络购物现在也已成为更多消费者购买物品的一个重要途径，消费者可以通过网购在更大范围内比较并选择自己称心如意的物品。

## 第一节 网络销售概述

网络销售和网络购物是一个事物的两个方面，这里我们站在企业的角度来研究网络销售管理问题，而网络购物则由消费者行为学来进行研究的。

### 一、网络销售

互联网的诞生给人们的生活带来了巨大变化，它在很短的时间内以不可阻挡之势迅速渗透到了各行各业，其方便快捷、资源无限的优势给人们的学习、生活、工作带来了前所未有的感受。如今，互联网已经成为人们生活中不可或缺的一部分。与此同时，网络销售作为一种新的销售方式，也逐渐成为当今商品社会中一种重要的销售渠道。

#### （一）网络销售的概念

网络销售是以互联网为媒介，通过电子商务平台销售产品的一种销售模式。

电子商务可分为两种类型：一是企业与企业间的电子商务活动，即通常所说的 B2B 模式；二是企业与个人之间的商务活动，即通常所说的 B2C 模式。网络销售以互联网为媒介，备货、上货（拍照或拍摄）、订货、购物、支付、运送等各个商业销售环节均通过计算机、手机等在网上得以实现。这是一种以新的方式、方法和观念实施的营销活动，这种方式、方法更有效地促成了个人和组织交易活动的实现。

网络销售的兴起以及大量网络商家的涌现，使中国零售业面临着自百货商店、超级市场、连锁商店以来的第四次销售革命。

**（二）网络销售的特征**

有形的商品置于有形的商场或商店中，消费者在商场里选购商品，支付现金后取走商品——这种已延续了上百年的传统商业销售方式存在许多明显的缺点。对商家来说，其销售能力受到商场面积、地理位置、营业时间、商品种类、商品信息扩散能力等多方面因素的制约；对消费者来说，其购买能力又会受到交通条件、闲暇时间、信息获取能力等因素的制约。

与这种传统的商业销售方式相比，网络销售体现了以下诸多特性。

**1. 节省交易成本**

交易成本的节省体现在企业和客户两个方面。对企业来说，尽管企业设置网店或交易平台需要一定的投资，但与其他销售模式相比，交易成本已经大大地降低了，其中主要包括通信费用、促销成本和采购成本的降低。

据有关人士研究，企业网上促销的成本只相当于直接邮寄广告成本的十分之一，而销售量可以增加十倍。对消费者来说，网络的信息传输速度非常快，跨国贸易在网络上几分钟即可成交。

**2. 交易可以互动**

互联网平台上的促销是一对一的、理性的、消费者主导的、非强迫性的、循序渐进式的，是一种低成本与人性化的销售活动，它可以避免推销员强势推销的干扰，并通过信息提供与交互式交谈而与消费者建立长期而友好的关系。网络是一个主动式信息传输渠道，与商场传统销售方式相比，商家可在网络上主动发布商品信息，主动发出电子邮件进行广告宣传；顾客在家中发出问询或购买信息而实现双向互动完成交易。网络的互动性还表现在促销方面，如商家能够将单方面主动传播变为在网络上与顾客沟通和交流的双向互动，使促销效果更加有效。在网络平台上，商家可以展示商品，可以链接资料库以提供有关商品信息的查询，可以收集市场情报，可以进行产品测试与消费者满意调查等。它是产品设计、信息提供以及服务开展的最佳场所。

**3. 突破时空的限制**

由于互联网具有超越时间和空间限制进行信息交换的特征，因此使得脱离时空限制达成交易成为可能，这使企业能有更多的时间和更大的空间开展营销和销售。在网络上，商家可为顾客提供 24 小时的购物服务，没有时间的限制，这是传统商场所不可比拟的。同时，互联网从根本上突破了地域和国界的限制，企业只要设立网站，进行网络销售，它所面对的顾客就分布在世界各地，企业的商业辐射范围是全球性的。顾客群体的扩大，为企业最终实现销售额的增长提供了保障。

**4. 交易方式特殊**

交易方式特殊包括交易主体和交易对象的特殊。从交易主体来看，随着网民的增加和电子商务的发展，网上购物的人数在不断增加。但是网上购物者的主体依然是具有以下共同特征的顾客群体：年轻、比较富裕、比较有知识的人；个性化明显、需求广泛的人；头脑冷静、擅长理智分析和理性化选择的人；求新颖、求方便、惜时如金的人。从交易对象的特征来看，并不是所有的商品都适合在网上销售，目前网络销售的商品主要有电子产品、各类小型消费品、旅游服务、金融服务、书刊、音乐与影像制品、鲜花和礼品、服装、鞋帽，还包括高科技和时髦的消费商品等，所有这些商品正是网上购物群体最感兴趣的。

### （三）网络销售的适用范围

从理论上讲，网络只是人们从事商务与社会活动的一种工具，任何产品都可以在网上销售。但在实践中，并不是所有产品都适于在网上销售。因为，这涉及市场环境的发育程度、用户的消费心理与消费习惯等。在目前的市场环境条件下，适于网上销售的产品一般应具有以下至少一种或几种特征。

#### 1. 知识型产品

知识型产品即智力密集型产品，如各种计算机软件、图书等。有学者认为，电子商务将在计算机、软件、图书等领域占有20%～60%的份额。这是因为想要通过网络购物，首先必须上网，而无论国内还是国外的网络用户都主要集中于知识层次较高的人群，知识型产品是他们首要的消费对象。

#### 2. 商品本身的挑选性弱（卷入度低）

不需要购买者反复挑选比较的商品适合于网络销售。例如，对计算机硬件而言，购买者文化水平较高，对计算机性能比较了解，一旦确定购买的品牌和各种关键部件的配置，并可以接受相应的价格，就不存在反复挑选的必要。图书期刊和音像制品也是如此，同一种正版图书或音乐CD之间几乎不存在任何差异，而网上商店销售正版是最起码的信誉，所以购买者只要确定图书内容或CD音乐是自己所需要的，就没有必要对商品本身进行挑选。另外，像飞机票、电影票和演唱会门票等根本无须顾客尝试或观察的商品，也非常适合网络销售。

#### 3. 商品性能的识别性好

购买者易于在网上及时、全面地了解其性能的商品适合于网上销售。例如，对图书期刊类商品而言，网上书店对图书一般会提供详尽的内容介绍、章节结构及大量的书评，易于读者全面了解该书的内容，确定购买意向。再如，网上软件销售商借助网络来发布试用版本的软件，让消费者试用并提出意见，使消费者可以在一段时间内充分了解该软件各方面的功能和使用方法，好的软件能够很快吸引顾客，使他们为之慷慨解囊。另外，通信类商品，如移动电话等，因其功能明确，易于识别，也是网络上的热销商品。

#### 4. 商品交付条件简单

能够在最短时间内完成销售者与购买者之间交付过程的商品适合于网络销售。例如，计算机软件、电子游戏、教育学习服务、各类信息咨询服务等商品都属于数据类商品，它们在消费者订购后，大部分可通过网络直接传送的方式发送给客户，这种操作非常容易实现。又如，电子报纸、电子杂志等在网上销售得也很好，主要因为在线交付速度快而及时，且不需要任何纸张。总的来看，知识产权通常比有形产品更具交付简单性，易于网络直接传输，更适合网络销售。

#### 5. 可跨时间、跨地区交易

鲜花、礼品是网络平台上的畅销货，其主要原因是消费者可以在任何时间让网络礼品销售商将礼品在指定时间内送达指定的礼品接受者手中，充分体现了网络跨时间、跨地区的特点。Hallmark公司是世界上最大的贺卡生产和销售公司，近年来也将业务扩展到了网上，除了一般的贺卡销售外，该公司还特别为网迷们准备了上千种带有精美动画效果的多媒体贺卡。另外，旅馆预订、机票预订、车票预订等网络服务也都体现了这种独特的网络优势。

## 二、网络销售的运作流程

不同类型的网络销售，虽然都包括以信息沟通、资金交付、商品配送为核心的三个阶段，但流程却有所不同，对于互联网商业来讲，目前基本上可以归纳为两种：网络商品直销和网络商品中介交易。

### （一）网络商品直销流程

网络商品直销是指商品需求方和供应方（也可指消费者和生产者）直接利用网络做买卖，排除批发、代理等中间环节。网络商品直销通常为 B2C 电子商务模式。这种交易的最大特点是消费者与生产者直接沟通，中间环节少、速度快、费用低。

网络商品直销过程分为六个步骤：

（1）消费者进入互联网，查看企业和商家的网页。

（2）消费者通过购物对话框填写购物信息，如：姓名、地址、选购商品名称、数量、规格、价格等。

（3）消费者选择支付方式，如信用卡、电子货币、电子支票、借记卡等。

（4）实际支付，双方确认支付是否成功，商家通过后台管理确认，并通过购物平台显示，这时货款进入网络平台第三方账户。

（5）客户服务器确认消费者付款后，通知销售部门送货上门。

（6）消费者收到货物确认收货，款项由第三方账户转到商家账户。

### （二）网络商品中介交易流程

这种交易是通过网络商品交易中心，即虚拟网络市场进行的。在整个过程中，交易中心以互联网为基础，将商品供应商、采购商和银行紧密地联系起来，为客户提供市场信息、商品交易、仓储配送、贷款结算等全方位服务。

网络商品中介交易过程可分为四步：

（1）买卖双方将供需信息从网上告诉网络商品交易中心，交易中心向参与者发布大量的、详细的交易数据和市场信息。

（2）买卖双方根据这些信息选择自己的贸易伙伴，交易中心从中撮合，促使买卖双方签订合同。

（3）买方在交易中心指定的银行办理转账付款手续。

（4）交易中心设在各地的配送部门将卖方的货物送交买方。

# 第二节　网络销售模式

目前，在国际上获得业内一致认同的电子商务商业模式分类方法，是按照电子商务的参与对象，划分为企业对消费者（B2C）、企业对企业（B2B）、消费者对消费者（C2C）以及企业对政府（B2G）等电子商务模式。对于网络销售模式来说，企业对政府（B2G）这种模式现在还不成熟，因此，本书着重讨论前三种模式。

## 一、B2C 网络销售模式

企业对消费者（B2C）模式的电子商务是指以互联网为手段实现企业为公众消费提供服务。这种模式一般以网络零售为主，主要借助于互联网开展在线销售活动，例如目前网络上各种经营书籍、鲜花、计算机等商品的电子商务企业都属于这一类型，这也是最为公众所熟悉的电子商务模式。

### （一）B2C 模式的业务流程

B2C 电子商务的一般业务流程如图 13－1 所示。流程的参与者主要有网络零售商、顾客、商品供应商、银行、物流服务提供商。

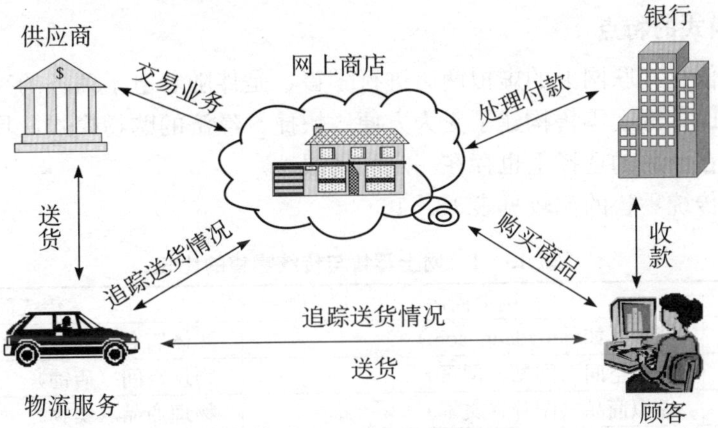


**图 13－1　B2C 模式的业务流程**

**1. 网络零售商**

企业通过在互联网上建立 Web 站点在线销售商品和服务，让顾客上网购买，这些 WEB 站点就称为网上商店，这类企业也称为网络零售商。

网络零售商在 B2C 电子商务业务流程中占据核心位置。与业务流程中的每一个合作者建立起稳固的关系，对网络零售商来说十分重要，也需要投入大量的精力。网络零售商只有与合作者一起创建好整个业务流程，并严格管理与合作者的每一个结合点，才能确保企业电子商务业务的顺畅运行。

**2. 商品供应商**

几乎在 B2C 电子商务业务流程的每个阶段，网络零售商都可能需要供应商的紧密合作，例如，在顾客选购阶段，网络零售商需要供应商根据顾客的需要提供按订单制造的产品，还需要和供应商合作共同开发具有竞争力的产品；在送货阶段，也依赖于供应商的产品配送速度。有效地建立起与供应商的良好合作关系，能给网络零售商带来巨大的竞争优势。

**3. 银行**

电子商务离不开资金流，在任何情况下，资金的支付和清算都是完成和实现电子商务的重要环节。电子商务的发展要求商家和消费者的开户银行提供资金支付支持，有效地实现支付手段的电子化和网络化。在网上商品订单完成后，网上银行按合同，依照所提供的业务单位完成资金的网上支付和清算。这一阶段不仅运行机制复杂，而且对技术、标准、法律、法规等各方面都提出了很高的要求，是整个网上商品交易很关键的环节，也是电子商务活动最终目的实现的重要保证。因此，B2C 电子商务的交易与银行有着不可分割的联系。

**4. 物流服务提供商**

在 B2C 电子商务模式中，B2C 电子商务企业除了在一定区域内建立自己的物流配送中心外，更多的是和专业的快递公司或物流公司合作，将货物从供应商和仓库转移到顾客的手中。B2C 电子商务企业要想和快递公司或物流公司合作，首先需要建立起先进的自动订货处理和发货流程管理系统。快递公司或物流公司将物流信息管理系统与企业的电子商务系统链接在一起，一旦快递公司或物流公司给出了商品的包裹号码，B2C 电子商务企业就可以利用这一号码跟踪商品的运送过程，获得详细的商品运送网上记录。顾客可以通过访问网上商店，随时检查所订购商品的送货情况。随着网上购物的不断发展，网络零售商只有和快递公司或物流服务提供商进行有效合作，才能避免出现物流问题。

**（二）B2C 模式的特点**

B2C 模式是依托互联网上的虚拟商店进行零售，是伴随着电子商务的兴起而出现的一种新型零售方式。B2C 网上零售构建了更为方便、快捷、经济的购物模式，具有传统零售无法比拟的优点，但在商品的选择上也存在一定的局限性。

网上零售与传统零售的比较见表 13－1。

**表 13－1　网上零售与传统零售的比较**

| 比较项目 | 网上商店 | 传统商店 |
|---|---|---|
| 商店名称 | 域名（如 dangdang. com） | 实体店名（如百货大楼） |
| 店面空间 | 虚拟空间（网站、网页） | 物理空间（店铺） |
| 商品展示 | 虚拟商品（图片、文本） | 物理商品（实物） |
| 营销方式 | 网络营销 | 传统促销 |
| 支付方式 | 货到付款、银行转账、网上支付 | 购买时现金支付或刷卡 |
| 购物时间 | 7×24 小时，全天候 | 规定时间 |

网上零售给零售商带来的优势主要体现在以下几个方面：

（1）网上零售有助于提升零售商的品牌价值。B2C 网上零售商借助于网站，在网上向消费者介绍自己的品牌，进行商品宣传和广告促销，能够使消费者迅速了解零售商的经营理念，并树立良好的品牌形象。

（2）网上零售有助于零售商进行市场信息的收集。利用互联网可以十分方便地访问遍布世界各地的网站。因此网上零售商可以轻松获得具有价值的市场信息，做到知己知彼，在市场竞争中处于有利的位置。

（3）网上零售能够改善客户服务措施。B2C 网上零售通过互联网上的信息反馈系统，可以更有效地与顾客建立互动联系，及时、直接地进行信息交换，从而提高对顾客的服务水平。

（4）网上零售商能够快速实施国际市场战略。互联网克服了传统零售的地理和时间阻碍，B2C 网上零售商可以直接建立国际分销渠道并销售商品，使本土公司快速地变为全球公司。

（5）网上零售有助于降低零售商的经营成本。传统零售商依靠预测消费者需求组织进货，要有大量库存，如果预测不准确，会造成商品积压，提高经营成本。B2C 网上零售商可以根据消费者的订单从供应商处进货，不仅不会存在商品积压问题，而且可以提高库存和资金周转率，降低经营成本。

【案例 13－1】 亚马逊的网络销售

亚马逊（Amazon. com）是目前全球最大的在线零售商，也是全世界最知名的网络商店品牌，已经成为网络零售业的成功标志。成立于 1995 年 6 月的亚马逊在短短几年内就从 1 000 多家同行业企业中脱颖而出，目前亚马逊的客户数已超过了 6 000 万。亚马逊之所以能取得这样的业绩，与其不断创新、多样化的经营策略是分不开的。

在网络时代，能否吸引住顾客直接影响到网络销售商的生存。亚马逊为顾客创造了方便舒适的网上购物环境，吸引了大批忠实的顾客。在亚马逊网站购物，顾客首先可以体会到的是方便和快捷，浏览亚马逊的网上书店，顾客可以任意搜索、预览、购买任何书籍。顾客只要在该网站买过一次书，其通信地址和信用卡账号等就会被系统自动安全地存储下来，下次购买时，顾客只要用鼠标点一下欲购的书籍，网络系统就可以帮助顾客完成以后的手续，其中包括为顾客填写邮寄方式和地址等收件信息，甚至在线支付也可由网络系统代劳。

亚马逊坚持以实在的价格让利于顾客，被认为是世界上最大的“折扣商”，有包括书籍、CD 等 40 万种以上的商品提供折扣优惠。网络零售商一般都是直接从供应商那里订货取货，减少了多个批发商的利润截留，所以使价格优惠成为可能。亚马逊总裁贝索斯曾坚定地指出：“拒绝提供优惠价格是一个网络零售业的极大错误，许多网上零售商失败的原因，就是在于对价格的错误估计。”薄利多销，以价格吸引顾客，一直是亚马逊重要的经营策略。

亚马逊最初选择书籍作为在线销售商品，随后又不失时机地延伸到各个商品领域。按照贝索斯的理想，亚马逊应该成为一个网上生活社区，在那里，任何人想要买的任何商品都可以从网页目录上找到。

## 二、B2B 网络销售模式

企业对企业（B2B）模式的电子商务是指企业与其上下游企业之间从事的网络商务活动，即企业之间利用网络和电子化手段进行询价/报价、拟订/签订合同、订货/接受订货、付款/收款等商务活动的完整过程。企业通过 B2B 电子商务系统，将面向上游供应商的采购业务和面向下游代理商的销售业务有机地联系在一起，从而降低彼此之间的交易成本。

### （一）B2B 销售模式的实现形式

与 B2C 相比，B2B 电子商务具有交易额大、交易过程复杂的特点。B2B 电子商务模式也多种多样，就其产生的来源而言，B2B 电子商务的实现形式主要分为传统企业的 B2B 模式和电子商务企业的 B2B 模式两大类。

**1. 传统企业的 B2B 模式**

传统企业的 B2B 电子商务模式是指企业利用互联网的优势来实现传统商务的电子化和网络化，传统的企业间交易方式无论是采购还是销售，往往都要耗费企业大量的资源和时间。B2B 电子商务可以使企业间的合作变得如同企业内部各部门之间的合作一样方便快捷，合作企业之间可以彼此了解对方的生产、存货、需求等情况，可以彼此为对方提供技术支持，可以实现实时而充分的交流，可以联合开发新产品，从而减少预防性库存，提高合作的效率，缩短产品开发周期，达到互惠互利的目的。早在 20 世纪 70 年代，一些大企业间的交易就已经开始使用电子数据交换（Electronic Data Interchange，EDI），以减少采购过程中劳动力、印刷和邮寄的费用。随着计算机和网络技术的不断进步，传统企业 B2B 电子商务的发展先后经历了基于 EDI、企业内部网（Internet）和互联网电子商务阶段。当前传统企业 B2B 电子商务应用的一般模型，由基于企业内部网的企业管理信息系统和基于互联网的企业电子商务站点两部分组成。

企业管理信息系统是企业进行实时信息管理、信息加工和智能决策的工具，一般包括营销管理、产品计划管理、物资（进货与库存）管理、生产制造管理、财务管理、物流管理、客户服务管理等功能模块，是企业 B2B 电子商务系统的重要组成部分。企业电子商务站点是企业拓展网上市场的窗口，起着承上启下的作用。一方面，它可以直接连接到互联网，企业的客户可以通过电子商务站点了解企业的信息，直接与企业进行网上交易；另一方面，它将网上市场信息同企业内部管理信息系统连接在一起，将市场需求信息及时传送到企业的管理信息系统，然后企业根据市场的变化组织和开展经营管理活动。

**2. 电子商务企业的 B2B 模式**

这一类 B2B 电子商务并不是为企业自身的采购或销售服务的，这类企业自身可能不生产任何产品，但它通过建立统一的基于互联网的信息平台，为某一类或某几类企业的采购或销售牵线搭桥，成为企业和企业进行网上交易的市场，为企业的采购和销售提供方便、专业、快捷的交易手段。因此，这类 B2B 电子商务形式也被称为网上交易市场。

网上交易市场是 B2B 电子商务发展到一定阶段后出现的一种新模式，它整合了多方资源，是一个立体化、智能化、开放、通用的 B2B 电子商务平台。网上交易市场聚集了大量的信息和商业机会。来自四面八方的商家通过与全球各相关企业的交流，互相询问，互相对比，讨价还价，从而以最合理的价格和最快的速度完成交易。网上交易市场将大量的商家与商品信息进行统计分析之后反馈给相关企业，协助企业创造商业机会，制定商业目标，提高了市场的运作效率。由于网上交易市场淋漓尽致地表现了开放与通用的市场本质，所以必将具有强大的生命力。

网上交易市场可以分为水平市场和垂直市场。水平网上交易市场同时为多个行业的企业服务。垂直网上交易市场是将特定行业的上下游企业聚集在一起，让该行业各个层次的企业都能很容易地找到产品的供应商和需求商，如中国化工网、中农网等。

**3. B2B 模式的实现过程**

B2B 电子商务的通用交易过程可以分为以下四个阶段。

（1）交易前的准备。

这一阶段主要是指买卖双方和参加交易各方在签约前的准备活动。买方根据自己要买的商品准备购货款，制订购货计划，进行货源市场调查和市场分析，反复进行市场查询，了解各个卖方国家的贸易政策，反复修改购货计划和进货计划，确定和审批购货计划，再按计划确定购买商品的种类、数量、规格、价格、购货地点和交易方式等；卖方根据自己所销售的商品，召开商品新闻发布会，制作广告进行宣传，全面进行市场调查和市场分析，制订各种销售策略和销售方式，了解各个买方国家的贸易政策，利用互联网和各种电子商务网站发布商品广告，寻找贸易伙伴和交易机会，扩大贸易范围和商品所占市场的份额。

（2）交易谈判和签订合同。

这一阶段主要是指买卖双方对所有交易细节进行谈判，将双方磋商的结果以合同的形式确定下来。B2B 模式的特点是可以签订电子合同，即通过计算机网络系统订立以数据电文的方式生成、储存或传递的合同。交易双方经过认真谈判和磋商后，将双方在交易中的权利和义务、对所购买商品的种类、数量、价格、交货地点、交货期、交易方式、违约和索赔等合同条款，全部以电子合同的形式做出全面详细的规定，并通过数字签名等方式签约。

电子合同与传统合同的区别主要有以下几点：

第一，合同订立的环境不同。传统合同发生在现实世界里，交易双方可以面对面地协商。电子合同发生在虚拟空间中，交易双方一般互不见面，在电子自动交易中，甚至不能确定交易相对人，交易各方的身份依靠密码的辨认或认证机构的认证。

第二，合同订立的各环节发生了变化。要约与承诺的发出和收到的时间较传统合同复杂，合同成立和生效的构成条件也有所不同。

第三，合同的形式发生了变化。电子合同所载信息是数据电文，不存在原件与复印件的区分，无法用传统的方式签名和盖章。

第四，合同当事人的权利和义务有所不同。在电子合同中，既存在由合同内容所决定的实体权利义务关系，又存在由特殊合同形式产生的形式上的权利义务关系，如数字签名法律关系。在实体权利义务法律关系中，某些在传统合同中不被重视的权利义务在电子合同里显得十分重要，如信息披露义务、保护隐私权义务等。

第五，电子合同的履行和支付较传统合同复杂。

第六，电子合同形式上的变化对与合同密切相关的法律产生了重大影响，如知识产权法、证据法等。

(3) 办理交易前的手续。

这一阶段主要是指从买卖双方签订合同后到合同开始执行之前办理各种手续的过程。交易中可能要涉及中介方、金融机构、信用卡公司、海关系统、商检系统、保险公司、税务系统、运输公司等。买卖双方要利用 EDI 等与有关各方进行电子票据和电子单据的交换。

(4) 合同的履行和索赔。

这一阶段是从买卖双方办完所有手续之后开始的。卖方要备货、组织货源，同时进行报关、保险等，并将所购商品交付给运输公司包装、发货，买卖双方可以通过电子商务服务器跟踪发出的货物。银行和金融机构也按照合同处理双方收付款，进行结算，出具相应的银行单据等，直到买方收到自己所购商品，从而完成整个交易过程。索赔是在买卖双方交易过程中出现违约时，需要进行违约处理的工作。

**4. B2B 模式的优势**

企业对上游和下游活动的管理一般是通过交易管理来实现的，传统上，其管理是通过合同、订单、发票、支付等纸面程序完成。B2B 电子商务的实施为企业解决了供应链中各个角色相互协调、相互配合的问题，更为企业提供了传统企业管理很难达到的社会资源最佳配置的问题。因此，B2B 电子商务为企业在市场竞争日益激烈的环境中取得竞争优势奠定了基础。

与传统商务活动相比，B2B 电子商务具有下列几项竞争优势：

(1) 使买卖双方信息交流的成本低廉、速度快捷。信息交流是买卖双方实现交易的基础，传统商务活动的信息交流是通过电话、电报或传真等工具，这与互联网信息是以 Web 超文本（包含图像、声音、文本信息）传递不可同日而语。

(2) 降低企业间的交易成本。对于卖方而言，电子商务可以降低企业的促销成本，即与传统的电视、报纸广告相比，通过互联网发布企业相关信息（如企业产品价目表、新产品介绍、经营信息等）和宣传企业形象可以更省钱、更有效。对于买方而言，电子商务可以降低采购成本。此外，借助互联网的企业还可以在全球市场上寻求最优价格的供应商，而不是只局限于原有的几个商家。

（3）减少企业的库存。企业为应付变化莫测的市场需求，通常需保持一定的库存量，但企业高库存政策将增加资金占用成本，且不一定能保证产品或材料是适销货品，而企业低库存政策可能会使生产计划受阻，交货延期。因此，寻求最优库存控制是企业管理的目标之一。以信息技术为基础的电子商务可以改变企业决策中信息不确切和不及时的问题，通过互联网可以将市场需求信息传递给企业，同时也把需求信息及时传递给供应商而适时得到补充供给，从而实现零库存管理。

（4）缩短企业生产周期。一个产品的生产是许多企业相互协作的结果，因此产品的设计开发和生产销售最可能涉及许多关联企业，通过电子商务可以改变过去由于信息封闭而无谓等待的现象。

（5）24 小时不间断运作增加了商机。传统的交易受到时间和空间的限制，而基于互联网的电子商务则是 7×24 小时不间断运作，网上的业务可以开展到传统营销人员和广告促销所达不到的市场范围。

## 三、C2C 网络销售模式

消费者对消费者（C2C）模式是指买卖双方（主要为个人用户），通过由网络中介服务商提供的有偿或无偿使用的在线交易平台，使卖方可以主动提供商品上网拍卖，而买方可以自行选择商品进行竞价。C2C 模式是一种大众化交易，比如一个消费者有一台旧电脑，通过网上拍卖把它卖给另外一个消费者，这就可以称为 C2C 模式的电子商务。

目前我国每天有几十万、甚至上百万人在互联网上进行着 C2C 交易。这些不见面的卖家和买家在网上看货、议价、成交，所创造的销售量并不亚于现实中诸多有名的大商场。以目前国内最大的个人拍卖电子商务平台——淘宝网为例，该网站目前已拥有超过4 500万的注册会员，2006 年交易额突破 433 亿元，这一数字已超越家乐福和沃尔玛销售额之和，2009 年，交易额超过了 1 500 亿元。到了 2018 年，不仅淘宝网交易额突破万亿元大关，就连二手交易平台闲鱼网的交易额也突破了 1 000 亿元。

### （一）C2C 模式的特点

数量巨大、地域不同、时间不一的买方和卖方通过同一个平台找到适合的对象进行交易，这在传统领域要实现买卖几乎是不可能的。因此 C2C 模式是最能够体现互联网精神和优势的商业模式。国内的 C2C 模式脱胎于国外，利用专业网站提供的大型网上交易平台，以免费或比较少的费用销售自己的商品。与传统方式相比，C2C 模式不再受时间和空间的限制，并且节约了大量的沟通成本。

**1. C2C 模式的主要特点**

（1）参与者众多，覆盖面广。据有关调查数据显示：2001 年中国 C2C 注册用户只有 250 万，此后一直保持稳步增长，2005 年达到 2 245 万，2001—2005 年 C2C 用户规模的年均复合增长率高达 73.1%。到了 2017 年，仅闲鱼网用户就已经超过了 2 亿。

（2）产品种类极其丰富。C2C 的一大特色就是产品种类丰富，因而能有效地满足人们网络消费中的商品需求。据调查显示，服装鞋帽与箱包皮具类、IT产品类（台式电脑、笔记本、学习词典、硬件等）和数码产品类（数码相机、摄像机、MP3等）是消费量最大的三类商品，分别有36.6%、36.1%和34.2%的买家曾经购买过这三类商品。此外，礼品玩具、通信产品、首饰佩物、化妆品类、家居日用品等都拥有较大规模的消费需求。

(3) 交易方式十分灵活。C2C模式的网上交易议价方式灵活，沟通方式也十分灵便，如淘宝网提供给用户使用的即时通信工具"淘宝旺旺"等。C2C的支付方式也可以由买卖双方协商选择。

**2. C2C模式的议价种类及特点**

C2C议价一般有三种方式：竞价、一口价和商议。

(1) 竞价。这种议价方式的特点是商品是拍卖的，其价格是不定的。由买家来进行竞拍，在商品发布时间结束时，出价最高者得到商品。这种竞价方式的优点是，可以有更多的空间和机会以自己满意的价格买到想要的商品，缺点是有些卖家会恶意抬价。采用竞价方式购买的商品多是个人爱好品或收藏品。

(2) 一口价。一口价是指卖家给出商品的确切价格，买家支付相应的金额就可获得商品。由于商品价格是透明的，所以这种竞价方式所出售的一般是一些市场中比较常见的商品。

(3) 商议。商议是指卖家没有给出商品的价格，需要有购买意向的买家与其联系，双方经谈判确定商品价格的一种方式。这种议价方式一般用于二手商品的交易。

**(二) C2C模式的基本要素**

买家、卖家、在线交易平台提供商共同构成了C2C模式的基本要素。三者相互依存、密不可分。

**1. 买家**

C2C能够为买家带来真正的实惠。在传统的消费交易方式中，卖方往往具有决定商品价格的绝对权力，而消费者的议价空间非常有限。C2C模式的出现，使得消费者也有决定商品价格的权力，且通过消费者相互之间的竞价，使价格更有弹性。因此，通过网上竞拍，消费者掌握了议价的主动性并获得了实惠。

**2. 卖家**

卖家通过C2C模式，可以以较低的费用甚至完全免费，就能够在网上发布商品的销售信息，吸引买家参与竞价，然后以自己满意的价格出售商品。因此对卖家来说，C2C模式也是一种很好的获利方式。

**3. 在线交易平台提供商**

C2C交易模式类似于现实世界中的跳蚤市场。在线交易平台提供商也类似于现实中跳蚤市场的场地提供者和管理者，如eBay、淘宝网、闲鱼网等都是这样的在线交易平台提供商。在C2C模式中，在线交易平台提供商是一个至关重要的角色，是该模式存在的前提和基础。

在线交易平台提供商在整个交易过程中的作用如下：

(1) 使买家和卖家聚集在一起。网络的范围非常广阔，如果没有一个知名的、受买卖双方信任的在线交易平台将买卖双方聚集在一起，单靠在网络上漫无目的地搜索，买家和卖家是很难发现彼此的，也会丧失很多的机会。

（2）监督和管理交易过程。在线交易平台提供商须负责对买卖双方的诚信进行监督和管理，负责对交易行为进行监控，最大限度地避免欺诈等行为的发生，保障买卖双方的权益。

（3）提供技术支持服务。在线交易平台提供商还负责为买卖双方提供技术支持服务，包括帮助卖家建立个人店铺、发布商品信息、制定定价策略等，帮助买家比较和选择商品以及在线支付等。正是由于在线交易平台提供商的技术支持，C2C 模式才能够在短时间内迅速为广大网民所接受。

（4）提供其他增值服务。随着 C2C 模式的不断成熟和发展，在线交易平台提供商还应能够为买卖双方提供保险、借贷等金融类服务。

仅仅从 C2C 模式本身来说，买卖双方只要能够进行交易，就有盈利的可能，这一模式也就能够继续存在和发展下去，但前提是必须保证在线交易平台提供商实现盈利，否则这个模式也会失去存在和发展的基础。反之，在线交易平台提供商同样要依存于 C2C 的买卖双方，因为其广告、佣金、会员数、服务费等利润来源，主要来自买家和卖家。因此，在线交易平台提供商要想生存和发展，必须为其会员提供更加完善和个性化的服务，最大限度地提高会员的忠诚度，并不断开发新的会员。

## 四、网络销售企业类型

网络销售是按交易对象划分的一种电子商务模式，即商业机构对消费者的电子商务，具体是指通过信息网络以电子数据信息流通的方式实现企业或商业机构与消费者之间的各种商务活动、交易活动、金融活动和综合服务活动，是消费者利用互联网直接参与经济活动的形式。目前参与网络销售的企业主要有经营离线商店的销售商、纯粹的网络销售企业以及商品制造商等几种类型。

### （一）经营离线商店的销售商

在传统的营销方式下，与顾客的交流和销售一般是通过单一渠道——实体商店进行的。在今天信息化的市场条件下，传统销售商不但可以开展邮购业务或建立电话销售部，而且企业还可以通过网站开展销售活动。经营离线商店的销售商可以采用网上和网下开店相结合的经营方式。网上销售只是作为企业开拓市场的一条渠道，如美国的沃尔玛、中国的新华书店等。因为有网下店铺的支持，这些离线商店在商品价位销售技巧等方面都更高一筹，也容易取得消费者的信任。

沃尔玛公司正在强化它的 Site-to-Store 服务项目，通过网络扩大消费者接触面，向消费者提供广泛的产品选择，从而促进其线上和线下销售业绩的增长。据沃尔玛发言人透露，沃尔玛利用 Site-to-Store 服务项目，每年为顾客节省了超过 5 000 万美元航运方面的费用和将近 2/3 线下购物的额外花费（线下购物所发生的交通、餐饮及其他衍生花费）。

调查显示，我国当前零售业在网上开店的比例最高。以北京为例，几乎所有大商场都有网络门店，如国美电器网上商城（https：//www. gome. com. cn）的不少商品都实现了在线订购；经营家具建材商品的东方家园，其电子商务网站将门店经营的 4 万余种商品在网上展示，并保持与门店价格、库存数据的同步，方便顾客在网上查询、研究及购买。此外，以王府井百货、百联集团为代表的传统零售商都开辟了各自的网上商城。

### （二）纯粹的网络销售企业

这类企业是电子商务时代的产物，网上销售是其唯一的经营方式，网上零售利润是其收入的来源，依靠网络零售而生存，不用维持一个实体销售渠道，如亚马逊网上书店、当当网上书店，以及近年来发展迅速的B2C网站，如京东网上商城、凡客诚品、拼多多等。

这种完全意义上的网络销售企业可分为综合型网络销售企业和专门型网络销售企业两类。

综合型网络销售企业向大量消费者出售种类繁多的商品。利用订单或个性化的专业技术接触大量消费者，从而使收入最大化。亚马逊从书籍和音乐零售起家，现在直接或间接通过合作公司销售许多其他种类的产品。淘宝和天猫平台经营的商品达到了应有尽有、无所不包的程度。

专门或细分市场网络销售商仅仅向某个特定的市场销售产品。它利用自己在某个特定产品领域的专长大量采购某产品，并用最有效的手段吸引潜在顾客。这种存在专门网上销售商的细分市场包括书籍、CD、鲜花、消费电子产品、计算机硬件和软件、汽车以及服装等。比如凡客诚品就是专门销售服装的网络销售企业。

纯粹的网络销售企业的一个重要特点是卖方可以为每位消费者创造个性化元素。网络销售企业可以利用cookie文件和其他技术来跟踪每位消费者的特定浏览和购买行为，并能根据消费者的爱好量身定做营销计划，提供符合该消费者价值观的激励手段，或提供能吸引该消费者重回网站的特定服务。从网上销售的各种实物及数字化产品和服务中都可以发现这种批量化定制的现象。

**（三）商品制造商**

这类企业可以用网上开店与网下开店相结合的方式开展网上销售业务，也可以纯粹借助网络店铺进行直销，如海尔集团、戴尔电脑公司等。由于企业本身就是产品制造者，采取网上直销既能给顾客带来价格优势，又减少了商品库存的压力。

网络直销既可以使商品生产者绕过传统经销商，直接从消费者那里获得订单，又可以使直销商和消费者绕过传统的批发商直接从生产者那里购买商品。网络直销的特点，决定了其与传统营销方式相比拥有众多的创新型优势。这种网络直销方式越来越受到欢迎，并被全球成千上万家企业采用，如三星、GE等，主要被用作附加营销渠道。

网络直销作为一种有效的直接营销策略，可以大大改进营销决策的效率和营销执行的效果。对于企业来说，网上直销不仅是面向上网者个体的销售方式，而且包含了企业间的网上直接交易，它是一种高效率、低成本的市场交易方式。

**（四）其他**

在网络销售活动中还有其他的商务模式，这些模式在不同类型的电子商务活动中都有应用。

**1. 交易代理商**

销售企业与客户之间的电子中介，在旅游、职介市场、股票交易等服务中非常普遍。例如，在旅游市场，交易代理商几乎提供所有传统旅游代理所提供的服务，从一般的信息到订票和购票，从安排食宿到娱乐项目。除此之外，还提供一些传统代理商不能提供的服务，包括有经验的游客介绍的旅游技巧、提供电子旅游杂志、费用比较、城市向导、货币兑换计算、专家意见和旅游新闻等。

**2. 信息门户网站**

信息门户网站是通向网络商店和网上商城的入口。通常这样的网站提供许多进入不同销售商网站的链接，同时提供范围广泛的商品及对商品的评估。这些门户网站都有清楚的购物导航。有些门户网站提供帮助客户选择最优价格商品的工具、购物机器人和小型购物系统等功能。比如易车网（http：//price. bitauto. com）为消费者提供全面、专业、详细的购车导航、测评和比较系统，让访问者足不出户就能方便地查看和对比众多车型的信息、价格及用户评价等。

**3. 互动社区**

互动社区是一群有相同兴趣爱好的人使用网络进行沟通的网络空间。互动社区提供多种方式方便成员之间交互、协作和交易，通过聊天室、论坛、即时通信工具、博客、投票、群组功能等进行通信，同时能够刊登广告、提供目录和发起团购活动，进行在线交易和销售。

另外，还有团购模式、信息服务模式、虚拟市场模式、拍卖中介模式、搜索代理模式和市场交易模式等。

## 第三节 网上商店

企业或个人进行网络销售，最重要的前提是建立网上商店。

### 一、网上商店概述

网上商店也称电子商店（E-store），这里所说的网上商店，是指以商品销售为主要目的的电子商务网站，它通过互联网为用户提供商品信息及销售服务，用户只要能够使用浏览器访问互联网，就可以在这个网站中获取商品信息，按照网站的规定购买网站提供的商品和服务以及享受该网站提供的其他服务。

网上商店的优点如下：

（1）永不关门。每天 24 小时，每周 7 天，任何时候都在为客户服务。

（2）客户无限。全球的任何人都可以通过互联网访问，不受空间限制。

（3）服务优质。网上商店不但可以完成普通商店可以进行的所有交易，同时它还可以通过多媒体技术为用户提供更加全面的商品信息。

（4）成本低廉。由于是网络虚拟商店，销售者无须为租赁场地发愁，无须为水电费发愁，无须为店员的工资发愁，唯一需要考虑的就是商品是否“货真价实”。

### 二、网上商店的种类

#### （一）综合商城

它有庞大的购物群体，有稳定的网站平台，有完备的支付体系和诚信安全体系（尽管目前仍然有很多不足），促进了卖家进驻卖东西，买家进去买东西。如同传统商城一样，淘宝自己是不卖东西的，它只是提供了完备的销售和购买平台。

#### （二）百货商店

商店，谓之店，说明卖家只有一个；百货，即拥有满足日常消费需求的丰富产品线。这种商店有自有仓库，有自己的库存系列产品，以备更快地开展物流配送和客户服务。这种店甚至会有自己的品牌。就如同线下的沃尔玛、屈臣氏一样。

### （三）垂直商店

这种商店的产品存在更多的相似性，要么是满足于某一人群的，要么是满足于某种需要的，抑或属于某一产品大类的（如电器）。

### （四）复合品牌店

随着电子商务的成熟，会有越来越多的传统品牌商加入网商战场，以抢占新市场，拓展新渠道。这些传统品牌商以优化产品与渠道资源为目标，已经形成了一股汹涌澎湃的商业大军。

### （五）服务型网店

如今服务型网店越来越多，这些网店都是为了满足人们不同的个性需求，甚至是帮人排队买电影票。未来会有更多的各类服务商在网上出现，并提供各式各样的服务。

### （六）导购引擎型

导购类型的网站可使购物的趣味性、便捷性大大增加，同时诸多购物网站都推出了购物返现，少部分推出了联合购物返现，这些都用来满足大部分消费者的需求。许多消费者已不单单满足于直接进入 B2C 网站购物了，这些消费者在购物前都会登录浏览一些网上导购网站，如返还网。

## 三、网上商店的结构

网上商店的构成与其他电子商务网站一样，通常由前台系统和后台管理系统构成。前台系统就是面向互联网顾客的网站，后台系统则是商店管理员对网站及网站上的信息进行管理和维护的系统。购物前台网站为顾客提供在线购物的场所；后台管理系统提供对用户、商品、订单及网站的管理功能。

网上商店的基本功能结构如图 13－2 所示。

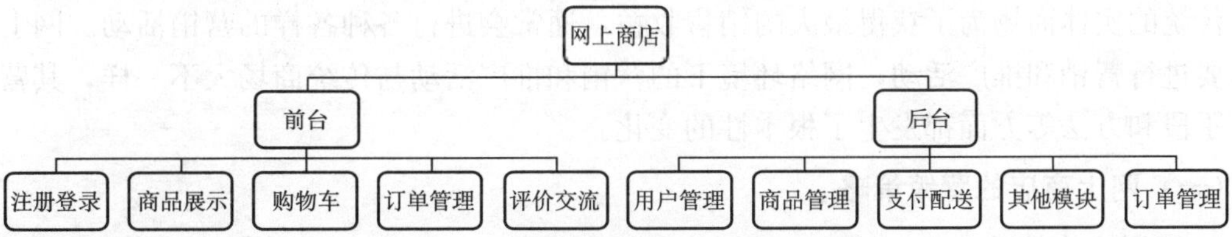


**图 13－2 网上商店的基本功能结构**

## 四、网上商店的创建

目前，网上商店的开设主要有两种方式，即在专业的在线交易平台上注册会员开设店铺和自立门户，建立完全个性化的网上商店。

### （一）在专业的在线交易平台上注册会员开设店铺

利用易趣、淘宝和拍拍等大型专业网站提供的在线交易平台，只需要支付少量的费用（网店租金、商品登录费、网上广告费和商品交易费等）就可以拥有网店，进行网上销售。这种方式的缺点是网页的设计比较单一，缺乏个性。优点是省去了设计网站的时间，大型网站的知名度也有助于增加自己店铺的点击率，省去一部分宣传费用。另外有的网上商城能够提供在线支付或货物配送服务，能够解决商品网上销售的所有问题。

**（二）自立门户，建立完全个性化的网上商店**

开办完全个性化的网上商店实际就是设计一个新网站，要经过域名注册、空间租用、网页设计、程序开发、网站推广等流程。因为是完全独立开发，网店风格、内容完全可以根据经营者的思路来进行设计，所以不必像大型网站里提供的网店那样受限于具体的模块，网店商品的上传与经营完全由经营者自己安排，除了支付网站设计与推广费用外，不需要支付网上交易费、商品登录费等费用。当然，个性化的网店只有通过其他各种网站的推广方式，才可以获得浏览者的关注，实现最终的商品交易。个性化网店由于需要独立证明卖家自己的信用，往往无法立即取得浏览者的信任。

创建完全个性化网店的主要步骤如下：

（1）申请一个自己满意的域名作为商城的访问地址，国际域名申请费用并不是很高。

（2）需要有一个支持动态页面和数据库的虚拟主机，一般的商城访问量不是很大，不需要购置独立服务器，这样采购简单，管理方便，最主要的是可以节约很多成本，一个满足要求的虚拟主机年费用基本在500元左右。

（3）选择一个合适的网上商城系统，这个听起来比较复杂，很多人也许完全不了解建站源代码这个东西，不过没有关系，其实目前比较流行的商城源代码就那么几套，即：ASP平台——HiShop通用网上商城系统，PHP平台——ShopEx网上商城系统、JAVA平台——Eshop企业网店软件系统。其中ShopEx的口碑最好，功能也非常强大，可以很好地支持个人网上商城的各种应用需要。Eshop是面向企业的网上销售解决方案，包含Eshop企业网店软件和顾问式服务体系。Eshop系统从企业开展电子商务的核心诉求出发，通过软件加服务的模式，帮助企业搭建平台。

## 五、网上商店的营销

传统的实体商场为了获得最大的销售收益，通常会进行各种各样的营销活动。网上商店同样要进行营销和推广活动，网络环境下的营销和推广活动与传统商场大不一样，其营销策略、手段和方法等方面都发生了根本性的变化。

### （一）网上商店的营销策略

**1. 吸引客户策略**

吸引客户策略即如何让顾客在众多商品中发现自己的商品，并被吸引进入网店仔细浏览，也就是要设法在顾客能够接触到自己信息的地方，提供顾客感兴趣的信息，并吸引他们感兴趣。如前所述，当前网店数量众多，竞争激烈，要能让顾客在众多商品中发现自己的商品，并产生兴趣，一是货源要有竞争力，例如某知名品牌的网络代理，或“新、奇、特”类产品，都较容易获得顾客青睐；二是信息接触点要多，即利用多种手段来展示产品信息，如论坛、友情链接、QQ群、搜索引擎、博客等都是有效的网上推广工具，尤其是论坛，当把产品图片和文字巧妙设置成签名档时，它就成了一则流动的广告，在发帖、回帖时，产品信息就自然得到了宣传。此外，每个电子商务平台内的站内搜索是顾客在购买商品时用得最多的工具，顾客通常会通过关键字来搜索相关的商品。为增加被顾客搜索到的机会，商品标题善用关键字组合是重点。我们知道，护肤品类是网上销售最多的产品，下面是对同一产品的不同标题描述："香草沐浴露"和"五皇冠推荐！the body shop 美体小铺香草沐浴露 250ml 清爽柔嫩"，显然，后者采用了"店铺信用等级＋英中文品牌＋商品关键字＋容量＋产品特性"等多样关键字组合方式，因此被客户搜索到的机会就较多。

**2. 信任建立策略**

信任建立策略是当顾客被吸引到店铺后，卖家通过各方面展示，使顾客对虚拟的店铺建立信任，并愿意选购商品，甚至对店里的其他商品产生兴趣的策略。与实体店相比，网店的最大特点就是虚拟性，相对于实体类商品而言，网店商品只能通过图片和文字来展示，这容易使顾客产生不信任感，从而影响顾客的购买决策。信任建立策略就是充分给予顾客想要的，使其在需求得到满足的同时建立起对商品或店铺的信任。因此，首先要分析顾客心理，挖掘其需求，当顾客第一次光临店铺时，其关注的通常是产品的图片、相关说明、价格、卖家信誉、店铺的专业性与整体感觉等，卖家要针对这些需求提供专业信息，如清晰、主体突出并具美感的产品图片；详尽的文字说明，如果是图书类商品，应写明出版社、作者、简介、目录、书评等，以体现出专业性；合理的价格，可采用成本导向、竞争导向、需求导向等多种方法来对商品定价。总之，应从多方面专业地展示店铺形象，以消除顾客因商品虚拟性而产生的疑虑或不信任感，这是促成顾客下单购买的关键。

**3. 销售促成策略**

销售促成策略是在顾客对店铺建立起信任的基础上，当顾客对某个商品产生兴趣，具有购买欲望却又举棋不定时，卖家如何促进其由"打算买"向"打算现在就买"转化。消费者通常都有贪图便宜的心理，卖家的一些打折、减价、优惠、赠送等促销手段容易激发顾客的购买动机，使其做出立即购买的决定。顾客的消费动机一旦被激起，其内心便出现一种不平衡现象，表现出一种紧张的心理状态，这时心理活动便自然地指向能够满足需要的具体目标。当具体目标出现后，机体的紧张状态便转化为活动的动机，产生指向目标的购买行为。当目的达到后，需要得到满足，紧张状态也会随之消失。现在许多网上店铺的"买就赠……""限时抢购"等促销活动，就是利用了顾客的消费心理，促使顾客尽快做出购买决定。

**4. 情感投资策略**

情感投资策略是指在顾客第一次购买商品后，卖家通过感情营销，使其下次再来光顾，成为老顾客。网店在发展新顾客的同时，不可忽视老顾客。维系老顾客的重要措施之一就是心系顾客，充分利用感情投资，具体方法有很多，例如发货时放点小礼品、贺卡（手写，给人亲切感）、产品小样（对护肤类、食品类商品尤其适用）等。笔者在网上购物时就遇到过一位很有心的卖家，当时笔者买了一件衬衣，收到货时发现多了一条丝巾，刚好跟衬衣相配，还有一张温馨的贺卡。这些小细节有时会成为客户日后再光顾的重要因素。卖家也可用其他的一些方法，如经常性的电话、短信或邮件回访，通过表达对客户的关爱来加强双方联系，培养顾客对网店的特殊感情和忠诚度。

**（二）网上商店的营销手段和方法**

**1. 前期搜索引擎优化**

在网站建设的前期就要对整个网站的搜索引擎优化（Search Engine Optimization，SEO）工作予以足够重视。在功能实现方面，技术人员是比较熟悉的，那么卖家所要做的就是对顾客的搜索习惯进行一定的猜测和了解。

**2. 提高网页级别值**

提高网页级别值（PR 值）对于一个电子商务网站来说是非常重要的，PR 值的高低表示搜索引擎对该网站的权重。同时，PR 值也间接给网站带来流量。提高 PR 值的做法是要找 PR 值高的网站来做友情链接。

**3. 利用问答式社区**

目前问答式社区最好的平台是百度知道、天涯问答、新浪爱问、soso 的问问，其中百度知道和天涯问答可以直接带来流量，而对于新浪爱问和 soso 的问问比较适合做品牌知名度的推广。

**4. 付费搜索引擎**

付费搜索引擎是任何一家电子商务公司都无法避免的。因为目前使用搜索引擎进行信息查找的人实在太多了，目前做得不错的一些网络商店都在使用付费搜索引擎，而且投入并不小。对于这方面的投入，只能是尽量降低每一单的成本。在使用技巧上，尽量加大使用泛关键词和长尾关键词的投放量，尽量使用热门的关键词。

**5. CPS 联盟**

CPS（Cost Per Sales）即按销售付费，它是一种销售分成模式。联盟包括第三方 CPS 联盟和自建 CPS 联盟，利用第三方 CPS 联盟可以快速地搭建起一个比较大的广告宣传联盟。但是这些联盟会员并不会很主动地去投放卖家的即时广告或者促销活动，这对宣传与推广方面的效果会有所影响。利用自建 CPS 联盟可以掌控和快速反应到促销活动当中，对于整个网站有很大的帮助。另外，由于是自建的 CPS 联盟，在与这些会员打交道的时候比较容易沟通，会员也会比较主动地去该商城上浏览一些促销信息，容易使这些促销推广活动效果最大化。

**6. 比较购物网站、导购、折扣类网站**

这三者的区别在于比较购物网站是有返现给会员的，而导购网站更多是一些商家信息的发布，还有就是会员购物后的体验心得。折扣类网站一般发布商家促销信息和优惠券。这些网站的共同点就是它们都集中了一群有购物需求而且对于网络购物这种消费模式比较认可的会员。

**7. 新闻与软文推广**

新闻投放的原则是为了让自己的促销活动和形象能起到轰动效应，那么在写新闻的时候坚持抓住事件和促销活动的重点，同时还要拿出自己网站的差异化让网民来理解自己的品牌和服务与同行的不同之处，让网民在心中接受自己。对于新闻的投放要长期坚持，因为新闻推广是一项长期的任务，单靠一次两次的投放并不会起到很好的效果。软文推广是通过一些论坛发布软文，主要涉及的是产品促销、推广经验的分享、事件的炒作等。对于不同类型的软文要选择不一样的发布平台。好的软文需要适合的平台才能够很好地发布出去，才会更好地传播。如果有可能的话，还可以利用一些比较好的平台做一些宣传专题，这样效果会更好。

**8. 论坛推广**

论坛推广除了软文之外，还可以联系这些论坛的负责人举办一些活动，或者是通过论坛的活动进行优惠券的发放，也可以赞助一些奖品给论坛来搞站内活动，如果再有可能的话，就可以专门设置一个自己商城的版块。在论坛推广当中还可以加入一些文字链接的广告，在资金允许的情况之下，可以投放硬广告。

**9. 异业合作**

异业合作可以扩大自己的推广渠道。与异业合作的时候，合作双方的客户是重叠的，那么两者的互换合作就可以把共同的消费者联系到一起了，这不仅可以加大双方的影响力，有的时候还可以为双方带来一些比较好的资源。

**10. 网址导航站推广**

目前，网址导航站的影响还是挺大的。利用这些导航站挂上自己的网站名称，可以给网站带来一定的流量。一些比较小的网址导航站可以通过互换链接的形式来进行合作，多整合一些免费的网址导航站，其规模效应往往是单独一个网址导航所不能带来的。

**11. 邮件营销**

邮件营销包括站内邮件营销与站外邮件营销。站内邮件是当会员基数达到一定程度之后采取的一种手法，其主要目的是让会员重复购买。如果能做到让会员重复购买的话，那么就会降低推广的成本。站外邮件营销主要是为了带来新的客户，这方面付出的人力可能会多一些。对于邮箱地址的来源，可以利用一些免费的邮件抓取，然后通过自己网站的邮件后台或者是固定的账号向外发出广告和促销信息。当然，这样的效果不会很显著，但只要达到一定的基数，那么带来的效果也会很不错。

**12. 线下推广与区域战略**

线下推广除了可以派发传单之外，还可以利用产品进驻一些社区或区域进行现场促销。每个网上商城都逃避不了这样一个事实：刚开始的时候很难去覆盖全国。像目前做得好的京东商城和红孩子，它们都是选择了一些城市开始起步，然后再利用做好这部分城市的经验复制到其他城市去。

**【案例 13－2】 阿里巴巴的网络运营**

阿里巴巴是《天方夜谭》里的人物，但是马云及其团队所创立的阿里巴巴却不是天方夜谭，而是全球国际贸易领域最大、最活跃的网上交易市场和商人社区。良好的定位、稳固的结构、优秀的服务使阿里巴巴成为全球首家拥有超过 1 000 万网商的电子商务网站，遍布 220 个国家和地区，每日向全球各地企业及商家提供 810 万份商业供求信息，成为全球商人网络推广的首选网站，被商人们评为“最受欢迎的 B2B 网站”。

在阿里巴巴创建伊始，马云就认为亚洲的电子商务市场与欧美的电子商务市场有本质的区别，亚洲电子商务市场主要在中小型企业，这一市场是“虾米市场”，而欧美的电子商务市场，特别是 B2B 模式则是针对大企业、大客户的，可以被称为“鲨鱼市场”，两种市场不可能沿用同一种模式。阿里巴巴采用的是与美国现有模式不同的本土化模式，“抓住了虾米就有机会捕到鲨鱼，可抓住鲨鱼却可能被咬死。”阿里巴巴的电子商务切入点就是为中小企业服务，帮中小企业赚钱。阿里巴巴的这一电子商务模式被称作“第四种互联网模式”。

网络本身是虚拟的，但阿里巴巴网站提供的服务却是真实的、人性化的。阿里巴巴的定位是为中小企业服务，在中国现在的情况下，中小企业老板的文化层次不是很高，对计算机的操作不很熟练，这些也制约了中小企业上网的进程和广度；阿里巴巴针对这些情况，在网站设计方面充分做到了人性化，其网站设计功能完全但操作简单；网站虽然信息量很大，但主题明确、重点突出，其主要功能分为“供应信息”“求购信息”“商业资讯”“商人论坛”“我的阿里助手”五大板块，一目了然、十分方便。

阿里巴巴的营运模式遵循了循序渐进的原则：首先抓住基础，然后在实施过程中不断捕捉新出现的商业机会。针对客户发布信息的诚信问题，2001 年阿里巴巴率先推出了全球第一个网上交互式商务信用管理系统——“诚信通”，即该服务中的所有搜索结果都将按照信息的诚信度高低和可信程度进行排名。阿里巴巴的“诚信通”体系为广大中小企业建立了开放有效的网上诚信商务平台，深受客户欢迎和推崇，大多数在阿里巴巴注册的企业都购买了“诚信通”服务。尽管每个“诚信通”的价格都很便宜，但对阿里巴巴而言几乎不存在成本。目前用来对搜索结果进行排名的“诚信通指数”，因其可以反映信息提供者的企业资质、合作商反馈与评价、企业在阿里巴巴的活动记录等多方面的电子商务活动档案，已经成为阿里巴巴的又一收入来源。

# 参考文献


1. 威廉·斯坦顿，罗珊·斯潘茹，等．销售队伍管理：第十版．江明华，译．北京：北京大学出版社，2004.

2. 托马斯·英格拉姆，雷蒙德·拉福格，等．销售管理．李桂华，主译．北京：电子工业出版社，2009.

3. 戴维·乔布，杰夫·兰开斯特．推销与销售管理．俞利军，译．北京：中国人民大学出版社，2007.

4. 杰弗里·吉特默．销售圣经．陈召强，译．北京：中华工商联出版社，2009.

5. 伯特·罗森布罗姆著．营销渠道管理．李乃和，奚俊芳，译．北京：机械工业出版社，2003.

6. 尼尔·雷克汉姆，约翰·德文森蒂斯．销售的革命．陈叙，易丽娜，译．北京：电子工业出版社，2002.

7. 菲利普·科特勒．市场营销管理：亚洲版．洪瑞云，梁绍明，陈振忠，译．北京：中国人民大学出版社，1997.

8. 张启杰．销售管理．2 版．北京：电子工业出版社，2009.

9. 万晓，左莉，李卫．销售管理．北京：清华大学出版社，北京交通大学出版社，2009.

10. 李先国．销售管理．2 版．北京：中国人民大学出版社，2009.

11. 崔明．销售管理．上海：格致出版社，上海人民出版社，2009.

12. 陈涛．销售管理．武汉：华中科技大学出版社，2008.

13. 杨洁，梁辉煌．现代推销技术．北京：北京大学出版社，2009.

14. 范爱明．销售高手的心理诡计．北京：中国经济出版社，2010.

15. 陈守友．每天一堂销售课．北京：人民邮电出版社，2009.

16. 钟立群．现代推销技术．2 版．北京：电子工业出版社，2009.

17. 汪秀英，徐岩．企业运营与发展．北京：中央广播电视大学出版社，2007.

18. 张基温，等．电子商务原理．2 版．北京：电子工业出版社，2009.

19. 汪勇．电子商务概论．北京：清华大学出版社，2009.

20. 陈飞．网上开店与创业．北京：清华大学出版社，2009.

21. 查尔斯·丹尼斯，蒂诺·费内奇，比尔·梅里斯．网上零售理论与实务．姚歆，赵敏，译．北京：中国物资出版社，2008.

图书在版编目（CIP）数据

销售管理学/汪秀英编著．—2版．—北京：中国人民大学出版社，2019.9
新编21世纪远程教育精品教材．经济与管理系列
ISBN 978-7-300-27357-0

Ⅰ.①销… Ⅱ.①汪… Ⅲ.①销售管理-远程教育-教材 Ⅳ.①F713.3

中国版本图书馆CIP数据核字（2019）第182465号

新编21世纪远程教育精品教材·经济与管理系列
**销售管理学（第二版）**
汪秀英　编著
Xiaoshou Guanlixue

| | | | |
|---|---|---|---|
| **出版发行** | 中国人民大学出版社 | | |
| **社　　址** | 北京中关村大街31号 | **邮政编码** | 100080 |
| **电　　话** | 010－62511242（总编室） | | 010－62511770（质管部） |
| | 010－82501766（邮购部） | | 010－62514148（门市部） |
| | 010－62515195（发行公司） | | 010－62515275（盗版举报） |
| **网　　址** | http://www.crup.com.cn | | |
| **经　　销** | 新华书店 | | |
| **印　　刷** | 北京市鑫霸印务有限公司 | **版　　次** | 2011年3月第1版 |
| **规　　格** | 185 mm×260 mm　16开本 | | 2019年9月第2版 |
| **印　　张** | 19.25 | **印　　次** | 2019年9月第1次印刷 |
| **字　　数** | 466 000 | **定　　价** | 45.00元 |